# 中国式现代化视域中的语文现代化

王爱云 著

中国社会科学出版社

图书在版编目(CIP)数据

中国式现代化视域中的语文现代化 / 王爱云著 . -- 北京：中国社会科学出版社，2024.8
ISBN 978 - 7 - 5227 - 3645 - 7

Ⅰ.①中… Ⅱ.①王… Ⅲ.①汉语—现代化—研究 Ⅳ.①H109.4

中国国家版本馆 CIP 数据核字(2024)第 110710 号

| 出 版 人 | 赵剑英 |
| --- | --- |
| 责任编辑 | 田 文 |
| 责任校对 | 张爱华 |
| 责任印制 | 张雪娇 |

| 出　　版 | 中国社会科学出版社 |
| --- | --- |
| 社　　址 | 北京鼓楼西大街甲 158 号 |
| 邮　　编 | 100720 |
| 网　　址 | http://www.csspw.cn |
| 发 行 部 | 010 - 84083685 |
| 门 市 部 | 010 - 84029450 |
| 经　　销 | 新华书店及其他书店 |
| 印　　刷 | 北京君升印刷有限公司 |
| 装　　订 | 廊坊市广阳区广增装订厂 |
| 版　　次 | 2024 年 8 月第 1 版 |
| 印　　次 | 2024 年 8 月第 1 次印刷 |

| 开　　本 | 710×1000　1/16 |
| --- | --- |
| 印　　张 | 21 |
| 插　　页 | 2 |
| 字　　数 | 334 千字 |
| 定　　价 | 128.00 元 |

凡购买中国社会科学出版社图书，如有质量问题请与本社营销中心联系调换
电话：010 - 84083683
版权所有　侵权必究

# 目 录

**绪论　中国式现代化与语文现代化** …………………………（1）
　第一节　中国式现代化的探索及其对语文现代化的要求 ………（1）
　　一　新民主主义革命时期提出"使中国由农业国变为
　　　　工业国"的目标 …………………………………………（2）
　　二　社会主义革命和建设时期开启"四个现代化"建设 ……（4）
　　三　改革开放新时期开创"中国式的现代化" ………………（8）
　　四　新时代中国式现代化的推进拓展 ………………………（10）
　　五　中国式现代化对于语文现代化的要求 …………………（12）
　第二节　语文现代化是中国式现代化的重要组成部分 …………（14）
　　一　语文现代化的概念及其内涵 ……………………………（15）
　　二　民主革命时期语文现代化的发轫 ………………………（16）
　　三　新中国语文现代化的快速推进 …………………………（18）
　　四　改革开放新时期语文现代化稳步发展 …………………（20）
　　五　新时代语文现代化的跨越式发展 ………………………（22）
　第三节　语文现代化对于中国式现代化的贡献 …………………（25）
　　一　语文现代化助推全国人民整体迈进现代社会 …………（25）
　　二　语文现代化助力全体人民走向共同富裕 ………………（29）
　　三　语文现代化推动物质文明和精神文明协调发展 ………（33）
　　四　语文现代化服务于人与自然和谐共生的现代化 ………（35）
　　五　语文现代化服务于走和平发展道路的现代化 …………（37）

**第一章　民主革命时期语文现代化的发轫** ……………………（41）
　第一节　清末民国时期语文现代化的早期探索 …………………（41）

一　清末文字改革运动 …………………………………………（42）
　　二　民国时期的文字改革和白话文运动 ………………………（55）
第二节　早期中国共产党人对语文现代化的关注 …………………（71）
　　一　关注语言文字领域对于革命的障碍 ………………………（72）
　　二　提出文字改革主张 …………………………………………（75）
第三节　根据地全面开展拉丁化新文字运动 ………………………（80）
　　一　共产党人创制拉丁化新文字 ………………………………（80）
　　二　拉丁化新文字在抗日救亡斗争中传播到全国各地 ………（83）
　　三　根据地的拉丁化新文字运动 ………………………………（88）
　　四　根据地大兴白话文 …………………………………………（98）
第四节　解放区的文字改革实践 …………………………………（100）
　　一　简体字在解放区广泛应用 ………………………………（100）
　　二　拉丁化新文字在实际应用中的发展 ……………………（105）

## 第二章　新中国语文现代化的快速推进 ……………………（107）
第一节　语文现代化是新中国社会主义现代化建设的
　　　　重要一环 …………………………………………………（107）
　　一　新中国确立赶超型现代化发展战略 ……………………（107）
　　二　新中国政治经济统一对语言统一的必然需求 …………（108）
　　三　新中国扫盲教育、普及教育对文字改革提出新要求 …（109）
　　四　改善民族地区落后局面需要改变其文字落后状态 ……（111）
　　五　文字改革理论准备比较充分 ……………………………（114）
　　六　世界范围内拼音化文字改革趋势引起中央关注 ………（119）
第二节　新中国文字改革提上日程 ………………………………（121）
　　一　设立文字改革领导机构，确定文字改革方针 …………（121）
　　二　汉字的整理与简化 ………………………………………（125）
　　三　汉语拼音方案的制定与公布 ……………………………（129）
　　四　把推广普通话作为文字改革的内容 ……………………（133）
　　五　现代白话文书面形式的重大变化 ………………………（139）
　　六　确定文字改革三大任务 …………………………………（143）
第三节　掀起文字改革的高潮 ……………………………………（146）

  一 大力推行简化字 ………………………………… (147)
  二 汉语拼音的推行和应用 ……………………… (160)
  三 掀起推广普通话热潮 …………………………… (167)
  四 帮助少数民族创制和改革文字 ………………… (174)
 第四节 文字改革在低潮中蹒跚 ……………………… (178)
  一 文字改革工作的中断与恢复 …………………… (179)
  二 拟订、试用《第二次汉字简化方案（草案）》 … (181)
  三 恢复推广普通话工作 …………………………… (188)
  四 恢复汉语拼音教学 ……………………………… (190)
  五 启动汉字信息处理工程 ………………………… (191)
  六 开启汉语汉字国际化 …………………………… (193)

**第三章 改革开放新时期语文现代化的稳步发展** ………… (196)
 第一节 改革开放新形势下语文现代化的调整 ……… (196)
  一 改革开放对语言文字工作提出新要求 ………… (197)
  二 确定新时期语言文字工作方针和主要任务 …… (202)
  三 加强对新时期语言文字工作的指导 …………… (207)
  四 积极推进语言文字工作的法制化进程 ………… (211)
 第二节 推广普通话成为语言文字工作首要任务 …… (213)
  一 新时期推广普通话的方针和目标 ……………… (213)
  二 新时期推广普通话的新举措 …………………… (216)
 第三节 努力推进汉字规范化、标准化建设 ………… (224)
  一 加强社会用字管理 ……………………………… (224)
  二 促进汉字规范化、标准化 ……………………… (230)
 第四节 完善《汉语拼音方案》并扩大其应用 ……… (236)
  一 制定、修订《汉语拼音正词法基本规则》 …… (237)
  二 推广"注音识字，提前读写"教学实验 ……… (239)
  三 扩大汉语拼音在中文信息处理等领域的应用 … (241)
 第五节 积极开辟中文信息处理工作新局面 ………… (243)
  一 汉字输入编码的研究和测评 …………………… (244)
  二 中文信息处理标准化建设成绩显著 …………… (246)

## 第六节　扩大汉语汉字国际化 ……………………………（250）
　　一　汉语拼音成为拼写汉语的国际标准 …………………（250）
　　二　大力推广对外汉语教学 ………………………………（250）
　　三　简化字得到国际认可 …………………………………（251）

## 第四章　新时代语文现代化的跨越式发展 …………………（253）
### 第一节　党中央指导规划新时代语文现代化 ……………（254）
　　一　新时代语文现代化新使命 ……………………………（254）
　　二　创新关于语言文字和语言文字工作的理论认识 ……（257）
　　三　加强对语文现代化的规划指导 ………………………（260）
### 第二节　推进语言文字规范化、标准化、信息化、法制化
　　　　　建设 …………………………………………………（263）
　　一　加强规范标准体系建设 ………………………………（263）
　　二　推动语言文字信息化建设 ……………………………（266）
　　三　不断加强语言文字法制化建设 ………………………（268）
### 第三节　推广普及国家通用语言文字 ……………………（269）
　　一　实施国家通用语言文字普及攻坚工程和推普脱贫攻坚
　　　　行动计划 ………………………………………………（269）
　　二　实施国家通用语言文字普及提升工程和推普助力乡村
　　　　振兴计划 ………………………………………………（272）
　　三　全面加强国家通用语言文字教育教学 ………………（274）
### 第四节　大力传承弘扬中华优秀语言文化 ………………（275）
　　一　实施古文字与中华文明传承发展工程 ………………（276）
　　二　实施中华经典诵读工程 ………………………………（277）
　　三　实施中华思想文化术语传播工程 ……………………（278）
　　四　实施中国语言资源保护工程 …………………………（280）
### 第五节　主动服务国家发展大局 …………………………（281）
　　一　助力脱贫攻坚和乡村振兴 ……………………………（281）
　　二　积极服务"一带一路"建设和区域发展战略 ………（283）
　　三　为北京冬奥会成功召开提供语言助力 ………………（284）
　　四　全面开展国家应急语言服务 …………………………（285）

第六节　汉语汉字国际化步伐明显加快 …………………（286）
　　　一　加强国际中文教育 ……………………………………（286）
　　　二　拓展语言文字国际交流合作 …………………………（288）

**第五章　语文现代化的成就与经验** ……………………………（290）
　第一节　语文现代化的成就 …………………………………（290）
　　　一　语言共同化取得重大进展 ……………………………（290）
　　　二　充分实现文体口语化 …………………………………（293）
　　　三　文字简易化由理想变为现实 …………………………（296）
　　　四　表音字母化取得重大突破 ……………………………（299）
　　　五　中文信息化获得成功 …………………………………（300）
　　　六　语言文字规范化、标准化、法制化取得长足进步 ……（302）
　　　七　中文国际化成果显著 …………………………………（305）
　　　八　少数民族语文现代化成就斐然 ………………………（309）
　第二节　语文现代化的历史经验 ……………………………（312）
　　　一　语文现代化要坚持党的领导 …………………………（312）
　　　二　语文现代化要坚持以广大人民群众利益为出发点 …（315）
　　　三　语文现代化要适应社会实践的需要 …………………（317）
　　　四　语文现代化要遵循语言文字发展规律 ………………（319）

**参考文献** ………………………………………………………（323）

# 绪论　中国式现代化与语文现代化

鸦片战争以后，中国近代仁人志士努力探寻中国的现代化道路。中国共产党自成立之日起把探寻中国现代化道路作为自己的历史使命，在新中国成立特别是改革开放以来长期探索和实践的基础上，经过十八大以来在理论和实践上的创新突破，中国共产党成功推进和拓展了中国式现代化。在中国式现代化发展进程中，中国语言文字与时俱进地实现现代化，成为中国式现代化的重要组成部分，为中国式现代化的建设和发展作出不可忽视的贡献。

## 第一节　中国式现代化的探索及其对语文现代化的要求

何为现代化？广义的现代化，"主要是指自工业革命以来现代生产力导致社会生产方式的大变革，引起世界经济加速发展和社会适应性变化的大趋势；具体地说，这是以现代工业、科学和技术革命为推动力，实现传统的农业社会向现代工业社会的大转变，使工业主义渗透到经济、政治、文化、思想各个领域并引起社会组织与社会行为深刻变革的过程"；狭义的现代化，"主要是指第三世界经济落后国家采取适合自己的高效率途径，通过有计划的经济技术改造和学习世界先进，带动广泛的社会改革，以迅速赶上先进工业国和适应世界环境的发展过程；也就是说，现代化进程的客观内容，是欠发达和不发达国家在现代国际体系的影响下，向现代工业社会转变、加速社会发展和缩小与发达国家差距的过程"。[①] 一般认为，人

---

[①] 罗荣渠：《现代化新论——世界与中国的现代化进程》（增订本），商务印书馆2009年版，第102页。

类的现代化经历了两个阶段：一是从传统农业社会向近代工业社会转变的阶段，欧美发达国家在18—19世纪率先走完了这一历程；二是从传统工业社会向现代信息社会转变的阶段，约始于20世纪50年代中期，目前呈现方兴未艾、加速演进的态势。

中国的现代化起步较晚。鸦片战争以后，中国成为半殖民地半封建社会。无数仁人志士孜孜以求救国救民真理，努力探寻中国现代化道路。其中，农民阶级发起反对清朝封建统治和外国资本主义侵略的太平天国运动，推出《天朝田亩制度》；封建统治阶级中的洋务派发起洋务运动，以"师夷长技以制夷"的态度向西方学习富强之术；资产阶级改良派发起戊戌变法，试图变封建专制为君主立宪；资产阶级革命派发起辛亥革命，变封建专制为民主共和。然而，由于内部原因和外部条件的制约，无论是太平天国运动、洋务运动、戊戌变法还是辛亥革命，这些追求现代化的努力和尝试都以失败告终。正如1945年4月毛泽东所指出的："在一个半殖民地的、半封建的、分裂的中国里，要想发展工业，建设国防，福利人民，求得国家的富强，多少年来多少人做过这种梦，但是一概幻灭了。"①

探索中国现代化道路的重任，历史地落在了中国共产党身上。中国共产党领导全国人民，将马克思主义与中国实际相结合，经过100多年持续不懈的奋斗，走出了一条既有各国现代化的共同特征，更有基于自己国情的中国特色的现代化道路。

### 一 新民主主义革命时期提出"使中国由农业国变为工业国"的目标

中国共产党成立后，团结带领人民开展新民主主义革命，推翻帝国主义、封建主义、官僚资本主义三座大山，建立了人民当家作主的中华人民共和国，实现了民族独立、人民解放，为实现现代化创造了根本社会条件。

对于中国共产党来说，革命本身不是目的，而是中国共产党推进现代化的一种手段。在革命过程中，中国共产党提出了"中国的工业化"

---

① 《毛泽东选集》第3卷，人民出版社1991年版，第1080页。

的概念以及"使中国由农业国变为工业国"的目标,并对如何发展工业、如何实现工业化进行了思考,初步表达了中国共产党对现代化的憧憬。

1944年5月22日,毛泽东在中共中央办公厅为陕甘宁边区工厂厂长及职工代表会议举行的招待会上作题为《共产党是要努力于中国的工业化的》的讲话,明确提出"工业化"的目标任务。毛泽东认为中国落后的原因,"主要的是没有新式工业",而日本帝国主义敢于这样地欺负中国,"就是因为中国没有强大的工业"。因此,毛泽东提出:"要打倒日本帝国主义,必需有工业;要中国的民族独立有巩固的保障,就必需工业化。我们共产党是要努力于中国的工业化的。"[1]

1944年7月14日,毛泽东同英国记者斯坦因谈话时提出了发展工业的政策和实现工业化的方式。关于发展工业,毛泽东指出:"不管是中国的还是外国的私人资本,在战后的中国都应给予充分发展的机会,因为中国需要发展工业。在中国和外部世界的商业关系方面,我们要以同一切国家进行自由平等贸易的政策,来代替日本把中国沦为殖民地的政策。在国内,我们要以在解放区已经实行的促进人民生产力发展、提高购买力、尽快为现代工业稳定发展创造先决条件的政策,来代替国民党政府降低人民生活水平从而阻碍国内工业发展的政策。"关于工业化的实现,毛泽东指出:"按照孙中山先生的设想,实现工业化有三种方式,就中国的一般条件来说,我们认为这是正确的。凡是能够操纵国民生计的关键产业如铁路、矿山等,最好由国家开发经营,其他产业可以让私人资本来发展。为了开发利用手工业及农村小工厂的巨大潜力,我们必须依靠强大的用民主方式管理的合作社。"[2]

到抗日战争胜利前夕,1945年4月,毛泽东在中国共产党第七次全国代表大会上作《论联合政府》的政治报告,展望中国新民主主义国家的未来,提出了"中国由农业国变为工业国"的目标,指出:"在新民主主义的政治条件获得之后,中国人民及其政府必须采取切实的步骤,在若干年内逐步地建立重工业和轻工业,使中国由农业国变为工业国。新民主主义

---

[1] 《毛泽东文集》第3卷,人民出版社1996年版,第146页。
[2] 《毛泽东文集》第3卷,人民出版社1996年版,第186页。

的国家,如无巩固的经济做它的基础,如无进步的比较现时发达得多的农业,如无大规模的在全国经济比重上占极大优势的工业以及与此相适应的交通、贸易、金融等事业做它的基础,是不能巩固的。"为此,毛泽东号召中国工人阶级"为着中国的工业化和农业近代化而斗争"[①]。

解放战争时期,毛泽东多次阐述新民主主义中国要由农业国变成工业国的思想。尤其是在新民主主义革命节节胜利、新中国成立前夕,在1949年3月召开的中共七届二中全会上,毛泽东进一步明确指出了"在革命胜利以后,迅速地恢复和发展生产,对付国外的帝国主义,使中国稳步地由农业国转变为工业国,把中国建设成一个伟大的社会主义国家"[②]的发展方向。1949年6月30日,毛泽东在《论人民民主专政》一文中强调:"人民民主专政的国家,必须有步骤地解决国家工业化的问题。"[③]

新民主主义革命时期,中国共产党对于实现工业化、由农业国变成工业国的追求,成为中国式现代化的早期萌芽,为新中国成立后的社会主义现代化探索奠定了一定的理论基础。

## 二 社会主义革命和建设时期开启"四个现代化"建设

新中国成立后,中国共产党团结带领人民进行社会主义革命,消灭在中国延续几千年的封建制度,确立社会主义基本制度,建立起独立的比较完整的工业体系和国民经济体系。社会主义革命和建设取得的独创性理论成果和巨大成就,为现代化建设奠定根本政治前提和宝贵经验、理论准备、物质基础。在这一过程中,中国共产党逐步提出"四个现代化"建设的目标任务,开启独立自主建设社会主义现代化的探索,走上了与西方资本主义工业化截然不同的现代化发展道路。

新中国人民政权诞生之时,正处于美英为首的西方资本主义阵营与苏联为首的东方社会主义阵营相对峙的局面之中,加上1950年6月朝鲜战争爆发使新中国国家安全受到严重威胁,抗美援朝战争爆发后西方对

---

① 《毛泽东选集》第3卷,人民出版社1991年版,第1081页。
② 《毛泽东选集》第4卷,人民出版社1991年版,第1437页。
③ 《毛泽东选集》第4卷,人民出版社1991年版,第1477页。

中国经济封锁禁运，直接推动中国选择以西方发达国家为参照的赶超型社会主义现代化建设战略。1953年，党中央提出党在过渡时期的总路线，提出要在一个相当长的时期内，逐步实现国家的社会主义工业化。1955年3月21日，毛泽东提出"要在大约三个五年计划期间内使国家基本上工业化"，"要在大约几十年内追上或赶过世界上最强大的资本主义国家"[1]。

赶超型社会主义现代化建设战略实施过程中，中国共产党经历了从"向苏联学习""走苏联的路"到"以苏为鉴"走自己的路的转变。新中国成立初期，党中央确立了"学习苏联的先进经验"的方针。[2] 1955年7月31日，毛泽东在《关于农业合作化问题》的报告中重申，苏联所走过的道路"正是我们的榜样"[3]。1956年4月25日，毛泽东在《论十大关系》的讲话中指出："特别值得注意的是，最近苏联方面暴露了他们在建设社会主义过程中的一些缺点和错误，他们走过的弯路，你还想走？过去我们就是鉴于他们的经验教训，少走了一些弯路，现在当然更要引以为戒。"[4]

赶超型社会主义现代化建设战略视野之下，中国共产党提出了"超英赶美"的口号。1958年4月，毛泽东指出，随着广大群众的政治觉悟迅速提高，人们对于社会主义建设热情高，干劲大，"我国在工农业生产方面赶上资本主义大国，可能不需要从前所想的那样长的时间了"，认为"十年可以赶上英国，再有十年可以赶上美国"。[5] 1958年9月，毛泽东在第十五次最高国务会议上将赶超时间提前，提出钢铁产量"明年是基本上赶上英国。除了造船、汽车、电力这几项之外，明年都要超过英国"；并要求钢铁产量"第二个五年计划就要接近或赶上美国。再加两年，七年，搞一亿五千万吨，超过美国，变成天下第一"[6]。由此掀起的"大跃进"运动，因为急于求成，使得中国社会主义建设受到挫折。

---

[1] 《建国以来毛泽东文稿》第9册，中央文献出版社2023年版，第406页。
[2] 《毛泽东文集》第6卷，人民出版社1999年版，第263页。
[3] 《毛泽东文集》第6卷，人民出版社1999年版，第434页。
[4] 《毛泽东文集》第7卷，人民出版社1999年版，第23页。
[5] 《建国以来毛泽东文稿》第12册，中央文献出版社2023年版，第323、324页。
[6] 《建国以来毛泽东文稿》第13册，中央文献出版社2023年版，第41、53页。

此后，中共中央总结了"超英赶美"的经验教训，使社会主义现代化建设战略的步骤逐渐回到正确的轨道上来。

赶超型社会主义现代化建设战略的目标，则经历了从工业化到"四个现代化"的发展。如前所述，工业化是中国共产党人对现代化的最初设想。新中国成立后，经过三年的国民经济恢复，中央明确提出了过渡时期总路线，把实现国家工业化的任务提上了日程。1953年12月，中宣部关于党在过渡时期总路线的学习和宣传提纲中指出："实现国家的社会主义工业化，就可以促进农业和交通运输业的现代化，就可以建立和巩固现代化的国防。"① 1954年9月，毛泽东在一届全国人大一次会议上提出："准备在几个五年计划之内，将我们现在这样一个经济上文化上落后的国家，建设成为一个工业化的具有高度现代文化程度的伟大的国家。"② 周恩来在会上作的政府工作报告中第一次提出了要"建设起强大的现代化的工业、现代化的农业、现代化的交通运输业和现代化的国防"的现代化任务。③ 这"四个现代化"，是中国共产党首次明确提出的现代化目标任务。

中国共产党认识到，工业化是任何国家通向现代化所必须经历的阶段，中国当时工业发展水平比较低，只有集中精力进行工业特别是重工业建设，才能确立现代化的发展基础。1956年9月26日中国共产党第八次全国代表大会通过的《中国共产党章程》，写入了"四个现代化"的任务以及实现"四个现代化"具体政策，指出："中国共产党的任务，就是有计划地发展国民经济，尽可能迅速地实现国家工业化，有系统、有步骤地进行国民经济的技术改造，使中国具有强大的现代化的工业、现代化的农业、现代化的交通运输业和现代化的国防。为了实现工业化和争取国民经济的不断高涨，必须优先发展重工业，同时对于发展重工业和轻工业，对于发展整个工业和农业，必须注意保持正确的比例。党必须努力促进我国的科学、文化、技术的进步，为在这些方面赶上世界的先进水平而奋斗。党的一切工作的根本目的，是最大限度地满足人民

---

① 《中共中央文件选集（1949年10月—1966年5月）》第14册，人民出版社2013年版，第502页。
② 《建国以来重要文献选编》第5册，中央文献出版社1993年版，第461页。
③ 《建国以来重要文献选编》第5册，中央文献出版社1993年版，第584页。

的物质生活和文化生活的需要，因此，必须在生产发展的基础上，逐步地和不断地改善人民的生活状况，而这也是提高人民生产积极性的必要条件。"① 这段论述，展现了当时中国共产党对中国社会主义现代化的初步设想：经济建设上既优先发展重工业，又注意保持工业与农业、重工业与轻工业的正确比例；精神文明建设上追求科技、文化事业的进步，努力赶超世界先进水平；党领导开展现代化建设的根本目的，是最大限度地满足人民的物质生活和文化生活的需要。

此后，中国共产党根据中国国情，不断完善"四个现代化"的任务目标。到1964年12月，周恩来在三届全国人大一次会议上所作政府工作报告中将"现代化的交通运输业"调整为"现代科学技术"，提出"今后发展国民经济的主要任务，总的说来，就是要在不太长的历史时期内，把我国建设成为一个具有现代农业、现代工业、现代国防和现代科学技术的社会主义强国，赶上和超过世界先进水平"。周恩来还提出实现"四个现代化"目标的"两步走"设想："第一步，建立一个独立的比较完整的工业体系和国民经济体系；第二步，全面实现农业、工业、国防和科学技术的现代化，使我国经济走在世界的前列。"② 1975年1月，周恩来在四届全国人大一次会议上重申"四个现代化"建设的目标，并对"两步走"的时间作了明确规定：第一步，从第三个五年计划开始，用十五年时间，建成一个独立的比较完整的工业体系和国民经济体系；第二步，在20世纪内，全面实现农业、工业、国防和科学技术现代化，使中国国民经济走在世界的前列。

"四个现代化"的宏伟目标，成为社会主义建设时期中国共产党带领全国各族人民建设社会主义的奋斗方向。然而，20世纪50年代末以来，由于"左"的指导思想的干扰，尤其是开展"文化大革命"和坚持以阶级斗争为纲的错误路线，社会主义现代化建设遭受严重挫折，"四个现代化"战略目标的实现面临艰巨挑战。

---

① 《中共中央文件选集（1949年10月—1966年5月）》第24册，人民出版社2013年版，第224—225页。
② 《建国以来重要文献选编》第19册，中央文献出版社1998年版，第483页。

### 三　改革开放新时期开创"中国式的现代化"

改革开放新时期，中国共产党作出把党和国家工作中心转移到经济建设上来、实行改革开放的历史性决策，大力推进实践基础上的理论创新、制度创新、文化创新以及其他各方面创新，实行社会主义市场经济体制，实现了从生产力相对落后的状况到经济总量跃居世界第二的历史性突破，实现了人民生活从温饱不足到总体小康、奔向全面小康的历史性跨越，为中国式现代化提供了充满新的活力的体制保证和快速发展的物质条件。

这一时期，中国共产党不再以西方发达国家为参照来谋划我国社会主义现代化建设的目标步骤，而是从中国实际出发，确立社会主义现代化发展战略目标、路径及步骤。1978年12月召开的中共十一届三中全会，作出把党的工作重点转移到社会主义现代化建设上来的战略决策。1980年2月，邓小平进一步强调指出："我们党在现阶段的政治路线，概括地说，就是一心一意地搞四个现代化。"[1]

邓小平等中央领导人在总结社会主义革命和建设时期现代化建设经验教训的基础上，对20世纪内能否实现以西方发达国家为参照的"四个现代化"目标进行思考，明确指出中西现代化概念所代表的现代化水平不同，并于1979年提出"中国式的现代化"的概念。1979年3月21日，邓小平会见英国客人时提出了"中国式的四个现代化"新说法，他说："我们定的目标是在本世纪末实现四个现代化。我们的概念与西方不同，我姑且用个新说法，叫做中国式的四个现代化。现在我们的技术水平还是你们五十年代的水平。如果本世纪末能达到你们七十年代的水平，那就很了不起。"[2] 12月6日，邓小平会见日本首相大平正芳，在回答大平首相关于中国整个现代化的蓝图是如何构思的问题时，较系统地阐述了"中国式的现代化"以及"小康"的概念。他指出："我们要实现的四个现代化，是中国式的四个现代化。我们的四个现代化的概念，不是像你们那样的现代化的概念，而是'小康之家'。到本世纪末，中

---

[1] 《邓小平年谱》第4卷，中央文献出版社2019年版，第605页。
[2] 《邓小平年谱》第4卷，中央文献出版社2019年版，第496页。

国的四个现代化即使达到了某种目标,我们的国民生产总值人均水平也还是很低的。要达到第三世界中比较富裕一点的国家的水平,比如国民生产总值人均一千美元,也还得付出很大的努力。就算达到那样的水平,同西方来比,也还是落后的。"[1]

1982年9月,邓小平提出的小康社会战略目标为中共十二大所接受,大会把"小康"作为全党全国奋斗的主要目标以及国民经济和社会发展的阶段性标志。邓小平在十二大提出了"把马克思主义的普遍真理同我国的具体实际结合起来,走自己的道路,建设有中国特色的社会主义"[2] 的命题,自此,中国特色社会主义成为中国式现代化发展的根本方向。1987年中共十三大召开,进一步确定了社会主义现代化建设"三步走"发展战略,即第一步,实现国民生产总值比1980年翻一番,解决人民的温饱问题,这个任务已经基本实现;第二步,到20世纪末,使国民生产总值再增长一倍,人民生活达到小康水平;第三步,到21世纪中叶,人均国民生产总值达到中等发达国家水平,人民生活比较富裕,基本实现现代化,然后,在这个基础上继续前进。在实践中,2000年我国人均国内生产总值为854美元,人民生活总体上实现了由温饱到小康的历史性跨越。2002年,中共十六大宣告"我们胜利实现了现代化建设'三步走'战略的第一步、第二步目标,人民生活总体上达到小康水平",进一步提出在20世纪头20年全面建设惠及十几亿人口的更高水平的小康社会的奋斗目标,并重申"再继续奋斗几十年,到本世纪中叶基本实现现代化,把我国建成富强民主文明的社会主义国家"。[3] 2007年,中共十七大提出"确保到二〇二〇年实现全面建成小康社会的奋斗目标"[4]。

改革开放新时期的社会主义现代化建设,坚持从中国国情出发,走自己的路;强调把党建设成为领导社会主义现代化事业的坚强核心;鼓励先富带动后富,最终实现共同富裕;提出社会主义的根本任务是发展生产力,集中力量实现现代化;在建设高度物质文明的同时,努力建设

---

[1] 《邓小平年谱》第4卷,中央文献出版社2019年版,第582页。
[2] 《十二大以来重要文献选编》(上),中央文献出版社2011年版,第2页。
[3] 《十六大以来重要文献选编》(上),中央文献出版社2011年版,第14、15页。
[4] 《十七大以来重要文献选编》(上),中央文献出版社2013年版,第15页。

高度的社会主义精神文明，努力建设高度的社会主义民主；坚持独立自主的和平外交政策，为世界和平发展作出贡献；等等。社会主义现代化建设的理论探索与实践推进，成功开创并发展了中华民族和中国人民走向"富起来"的中国特色社会主义道路。

### 四　新时代中国式现代化的推进拓展

新时代，以习近平同志为核心的党中央在已有基础上继续前进，不断实现理论和实践上的创新突破，成功推进和拓展了中国式现代化。创立了习近平新时代中国特色社会主义思想，实现了马克思主义中国化时代化新的飞跃，为中国式现代化提供了根本遵循。进一步深化对中国式现代化的内涵和本质的认识，概括形成中国式现代化的中国特色、本质要求和重大原则，初步构建中国式现代化的理论体系，使中国式现代化更加清晰、更加科学、更加可感可行。在战略上不断完善，深入实施科教兴国战略、人才强国战略、乡村振兴战略等一系列重大战略，为中国式现代化提供坚实战略支撑。在实践上不断丰富，推进一系列变革性实践、实现一系列突破性进展、取得一系列标志性成果，推动党和国家事业取得历史性成就、发生历史性变革，特别是消除了绝对贫困问题，全面建成小康社会，为中国式现代化提供了更为完善的制度保证、更为坚实的物质基础、更为主动的精神力量。

新时代十年的伟大变革，为成功拓展和全面推进中国式现代化创造了有利条件和坚实基础。2012年，中共十八大提出在中国共产党成立100年时全面建成小康社会、在新中国成立100年时建成富强民主文明和谐的社会主义现代化国家，强调"确保到二〇二〇年实现全面建成小康社会宏伟目标"①。之后，党中央把脱贫攻坚摆在治国理政的突出位置，作为全面建成小康社会的底线任务，组织开展了声势浩大的脱贫攻坚人民战争。2020年脱贫攻坚取得重大历史性成就，如期全面建成小康社会，实现了全面建成小康社会的第一个百年奋斗目标。面对新冠疫情，续写经济快速发展与社会长期稳定的奇迹，开启了全面建设社会主义现代化国家的新征程，中国式现代化道路日益成熟、特征日渐显著。

---

① 《十八大以来重要文献选编》（上），中央文献出版社2014年版，第13页。

党中央对新征程中中国式现代化的推进作出了战略安排。中共十九大报告指出，全面建成小康社会之后，中国要为实现第二个百年奋斗目标而努力，战略安排是分两步走：第一个阶段，从2020年到2035年，在全面建成小康社会的基础上，再奋斗15年，基本实现社会主义现代化；第二个阶段，从2035年到21世纪中叶，在基本实现现代化的基础上，再奋斗15年，把中国建成富强民主文明和谐美丽的社会主义现代化强国。中共二十大报告再次明确了全面建成社会主义现代化强国分两步走的战略安排，进一步强调指出："从现在起，中国共产党的中心任务就是团结带领全国各族人民全面建成社会主义现代化强国、实现第二个百年奋斗目标，以中国式现代化全面推进中华民族伟大复兴。"①

中共二十大报告阐述了中国式现代化的五个主要特征，指出，中国式现代化，是中国共产党领导的社会主义现代化，既有各国现代化的共同特征，更有基于自己国情的中国特色。（1）中国式现代化是人口规模巨大的现代化。中国十四亿多人口整体迈进现代化社会，规模超过现有发达国家人口的总和，艰巨性和复杂性前所未有，发展途径和推进方式也必然具有自己的特点。我们始终从国情出发想问题、作决策、办事情，既不好高骛远，也不因循守旧，保持历史耐心，坚持稳中求进、循序渐进、持续推进。（2）中国式现代化是全体人民共同富裕的现代化。共同富裕是中国特色社会主义的本质要求，也是一个长期的历史过程。我们坚持把实现人民对美好生活的向往作为现代化建设的出发点和落脚点，着力维护和促进社会公平正义，着力促进全体人民共同富裕，坚决防止两极分化。（3）中国式现代化是物质文明和精神文明相协调的现代化。物质富足、精神富有是社会主义现代化的根本要求。物质贫困不是社会主义，精神贫乏也不是社会主义。我们不断厚植现代化的物质基础，不断夯实人民幸福生活的物质条件，同时大力发展社会主义先进文化，加强理想信念教育，传承中华文明，促进物的全面丰富和人的全面发展。（4）中国式现代化是人与自然和谐共生的现代化。人与自然是生命共同体，无止境地向自然索取甚至破坏自然必然会遭到大自然的报复。我们

---

① 习近平：《高举中国特色社会主义伟大旗帜 为全面建设社会主义现代化国家而团结奋斗——在中国共产党第二十次全国代表大会上的报告》，人民出版社2022年版，第21页。

坚持可持续发展，坚持节约优先、保护优先、自然恢复为主的方针，像保护眼睛一样保护自然和生态环境，坚定不移走生产发展、生活富裕、生态良好的文明发展道路，实现中华民族永续发展。（5）中国式现代化是走和平发展道路的现代化。中国不走一些国家通过战争、殖民、掠夺等方式实现现代化的老路，那种损人利己、充满血腥罪恶的老路给广大发展中国家人民带来深重苦难。我们坚定站在历史正确的一边、站在人类文明进步的一边，高举和平、发展、合作、共赢旗帜，在坚定维护世界和平与发展中谋求自身发展，又以自身发展更好维护世界和平与发展。

中共二十大报告阐述了中国式现代化九个方面的本质要求，即坚持中国共产党领导，坚持中国特色社会主义，实现高质量发展，发展全过程人民民主，丰富人民精神世界，实现全体人民共同富裕，促进人与自然和谐共生，推动构建人类命运共同体，创造人类文明新形态。

可以说，中国式现代化正在很多方面引领着人类进步方向和潮流，展现了不同于西方现代化模式的新图景，是一种全新的人类文明形态，从而为广大发展中国家独立自主迈向现代化树立了典范，提供了全新选择。

## 五 中国式现代化对于语文现代化的要求

现代化是整体的和全面的社会发展，既包括政治和经济，又包括文化和教育等。

从世界各国的现代化规律来看，"现代化过程在经历启动阶段之后，随着经济持续增长，在政治、社会、文化、教育、福利、居民健康与素质等各个方面都会发生适应性变化"，"文盲的锐减，现代教育的普及，使高经济积累率转换为高文化积累率"。[1] 据统计，1960—1976年间，成人识字率在低收入国由27%上升到43%，在中等收入国由53%上升到72%，两类国家共计的中学和大学招生人数大约翻了一番。[2] 文盲的锐减、现代教育的普及，都离不开语言文字的现代化，因为语言文字现代

---

[1] 罗荣渠：《现代化新论——世界与中国的现代化进程》（增订本），商务印书馆2009年版，第158、159页。

[2] 罗荣渠：《现代化新论——世界与中国的现代化进程》（增订本），商务印书馆2009年版，第159页。

化是教育和文化现代化的基础工程。①

从世界各国现代化实践来看，当人类社会进入现代化发展时期，语言文字要适应这种变化，并服务于这种变化。例如，1868年明治维新使日本走上了现代化的道路，伴随着现代化的发展，日本进行了范围广泛的语言文字改革，包括普及国语、文言改为白话、假名规范化、制定日语罗马字、整理汉字等。

从近代中国探求现代化的历程来看，鸦片战争以后，西方工业文明打开了中国的大门，中国开始了艰难的现代化探索。长期以来，中国书面语使用文言文，口语使用白话，言文不一致造成书面语学习一直与生活中的语言相脱节，到了近代，文言文愈发不能适应现代化的要求。"我国的文言叙述，使科学研究结果的传达，极其困难。一个数学家研究所得，往往埋没于著述中。这是我国典籍中有个别的科学结果，而少前后人继续性的发展的原因。"② 全国各地人们说的是方言土语，没有统一的标准语言，不利于国家统一发展，"中国方言不一，言政治、言军事、言教育、言交通者，无不引为莫大之害"③。中国汉字多而繁难，官方把繁体汉字作为正体字，难学难用，"今六书文字，难于辨、难于记、难于解、难于用，辞难通、音难同、书难音、字难工"④，造成文盲众多。"西国识字人多，中国识字人少，一切病根，大半在此。"⑤ 而且汉字异体字多，字形不规范，字音无标准，难以适应近代以来电报、打字机的使用需求。自清末到国民政府时期，先后兴起了切音字运动、白话文运动、国语运动、简化字运动等。这些语文现代化的努力，都是为了改变中国语言文字不能很好适应现代化发展要求的局面，让语言文字便于使用，便于民众学习新知识，开启民智，谋国家独立富强。

从中国共产党探索中国式现代化的历程来看，中国共产党领导新民主主义革命，工人农民是革命的主要力量，这就要求语言文字必须为劳动大众服务，易于为劳动大众掌握。为此，20世纪三四十年代中国共产

---

① 周有光：《谈语文现代化》，《语文建设》1993年第10期。
② 吴大猷：《吴大猷文录》，浙江文艺出版社1999年版，第130—131页。
③ 吕达主编：《陆费逵教育论著选》，人民教育出版社2000年版，第4页。
④ 《清末文字改革文集》，文字改革出版社1958年版，第88页。
⑤ 胡珠生编：《宋恕集》（上），中华书局1993年版，第16页。

党领导开展了拉丁化新文字运动,在根据地广泛应用简体字。

新中国成立后,全面展开工业化建设、"四个现代化"建设。这就要求提高工人农民的文化和技术知识水平,要求科学技术奋起直追,达到世界先进水平。然而,语言文字领域却存在不适应这些任务和需求的障碍,人们在学习和使用文字工具方面耗费过多的时间和精力,这对于人民群众和社会主义事业都是不利的。因此,中国共产党和人民政府把文字改革当作一项重要的政治任务,当作社会主义现代化建设事业的一个组成部分。

改革开放新时期,电子计算机技术的发展把人们带到一个崭新的信息化时代。信息技术不断创新,信息产业持续发展,信息网络广泛普及,信息化成为全球经济社会发展的显著特征,并逐步转向一场全方位的社会变革。这个时代对语言文字提出了更高的要求,这就迫使中国语言文字工作必须紧密地配合语言信息处理,来共同适应时代的要求。由此,中文信息化成为新时期语文现代化的主要内容。

中国特色社会主义进入新时代,党中央提出了"两个一百年"奋斗目标,作为中国特色社会主义事业的重要基础组成部分,语言文字事业助力中华民族伟大复兴中国梦,站在新的历史起点上担负着新的使命。全面建成小康社会目标实现后,中国开启全面建设社会主义现代化国家新征程,对语文现代化提出了新的要求。尤其是即将到来的第四次工业革命已经呈现出未来的人工智能化特点,中国要实现"换道超车",需要中国语言文字在科技革命和人工智能时代抢占历史先机,释放出巨大的赋能潜力。语文现代化事业必须跟上变局,适应新时代的社会发展需求。

总之,近代以来的现代化探求尤其是中国共产党领导探索中国式现代化,对中国传统语言文字提出了跟上时代、适应现代化进程、服务于现代化发展的要求,从而将语言文字现代化纳入现代化发展之中。

## 第二节 语文现代化是中国式现代化的重要组成部分

中国式现代化建设发展过程中,在中国共产党领导下,中国语言文字领域发生了深刻变革,语文现代化成为中国式现代化的重要组成部分。

## 一　语文现代化的概念及其内涵

何为语文现代化？1980年，高等院校文字改革研究会创办《语文现代化》丛刊，首次提出"语文现代化"概念，指出"文字改革就是语文现代化。也可以说，文字改革的最终目的是语文现代化，语文现代化的首要工作是文字改革"，语文现代化的目的就是"为四个现代化服务"①。

之后，语文学界、理论界对于语文现代化的概念及其内涵进行进一步阐述。例如，1993年，著名语言学家周有光提出，语文现代化的概念在国际上早已流通，语文现代化是一个发展的历史进程，"从历史来看，语文现代化随着工业化而开始的，工业化要求全体人民受义务教育，而义务教育要求普及国语和改进文字。到了信息化时代，语文现代化又有了新的要求。扫盲从传统的'3R'（读写算）教育，进而为'扫除三盲'（文盲、数盲、计算机盲）"。他认为中国的语文现代化有四个方面，即语言共同化、文体口语化、表音字母化和文字简便化。② 后来，周有光又将语文现代化的内容增加了两"化"，即中文电脑化和术语国际化。1994年，教育部主管的全国性学术团体中国语文现代化学会成立，该学会发起成立的倡议书指出，中国语文现代化运动已经有了100年历史，新中国的文字改革工作为中国语文现代化打下了坚实基础，言文一致的基本实现、民族共同语的确立推行、汉字整理和简化、《汉语拼音方案》的制订和扩大应用等语文现代化成就，为推进中国现代化建设起到了不可估量的作用。在改革开放浪潮新形势下，"以语言文字规范化、标准化、大众化和高效化为主要内容的语文现代化，成为我国走向现代社会的一个十分紧迫的任务"③。

曾经担任中国语文现代化学会会长的马庆株、苏培成等专家学者也对语文现代化的概念及其内涵进行了阐发。苏培成认为，"语文现代化就是现代化时期、伴随着现代化进程而进行的语文改革，主要是指语文生活的现代化。现代化是世界发展的总趋势，语文现代化是现代

---

① 高等院校文字改革研究会筹备组编：《语文现代化》（丛刊）1980年第1期，知识出版社1980年版，第5页。
② 周有光：《谈语文现代化》，《语文建设》1993年第10期。
③ 苏培成主编：《当代中国的语文改革和语文规范》，商务印书馆2010年版，第610页。

语文发展的总趋势。语文现代化不是发生在个别国家的个别事例，而是带有普遍性的语文现象"，"中国语文现代化就是中国在现代化时期的语文建设，核心是现代化时期的语文改革。中国语文现代化兴起于19世纪末，延续至今已经有了一百多年的历史。这一百多年的中国语文改革改变了中国语文的面貌，促进了中国教育的发展，为中国社会的发展作出了贡献"。关于语文现代化的内涵，苏培成也认为有五个方面的内容，即语言的共同化、文体的口语化、文字的简便化、表音的字母化、信息处理的电脑化。①马庆株则认为，中国语文现代化包括国家通用语言文字规范化、信息化、国际化，其他少数民族语言文字规范化、信息化。②

由上可见，语文现代化就是伴随现代化进程而开展的语文改革和语文建设，它要求改革那些不适合现代化社会要求的旧的语文生活，建立能够满足现代化社会交际需要的新的语文生活，为实现国家现代化提供良好的语文条件。中国式现代化是一个不断发展完善的过程，语文现代化也是个动态的过程，随着社会的发展，语文现代化的具体内容也在调整和更新，但是语文现代化的根本目标不变，就是为实现国家现代化提供良好的语文条件。

## 二 民主革命时期语文现代化的发轫

中国共产党在寻求民族独立、国家富强的斗争中登上历史舞台，坚守为中国人民谋幸福、为中华民族谋复兴的初心使命，把探索中国现代化发展道路作为自己的历史重任，在这一过程中对语文现代化的有关问题予以关注。例如，1919年9月1日，毛泽东在《问题研究会章程》中列举了需要研究和解决的71项144个问题，其中就有"国语教科书编纂问题"和"国语问题（白话文问题）"③。在探索建设新民主主义文化过程中，中国共产党又将文字改革纳入视野。1940年2月15日，毛泽东在《中国文化》杂志创刊号上发表了《新民主主义的政治与新民主主义

---

① 苏培成：《中国语文现代化的回顾与展望》，语文出版社2007年版，第2、3、13页。
② 马庆株：《中国的语文现代化事业》，《北华大学学报》（社会科学版）2008年第5期。
③ 《毛泽东早期文稿（1912.6—1920.11）》，湖南出版社1990年版，第396、397页。

的文化》①一文，肯定文字改革的必要性与可能性。他指出："所谓新民主主义的文化，一句话，就是无产阶级领导的人民大众的反帝反封建的文化"，"它应为全民族中百分之九十以上的工农劳苦民众服务，并逐渐成为他们的文化"，"因此，一切进步的文化工作者，在抗日战争中，应有自己的文化军队，这个军队就是人民大众。革命的文化人而不接近民众，就是'无兵司令'，他的火力就打不倒敌人。为达此目的，文字必须在一定条件下加以改革，言语必须接近民众，须知民众就是革命文化的无限丰富的源泉。"②

新民主主义革命时期，中国共产党对语文现代化的早期探索，主要包括以下两个方面的内容：第一，开展拉丁化新文字运动。受近代以来向西方学习、反思中国文字落后的文字改革思潮影响。20 世纪 30 年代初，旅居苏联的中国共产党人瞿秋白、吴玉章、林伯渠在苏联语言学家的帮助下，研制了北方话拉丁化新文字③，来改变汉字繁难、不易被劳动大众掌握的状况。1932 年用这种新文字在苏联远东地区的十万华工中进行扫盲，获得成功。1933 年，这种新文字传到上海，受到以鲁迅为代表的上海左翼文化界的欢迎，鲁迅称之为"中国语文的新生"。1940 年 11 月，吴玉章等人发起成立陕甘宁边区新文字协会，作为具体负责新文字运动开展的专门机构。根据地赋予新文字与汉字同样的法律地位，大力开办新文字冬学，把新文字用于社会扫盲教育等，取得了一定成绩，并从理论和实践两方面为新中国成立后的文字改革积累了经验教训。

第二，广泛运用简体字。在根据地，广大人民群众生活艰难，文化教育水平不高，但是在日常生活中，又多少需要使用些文字，简体字获得生发的土壤。这样，简体字虽然得不到国民政府的支持，但是在中共领导的抗日根据地和解放区却获得了蓬勃的发展。"广泛的运用简字，暗地里成为一种群众运动，这是抗战以后的事情。特别在解放区，没有

---

① 此文随后在 2 月 20 日出版的《解放》第 98、99 期合刊上刊登，题目改为《新民主主义论》。

② 《毛泽东选集》第 2 卷，人民出版社 1991 年版，第 698、708 页。

③ 北方话拉丁化新文字采用拉丁字母（就是罗马字母）和音素制的音节结构，它的主要特点一是不标声调，二是拼写方言。简单易学是它的突出优点，缺点是不够精密，因此它在表音字母化的道路上只能是过渡性的设计。

过任何人的有意提倡，简字就不声不响从地下蹿出来，侵入到每个人的笔下，侵入到一切书写的范围里，势力之大，已经变为一个极其普遍的现象了。"① 随着解放战争的节节胜利，简体字也流行到全国各地，被称为"解放字"。

### 三　新中国语文现代化的快速推进

新中国现代化建设离不开广大工农群众的教育普及，在对怎样使文盲占绝大多数的基本群众迅速掌握文化这一问题的战略思考中，中国共产党将文字改革纳入视野。一是设立领导开展文字改革的专门机构，负责文字改革工作的研究、组织和部署。1953年10月，中共中央成立中央文字问题委员会，对文字改革问题进行悉心指导；1954年10月，一届全国人大常务委员会第二次会议批准设立中国文字改革委员会，作为国务院直属机构，负责各项文字改革的具体工作，标志着文字改革进入实施阶段。二是确定文字改革三大任务。毛泽东、刘少奇、周恩来等中央领导人对于文字改革的部署、方案的制定都悉心指导。中共中央于1956年1月发布《关于文字改革工作问题的指示》，1958年1月周恩来在中国人民政治协商会议全国委员会举行的报告会上作了《当前文字改革的任务》的报告，明确新中国文字改革的主要任务就是"简化汉字，推广普通话，制定和推行汉语拼音方案"，极大地推进了新中国语文现代化历程。

第一，开展汉字整理与简化工作。1955年12月，文化部和中国文字改革委员会联合发布《第一批异体字整理表》，有异体字795组，淘汰了异体字1025个。1956年1月31日，《汉字简化方案》由《人民日报》正式公布，自1956年2月起至1959年7月分四批正式推行，在民间应用了千百年的俗体字终于有了合法身份。1964年5月，编印出版《简化字总表》，把在一般通用的汉字范围内应该简化的字全部收入，使简化字的使用有了明确的标准和规范；1965年1月，编印《印刷通用汉字字形表》，收录印刷通用宋体字6196个，确定每一个字的一定笔画结构和笔数，用作统一铅字字形的范本。

---

①　罗竹风：《论简字》，《大威周刊》（总48期）第3卷第3期，1947年8月10日。

与简化字的推行相配合，汉字的排写方式也进行了变革。1955年元旦，《光明日报》发行全国第一份左起横排的报纸。1955年11月21日，教育部在《关于在各级学校推行简化字的通知》中指出，在推广使用简化字的同时，应该逐步横排横写，学生作业本、试卷等也应该尽量横排横写。1955年12月30日，文化部发出《关于汉文书籍、杂志横排的原则规定》，规定自1956年起新发排的汉文书籍，除影印中国古籍以及少数有特殊原因（如该书读者对象大部分还不习惯横排）不能或不宜横排者外，应该一律采用横排；今后新创刊的汉文杂志除特殊者外，应该一律采用横排。此后，新出版的报纸、杂志、书籍几乎全部改为横排。

第二，大力推广普通话。1955年召开的全国文字改革会议和现代汉语规范化学术会议，明确普通话的定义——以北京语音为标准音，以北方话为基础方言，以典范的现代白话文著作为语法规范；确定了国家推广普通话的任务和推广普通话的工作方针"重点推行，逐步普及"。1956年1月，以陈毅为主任的中央推广普通话工作委员会成立，各省市随即成立相应的推广普通话工作机构，负责推广普通话工作的监督领导、组织协调，为推广普通话提供有力的组织保证。此后，全国各地由学校到社会、由部队到机关、由城市到农村，都出现了推广普通话的热潮。

第三，制定和推行汉语拼音方案。汉语拼音方案的拟定自1952年开始，到1956年2月20日，中国文字改革委员会发布了《汉语拼音方案（草案）》，并印行100多万份，征求全国各方意见。1958年2月11日，一届全国人大五次会议批准《汉语拼音方案》。当时汉语拼音方案的用处主要有给汉字注音、作为普通话的教学工具、作为科学上和技术上的符号、用来试验汉语拼音文字、作为各少数民族制定拼音文字的字母基础。自此，中国的汉语拼音运动进入一个以大规模推行汉语拼音、普及汉语拼音教育为主要特征的全新历史时期。全国教育、新闻、出版、广播、工商、交通、科技等各领域都开始广泛应用汉语拼音，使汉语拼音在各行各业特别是在小学拼音教学和注音扫盲工作中，发挥了突出的作用。

第四，开启中文信息处理工程。1974年8月9日，第四机械工业部、第一机械工业部、中国科学院、新华通讯社、国家出版事业管理局五部门联合向国家计委和国务院提出《关于研制汉字信息处理系统工程的请示报告》，请求将汉字信息处理工程列入国家重点科研项目计划。周恩来亲自批准报告，将汉字信息处理工程列入国家科学技术发展计划，定名为"七四八"工程。这一工程分为汉字情报检索、汉字通信和汉字精密照排三个子项目。"七四八"工程的启动，标志着计算机中文信息处理技术受到国家高度重视，为汉字进入信息时代作出了不可磨灭的贡献。

第五，开启中国语言文字应用国际化。1973年，联合国将汉语普通话作为联合国六种工作语言（汉语、英语、俄语、法语、西班牙语、阿拉伯语）之一，成为中外经济、政治、文化交流的重要工具，也是外国人学习汉语和了解中国的重要工具。1975年3月，中国第一次派专家组出席联合国地名标准化会议第六次地名专家组会议，提出中国地名应当以《汉语拼音方案》为拼写标准。会议一致同意采用《汉语拼音方案》作为中国地名罗马字母拼写法的国际标准。1977年8月，在雅典举行的联合国第三届地名标准化会议上，通过关于中国地名拼法的决议，采用《汉语拼音方案》作为中国地名罗马字母拼写法的国际标准。

## 四　改革开放新时期语文现代化稳步发展

1978年中共十一届三中全会的召开，标志着党和国家进入改革开放新时期和社会主义现代化建设。现代化建设中不少工作需要语言文字工作的紧密配合，尤其是信息时代的到来和电子计算机的发展，对语言文字的规范化、标准化提出前所未有的严格要求。1985年12月，中国文字改革委员会改为国家语言文字工作委员会（简称"国家语委"）。1986年1月，国家教委和国家语委联合召开全国语言文字工作会议，明确新时期语言文字工作的方针：贯彻执行国家关于语言文字工作的政策法令，促进语言文字规范化、标准化，继续推动文字改革工作，使语言文字在社会主义现代化建设中更好地发挥作用。这标志着国家语言文字工作重点从文字改革转变为促进语言文字的规范化和标准化。

改革开放新时期，语文现代化取得了显著进展。第一，推广普通话工作成为新时期语言文字工作的首要任务。1982年11月，五届全国人大五次会议通过的《中华人民共和国宪法》，把"国家推广全国通用的普通话"载入其中，使推广普通话成为国家任务、有了法律依据。根据新时期社会主义现代化建设的需要，国家语委及时调整推广普通话工作的方针、目标，把推广普通话的重点放在推行和普及方面，按照"以城市为中心，以学校为基础，以党政机关为龙头，以广播电视等新闻媒体为榜样，以公共服务行业为窗口，带动全社会推广普及普通话"的工作思路，以实行"目标管理、量化评估"、开展"普通话水平测试"、开展"全国推广普通话宣传周"活动为基本措施，全面开展推广普通话的工作。

第二，语言文字的规范化、标准化是新时期语言文字工作的重点。在国家语委等有关部门的努力推动和专家学者的积极支持下，新时期的语言文字规范化、标准化建设成果丰硕。例如，1999年发布了《GB13000.1字符集汉字字序（笔画序）规范》，2009年制定发布《汉字统一部首表》《GB13000.1字符集汉字部首归部规范》；确定了现代汉语常用字和通用字字量，1988年制定出《现代汉语常用字表》《现代汉语通用字表》。1988年、2012年发布、修订《汉语拼音正词法基本规则》，使如何拼写汉语的人名地名，如何拼写汉语的数词、量词、连接词、形容词等都有了法定规范。

第三，新时期语言文字领域的汉字信息处理工作有了很大进展，尤其是中文信息处理相关标准的制定成绩显著。改革开放新时期，汉语拼音在国内应用领域中一个最突出的变化，是从语文领域进入中文信息处理领域，成为信息处理领域的有力工具。国家制定的有关中文信息处理的技术标准，主要分为三部分，即汉字输入法技术标准、汉字字符编码技术标准、汉字字型技术标准。围绕这三方面，国家语委会同有关部门研制发布了一系列标准规范文件。

第四，语言文字工作的法制化取得重大成果。《中华人民共和国国家通用语言文字法》自2001年1月1日起施行。该法科学地总结了新中国成立50多年来语言文字工作的成功经验，第一次以法律形式确定普通话和规范汉字作为国家通用语言文字的法律地位，规定国家通用语言文字以《汉语拼音方案》作为拼写和注音工具。《中华人民共和国国家通用语言文字法》的颁布实施，标志着国家语言文字规范化、标准化工作开始走上法制轨道，对语言文字的社会应用管理进入了一个新的发展时期。

## 五　新时代语文现代化的跨越式发展

中国特色社会主义进入新时代，党中央提出了"两个一百年"奋斗目标。作为中国特色社会主义事业的重要基础组成部分，语言文字事业助力中华民族伟大复兴中国梦，站在新的历史起点上担负着新的使命。新时代国家各项现代化建设需要语言文字工作予以配合，例如，打赢脱贫攻坚战等经济建设需要语言文字事业提供新助力，国家长治久安等政治建设需要语言文字事业夯实基础，提升国家文化软实力等文化建设需要语言文字事业有力支撑，网络治理等社会建设需要语言文字事业服务赋能，人工智能等绿色产业需要语言文字事业创新发展。

中共十八大以来，习近平高度重视语言文字事业，站在实现中华民族伟大复兴和推动人类文明发展的战略高度，多次发表重要论述，指出国家通用语言文字的使用有利于维护国家主权和民族尊严，有利于国家统一和民族团结，有利于社会主义物质文明建设和精神文明建设；指出语言文字既有工具性又有人文性，既是载体、桥梁、纽带，又是文化和文明的象征和标志、文化和文明的基因和根脉。习近平总书记关于语言文字事业发展一系列重大问题的论述，开辟了马克思主义语言观在中国的新境界，为新时代语言文字事业发展指明了方向。

新时代，国家加强了对语言文字工作的规划指导。2012年12月，教育部、国家语委发布了《国家中长期语言文字事业改革和发展规划纲要（2012—2020年）》，这是新中国成立后第一个关于语言文字事业发展的纲领性文件。2016年8月，教育部、国家语委发布《国家语言文字事业"十三五"发展规划》。2017年，"国家通用语言文字普及攻坚工程"全面启动。2020年9月，国务院办公厅印发《关于全面加强新时代语言文字工作的意见》，提出新时代语言文字工作主要任务以及2025年、2035年的目标。2021年2月2日，国家语委召开新中国成立以来第四次、新时代第一次全国语言文字工作会议，全面总结新中国成立以来特别是十八大以来国家语言文字事业发展成就，分析新时代语言文字工作面临的新形势、新需求、新挑战、新使命，对全面加强新时代语言文字工作作出部署。

在党中央领导下，新时代语文现代化事业快速发展，在助力国家繁荣、促进文化传承方面发挥显著作用。第一，推广普及国家通用语言文字取得突出成就。2012—2022 年，建成 122 个国家语言文字推广基地。全国普通话水平测试机构发展至 1700 余个。10 年来，共开展普通话水平测试 6200 余万人次、汉字应用水平测试 22 万余人次。全国普通话普及率从 70% 提高到 80.72%，各民族各地区交往交流的语言障碍基本消除。面向教师、青壮年劳动力、基层干部、语言文字工作者等重点人群实施国家通用语言文字培训，10 年来培训逾千万人次。组织动员青年力量，开展推普志愿服务，中央财政专项支持 986 支团队 1.1 万余名大学生，辐射带动数十万高校大学生深入中西部推普一线。开展民族地区推普攻坚、农村地区推普助力乡村振兴，以及国家通用语言文字高质量普及"三大行动"，民族地区幼儿园已基本实现全部使用国家通用语言文字开展保育教育活动，为实现 2025 年全国范围内普通话普及率 85% 的目标打下良好基础。持续开展语言文字工作达标校建设，33 万多所大中小学达到建设标准。

第二，语言文字规范化迅速推进。组织制（修）订 31 项语言文字规范标准，其中国务院颁布《通用规范汉字表》，集数十年汉字规范之大成。发布公共服务领域外文译写规范（英、日、俄文）系列国家标准，为交通、旅游、文化、体育、餐饮等 10 多个服务领域常用的公共服务信息提供规范译文。《国家通用手语常用词表》《国家通用盲文方案》发布实施，使中国 3300 多万名听力和视力残疾人有了自己的"普通话"和"规范字"。2012—2023 年，累计发布 14 批外语词规范中文译名，有效引导社会规范使用字母词。

第三，助力传承弘扬中华优秀语言文化。整合全国优势力量搭建协同攻关创新平台，深入挖掘阐释古文字的历史思想和文化价值，首批共有 16 家高校和文博单位入选，420 多名专家学者参与工程建设。策划举办七季中国诗词大会、三季汉字听写大会和成语大会，全网累计播放量超过 40 亿人次。打造经典优质资源，建设近 2 万分钟的中华经典资源库，免费向社会开放。自 2015 年起，开展对汉语方言和少数民族语言资源的调查、保存、展示和开发利用，共完成对 1700 多个田野调查点的调查，范围涵盖全国 31 个省（区、市）及港澳台地区的 120 余个语种及其主要方言，收集原始文件数据超过 1000 万条，建成世界上规模最大的语言资源库。打造《中国语言文化典藏》（20卷）和《中国濒危语言志》（30卷）等系列标志性成果。

第四，服务国家发展大局。一是通过语言扶贫筑起脱贫的"语言大道"。2018年初，教育部、国务院扶贫办、国家语委印发《推普脱贫攻坚行动计划（2018—2020年）》，切实发挥语言文字在教育脱贫攻坚中的基础性作用。在贵州，"同语同心乡村振兴"、"双培"三年行动、"小手牵大手·我教长辈普通话"等系列活动先后开展；在新疆，针对少数民族青壮年劳动力的"国家通用语言文字＋职业技能"学习培训班，每年培训420余万人次。为提升西部地区学前儿童普通话水平，教育部、国家语委开展了"百园千师万家"结对帮扶活动，组织江苏、北京等地与贵州、云南等省幼儿园开展"百园携手共推普""千师在线手牵手""万家云端传同音"普通话学习活动。截至2021年，已有100所幼儿园、742名幼儿教师、5176户幼儿家庭实现结对帮扶。二是服务于"一带一路"建设，建成"一带一路"共建国家语言状况与语言政策研究成果和数据库。三是为冬奥会提供语言助力，建成8个语种对照、包含13.2万条术语的跨语言冬奥术语库并组织编写《冬奥会体育项目名词》，纸质内容与术语库融合联动，系冬奥语言服务历史首创。四是推动语言文字资源建设，上线包括35款历代书法名家字体的"中华精品字库"、转换准确率达99%的"汉字简繁文本智能转换系统"、涵盖古今各个时期8万多个汉字的形、音、义、用、码信息的"汉字全息资源系统"、收录各类语言资源近千项的"国家语委语言资源网"等平台资源。

第五，深化语言文字国际交流合作。建设全球中文学习平台，建成两年即发展用户600万人、覆盖全球182个国家和地区，平台总访问量突破亿次。制定发布首个面向外国学习者、全面评价其中文水平的规范标准《国际中文教育中文水平等级标准》，已向海外发布8个语种对照版，与20多个语言教育机构进行标准对接。截至2021年底，联合国教科文组织、联合国粮食及农业组织、世界旅游组织等10个联合国下属专门机构已将中文作为官方语言，180多个国家和地区开展中文教育，76个国家将中文纳入国民教育体系，外国正在学习中文人数超2500万，累计学习和使用中文人数近2亿。

第六，语言文字法制建设不断加强。形成以《中华人民共和国宪法》为根本依据，涵盖《国家通用语言文字法》《地名管理条例》《普通话水平测试管理规定》等80余部法律、法规、规章和单行条例的语言文字法律法规体系。研制发布《中国语言文字事业发展报告》《中国语言生活状况报告》《中国语言政策研究报告》《世界语言生活状况报告》等"4+N"类43本语言生活皮书，开展年度"汉语盘点"活动，引导社会语言生活和谐发展。①

在中国式现代化发展过程中，经过100多年尤其是新中国70多年的发展历程，中国语文与时俱进实现现代化，取得显著成就，中国整个语文生活面貌焕然一新。语言共同化、文体口语化、表音拼音化、文字简易化、少数民族语文现代化，使语言文字能够更好地满足现代社会生活的需要，充分发挥其社会功能。语言文字的规范化法制化、中文信息化、语言文字应用国际化，提高了人们的语文生活水平和质量，使中国语言文字走向世界。

## 第三节　语文现代化对于中国式现代化的贡献

语言文字是人类最重要的交际工具，与人类生活息息相关。"社会发展和语文发展是密切相关、互为因果的。一般的规律是：社会迅速发展，语文生活也就急剧变化；社会停滞不前，语文生活也就墨守成规。语文发展是教育发展的前提，教育发展是社会发展的前提"，"语言生活的发展既是社会发展的结果，又是社会发展的动力。"② 在中国式现代化发展过程中，中国语言文字与时俱进实现现代化，成为中国式现代化的重要组成部分。与此同时，语文现代化的发展也为中国式现代化的建设作出了不可忽视的贡献，充分发挥了推动促进作用。

### 一　语文现代化助推全国人民整体迈进现代社会

"中国式的现代化，必须从中国的特点出发。"③ 中国地域广、人口

---

① 以上参见《党的十八大以来语言文字事业改革发展成就——"教育这十年""1+1"系列发布会第六场》，中华人民共和国教育部网站，2022年6月28日。
② 周有光：《新语文的建设》，语文出版社1992年版，第1、9页。
③ 《邓小平文选》第2卷，人民出版社1994年版，第164页。

多、底子薄，这是中国共产党领导建设中国式现代化所面临的基本国情。

中国地域广阔，方言复杂，不利于国家的政治、经济、国防和文化教育建设。一个国家不仅文字要统一，语言也要相同，这是现代化的要求。普及全国共同语是工业化和信息化的先行条件。新中国成立后，制定推广普通话的政策，普通话作为现代共同语，不是少数人的语言，而是全国人民必须学习的语言，是普及义务教育的起点。经过大半个世纪以来推广普通话的努力，成绩是有目共睹的。普通话已经成为中国公务活动、教育教学、新闻出版和广播影视的主导用语。全国80%以上的人口已经能够使用普通话进行交际，语言交际障碍在很大程度上得到克服，人民大众的语言能力已经发生了根本性的变化。普通话在全国范围内初步普及所营造的良好语言环境，为社会主义现代化建设各项事业的发展提供了便利。

"现代化的本质是人的现代化"①，因为"人民是历史的创造者，是推进现代化最坚实的根基、最深厚的力量。现代化的最终目标是实现人自由而全面的发展"②。中国文盲众多，不仅不利于社会主义现代化建设，也不利于人的现代化。新中国成立后，国家很快转向大规模经济建设，需要大批有文化的工农兵群众，但是社会上存在大量文盲。据统计，1949年全国5.4亿人口中80%是文盲，农村的文盲率更高达95%以上。1956年10月，国务院副总理陈毅在全国文字改革会议上指出："在有几万万文盲的国家里，不可能建成社会主义社会，不可能有强大的工业建设。"③ "我国大量的文盲还不能在短时期内完全扫除，汉字的艰难虽然不是唯一原因，但确实是主要的原因之一。"④ 在这种情况下，开展文字改革，使语言文字易于为群众掌握，便成为迫在眉睫的任务。"中国文字的改革是教育普及的基础，是新中国重要建设之一。"⑤

经过文字改革，简化字、汉语拼音、普通话在社会上广泛使用，取

---

① 《十八大以来重要文献选编》（上），中央文献出版社2014年版，第594页。

② 习近平：《携手同行现代化之路——在中国共产党与世界政党高层对话会上的主旨讲话》（2023年3月15日），《光明日报》2023年3月16日。

③ 王均主编：《当代中国的文字改革》，当代中国出版社1995年版，第65页。

④ 《关于中国文字改革的问题——吴玉章同志在中共第八次全国代表大会上的发言》，《光明日报》1956年9月29日。

⑤ 马叙伦：《中国文字改革研究委员会成立会开会辞》，《中国语文》1952年7月号。

得了积极良好的社会效果。尤其是简化字在扫除文盲、普及教育中充分发挥作用。扫盲中最重要的是解决识字问题，而汉字简化在一定程度上减少了汉字的繁难，对识字教学有帮助。普及教育，以识字教学为核心的语文教学是其重要内容。识字教学要求汉字结构简易化、部件规范化，简化字比繁体字更适合这样的要求，尤其在书写方面更具优越性，因此简化字在普及教育中发挥了不小的作用。部分科研人员对小学语文教学的试验研究表明，在识字教学中，简化字比繁体字的效率要高15%左右，而在书写方面则高出40%以上。20世纪五六十年代，就有"简化字扫盲一亿人"的说法。据统计，自1949年至1964年的10多年间，共有近1亿青壮年文盲脱盲，文盲率迅速下降至33.58%。[1] 到1995年，"我国已有大约8亿人是在汉字简化和规范的条件下掌握了文化的"[2]。2010年，中国的文盲率已降低至4.08%。2013年，中国九年义务教育人口覆盖率达100%。到2022年，中国的文盲率从新中国成立之初的80%以上下降到2.67%，识字人口使用规范汉字的比例超过95%。[3] 可以说，把人口大国转变为人力资源大国，语文现代化建设功不可没。

中国底子薄，建设社会主义现代化面临的困难多。近代以来，中国长期遭受帝国主义、封建主义、官僚资本主义的压榨剥削，沦为贫穷落后的国家。尤其是中国的科学技术力量不足，科学技术水平总体上看要比世界先进国家落后好几十年。改革开放新时期，以信息技术为代表的科技革命和产业革命蓬勃发展。面对世界高科技革命和信息化的浪潮，党中央非常敏锐地意识到信息化的重要性。1984年9月18日，邓小平在为创刊两周年的《经济参考报》题词时写道："开发信息资源，服务四化建设。"江泽民则提出："四个现代化，哪一化也离不开信息化。" 1989年，江泽民指出："信息已成为现代经济的一种资源，我国应予充分重视。"[4] 1996年，

---

[1] 《2010年第六次全国人口普查主要数据》，中国统计出版社2011年版，第12页。
[2] 《商业用字日趋活跃但需规范——国家语委主任许嘉璐答记者问（上）》，《人民日报》1995年2月22日。
[3] 《党的十八大以来语言文字事业改革发展成就——"教育这十年""1+1"系列发布会第六场》，中华人民共和国教育部网站，2022年6月28日。
[4] 国家信息中心、中国信息协会编：《中国信息年鉴（2001年）》，中国信息年鉴期刊社2001年版，第8、9页。

国务院信息化工作领导小组成立，统一领导和组织协调全国的信息化工作。2000年10月，中共十五届五中全会提出："继续完成工业化是我国现代化进程中的艰巨的历史性任务。大力推进国民经济和社会信息化，是覆盖现代化建设全局的战略举措。以信息化带动工业化，发挥后发优势，实现社会生产力的跨越式发展。"① 2005年10月，胡锦涛强调："要坚持以信息化带动工业化，以工业化促进信息化，走科技含量高、经济效益好、资源消耗低、环境污染少、人力资源优势得到充分发挥的新型工业化道路。"② 推动和实施社会信息化战略，信息化人才是关键。1984年2月，邓小平观看上海小学生操作简易电子计算机时强调，计算机普及要从娃娃抓起。1995年5月，江泽民指出："人类生产及社会服务自动化、信息化、智能化水平正在不断提高，许多繁重、重复的体力劳动正在被各种自动化机械和计算机所取代，对劳动者知识和技术水平的要求越来越高。大大提高我国劳动者中科技人才的比例，提高劳动者队伍的整体素质，对于我国社会主义现代化建设事业具有重大意义。"③

无论是推动和实施社会信息化战略还是培养信息化人才，语文现代化至关重要。20世纪上半叶，由于汉字的复杂性，中文打字机迟迟未能设计出来。之后，虽然设计出了中文打字机，但是昂贵的机器成本和复杂的使用技术使之不仅不能普及给大众使用，而且打字速度始终比不上英文打字机。1984年美国洛杉矶奥运会期间，8月5日《参考消息》曾刊登这样一则报道："新华社派了二十二名记者、四名摄影记者和四名技术人员在奥运会采访和工作。报道奥运会的七千名记者中，大概只有中国人用手写他们的报道。新华社有为它的英文报道用的电子终端，但是汉字屏幕仍在研制阶段。手写的新闻报道是由设在北京的电讯传真系统播送的。"④

中国要想迎头赶上信息化步伐，首先要解决汉字的计算机处理问题，汉字如果不能进入计算机，图书情报工作自动化、印刷出版现代化、办公室事务自动化都将化为空谈。语言文字的信息化是信息化的基础，没

---

① 《十五大以来重要文献选编》（中），中央文献出版社2001年版，第1371页。
② 《胡锦涛文选》第2卷，人民出版社2016年版，第368页。
③ 《江泽民文选》第1卷，人民出版社2006年版，第435页。
④ 《合众社说中国出现"奥运会热"》，《参考消息》1984年8月5日。

有语言文字的信息化就不可能实现信息化，语言文字信息化的水平决定着信息化的水平。在计算机发展的初期，汉字信息处理曾经是计算机在我国推广应用的瓶颈，特别是汉字信息的输入更是一个难题。计算机所配备的仅有数十个键的键盘本来就是为西文设计的，当要用它来输入数以万计的汉字时，困难似乎难以克服。为了让汉字文化适应信息化的进程，中国有关学者在"计算机中文化"和"中文计算机化"两条战线上努力拼搏，各种汉字编码方法应运而生，其中，汉语拼音就是主要途径之一。目前，在众多的汉字输入方法中，智能化的汉语拼音输入法，即利用键盘输入汉语拼音，再由计算机自动转换成汉字，已经成为用户最多、应用最普遍的方法。《汉语拼音方案》正是这种方法得以实现的基础。相关调查发现，在发送手机短信和用电脑输入汉字的时候，使用汉语拼音输入法的比例在95%以上。2001年在中国工程院主办的"20世纪我国重大工程技术成就"评选中，共评出了25项重大工程技术成就，其中"汉字信息处理与印刷革命"仅次于"两弹一星"，居第二位。截至2022年12月，中国网民规模达10.67亿，互联网普及率达75.6%，线上办公用户规模达5.40亿。[①] 中国从人力资源大国走向人力资源强国，语文现代化发挥了不可忽视的作用。

## 二 语文现代化助力全体人民走向共同富裕

富裕是各国现代化追求的目标，中国式现代化追求的是全体人民共同富裕。共同富裕，是社会主义的本质要求，是中国共产党的重要使命和矢志不渝的奋斗目标。新民主主义革命时期，党领导人民取得新民主主义革命的胜利，成立中华人民共和国，从根本上确立人民当家作主的主体地位，为实现共同富裕奠定坚实的政治基础。社会主义革命和建设时期，毛泽东提出"共同富裕"理念，并通过公有制、集体化对实现共同富裕进行初步探索。虽然由于"左"倾错误造成探索的曲折发展，但是社会主义制度确立，建立独立的比较完整的工业体系和国民经济体系，为实现共同富裕提供了制度保障和物质技术支撑。改革开放和社会主义现代化建设新时期，党中央致力于极大地解放和发展生产力，并明确了

---

[①] 《截至2022年12月我国网民规模达10.67亿》，人民政协网2023年3月4日。

"先富带后富"的共同富裕路径。中国特色社会主义新时代,党中央兑现全面建成小康社会"一个都不能少"的庄严承诺,将中国特色社会主义的共同富裕道路推向更高的发展阶段。

在中国共产党领导推进共同富裕的历程中,农村和少数民族地区是重点难点。语言文字工作在这两个领域积极作为,用语文现代化助力实现全体人民共同富裕语文现代化。新中国成立时,农村经济文化比较落后,文盲众多,汉语拼音在农村注音识字扫盲中发挥了重要作用。1958年《汉语拼音方案》公布后,许多省(区、市)掀起了注音识字扫盲的热潮。1959年11月,山西省万荣县举行了盛况空前的推行注音扫盲的会议。1960年4月22日,中共中央发布指示,号召在全国推广万荣经验。同年5月11日,《人民日报》发表了题为《大力推广注音识字 争取提前扫除文盲》的社论,指出:"注音识字是多快好省地扫除文盲、巩固和扩大扫盲成果的好方法。"[①] 接着,全国大部分地区都开展了注音识字扫盲活动,取得了较大的成绩。"文化大革命"结束以后,全国各地的扫盲工作陆续恢复。1988年2月,国务院发布了《扫除文盲工作条例》;同年,国家教委召开了全国扫盲工作会议,使这一关系到国家民族前途的重要工作有了快速的推进。全国很多农村开始了新的注音识字扫盲活动,都获得了可喜的成绩。汉语拼音易学易记,有提前读写的特点,不仅加快了扫盲速度,还有利于推广普通话。农民可以在识字不多的情况下,看懂有关农业生产技术的读物,学以致用;学到了更多的文化、道德和法律知识,开展了更丰富的文娱活动,有利于促进精神文明建设。

新中国开展推广普通话工作之初,广大农村使用方言居多,推广普通话的难度较大。一些农村利用农民学校、夜校等阵地,结合扫盲等活动对广大农民进行普通话教育,一度涌现出福建大田吴山乡和山西万荣这样全国的先进典型。改革开放和社会主义现代化建设新时期,考虑到在工业化、城镇化过程中,城市是政治、经济、文化、交通、金融的中心,使用普通话居多,而民族共同语的形成肯定是城市带动农村,所以,推广普通话采取以城市为中心辐射带动农村的办法。农村推广普通话,

---

① 《大力推广注音识字 争取提前扫除文盲》,《人民日报》1960年5月11日。

一是以外出务工人员为重点,利用元旦、春节休假期间,对农民集中培训,为他们外出务工创造条件;二是依托学校,抓好青少年的普通话教育,用孩子去影响家长。同时,把推广普通话工作贯穿于创建十星级文明户活动、科技文化卫生三下乡活动和文化扶贫活动中。新时代,推广普通话工作不断向普通话基础较薄弱的地区倾斜,帮助农民学习、掌握普通话,促进农民提高科学文化水平和增强心理素质,加强现代化意识,开阔眼界,扩大交流范围,激发开拓创新精神,做建设社会主义新农村的主力军。2016年发布的《国家语言文字事业"十三五"发展规划》提出要大力提升农村地区普通话水平,将提升农村地区普通话水平贯穿于全面建成小康社会决胜阶段的全过程,创新开展农村普通话宣传推广工作,大力提升青壮年劳动力普通话水平,使其具备普通话沟通交流能力。2018年印发的《推普脱贫攻坚行动计划(2018—2020年)》,在农村大力实施推普助力脱贫攻坚行动,充分发挥普通话在提高农村劳动力基本素质、促进职业技能提升、增强就业能力等方面的重要作用,采取更加集中的支持、更加精准的举措、更加有力的工作,为打赢脱贫攻坚战、全面建成小康社会奠定良好基础。在农村地区,面向老师、青壮年劳动力、基层干部等重点人群,开展国家通用语言文字培训。据统计,2019年中西部12个省(区、市)的国家通用语言培训共培训教师46.3万人次、青壮年劳动力195.8万人次、基层干部21.3万人次。实践证明,普通话在减贫特别是阻止贫困的代际传递方面发挥了重要作用。普通话的推广普及,还加快了数字乡村建设,帮助农村贫困人口提升了信息技能。

中国有55个少数民族、155个民族自治地方,少数民族人口占全国总人口的8.89%,民族自治地方面积约占全国国土总面积的64%。[①] 新中国成立以后,为帮助少数民族发展文化教育事业,一方面,中国共产党领导开展了帮助少数民族创制与改革文字工作以及少数民族语言文字规范化、信息化工作,新创改的少数民族文字在20世纪下半叶新中国扫除少数民族成人文盲中,在民族地区学校教育、新闻出版、文艺等社会领域都得到了广泛运用,对促进少数民族地区经济、文化建设的发展和

---

[①] 《第七次全国人口普查公报》(第二号),国家统计局网站,2021年5月11日。

少数民族文化、社会生活水平的提高都发挥了重要作用。另一方面，在民族地区大力推广国家通用语言文字，使其成为各民族最为便捷地实现充分沟通交流的重要工具，成为各民族更为全面、直接、高效地提高科学文化素质的重要渠道，为民族地区的政治、经济、文化教育、交通运输、信息技术等领域的发展作出重大贡献。少数民族学好国家通用语言文字，对其就业、接受现代科学文化知识、融入社会都有利。少数民族孩子掌握国家通用语言，就意味着掌握了开启知识宝藏的金钥匙，就能够在更大的空间和更宽广的领域内加强学习、掌握本领、提升自我，并融入社会、获得机会，进而创造更为精彩的人生。根据 20 世纪末 21 世纪初国家语委统一领导开展的"中国语言文字使用情况调查"，显示全国普通话普及率达到 53.06%，省（区、市）之间、民族之间差异较大，例如，北京为 90.36%，福建为 82.95%，西藏仅为 16.10%；壮族达 79.99%，维吾尔族一些地区仅为 19.88%。[①] 新时代，党中央高度重视民族地区国家通用语言文字推广普及，尤其是在全面建成小康社会过程中，2017 年实施国家通用语言文字普及攻坚工程，2018 年实施推普脱贫攻坚行动计划，强调增强青壮年农民、牧民的普通话应用能力，以中西部农村尤其是西部民族农村地区为重点，对不具备普通话沟通能力的青壮年农民、牧民进行专项培训，使其具有使用普通话进行基本沟通交流的能力，并进一步达到工作就业和职业发展所需要的水平，提高就业竞争力，拓展职业发展空间。

  2020 年全面建成小康社会目标胜利实现后，为检验"国家通用语言文字普及攻坚工程"和"推普助力脱贫攻坚行动计划"实施成效，教育部语言文字应用研究所组织开展了"2020 年全国普通话普及情况抽样调查"工作。调查数据显示，2020 年全国仍有近 1/3 省（区、市）普通话普及率低于 80.72% 的全国平均水平，主要集中在中国中西部，特别是民族地区，"三区三州"普通话普及率仅为 61.56%，成为影响和制约这些地区经济社会快速发展的重要因素之一。2022 年，教育部、国家乡村振兴局、国家语委联合印发了《国家通用语言文字普及提升工程和推普

---

[①] 中国语言文字使用情况调查领导小组办公室编：《中国语言文字使用情况调查资料》，语文出版社 2006 年版，第 25 页。

助力乡村振兴计划实施方案》，共同实施国家通用语言文字普及提升工程和推普助力乡村振兴计划，聚焦民族地区实施推普攻坚行动，重点解决学前儿童、教师、青壮年劳动力、基层干部等4类重点人群的短板弱项问题；聚焦农村地区实施推普助力乡村振兴计划，提出推普在助力乡村教育、文化、产业、人才、组织振兴等5个方面的任务和要求，来充分发挥语言文字在推动共同富裕中的积极促进作用。

### 三　语文现代化推动物质文明和精神文明协调发展

中国式现代化不仅要求物质生活水平提高、家家仓廪实衣食足，而且要求精神文化生活丰富、人人知礼节明荣辱，是物质文明和精神文明相协调的现代化。

物质文明和精神文明协调发展的现代社会文明程度的提高一直是中国式现代化追求的目标。1949年9月，毛泽东就充满信心地预言："随着经济建设的高潮的到来，不可避免地将要出现一个文化建设的高潮。中国人被人认为不文明的时代已经过去了，我们将以一个具有高度文化的民族出现于世界。"[①] 20世纪70年代末80年代初，邓小平提出"中国式的现代化"的小康社会构想，就是一个综合性概念，它包括人民生活、社会、政治、文化等多方面内容，体现了整个社会的全面协调发展，尤其是物质文明和精神文明协调发展。改革开放新时期，中国共产党创造性地提出，要在建设高度物质文明的同时，建设高度的社会主义精神文明。新时代，党中央高度重视物质文明和精神文明协调发展。2014年10月15日，习近平在文艺工作座谈会上的讲话指出："当高楼大厦在我国大地上遍地林立时，中华民族精神的大厦也应该巍然耸立"；他强调："中华文明历来把人的精神生活纳入人生和社会理想之中。所以，实现中国梦，是物质文明和精神文明比翼双飞的发展过程。随着中国经济社会不断发展，中华文明也必将顺应时代发展焕发出更加蓬勃的生命力。"[②] 这为全面建设社会主义现代化国家指明了前进方向。实践证明，在物质文明和精神文明

---

[①] 《毛泽东文集》第5卷，人民出版社1996年版，第345页。
[②] 《习近平关于社会主义精神文明建设论述摘编》，中央文献出版社2022年版，第241、19页。

相协调的现代化发展过程中，语文现代化既为社会主义物质文明建设服务，也为社会主义精神文明建设服务，发挥了重要作用。

语言文明是精神文明的重要组成部分，是一个国家和一个人文明程度最直接的体现，是一个国家软实力的重要指标。语言文明最主要的内容就是树立语言文字规范意识，正确使用祖国的语言文字。语言文字规范化、标准化程度直接影响着文化的传承并制约着先进文化的前进方向。新中国成立尤其是改革开放以来，党和政府把语言文明作为提升精神文明的路径与举措之一，在提高全社会语言文字规范意识、纯洁祖国语言文字、净化社会语言环境方面做了大量工作。《中华人民共和国宪法》《中华人民共和国国家通用语言文字法》《中华人民共和国民族区域自治法》《中华人民共和国义务教育法》和《中华人民共和国教育法》明确规定，要推广全国通用的普通话和推行规范的汉字。新时代，中共中央、国务院印发的《爱国主义教育实施纲要》把"正确使用祖国的语言文字，大力推广普通话"列为爱国主义教育的重要内容。

香港、澳门回归后，与内地的交往日益密切，香港、澳门在原有的广东话、繁体字、注音字母之外，普通话、简化字、汉语拼音的使用范围在逐步扩大。台湾地区也逐渐接受了祖国大陆的语文现代化成果，1999年台湾地区行政管理部门议决，采用大陆的汉语拼音法，并拟定于两年后将汉语拼音列为小学生的必修课程。2008年9月，台湾当局通过相关主管部门的提案，确定未来中文译音政策将改采汉语拼音。"台当局指出，采用《通用拼音》，执行六年来，纷乱不一。现今联合国及全世界图书馆均采《汉语拼音》。台湾改采《汉语拼音》，可与国际接轨。"[①] 随着两岸的经贸文化交融，简化字进入台湾社会并为许多人所认同，大陆出版的简化字书籍在台湾大受欢迎。2009年6月，马英九接见侨界访问团时，公开建议未来两岸在文字运用上应达成"识正书简"的协议，"识正"就是认识正体字，但"书写"可以写简化字，更有利于两岸交流与互动。[②] 这种态度扩大了简化字在台湾的影响。国家推广通用语言文字，有利于维护祖国统一和民族团结，增强民族凝聚力。

---

① 周有光：《台湾采用〈汉语拼音〉》，《群言》2008年第10期。

② 张雅雯：《简体字在台湾》，《环球》2009年第14期。

语言文字是文化的重要载体，是创造、保存、传播文化的基本工具。简化字与繁体字都是中国文化、中华文明的载体，"文化传承不会因文字形体的变化而中断"①。简化汉字并没有改变汉字的本质，汉字原有的表意性优点没有因简化汉字而失去，仍然蕴含着丰富的文化内涵。如"塵"是会意字，用鹿在地上跑来表示地上扬起的小土灰，这个字共14画，简化字改为小土为尘，只剩下6笔，仍为会意字。这种改造会意字的方法，不仅减少笔画，也更贴近词义。鹿在地上跑，这是古代的景观，现代人谁也没见过，用它来会意，缺乏直观感受。而改用小土为尘，简单明了。这种简化字既摆脱了汉字繁难，又传承了传统文化，并赋予时代的新内涵。为了使原有繁体字记载的文化经典得以传承，多年来中国改用简化字、加标点横排刊印了大量古籍，更有助于人们学习、了解与熟悉中华文化，从而更好地传承与普及中华文明。尤其是新时代实施"古文字与中华文明传承发展工程""中华经典诵读工程""中华思想文化术语传播工程"，充分发挥语言文字的基础性作用，以文育人，以文化人。

《汉语拼音方案》诞生后，走上服务社会应用、服务国家现代化建设的"快车道"，产生了汉语拼音基本规则、中国人名汉语拼音拼写规则、中国地名汉语拼音拼写规则、汉语拼音解读等诸多成果，让汉语拼音在信息网络时代发挥无可替代的作用，显示了其在信息化、标准化、现代化、国际化方面的强大生命力。汉语拼音不仅属于中国，也属于世界；汉语拼音在国内是文化钥匙，延伸到国际上就变成文化桥梁，成为享誉世界的文化名片。2012年，一批科技工作者向全国人大提出《关于将中国汉字和汉语拼音申报世界文化遗产的议案》（编号26205号），以便使《汉语拼音方案》传承下去，而且让全世界更加了解和理解汉语文化，让计算机信息网络更加精通和传播汉语文化。

**四　语文现代化服务于人与自然和谐共生的现代化**

中国式现代化是人与自然和谐共生的现代化。人与自然和谐共生，即要求在现代化发展过程中坚持可持续发展，坚定不移走生态良好的文明发展道路，从而实现中华民族永续发展。中共二十大报告强调指出，

---

① 苏培成：《简化汉字60年》，《语言文字应用》2009年第4期。

加快发展方式绿色转型，推动经济社会发展绿色化、低碳化是实现高质量发展的关键环节。尤其是要推动战略性新兴产业融合集群发展，构建新一代信息技术、人工智能等一批新的增长引擎。新一代信息技术、人工智能技术在生产环节落地，为新时代绿色低碳高质量发展注入新动能。

新一代信息技术、人工智能技术都涉及语言处理的问题，作为信息基本载体和表达方式的语言文字，是语音识别、语音合成、机器翻译的知识源头。因此，语言信息处理是语言文字信息化和智能化发展的重要领域，也是语言文字信息化和智能化建设的重要途径。无论是语言文字信息化还是语言智能化，要想取得技术创新的重大发展，就要找准语言信息处理的技术难点，集中科研力量，重点突破。语言信息科技成为21世纪的前沿科技，语言技术更被誉为"人工智能皇冠上的明珠"，能够驱动相关领域的智能化。语言文字信息技术创新发展已成为当代科技创新的关键技术，直接影响未来科技发展水平。可以说，在数字化和智能化的浪潮下，将人工智能技术与语言服务相结合，是时代发展的产物，也是当前语言需求环境的要求。

新时代，党中央高度重视语言文字信息化和智能化。2016年《国家语言文字事业"十三五"发展规划》提出推动语音识别与合成、文字识别、人机对话、多语种机器翻译等智能化理论研究和关键技术开发，推进"互联网+"环境下语言智能技术创新，在语言文字智能辅助学习和语言文字评测技术和产品研发方面掌握主动权。2021年，国务院办公厅印发《关于全面加强新时代语言文字工作的意见》，强调要推动语言文字信息技术创新发展，推进语言文字融媒体应用，大力推动语言文字与人工智能、大数据、云计算等信息技术深度融合，发挥语言文字信息技术在国家信息化、智能化建设中的基础支撑作用。2022年，教育部、国家语委印发《关于加强高等学校服务国家通用语言文字高质量推广普及的若干意见》，提出推动语言文字与人工智能、大数据、云计算等相关学科的深度融合，在语言文字信息技术关键领域有所突破。

有关部门大力推进语言文字信息化智能化建设，积极研制人工智能技术及应用的语言文字规范标准。为规范信息技术产品语言文字使用，推动信息产业的健康发展和国家信息化进程，2020年，教育部会同国家新闻出版署、工业和信息化部研究起草了《信息技术产品语言文字使用管理规定

（征求意见稿）》。2023 年 1 月，教育部印发《信息技术产品国家通用语言文字使用管理规定》，指出数字和网络出版物使用国家通用语言文字，应当符合汉语拼音、普通话语音、规范汉字、现代汉语词形、标点符号和数字用法等语言文字规范标准。需要使用汉语方言、繁体字、异体字的，应当符合《中华人民共和国国家通用语言文字法》相关规定。

信息技术的发展以语言文字规范化标准化为基础依托，例如《信息处理用现代汉语分词规范》《信息与文献——中文罗马字母拼写法》《通用规范汉字表》等重要规范标准的发布实施，既适应时代发展和科技进步要求，也为人工智能基础理论体系建立（如自然语言理解）、关键共性技术研究（如自然语言处理技术）和人工智能产业发展（如语音识别、机器翻译）等数字化进程奠定了扎实基础。目前，中国已形成较为系统完善的语言文字信息化规范标准体系，语言文字数字化、智能化正逐步把语言文字资源的静态势能转化为语言文字事业高质量发展的动能，在未来的发展中将更好地助推数字中国、美丽中国建设，推进人与自然和谐共生的现代化。

## 五　语文现代化服务于走和平发展道路的现代化

2018 年 6 月，习近平在会见外宾时指出："中国人民要建设社会主义现代化强国，但我们坚持走和平发展道路，不会走扩张主义和殖民主义道路，更不会给世界造成混乱。"[①] 中国坚持走和平发展道路，在与世界各国良性互动、互利共赢中追求实现现代化目标。

语言文字是文明和文化的载体，更是人类交流沟通、互通有无的工具，是文化交流的纽带，更是搭建人类语言共同体的重要途径。2014 年 3 月，习近平在柏林会见德国汉学家、孔子学院教师代表和学习汉语的学生代表时指出："沟通交流的重要工具就是语言。一个国家文化的魅力、一个民族的凝聚力主要通过语言表达和传递。掌握一种语言就是掌握了通往一国文化的钥匙。"[②] 在中国建设走和平发展道路的现代化过程

---

① 《习近平会见美国国防部长马蒂斯》，《人民日报》2018 年 6 月 28 日。
② 《习近平同德国汉学家、孔子学院教师代表和学习汉语的学生代表座谈》，《人民日报》2014 年 3 月 30 日。

中，汉语汉字走向国际化，有助于跨越中外交流鸿沟，让世界客观认识中国、逐步了解中国。

经过半个多世纪的努力，新中国文字改革的三大成果，即简化汉字、汉语拼音和普通话，不仅在国内取得了成功，在国际上也逐渐得到普遍认可，发挥越来越大的作用。汉语拼音成为国际标准并得到广泛应用，普通话被国际公认为现代汉语，规范简化汉字得到国际广泛认可。可以说，汉语拼音、简化字、普通话在汉语汉字和中华民族文化国际化过程中发挥了重要作用。

中国没有侵略扩张的意图，即使成为全球强国，也不会用军事占领和建立殖民地来强制推广自己的语言文字，而是依靠自己的经济和科技快速发展、对外开放的贸易机会以及中华文化的吸引力来推广自己的语言文字。当然，尽管不能通过军事占领和强制推广传播自己的语言文字，但是可以在推广本国语言文字方面采取一些其他措施。汉语国际传播是中国社会以汉语言文字走向世界为桥梁在国际社会进行的信息传播和文化交流活动，随着中国经济的持续稳步发展，中国同世界各国的交流与合作越来越频繁，希望学习汉语、了解中国的人越来越多，这为汉语国际化提供了良好的发展机遇。

为了向世界各国提供汉语教学资源和服务，1987年7月，国务院批准成立"国家对外汉语教学领导小组办公室"，简称"国家汉办"，负责领导对外汉语的教学与推广工作。2006年，国家对外汉语教学领导小组办公室改称"国家汉语国际推广领导小组办公室"，由国务院办公厅、教育部、财政部、国务院侨务办公室、外交部、国家发展和改革委员会、商务部、文化部、国家广播电影电视总局、国家新闻出版总署、国务院新闻办公室、国家语言文字工作委员会12个部门组成。2004年，国家汉办在借鉴英国、法国、德国等国推广本民族语言经验的基础上，在海外建立孔子学院。2004年11月21日，世界第一所海外孔子学院在韩国首尔揭牌。截至2016年12月，全球130个国家（地区）建立512所孔子学院，其中，亚洲32国（地区）115所、非洲33国48所、欧洲41国170所、美洲21国161所、大洋洲3国18所；在76国（地区）共设孔子课堂1073个，其中，亚洲20国100个、非洲15国27个、欧洲29国293个、美洲8国554个、大洋洲4国99个。

"汉语桥"中文比赛是国家汉办主办的大型国际汉语比赛项目,包括"汉语桥"世界大学生中文比赛、"汉语桥"世界中学生中文比赛和"汉语桥"在华留学生汉语大赛3项比赛,每年1届。"汉语桥"世界大学生中文比赛于2002年开始举办,截至2017年已举办16届。"汉语桥"世界中学生中文比赛和"汉语桥"在华留学生汉语大赛于2008年启动。"汉语桥"在华留学生汉语大赛由中央电视台中文国际频道(CCTV—4)承办,参赛对象为非中国籍、母语为非汉语的在华留学生,分为预赛和决赛两个阶段进行。"汉语桥"中文比赛已经成为各国学生学习汉语、了解中国的重要平台,成为世界汉语学习者高度关注的"汉语奥林匹克"。

教育部中外语言交流合作中心则主办了国际标准化中文考试——汉语水平考试(HSK),这是专为母语非汉语者(包括外国人、华侨和中国少数民族考生)设计的标准化语言考试。最初于1984年由北京语言大学汉语水平考试中心研制,1991年推向海外,每年定期在中国国内和海外举行。汉语水平考试成绩是来华留学和从事与中国相关工作的必要条件,也是日本、韩国、泰国、越南、新加坡、埃及等国考查学习者中文水平的标准。截至2020年底,汉语水平考试已在全球156个国家设立1207个考点,累计服务各类考生4000多万人次。经过30多年的发展,汉语水平考试已成为国际知名考试品牌,并形成了以汉语水平考试为龙头,包括"少儿汉语考试(YCT)""商务汉语考试(BCT)"等在内的国际中文测试体系。新时代,中文正在成为国际性语言,越来越多的国家将中文纳入国民教育体系,越来越多的外国大学开设中文课程,参加汉语水平考试的人数成倍增加。随着学习需求不断扩大,广大学习者、教育者迫切希望研制和出台一套科学规范、包容开放、便于实施的标准,对中文学习、教学、测试与评估各环节进行指导。2021年,教育部、国家语言文字工作委员会发布《国际中文教育中文水平等级标准》(GF0025—2021),自2021年7月1日起正式实施。作为国家语委首个面向外国中文学习者、全面描绘评价学习者中文语言技能和水平的规范标准,该标准的发布实施为国际中文教育事业的发展提供了有力支撑。

在联合国2006年发表的《2005年世界主要语种、分布和应用力调查报告》中,汉语仅次于英语排在第二位,位于德语、法语、俄语、西班牙语、日语之前。[1] 汉语与国际上其他大语种一起,服务于人类命运共同体的构建,在全球治理中发挥越来越重要的作用。

---

[1] 《中国语言生活状况报告(2005)》,商务印书馆2006年版,第243页。

# 第一章 民主革命时期语文现代化的发轫

1840年鸦片战争之后，帝国主义对中国的侵略日甚一日，尤其是中日甲午战争之后，中国面临着被世界列强瓜分的严重危机。面对西方工业文明对于中华传统农业文明的冲击，爱国知识分子忧国忧民，力主向西方国家学习，探求中国的现代化道路，希望改变中国落后局面。在这种早期现代化思想视野之下，清末民国时期的语文现代化运动不可避免带有向西方学习的浓厚色彩。与清末民国时期爱国知识分子自下而上发起语文现代化运动有所不同，中国共产党在根据地自上而下地推行拉丁化新文字、大兴白话文、广泛应用简体字，为新中国成立后语文现代化的快速推进奠定了一定的实践基础和经验。

## 第一节 清末民国时期语文现代化的早期探索

清末民国时期，一些爱国知识分子考虑到要救国图强就要普及教育、培养人才，而教育改革的首要问题就是语言文字领域所造成的障碍。于是，诸多仁人志士对于语言文字改革进行了探索。清末的切音字运动，民国时期的注音字母运动、白话文运动、国语罗马字运动、国语运动、简体字运动、大众语运动等，都是语言文字改革的努力。一些文字改革急先锋认为西方拼音文字优于汉字，对汉字进行激烈抨击，清末吴稚晖等人提出"文字革命论"，五四时期钱玄同等人提出"汉字革命论"。这些激进理论一经提出，就遭到了其他相对保守的文化人士的批评。正是在激进与保守博弈之间，语文现代化开启了早期探索。

### 一　清末文字改革运动

在救亡图存、开启民智的视野之下，资产阶级维新改良派在清末最后 20 年掀起了一场语言文字改革运动，创制切音字，倡导语言统一，兴起白话文，提倡俗体字。在对汉语言文字进行改革的氛围中，远在法国的"新世纪派"无政府主义者则提出了激进的"文字革命论"。

#### （一）兴起切音字运动

汉字属于象形文字，有难以表音的弱点。为了克服这一弱点，历史上曾经采取譬况、读若、直音、反切等方法[①]来为汉字注音。在汉字注音史上，反切注音法的作用和影响都很大，它产生于东汉末年，盛行于六朝，一直使用到清末。尽管反切注音法解决了每个汉字的注音问题，但在运用方面仍然存在着许多不足：其一，反切是一种间接合音，不能直接成音。它是从四个声韵中选出前后两个来切成一个音节，取其头尾，弃其中段，名为两合，实为四合。其二，反切用字过多，且极不统一。据黎锦熙《论注音字母》一文介绍，《广韵》的反切用字，上字有 471 个，下字有 1188 个，想学好反切，需识得这 1600 个字。[②]识字不多的人，如果对反切上下字都不认识，就无法拼出字音。因此，对于不识字或识字不多的人而言，反切注音法根本起不到注音作用。

1891 年，曾经到日本进行过考察的宋恕首先提出"须造切音文字"的主张，"切音文字"实际就是拼音方案，用以辅助汉字读音。与此同时，沿海地区接触日本和西方文化较多的以及一些到过西洋、有志于文字改革的知识分子开始身体力行，探索制订切音字方案，从而兴起了切

---

[①] 譬况注音法是一种用打比方或描写发音方法、发音部位来为汉字注音的方法，这种方法只是指出字音的发音方法或发音部位，并没有注出汉字的直接读音，其说明性的词语也过于模糊，使人不易得出汉字的准确读音。读若法是用一个发音近似的较常见字来注明某字读音的注音方法，它所注出的多为近似音，并非所注汉字的准确读音，这种注音方法仍是借字表音，并没有对字音进行分析。直音法是用一个同音字来说明某字读音的注音方法，常常以"某音某"的形式来表示，这种方法准确、易晓，但有些字没有同音字，或虽有同音字而该字却是不常用的冷僻字，直音法便无法使用。反切注音法应运而生。反切就是"反复相摩而成音"，是一种利用两个汉字来拼注一个汉字读音的注音方法，其基本原则是：上字取其声，下字取其韵；上字定清浊，下字定四声。反切法标志着汉字注音由整体注音跨入了分解注音的新时期。

[②] 黎锦熙：《论注音字母》，郑林曦：《中国文字改革问题》，新建设杂志社 1952 年版，第 59—60 页。

音字运动。1892年，卢戆章撰写出版"中国切音新字"厦腔读本《一目了然初阶》，标志着切音字运动的开端。据统计，在切音字运动中，自1892年至1910年全国各地提出的切音字方案有28种。从字母的形式来看，汉字笔画式（也就是日本假名字母的形式）14种，速记符号式5种，拉丁字母式5种，数码式2种，自造符号式1种，不详的1种；从拼写的语音看，拼写官话音的10种，拼写方言音的9种，不详的9种；从音节的拼写方式看，声韵双拼制18种，音素制4种，音节制1种，不详的5种。①

康有为、梁启超、谭嗣同等维新运动的领袖人物对切音字运动予以积极的支持。例如，1891年康有为在《新学伪经考》一书中指出了文字由繁到简的发展规律，他说："凡文字之先必繁，其变也必简，故篆繁而隶简，楷正繁而行草简。人事趋于巧变，此天智之自然也。"② 他在《大同书》中阐述对未来世界文字的看法时，明确主张使用拼音文字："附以中国名物，而以字母取音，以简易之新文写之，则至简速矣。"③ 康有为还亲自制订过拼音方案。据梁启超说："吾师南海康长素先生以小儿初学语之声为天下所同，取其十六音以为母，自发凡例，属其女公子编纂之。"④ 梁启超也赞成改革汉字，1896年他为沈学的《盛世元音》写序，介绍切音字运动，赞成"文与言合"。维新运动领袖人物对于汉字改革的意见及其对切音字的支持，有力推进了清末切音字运动的发展。然而，这些切音字方案绝大部分都没有得到清政府的支持，没有得到大规模实际推行，只有王照制订的"官话字母"和劳乃宣制订的"合声简字"在一些政府官员的支持下，获得较广的推行。

作为近代以来文字改革的先行者，清末切音字运动中的有识之士提出的一些文字改革思想和理论，具有鲜明的时代特色，对后世的语文现代化探索产生了重要影响。

第一，提出文字改革是国家富强、民族振兴的前提条件。清末的切音字提倡者都从便于民众学习新知识、谋国家富强的角度提出文字改革

---

① 倪海曙：《清末汉语拼音运动编年史》，上海人民出版社1959年版，第9—12页。
② 康有为：《新学伪经考》，古籍出版社1956年版，第104页。
③ 康有为著、邝柏林选注：《大同书》，辽宁人民出版社1994年版，第103页。
④ 梁启超：《沈氏音书序》，《清末文字改革文集》，文字改革出版社1958年版，第8页。

主张。如最早发表文字改革方案的卢戆章指出："窃谓国之富强,基于格致,格致之兴,基于男妇老幼皆好学识理;其所以能好学识理者,基于切音为字,则字母与切法习完,凡字无师能自读;基于字话一律,则读于口遂即达于心;又基于字画简易,则易于习认,亦即易于捉笔。省费十余载之光阴,将此光阴专攻于算学、格致、化学,以及种种之实学,何患国不富强也哉!"① 沈学认为,欧洲列国之强、美洲之强、俄国日本之强,"莫不以切音字为富强之源"②。陈虬也说:"现今我们大清国的病呢?是坐在'贫弱'两个字哪,只有富强是个对证(症)的方儿。因此造出新字,当那富强药方的本草。"③ 这种见解无疑夸大了文字的作用,但其爱国愿望和初衷却不容否定。

第二,提出中国文字繁难论。切音字提倡者认为中国人识字率低的主要原因是汉字的繁难。如卢戆章指责"中国字或者是当今普天之下之字之至难者"④,田廷俊也认为"文字之繁难,中国冠天下矣"⑤。他们认为汉字繁难有着诸多危害:其一,象形文字导致中国字数庞大,总字数达四万余,常用字也有四五千。"欲识此数千字,至聪明者非十余载之苦工不可。"⑥ 而泰西文字甚为简易,"其法以二十六字母相生,至于无穷,中人之才读书数年,便能诵读挥写,故通国男女鲜不学之人"⑦。其二,象形文字还导致汉字字形复杂,笔画繁多。"今六书文字,难于辨、难于记、难于解、难于用,辞难通、音难同、书难音、字难工。特较标音文字之易习易用者,真不可同日语矣。"⑧ 其三,由于汉字是表意文字,致使言文分离。"语言为四民所同有之事,文字乃为士林所独有之事。"⑨ 如此,汉字就被指责为中国落后的罪魁祸首,"夫中国之所以得为中国者,在于文字;而中国之所以为中国者,亦在于文字。文网之

---

① 卢戆章:《一目了然初阶》,文字改革出版社1956年版,第3页。
② 沈学:《盛世元音》,文字改革出版社1956年版,第5页。
③ 《清末文字改革文集》,文字改革出版社1958年版,第40页。
④ 卢戆章:《一目了然初阶》,文字改革出版社1956年版,第2页。
⑤ 《清末文字改革文集》,文字改革出版社1958年版,第24页。
⑥ 卢戆章:《一目了然初阶》,文字改革出版社1956年版,第3页。
⑦ 《清末文字改革文集》,文字改革出版社1958年版,第13—14页。
⑧ 《清末文字改革文集》,文字改革出版社1958年版,第88页。
⑨ 郑振铎编:《晚清文选》,中国人民大学出版社2011年版,第504页。

密，字学之繁，实为致弱之基"①。

第三，提出文字工具论。自晚清"经世致用"思潮以来，文化上的工具主义盛行，工具化成为当时知识分子观察和思考文化问题的主要视角。在这种时代潮流和文化背景下，文字的工具性也日益被强调。康有为最早指出文字作为"记号"工具功能的观点，即"以造文之始，必多为笔墨形象而后其意始显，及其通用，但使为记号而已可共晓"②。其《大同书》更明确强调了文字要"方便为人服务"的工具本质："夫语言文字，出于人为耳，无体不可，但取易简，便于交通者足矣，非如数学、律学、哲学之有一定而人所必须也，故以删汰其繁而劣者，同定于一为要义。"③ 作为维新改良主义运动的领袖，康有为的这种观念对其他文字改革者产生了重要影响。如沈学在《盛世元音》中就强调汉字作为一种工具，必须便利。他说："字也者，志也，所以助人省记者也。古字寓形，今字寓音；欲利于记诵，笔愈省为愈便，音愈原为愈正。""夫字，士人之利器，以逾利为逾妙。"④ 汉字成为一种"器"，其功用价值和便利性便成为汉字改革的最大追求："器惟求适于用"⑤，"至灵至浅，至简至易，妇孺可学"⑥。

汉字既然脱离神圣而成为一种文化工具，其"音"的因素便被置于"义"的因素之上："西字不作字义，只以字音连句读通行天下，足证字音胜字义。字义难载字音，字音尽载字义。"⑦ 有人甚至过分强调"音"的因素："由音生义，音辨而义自明。"⑧ 这样，弥补汉字所欠缺的表音功能成为改革者考虑的中心问题，因此"改良文字，使文字悉统于声"⑨便成为文字改革的取向，以记录语音为功能的切音字也就成为清末汉字改革者普遍的选择。这种工具主义的追求和对汉字工具性的片面强调，

---

① 《清末文字改革文集》，文字改革出版社1958年版，第13页。
② 康有为：《新学伪经考》，古籍出版社1956年版，第105页。
③ 康有为著、邝柏林选注：《大同书》，辽宁人民出版社1994年版，第96页。
④ 沈学：《盛世元音》，文字改革出版社1956年版，第11、13页。
⑤ 力捷三：《闽腔快字》，文字改革出版社1956年版，第4页。
⑥ 蔡锡勇：《传音快字》，文字改革出版社1956年版，第11页。
⑦ 沈学：《盛世元音》，文字改革出版社1956年版，第6页。
⑧ 刘孟扬：《中国音标字书》弁言，文字改革出版社1957年版，第1页。
⑨ 杨琼、李文治：《形声通》，文字改革出版社1957年版，第24页。

一直贯穿于面临民族危亡的中国近现代历史发展和语文现代化过程之中。直到新中国文字改革尤其是改革开放以后，才逐渐纠正了文字工具论忽视汉字内在文化内涵的缺憾。

（二）倡导语言统一

在切音字运动中，清末的文字改革倡导者意识到语言统一对于国家发展的重要性。例如卢戆章在《〈中国第一快切音新字〉原序》中主张一方面推行方言切音字，一方面以南京官话为标准统一全国语言，后来又主张推广京音官话，倡导"颁定京音官话，以统一天下之语言也。……全国公文、契据、文件、通信，均认京音官话，为通行国语，以统一天下之语言也"①。1906年，劳乃宣更明确提出："夫文字简易与语言统一，皆为今日中国当务之急"，并强调"然欲文字简易，不能遽求语言之统一，欲语言统一，则必先求文字之简易"。② 1906年，时任文明书局编辑员兼文明小学堂堂长的近代教育家陆费逵系统论述了统一语言的重要性，指出："中国方言不一，言政治、言军事、言教育、言交通者，无不引为莫大之害。无论南北语音，杂然不同。即邻郡相接，而语言亦异。甚至同一县也，此乡与彼乡且判若二国焉。是以我国上下，知有乡谊而不知有国家观念，知有省界而不知有国家种界也，可不为大哀哉！平日政教不一，交通不便，以言统一难矣。今当创造字母之际，若仍家自为政，乡自为俗，不择一地方适中语音，轻利而用行最多者为准，则语言之统一不可期矣。语言之统一不可期，即全国人心之统一不可期亦。全国人心之统一不可期，则竞生存于天壤之间，必不可得胜也。"③

统一语言需要有共同语，最初人们用"官话""京话"来称呼共同语。1906年，留学生朱文熊在日本出版《江苏新字母》，书中首次提出了"普通话"这个概念，但是他只给出"各省通行之话"的含糊定义。吴汝纶在《东游丛录》中使用了从日本引进的"国语"概念，并在《上张管学书》中使用了"国语"一词："日本学校，必有国语读本，吾若效之，则省笔字不可不仿办矣。"④ 1910年，资政院议员江谦等32人在

---

① 《清末文字改革文集》，文字改革出版社1958年版，第73页。
② 《清末文字改革文集》，文字改革出版社1958年版，第57页。
③ 吕达主编：《陆费逵教育论著选》，人民教育出版社2000年版，第4页。
④ 《清末文字改革文集》，文字改革出版社1958年版，第29页。

《质问学部分年筹办国语教育说帖》中还为此专门正名,认为应将"官话"改为"国语",要求把"官话课本"正名为"国语读本"①。自此,人们多用"国语"来称呼共同语。

清末的文字改革者提出了以什么话来作为共同语的问题。陆费逵强调:"至语言统一,以何地为准,则当取各省语言细较之,择善而用之。"② 总起来看,用"京音官话"来统一全国语言的主张是当时的主流。在清末切音字方案中,拼写"京音官话"的方案最多。如卢戆章最早提倡以"南京话"作为"各省之正音",1906 年也主张颁定京音官话"以统一天下之语言也"。

至于如何统一语言,清末的文字改革者有着不同主张。王照等人主张一步走,直接教授京音切音字,在全国普及京音以统一语言。有的则主张分两步走,先教授方言切音字,进而学京音切音字来统一语言,劳乃宣就是这种主张的代表人物。他认为:"中国之用旧字数千年,用方言亦数千年,今欲数千年之方言一旦变为官音,闻者咸苦其难,望而却步","故莫若即其本音而迁就之,俾人人知简字易,知简字之诚可代语言,……然后率而导之于国语之前途,则从之如流水,趋之如大道矣"。③

在清末国语统一思潮的激荡下,清政府采取了一些措施来推进语言统一。1909 年,清政府学部拟定了推行国语教育的分年实施计划,规定:"宣统二年,编订官话课本,编辑各种辞典,行各省学司所有省城师范学堂及中小学堂兼学官话;宣统三年,颁布官话课本,京师设立官话传习所,行各省设立官话传习所;宣统四年,行各省推广官话传习所;宣统五年,行各省学司所有府直隶州厅初级师范学堂及中小学堂兼学官话;宣统八年,行各省学司所有厅州县中小学堂兼学官话,是年检定教员章程内,加入考问官话一条。初级师范学堂中学堂高等小学堂各项考试,均加官话一科。"④ 到 1911 年 6 月,清政府学部议决通过了《统一国语办法案》。虽然清王朝很快覆灭,这些方案未及实施,但是却为民国时期国语统一运动奠定了基础。

---

① 《清末文字改革文集》,文字改革出版社 1958 年版,第 117 页。
② 吕达主编:《陆费逵教育论著选》,人民教育出版社 2000 年版,第 4 页。
③ 《清末文字改革文集》,文字改革出版社 1958 年版,第 55—56 页。
④ 《清末文字改革文集》,文字改革出版社 1958 年版,第 116 页。

## （三）发起白话文运动

在切音字运动中，清末的文字改革者提出了白话文的主张。如前所述，1892 年卢戆章提出了"字话一律，则读于口遂即达于心"的主张，"字话一律"主要指书面语与口语具有一致性，这一主张称得上是清末白话文运动的先声。1895 年，资产阶级维新派黄遵宪在刊印的《日本国志》一书中，根据日本国语运动经验，明确提出"言文合一"主张，指出："盖语言与文字离，则通文者少；语言与文字合，则通文者多，其势然也"；他根据西方与日本语言文字变革发展之大势，认识到"欲令天下之农工商贾妇女幼稚皆能通文字之用"，言文合一是中国语言文字发展的一条路径，并寄希望于他日"变一文体为适用于今、通行于俗者"。① 梁启超对于黄遵宪主张深表赞同，1896 年他为沈学的《盛世元音》写序，指出"文与言合，而读书识字之智民可以日多矣"②。1897 年初，梁启超在《变法通议·论幼学》中将言文合一目标明确指向了"俚语"，主张"今宜专用俚语，广著群书"③。他们虽然没有明确打出白话文的旗帜，但是用白话来实现言文合一的立意已经很明确了。

1898 年 8 月，维新志士裘廷梁发表《论白话为维新之本》一文，旗帜鲜明地提出"崇白话而废文言"的战略口号，标志着白话文运动的开始。裘廷梁从语言文字发展史和古人对文字的运用等方面说明"文字之始，白话而已矣"；他将国家危亡之因归结为国无智民，将民智不开之因归结为"此文言之为害矣"；他列述白话文"省日力""除骄气""免枉读""保圣教""便幼学""炼心力""少弃才""便贫民"等八大益处，将西方人才之盛和日本之崛起皆归结为"用白话之效"，从而结论"愚天下之具，莫文言若；智天下之具，莫白话若。……文言兴而后实学废，白话行而后实学兴"。④

伴随着对白话文的倡导，戊戌变法前后中国出现兴办白话报的潮流。例如，1895 年浙江创办《杭州白话报》；1897 年浙江创办《平湖白话

---

① 黄遵宪：《日本国志》，上海古籍出版社 2001 年版，第 346、347 页。
② 《清末文字改革文集》，文字改革出版社 1958 年版，第 8 页。
③ 《梁启超全集》第 1 集，中国人民大学出版社 2018 年版，第 66 页。
④ 李煜主编：《中国文化精华全集》文学卷（三），中国国际广播出版社 1992 年版，第 845 页。

报》、上海创办《演义白话报》；1898 年裘廷梁创办《无锡白话报》；1904 年陈独秀等在家乡创办《安徽俗话报》；1904 年钱玄同主办《湖州白话报》；1905 年，北京出版了代表清廷官方的《京师白话报》等。白话报出版地遍及全国，包括香港、广东、湖南、湖北、山东、山西、江西、东北、天津、伊犁、蒙古等全国范围及海外东京等地。据统计，清末最后约十年时间里，全国出现过 140 多份白话报和杂志。①

这些白话报刊大都视白话为开启民智的利器。如 1901 年创刊的《杭州白话报》声明："我们做白话报的主意，只求中国四万万人民智大开。"② 不仅维新派倡导白话文开启民智，20 世纪初革命派人士也重视白话对普及文化、推进文明发展的作用，注重用白话来宣传革命思想。例如，秋瑾在《白话杂志》《中国女报》发表多篇白话文章，发动妇女们关心政治、投身革命。陈天华撰写发表《猛回头》《警世钟》，陶成章、蔡元培等也写了不少白话文章，宣传革命真理。

还有人倡导在师范学校及初等小学推广白话、使用白话教材。如 1905 年《东方杂志》发表《论教育普及宜注重初等小学及变通语言文字》一文，指出："师范学校所授科目，悉用京话传授，小学课本又仿言文合一之例，将文语改为京语"，"语言文字为一国精神所寄，必出之浅显，便于记诵，夫而后一览了然，教育有普及之一日"。③ 在白话文兴起大势所趋之下，清政府于 1909 年颁布的《奏定初等小学堂章程》中指出，初等小学堂的文字课"其要义在使识日用常见之字，解日用浅近之文理，以为听讲能领悟、读书能自解之助；并当使之以俗语叙事及日用简短书信，以开他日自己作文之先路，供谋生应世之要需"④。

清末的白话文运动推动白话文有了初步发展。但是，那时的白话文还不是怎样说就怎样写，而是"八股翻白话"。而且，清末的白话文运动并未从根本上改变白话文的地位，官方文书、正式文体中仍然是文言文占统治地位。正如周作人所评论的，清末白话文出现时，"不是凡文

---

① 参见陈万雄《五四新文化的源流》修订版，生活·读书·新知三联书店 2018 年版，第 128 页。
② 《杭州白话报序》，《北京新闻汇报》1901 年 5 月卷，第 940 页。
③ 《论教育普及宜注重初等小学及变通语言文字》，《东方杂志》1905 年第 2 卷第 3 期。
④ 《学制：奏定初等小学堂章程》，《浙江教育官报》1909 年第 9 期。

字都用白话写，只是为一般没有学识的平民和工人才写白话的，因为那时候的目的是改造政治，如一切东西都用古文，则一般人对报纸仍看不懂，对政府的命令也仍将不知是怎么一回事，所以只好用白话。但如写正经的文章或著书时，当然还是作古文的，因此我们可以说，在那时候，古文是为'老爷'用的，白话是为'听差'用的"①。不容否认的是，清末白话文运动与维新改良、宣传革命等政治紧密相连，白话作为开启民智的工具，恰恰反映了语文现代化在中国现代化进程中的重要作用。

（四）提倡俗体字

纵观中国文字发展历史，每当汉字传习扩大、应用频繁，就发生简化。一直以来，简体字被称为俗体字，主要在百姓中流行；繁体字则称为正体字，为士大夫所用。如前所述，清末切音字运动中，康有为指出了文字由繁到简的发展规律，卢戆章等人批评汉字繁难，提出"字画简易，则易于习认，亦即易于捉笔"②。1909 年，陆费逵在《教育杂志》创刊号发表《普通教育当采用俗体字》一文，公开提倡把俗体字作为正统文字使用。接着他又在《教育杂志》第 3 期发表《质疑问答·答沈君友卿论采用俗体字》一文，较系统阐述采用俗体字的原因和好处。

其一，他认为文字是一种符号，越简单越利于记忆。"文字者，用符号代言语，所以便记忆免遗忘也。符号愈简，则记忆愈易，遗忘愈难。"其二，他指出我国文字繁难，新造的切音简字等与传统文字相差太远，不易很快推行。"我国文字，义主象形，字各一形，形各一音，繁难实甚，肄习颇苦。欲求读书识字之人多，不可不求一捷径，此近人简字之法所由创也。顾简字与旧有文字，相去太远，一时不能冀其通行。"其三，他主张采用俗体字作为文字改良之法，并阐述了三大好处：（1）"窃以为最便而最易行者，莫若采用俗体字。此种字笔画简单，与正体字不可同日语。……易习易记，其便利一也"。（2）"此种字，除公牍、考试外，无不用之，贩夫走卒，且藉此以读小说歌本焉。若采用于普通教育，事顺而易行，其便利二也"。（3）"余素主张此议，以为有利

---

① 周作人：《中国新文学的源流》，华东师范大学出版社 1995 年版，第 56 页。
② 卢戆章：《一目了然初阶》，文字改革出版社 1956 年版，第 3 页。

无害,不惟省学者之脑力,添识字之人数,即写字、刻字,亦较便也。"①

陆费逵提倡俗体字的主张,虽然在当时反响不大,但是却对五四运动时期、国民政府时期的简体字运动和中国共产党领导的汉字简化工作产生了深远的影响。

(五) 新世纪派提出"文字革命论"

总体来看,在清末的文字改革运动中,改革者倡导白话文,呼吁用切音字来辅助汉字,采用俗体字,并主张语言统一。他们并不要求废除汉字,仍然固守传统的中国语言文字制度。这与20世纪初吴稚晖等"新世纪派"无政府主义者对汉字的革命性态度有着根本区别。

1903年5月,《苏报》案发,吴稚晖避走英国留学,两年后到达法国。赴英留学之前,因感于国难之深,吴稚晖思想已渐趋革命。在这种情况下,在巴黎盛行的无政府主义所主张的科学、人道、公理、追求自由平等、打倒一切强权的理念以及人类将来必由进化而达世界大同之理想,深深吸引了吴稚晖等人。1906年冬,吴稚晖、张静江、李石曾等人成立了"世界社",并于1907年6月创办无政府主义刊物《新世纪》周刊,他们以达尔文的进化论和克鲁泡特金的互助论为理论基础,以语言文字革命为起点,对中国传统文化进行全盘否定。

按照无政府主义理论,人类的语言文字是一个进化的过程;人类最终通过互助进入大同社会,而人类要互助,首先就要统一语言。当时正值世界语②("万国新语")流行于欧洲,作为一门简单易学的文字,世界语很快获得了无政府主义者们的青睐。在这样的理论语境中,《新世纪》创刊之始即连续发表《万国新语》《记万国新语会》《万国新语之进步》等多篇文章,介绍"万国新语"之进步和优点。1907年11月2日,《新世纪》发表《进化与革命》一文,直接提出"文字革命"的主张。1908年春,该刊连续刊出署名为"前行""笃信子""苏格兰君"等人的多篇文章,对通向"万国新语"的中间步骤——"编造中国新语"不

---

① 吕达主编:《陆费逵教育论著选》,人民教育出版社2000年版,第21页。
② 世界语,是由波兰籍犹太人柴门霍夫博士(L. L. Zamenhof)1887年在印欧语系的基础上创立的一种国际辅助语,旨在消除国际交往间的语言障碍,被誉为"国际普通话"。它共有28个字母,书写形式采用拉丁字母。世界语从1905年起开始传入中国。

以为然，主张"直截了当"地废弃中国文字；与此同时，吴稚晖、李石曾等人介入，或撰写文章，或以"按语"、"批注"别人文章的形式发表评论，系统阐述了他们的"文字革命论"①。

第一，他们以文字进化论为出发点，得出汉字是野蛮、落后的结论。在无政府主义者看来，语言文字是一个从文明到野蛮的进化过程，按照文字的进化，他们将世界文字分为三类：（1）象形，如埃及古文；（2）表意，如中国汉字；（3）合声（即表音），如西文。如何判断这三类文字的优劣呢？无政府主义者也采用了文字工具论，认为"便利"是判断文字优劣的唯一标准，"文字所尚者惟在便利而已，故当以其便利与否定其程度之高下"，按此标准，他们认为"象形、表意之字不如若合声之字为良"。② 也就是说，汉字落后于西方拼音文字。

无政府主义者进一步批判汉字不适合现代排版印刷，是现代文明的一大障碍。如吴稚晖指出："汉字不惟准无音（若云谐声字即音，此即秀才可识半边字之笑话。有此原理，无此实用也），而且不便于排印，不便于检字，为文明传布、庶事整理上之大梗。"③ "西文有一大便利，中文有一大不便利，则从机器愈改良后所发露也。西文书写能用打字机，中文不能。"④ 这是汉字应用的一大缺陷。⑤ 由此，"新世纪派"得出"中国文字为野蛮，欧洲文字较良"⑥ 的结论，这就明确提出了"汉字落

---

① 《新世纪》刊载的关于语言文字的文章，大多为吴稚晖执笔，其所用笔名为燃、燃料、夷、敬恒、真、希等；又用"留欧学界一分子""中国之一人""凭良心者""留此读者""留英一客""无政府党一人""革命党的一分子"；还借用李石曾及其他人的笔名，不下50种。参见詹玮《吴稚晖与国语运动》，台北：文史哲出版社1992年版，第42页。

② 真：《进化与革命》，《新世纪》第20号，1907年11月2日。

③ 吴稚晖：《书神洲日报"东学西渐篇"后》，《吴稚晖文集》，（上海）仿古书店1936年版，第290页。

④ 燃注：《编造中国新语凡例·本报附注》，《新世纪》第40号，1908年3月28日。

⑤ 20世纪上半叶，英文打字机的普及极大地提高了文字资料的录入速度。而由于汉字的复杂性，中文打字机迟迟未能设计出来。1900年1月，《旧金山观察家报》刊登过一篇小品文，说唐人街附近的一家报社里，存放着一台中文打字机，配有一个长达12英尺的键盘，其上共有5000个按键，需要一个打字员拿着喇叭发号施令，四个打字员在键盘上操作，才能打出汉字来。1912年，商务印书馆工程师周厚坤研制出第一台铅制中文打字机，随后他的同事、商务印书馆工程师舒震东对之进行改进，于1919年制造出第一台有实用价值的中文打字机，亦称"舒氏打字机"，并从1922年开始由商务印书馆下属的中国实业机器厂投入批量生产。

⑥ 燃：《新语问题之杂答》，《新世纪》第44号，1908年4月25日。

后论"。

第二,在"汉字落后论"的基础上,"新世纪派"提出废除汉字的主张。在无政府主义者看来,汉字既然是落后的,那么必须淘汰。如1907年11月2日,《新世纪》刊文《进化与革命》指出:"于进化淘汰之理言之,惟良者存,由此可断言曰:象形、表意之字必代之以合声之字。此之谓文字革命。"① 这篇文章正式举起"汉字革命"的大旗,揭橥以"万国新语"取代汉字的主旨。此后,废除汉字的主张不断现于《新世纪》。如第40期刊登前行君的文章《编造中国新语凡例》,即指出:"中国现有文字之不适于用,迟早必废。"② 第69期刊登了苏格兰君的来稿《废除汉文议》,开宗明义地主张:"文字为开智第一利器,守古为支那第一病源。汉文为最大多数支那人最笃信保守之物,故今日救支那之第一要策,在废除汉文。若支那于二十年内能废除汉文,则或为全球大同人民之先进。"吴稚晖在此文"本报附按"中对这种主张极为赞同,认为"能废除较野蛮之汉文,采用较文明之别种文,则于支那人之助力,定能锐增"③。

第三,立足于工具论,他们主张中国应采用世界语。在无政府主义者进化理论和大同目标的框架下,文字的民族文化内涵已被视为"支离于其相互之职务外"的东西、"不相干之连带感情"而全部掏空,所剩下的只有工具和技术层面优与劣的思考。如吴稚晖在《书神洲日报东学西渐篇后》一文中指出:"文字者不过器物之一,如其必守较不适用之文字,则武器用弓矢可矣,何必采用他人之快枪;航海用帆樯可矣,何必采用他人之汽舟;文字所以达意,与弓矢、快枪、帆樯、汽舟之代力,非同物欤?何为不宝祖宗之弓矢与帆樯,而必保其呆滞朴塞之音,板方符咒之字哉?是真所谓以伪传伪,习焉不察者也。"④

按照这种工具论思路,他们主张中国在废除汉字之后,改用"万国新语",亦即世界语。他们认为世界语优于中国文字:"彼之胜我者,我

---

① 真:《进化与革命》,《新世纪》第20号,1907年11月2日。
② 前行来稿:《编造中国新语凡例》,《新世纪》第40号,1908年3月28日。
③ 苏格兰君来稿:《废除汉文议》,《新世纪》第69号,1908年10月17日。
④ 高玉选编、点校:《清末汉字改革方案文本》第4卷,浙江工商大学出版社2019年版,第1504页。

效法之而已。中国文字野蛮，欧洲文字较良。万国新语淘汰欧洲文字之未尽善者而去之，则为尤较良。弃吾中国野蛮之文字，改习万国新语之尤较良文字，直如脱败絮而服轻裘。"① 他们强调，中国文字迟早必废，"欲为暂时之改良，莫若采用二法：（一）即限制字数。凡较僻之字，皆弃而不用，有如日本之限制汉文。（一）即手写之字皆用草书。……所有限制以内之字，则供暂时内地中小学校及普通商业上之应用。其余发挥较深之学理及繁赜之事物，本为近世界之新学理新事物，若为限制行用之字所发挥不足者，即可搀入万国新语，以便渐搀渐多，将汉文渐废，即为异日径用万国新语之张本。"② 这种主张，就不仅意味着废除汉字，甚至是废除汉语。这种激烈主张传入国内，犹如一石激起千层浪，在当时社会上引起轩然大波，引发汉字存废之争。

"新世纪派"废弃汉字汉语的主张公开发表后，立即遭到以章太炎为代表的国粹派学者的反对。1908年，章太炎撰写《驳中国用万国新语说》一文，在《国粹学报》第41、42期和《民报》第21号上同时刊载，后来又在《民报》第24号发表《规新世纪（哲学及语言文字二事）》一文，称"新世纪派"一班人是一批夸夸其谈的"妄庸子"和"西方牛马走"。章太炎站在保存中国文化的立场上，就汉字存废与"新世纪派"展开论战，指出识字者多少与采用象形字还是拼音文字没有关系，汉字与拼音文字各有优劣，汉字同音异义字多，不能改用拼音文字。巴黎的无政府主义者在《新世纪》上继续与他论战，先有吴稚晖的《书"驳中国用万国新语说"后》，后有苏格兰君正文和吴稚晖的按语合成的《书苏格兰君"废除汉文议"后》，仍以无政府主义的文字进化论对章太炎的观点一一批驳。

这场论战的结果对汉字的存废并没有任何实际的影响，但是在文字改革史上产生了重要影响。其一，经过这次论战，双方都有所改变。章太炎虽维护汉字，但也不得不承认汉字繁难，他一方面制作纽文、韵文以辅助汉字，一方面提倡学习章草、小篆以使汉字易学易知。而吴稚晖也调整其观点，同意先以音字辅助汉字，在这一点上二人可谓殊途同归。

---

① 燃：《新语问题之杂答》，《新世纪》第44号，1908年4月25日。
② 燃注：《编造中国新语凡例·本报附注》，《新世纪》第40号，1908年3月28日。

其二，这次论战促进了注音字母运动的发生和发展。论战后，吴稚晖将绝大部分精力投入汉字改良的工作中，主持民国初年注音字母的制订工作。章太炎在论战中所提出的理论成为注音字母的理论根据，章太炎的注音方案中有 15 个字母为注音字母所采纳，对语音的统一起了很大的作用。其三，这次论战对五四时期知识分子的文字改革看法产生了深刻影响。吴稚晖的主张曾经一度影响五四时期文字改革的急先锋钱玄同①，就连陈独秀也同意"废除汉字"的主张。

## 二　民国时期的文字改革和白话文运动

辛亥革命以后，民族资产阶级在政治舞台上日益活跃。在对现代化的追求上，当时民族资产阶级比封建地主阶级进步得多，在政治上主张民主、平等、自由，经济上主张发展工业、商业。为了实现以上主张，民族资产阶级在文化上提出必须普及教育，发展科学。而繁难的汉字成了普及教育、发展科学的严重障碍，所以民族资产阶级比较重视文字改革。不少资产阶级精英知识分子致力于文字改革，提出诸多见解。

在文字改革先锋们的推动下，中华民国政府从各方面推进文字改革实践，使语文现代化有了切实的开端。1919 年 4 月 21 日，北京政府教育部成立了国语统一筹备会，会长张一麐，副会长袁希涛、吴稚晖，会员中有由教育部指派的黎锦熙、陈懋治、沈颐、李步青、陆基、朱文熊、钱稻孙等人，由部辖学校推选的钱玄同、胡适、刘复、周作人、马裕藻等人，由筹备会陆续聘请的赵元任、汪怡、蔡元培、白镇瀛、萧家霖、曾彝进、孙世庆、方毅、沈兼士、黎锦晖、许地山、林语堂、王璞等人，共 172 人。国语统一筹备会下设"汉字省体委员会""国语罗马字拼音研究委员会""审音委员会""国语辞典委员会"和"国语辞典编纂处"等机构，具体负责办理有关推行国语、整理简体字、制订国语罗马字等文字改革工作，实际成为领导文字改革工作的行政机构。1928 年蒋介石领导的革命军北伐成功后，南京国民政府教育部改组国语统一筹备会为

---

① 钱玄同后来自己说过，他主张文字改革，最早是受了李石曾、吴稚晖主编的《新世纪》周报的影响，"以为一切旧的东西都应该毁弃。汉字也是旧的，也应该毁弃"。参见曹述敬《钱玄同年谱》，齐鲁书社 1986 年版，第 31—32 页。

国语统一筹备委员会,继续作为领导文字改革的行政机构。在国语统一筹备会(委员会)的组织推动下,20世纪二三十年代中国的文字改革实践取得了如下主要进展。

(一)制订推行注音字母

注音字母运动是清末切音字运动的继续和发展。清末切音字运动虽然没能产生推行全国的拼音方案,但是它打开了文字改革的局面,卢戆章、王照、劳乃宣的方案为汉字笔画式字母奠定了基础。与清末切音字不同的是,注音字母已经不是个人方案,而是在中华民国政府领导下制定的官方方案。

1912年7月,中华民国教育总长蔡元培召集中央临时教育会议,通过《采用注音字母案》,决定由教育部召集对音韵之学素有研究的人以及通晓两种欧文的人,并由各省召集方音代表,共同制订注音字母方案。1913年2月至5月,教育部召开读音统一会,制订注音字母。会议选吴稚晖为议长,王照为副议长。会议征集及调查来的字母方案各种各样,主要有三派:(1)偏旁派。仿日本片假名,用音近之汉字,任取其偏旁笔画为字母。如直隶王照(即用其官话字母)、江苏汪荣宝(提案有稿本,准旧音韵系统)、浙江汪怡安(有稿本,国语音标概说)、福建蔡璋(有油印本,根据其父蔡锡勇所传速记符号改变形体而成)等人的方案。(2)符号派。自定符号为字母。如直隶马体乾(用其改订之串音字标)、陕西李良材(所提名《简易记音法》,属速记系)、江苏吴稚晖(即用其《豆芽字母》)、王雀(所提名《普通简易字母》)、胡雨人(所提名简字,亦属速记系)、杨麟(1912年著有《新制反切字》)、江西高鲲南(所提名《记音简法》)、湖南陈遂意、广东郑藻裳以及英国人慕维廉、美国人厚巴德等人的方案。(3)拉丁字母派。如江苏杨曾诰、直隶刘继善(著有《新纂新华字》)等人的方案。各种方案的设计者互相竞争,各执己见,争论不休。争论了两个月,最后通过了章太炎的学生——浙江会员许寿裳、朱希祖、马裕藻等及部员鲁迅等人的提议,把会议审音用的"记音字母"作为正式字母通过。这套字母共38个,都是笔画很少的古字,其中15个采自1908年章太炎"皆取古文篆籀迳省之形"制订的《纽文·韵文》。于是,这套汉字形式的拼音方案就产生了。

1918年11月23日,教育部正式公布注音字母,成为中国第一套法定的汉语拼音方案。一直到1958年初新中国颁布《汉语拼音方案》，注音字母在中国大陆推行了40年。作为一种拼音方案，注音字母在统一汉字读音、帮助识字、推广共同语、普及文化教育方面起了很大的作用。新中国成立初期，注音字母还广泛运用于扫盲运动，并发挥了很大作用。直到今天，台湾中小学、大学的语文课本和教材仍用它来注音，用它来推行国语（普通话）。从历史的发展来看，注音字母的不足也是很明显的。其一，注音字母是汉字笔画式的，选自笔画简单的古汉字，这种字母不便于连写，不便于阅读。其二，注音字母缺乏国际性，不能很好地音译外国的人名、地名和科学术语，无法用于国际文化交流。其三，注音字母只能用来给汉字注音，不能用来拼写汉语，也不能夹在汉字中使用。

（二）五四白话文运动的兴起

辛亥革命失败后，中国封建势力掀起了一股否定民主共和、否定自由平等的反动思潮。1915年陈独秀创办《新青年》杂志，向反动思潮发起反击，大张旗鼓地宣传民主主义的新思想、新道德、新文化，彻底地反对封建主义的旧思想、旧道德、旧文化。在《新青年》的影响下，形成了一场深刻而广泛的文化思想运动，即五四新文化运动。《新青年》追求政治上的根本改革，在文化上提倡白话文，反对文言文；提倡新文学，反对旧文学。

如果说清末白话文运动是"古文范围以内的革新运动"[1]，并非取文言而代之，那么到五四时期，新文化运动倡导者则主张以白话代文言，掀起了五四白话文运动。正如蔡元培说："民元前十年左右，白话文也颇流行……但那时候作白话文的缘故，是专为通俗易解，可以普及常识，并非取文言而代之。主张以白话代文言，而高揭文学革命的旗帜，这是从《新青年》时代开始的。"[2]

1916年10月1日，《新青年》第2卷第2号发表了当时在美国留学的胡适写给陈独秀的信，信中提出了作为文学革命写作要点的"八事"：一曰不用典，二曰不用陈套语，三曰不讲对仗（文当废骈、诗当废律），四曰不避俗字俗语（不嫌以白话作诗词），五曰须讲求文法之结构，六

---

[1]《胡适文集》第3卷，北京大学出版社1998年版，第201页。
[2]《蔡元培全集》第8卷，浙江教育出版社1997年版，第117页。

曰不作无病之呻吟，七曰不模仿古人语、语须有个我在，八曰须言之有物。陈独秀支持胡适的主张，1917年2月1日在《新青年》第2卷第6号上发表《文学革命论》，打起"文学革命"的大旗。他说："文学革命之气运，酝酿已非一日，其首举义旗之急先锋，则为吾友胡适。余甘冒全国学究之敌，高张'文学革命军'大旗，以为吾友之声援。旗上大书特书吾革命军三大主义：曰推倒雕琢的、阿谀的贵族文学，建设平易的、抒情的国民文学；曰推倒陈腐的、铺张的古典文学，建设新鲜的、立诚的写实文学；曰推倒迂晦的、艰涩的山林文学，建设明了的、通俗的社会文学。"①

钱玄同、刘半农等人响应文学革命并积极主张推行"言文一致"的白话文。1917年3月1日，《新青年》第3卷第1号发表了钱玄同致陈独秀的信，赞同胡适的《文学改良刍议》。钱玄同说："白话中罕有用典者，胡君主张采用白话，不特以今人操今语于理为顺，即为驱除用典计，亦以用白话为宜。""语录以白话说理，词曲以白话为美文，此为文章之进化，实今后言文一致之起点。此等白话文章，其价值远在所谓'桐城派之文'、'江西派之诗'之上。此蒙所深信而不疑者也。"② 1917年5月1日，刘半农在《新青年》第3卷第3号发表《我之文学改良观》，指出："今既认定白话为文学之正宗与文章之进化，则将来之期望，非做到'言文合一'或'废文言而用白话'之地位不止。此种地位既非一蹴可几，则吾辈目下应为之事，惟有列文言与白话于对待之地，而同时于两方面力求进行之策。进行之策如何？曰，于文言一方面，则力求其浅显，使与白话相近；于白话一方面，除竭力发达其固有之优点外，更当使其吸收文言所具之优点，至文言之优点尽为白话所具，则文言必归于淘汰。而文学之名词，遂为白话所独据。"③ 为了实践自己的主张，1918年1月15日，《新青年》自第4卷第1号起完全改用白话。1918年5月15日，《新青年》第4卷第5号刊登了鲁迅的第一篇白话小说《狂人日记》。

1918年12月，陈独秀、李大钊创办了白话周刊《每周评论》。1919

---

① 陈独秀：《文学革命论》，《新青年》第2卷第6号，1917年2月1日。
② 《通信》，《新青年》第3卷第1号，1917年3月1日。
③ 刘半农：《我之文学改良观》，《新青年》第3卷第3号，1917年5月1日。

年 1 月，傅斯年、罗家伦等创办了白话月刊《新潮》。北京的《国民公报》、上海的《时事新报》等，也都是宣传、实践白话文的重要阵地。五四运动后，白话小报如雨后春笋，发展到 400 多种。1920 年以后，《东方杂志》《小说月报》等知名杂志也改用白话文。

语言文字学家黎锦熙在谈到"五四"前后知识分子书面语的变化时说："1919 年'五四'运动以前，我们这些知识分子也不是不写白话文，那只有三种场合：第一是办通俗白话报，这是教育性的，这显然是对另一阶级说话，要将就他们的语言，其实就是自己的语言，但对自己的阶层是决不会'写话'的。第二是写作或翻译白话小说，这是文艺性的，这也显然是对元明以来传统的旧白话作品的一种不严肃的摹仿。第三是在理论文中偶然流露一些'语录体'的白话词儿，这也是唐宋以来一种文化的传统，但不多见。'五四'以后，风气突变，不论教育性的书刊、文艺文和理论文，白话文都成了'正宗货'。又陆续出了大量的白话翻译品，吸收了许多外来语和欧化的造句法，新的语言形式和新的思想内容是互相随伴着而来的。"[1]

（三）汉语书面形式的现代化

在白话文运动中，出版物由直排变为横排提上了日程。推行汉文书籍、杂志横排，是书面语形式的现代化，对于语文现代化的开展，有一定积极作用。近代第一本横排的中文著作是 1892 年出版的卢戆章所著的《一目了然初阶》，其中选编 55 篇汉字和拼音对照的读物予以横排。1904 年出版的《英文汉诂》是中国第一本完全横排的书。五四新文化运动中，钱玄同首先提出"汉文须改用左行横迤"的主张。他在 1917 年 5 月 1 日出版的《新青年》第 3 卷第 3 号"通信栏"发表致陈独秀的信，提出："人目系左右相并，而非上下相重。试立室中，横视左右，甚为省力；若纵视上下，则一仰一俯，颇为费力。以此例彼，知看横行较易于直行。且右手写字，必自左至右，均无论汉文西文，一字笔势，罕有自右至左者。然则汉文右行，其法实拙。若从西文写法，自左至右横迤而出，则无一不便。"[2] 又在第 3 卷第 5 号发表《论应用之文亟宜改良》，

---

[1] 《黎锦熙语言学论文集》，商务印书馆 2004 年版，第 350 页。
[2] 《通信》，《新青年》第 3 卷第 3 号，1917 年 5 月 1 日。

重申这一主张。1919 年 11 月 1 日《新青年》第 6 卷第 6 号通信栏《中文改用横行的讨论》中，钱玄同又提出："因为自右至左，所以写第二行的时候，手腕就碰在第一行上，要是遇到不容易吸墨的纸，则第一行未干的墨迹，都要印在手腕上了。若改自左而右，自上而下，则可免此病。"① 1921 年 8 月 1 日《新青年》第 9 卷第 4 号张东民《华文横行的商榷》提出横排的理由：眼睛左右活动比上下活动要容易；与标点符号配合更加美观。但是《新青年》自始至终都没有使用横排法。1922 年 5 月 1 日创刊的《创造》季刊在中国文学期刊中首次使用从左至右的横排印刷方式。创刊于 1933 年 1 月 16 日的《大美晚报》，是中文报纸中最先采用横排的报纸。抗战胜利以后，一般的科学杂志，为了方便西文的排版，差不多都采用横排；但文艺类书籍，大多沿用直排；至于笔记札记以及各种报告的写作，横直两种习惯并存。总起来看，整个民国时期，横排书的数量是远远少于直排书的。出版物完全横排，是在新中国成立以后才实现的。

白话文只依靠语言和文字符号本身很难满足表达的需要，标点符号应运而生。清末，一些文字改革倡导者开始使用标点符号。如 1904 年，严复出版的《英文汉诂》，是最早应用外国标点于汉语的著作。1906 年，卢戆章在其著《中国字母北京切音合订》中提出一套标点符号，共 15 种，并在自己的著作中使用。1918 年 1 月 15 日，钱玄同在《新青年》第 4 卷第 1 号发表《论注音字母》一文，提倡使用标点符号，指出："无论何种文章"，"符号尤不可少"。1918 年，陈望道在《标点之革新》一文中提出标点革新比文字革新还要重要，指出："近人以华文难读，持改革文字之论者日众，此为文字本身革新之事。与革新标点之为文字外缘革新之事。虽皆甚是重要，然实别一问题。文字本身究宜改革与否，关涉綦多，不易猝断。惟此文字外缘，则无论其本身之为沿为革，决不可不从新整理，使就简明。盖中文旧式标点颇嫌太少，不足以尽明文句之关系；其形亦嫌太拙，当此斯文日就繁密之时，更复无足应用无碍也。则革新标点。其事又重且要于革新文字者矣。"② 1918 年，《新青年》第

---

① 钱玄同：《通信·中文改用横行的讨论》，《新青年》第 6 卷第 6 号，1919 年 10 月 1 日。
② 《陈望道语文论集》，上海教育出版社 1997 年版，第 1 页。

4卷开始部分使用新式标点（直行使用）。1919年，国语统一筹备会第一次大会通过胡适《请颁行新式标点符号议案》，"本案所主张的标点符号大致是采用西洋最通行的符号，另外斟酌中国文字的需要，变通一两种，并加入一两种。这些符号可总名为'新式标点符号'"①，共提出12种，既采用了西洋的句号、分号、冒号、感叹号、问号、破折号、删节号（即省略号）；又沿用中国古代的顿号、私名号和书名号；还变通了句号，即用圆圈代替了圆点，用「」代替""等。1920年，新式标点符号经北洋政府教育部批准颁布。此后，标点符号从个别人使用扩大到全社会。1920年，商务印书馆出版《中等学校用白话文范》4册，这是第一部全部采用新式标点符号并分出段落的中学语体文教科书。民国时期标点符号的推行、使用，并不是一帆风顺的。据黎锦熙《国语运动史纲》记载，直到新式标点符号公布十年后，报纸仍很少用新式标点符号，政府各部的公文也不用。只有国语统一筹备会注意使用。教育部转发"国语会"文件时使用标点符号，"一属部中口气，便予取消"②。直到新中国成立后，新式标点符号才得以全面推行与应用。

此外，在白话文运动中，还提倡使用阿拉伯数字。如，1906年朱文熊在日本出版《江苏新字母》，该书的"例言"第十条提出"数目字用亚拉伯字如1234567890"③。1908年刘孟扬出版的《中国音标字书》，有专门章节论述阿拉伯数字的写法。1917年7月1日《新青年》第3卷第5号发表的钱玄同给陈独秀的信中，提出改用阿拉伯数字。信中写道："数目字可改用'亚拉伯'码号，用算式书写，省'万''千''百''十'诸字。（如曰说文五百四十部，广韵二百有六韵，注音字母三十有九母，可作540、206、39也。）此法既便书写，且醒眉目。"④钱玄同的信发表之后，曾经有一番争论。由于社会上有人反对，由于当局并不重视这个问题，而且汉字没有实现横排，阿拉伯数字并没有得到普遍使用。有一些著作部分使用阿拉伯数字表示序号。比如1934年出版的黎锦熙的《国语运动史纲》，汉字是竖排，页码、年月日等用的还是汉字数字

---

① 胡适：《胡适文存1》，华文出版社2013年版，第96页。
② 黎锦熙：《国语运动史纲》，商务印书馆2011年版，第355页。
③ 朱文熊：《江苏新字母》，文字改革出版社1957年版，第4页。
④ 《通信》，《新青年》第3卷第5号，1917年7月1日。

(一、二、三、……)，但是书后的《国语运动史纲索引》却是横排，页数一律用阿拉伯数字。

(四) 全面开展国语运动

民国初年，各地方言歧出，妨害国家统一的弊病尤为突出。1912年10月，孙中山在《中国之铁路计划与民生主义》一文中提出国语统一的主张，说："盖省区之异见既除，各省间不复时常发生隔阂与冲突，则国人之交际日增密切，各处方言将归消灭，而中国形成民族公同自觉之统一的国语必将出现矣。"① 20世纪20年代，军阀混战，国家分裂。许多人认为语言不统一、方言隔膜造成国人犹如一盘散沙。如蔡元培指出："中国人民肯替家族、地方牺牲，而不肯替国家牺牲，就是因为感情的不融洽。象广东一省，广州、潮州、汀州、漳州都各有各的语言，所以时起纠葛，虽然也有其他种原因，但是语言的不统一，总是一个重大原因。"② 他们寄希望于语言的统一来加强国民精神，加强地方军阀对整体的认同，以实现全国政治上的统一。

教育部对国语统一之事极为重视，将国语统一会事项列为教育司职能之一。1912年7月10日，教育部总长蔡元培在全国临时教育会议开幕演说中就国语统一问题指出："其中有一大问题，是国语统一办法。现在有人提议，初等小学宜教国语，不宜教国文。既要教国语，非先统一国语不可；然而，中国语言各处不同，若限定以一地方之语言为标准，则必招各地方之反对，故必有至公平之办法。"③ 1916年10月，中华民国国语研究会成立于北京，宗旨为"研究本国语言，选定标准，以备教育界之采用"，提出了"言文一致"和"国语统一"的口号，标志着国语运动的全面开展。尤其是五四运动之后，革新思想成为社会的主要潮流，国语的推行更加顺利。

民国时期国语推行的成果，首先表现在国语教育方面的进展上。1919年4月，胡适、刘复、周作人等在国语统一筹备会第一次大会上提出《国语统一进行方法》的议案，提出统一国语要从小学校入手的建

---

① 《孙中山全集》第2卷，中华书局2011年版，第490—491页。
② 高平叔编：《蔡元培全集》第5卷，中华书局1984年版，第411页。
③ 高平叔编：《蔡元培全集》第2卷，中华书局1984年版，第264—265页。

议,"统一国语既然要从小学校入手,就应当把小学校所用的各种课本看作传布国语的大本营;其中国文一项,尤为重要。如今打算把'国文读本'改作'国语读本':国民学校全用国语不杂文言;高等小学酌加文言,仍以国语为主体。'国语'科以外别种科目的课本,也该一致改用国语编辑"①。在国语统一筹备会的努力下,1920年国民政府教育部正式通令小学"国文科""一律改为国语科",改小学的国文为国语,为国语运动的全面开展奠定了基础,随后国语运动在各个方面渐趋成熟。胡适对这一举措的评价极高:"这个命令是几十年来第一件大事。他的影响和结果,我们现在很难预先计算。但我们可以说:这一道命令把中国教育的革新至少提早了二十年。"② 1921年,国语统一筹备会第二次大会再次向教育部申请批准中等学校开设国语课程的议案。教育部于第二年予以正式答复,除对小学开设国语科再次予以肯定以外,强调师范学校、中学校、甲种实业学校在讲读和作文时,应把文言文与语体文(白话文)并重。至此,高等小学国文科改国语科已为社会各界普遍接受,在中等学校也打破了文言文一统天下的局面。

其次,在语音统一问题上也有所推进。1913年2月,北京政府教育部附设的读音统一会在北京召开,审定6500多个汉字的标准国音,形成《国音汇编草》,即"老国音"。"老国音"是以"蓝青官话"而不是北京语音为标准音的,后来吴稚晖在此基础上编成《国音字典》,1920年2月24日由教育部公布。"老国音"只是"全国共同遵用之读书正音",因此在社会上推广不多;加之背离了清末切音字以北京语音为标准音的传统,遭到很多京音派知识分子的反对。到1923年,国语统一筹备会决定改北京语音为标准增修《国音字典》,将"老国音"全部改为"新国音"。1932年5月7日,教育部公布了以北京地方国音为标准而成的《国音常用字汇》,取代了行之有年的《国音字典》。同时,教育部以"训令"形式要求全国人民以《国音常用字汇》为读音的标准。《国音常用字汇》收正字9920个、"别体重文"(异体字)1179个、"变音重文"(异读字)1120个,共计12219字;重新确定了以北京语音为标准音的

---

① 转引自黎泽渝、刘庆俄编《黎锦熙文集》下卷,黑龙江教育出版社2007年版,第152页。
② 《胡适学术文集·语言文字研究》,中华书局1993年版,第302页。

"新国音",加收了当时通行的简体字形,按注音字母音序排列正文,从而在字量、字形、字音和字序等方面初步建立了现代汉字的规范标准,在语文现代化历史上功不可没。

(五)"汉字革命论"与国语罗马字运动

五四时期兴起的文字改革思潮,是五四新文化运动的一个重要组成部分。1917年以《新青年》杂志为中心,文化界兴起对文字改革问题的讨论。据统计,1918—1919年这两年间《新青年》杂志刊登的关于文字改革的讨论文章、通信,就达20余篇。此外,《新潮》、上海《时事新报》副刊《学灯》也刊登了相关讨论文章。五四运动爆发后,随着人们的关注重点转向政治活动,文字改革问题一时沉寂下来。1922年,《国语月刊》发行后,关于文字改革问题的讨论升温,到1923年4月《国语月刊》推出《汉字改革号》专刊,收录颇具影响力的文章20多篇,将文字改革问题的讨论推向高潮。除国语月刊外,《教育杂志》《东方杂志》《北大国学季刊》等杂志都发表了一些讨论文字改革的文章。

在这些讨论中,知识分子们各抒己见,充分阐述他们对于文字改革问题的意见和看法。钱玄同明确举起"汉字革命"的大旗,指出"汉字不革命,则教育决不能普及,国语决不能统一,国语的文学决不能充分的发展,全世界的人们公有的新道理、新学问、新知识决不能很便利、很自由的用国语写出"[1]。赵元任等人提出废除汉字,代之以拉丁化拼音文字。[2] 1918年4月,陈独秀在给钱玄同的信中即提出:"当此过渡时期,惟有先废汉文,且存汉语,而改用罗马字母书之。"[3] 胡适表示"极赞成"陈独秀的主张[4],但是认为"语言文字的改革决不是一朝一夕能做到的"[5],

---

[1] 钱玄同:《汉字革命》,《国语月刊》汉字改革号,文字改革出版社1957年版,第7页。
[2] 1915年,驻华盛顿清华学生监督处秘书钟文鳌提出了"废除汉字,改用字母"的主张。1916年,正在哈佛大学攻读哲学博士的赵元任在《留美学生月报》发表《吾国文字能否采用字母制及其进行方法》一文。胡适认为赵元任是"以科学分析方法来谈谈汉字拉丁化这一类的问题"。参见唐德刚译《胡适口述自传》,华文出版社1992年版,第155、156页。
[3]《中国今后之文字问题·陈独秀答书》,《新青年》第4卷第4号"通信"栏,1918年4月15日。
[4]《中国今后之文字问题·胡适跋语》,《新青年》第4卷第4号"通信"栏,1918年4月15日。
[5] 胡适:《〈国语月刊〉汉字改革号卷头言》,《国语月刊》汉字改革号,文字改革出版社1957年版,第1页。

"凡事有个进行次序,我以为中国将来应有拼音的文字,但是文言中单字太多,决不能变成拼音文字。所以必须先用白话文字来代文言的文字;然后把白话的文字变成拼音的文字"①。

在关于汉字革命的讨论中,很多人主张采用罗马字母来制订拼音文字方案,也有不少人尝试制订拼音文字方案。如 1923 年赵元任在《国语月刊》"汉字改革号"上发表《国语罗马字研究》,制订了一个国语罗马字的草稿。同年,周辨明在《国语月刊》第 1 卷第 12 期上发表另一份国语罗马字方案《中华国语音声字制》。林玉堂对赵元任的罗马字进行修正后,在《国语月刊》第 2 卷第 1 期发表了他的罗马字方案《赵氏罗马字改良刍议》。此后,又有卢自然在《国语月刊》第 2 卷第 1 期发表《对于改用国语罗马字的讨论》。关于国语罗马字的讨论渐趋成熟,文字改革倡导者们感到有必要议定统一方案。

1923 年,国语统一筹备会召开第五次常年大会,钱玄同提出《请组织"国语罗马字委员会"案》,主张在推广注音字母的同时,兼用罗马字母作为"目下识字辨音者适用的工具","将罗马字母作为别体的国音字母"。可见,钱玄同将国语罗马字定性为给汉字注音的拼音方案,而不是拼音文字。除了为汉字注音外,钱玄同还阐述了国语罗马字的其他用处:(1)可以使用"罗马字母打字机"和"罗马字母铅字"印国语的文章。(2)对于向来用罗马字母拼合的中国人名、地名,拼音不对的可以更正,拼法分歧的可以划一。将来中国的外交部、邮务局、电报局、铁路局等处可以不再用外国人所拼的声音不准确的中国人名、地名等等。(3)国语文中遇有不能"意译"的外国词儿,可以直将原字写入,不必再用不准确的"音译"。(4)便于书写。② 8 月 29 日,国语统一筹备会决议组织"国语罗马字拼音研究委员会",指定钱玄同、黎锦熙、黎锦晖、赵元任、周辨明、林玉堂(语堂)、汪怡、叶谷虚、易作霖、朱文熊、张远荫等 11 人为委员。但是由于时局混乱,委员会无法开展工作。1925 年 9 月,刘半农发动在京的国语罗马字拼音研究委员会委员赵元

---

① 《中国今后之文字问题·胡适跋语》,《新青年》第 4 卷第 4 号"通信"栏,1918 年 4 月 15 日。
② 《钱玄同文集》第 3 卷,中国人民大学出版社 1999 年版,第 126 页。

任、林语堂、汪怡、钱玄同、黎锦熙等人组织"数人会",来讨论议定国语罗马字。从1925年9月至1926年9月,"数人会"开了22次讨论会,终于制订出《国语罗马字拼音法式》,呈交教育部。

1926年11月9日,经教育部批准,国语统一筹备会发出布告,确定印发《国语罗马字拼音法式》。布告指出:"定此国语罗马字拼音法式,与注音字母两两对照,以为国音推行之助。此后增修《国音字典》,即依校订之国语标准音拼成罗马字,添记于注音字母之后,教育、交通、工商各界,如遇需用罗马字时,即以此种拼音法式为标准,以昭划一而便通行。"①1928年9月,国民政府大学院(教育部)正式公布《国语罗马字拼音法式》,"作为国音字母第二式,以便一切注音之用,实于统一国语有甚大之助力"②。也就是说,国语罗马字不是独立文字,只是注音的工具。它的主要用途是给汉字注音,帮助推行国语。这是第一个由政府正式公布的拉丁化拼音方案。

国语罗马字的技术特点是:(1)采用世界通用的26个拉丁字母,不用新字母,不加符号,也不用字母横放、倒放的办法;不够的字母用变读法,如用j、ch、sh代表今j、q、x和zh、ch、sh两组声母,字母的用法比较接近英文。(2)用拼法变化表示声调,有详细的拼调规则。但规则太繁琐,是个大缺点。(3)注重字词连写。国语罗马字作为一种拼音文字,设计之始就重视解决"词类连书"的问题,黎锦熙在《国语月刊·汉字改革号》上提出的《复音词类构成表》,就是比较系统的国语罗马字词连写的规则。整体来看,国语罗马字所用字母国际化,文字体系完整,把文字改革的探索提高到了一个新的水平。此后,拉丁字母逐渐取代汉字笔画式字母,成为探索制定拼音方案的主流。

1928年9月国语罗马字正式公布后,就开始做推行工作。倡导者们编写国语罗马字读物,并陆陆续续写了一些宣传文章,形成一个国语罗马字的宣传活动。但当时的国民政府对推行国语罗马字并不热心,政府不但不督促社会推行,而且自身也不遵从。其中最具有代表性的事例就

---

① 转引自黎泽渝、刘庆俄编《黎锦熙文集》下卷,黑龙江教育出版社2007年版,第190页。

② 转引自黎泽渝、刘庆俄编《黎锦熙文集》下卷,黑龙江教育出版社2007年版,第194页。

是关于"北平大学"的译名事件。1928年12月，国语罗马字正式公布两个月之后，北平大学就学校罗马字译名问题请示教育部，教育部批示"北平译定为Peiping"。按照罗马字的规则，本该拼作"Beeipyng"。钱玄同、黎锦熙为此提出严正抗议，但是教育部始终不予理睬。因为得不到国民政府支持，国语罗马字也始终未能进入学校教育领域。与此同时，由于国语罗马字拼写规则繁琐、难学，妨碍了其在广大群众中普及、传播。因此，尽管国语罗马字的制订者、倡导者在宣传、推广方面做了很大的努力，却总是进展不大，始终没有走出知识分子的圈子。1934年以后，中国共产党领导的拉丁化新文字运动蓬勃兴起，国语罗马字的推行受到强烈冲击，日益趋于沉寂。

（六）国民政府推行简体字

鉴于文字改革的长期性，文字改革的急先锋们在倡导从根本上进行汉字革命的同时，也赞成暂时改良汉字。改良汉字，最有效的便是简体字。钱玄同认为，在汉字革命的筹备期内，还不能完全脱离汉字，应该积极探索对于汉字进行补偏救弊的办法。他列出了写"破体字"（即"简体字"）等五项办法[1]，并强调"补救汉字难写"最有效的办法，就是"减省汉字笔画"[2]。1921年，陆费逵在《中华教育界》第10卷第12期上发表《整理汉字的意见》，提出了两种整理汉字的方法：（1）限定通俗字的范围，数目大约在两千个汉字左右；（2）减少笔画，第一步用已有社会基础的简笔字，第二步把其他笔画多的字也改变字形，减少笔画。[3] 胡适非常赞同实行简体字的主张。1923年，胡适在《国语月刊》汉字改革号特刊的"卷头言"中指出，两千年来中国的小百姓不但做了很惊人的文法革新，还做了一件同样惊人的革新事业，就是汉字形体上的大改革，就是"破体字"的创造与提倡。"采用这几千个合理又合用的简笔新字来代替那些繁难不适用的旧字。这虽不是彻底改革，但确然是很需要而且应该有的一桩过渡的改革。"[4]

---

[1] 钱玄同：《汉字革命》，《国语月刊》汉字改革号，文字改革出版社1957年版，第25页。
[2] 《钱玄同文集》第1卷，中国人民大学出版社1999年版，第400页。
[3] 吕达主编：《陆费逵教育论著选》，人民教育出版社2000年版，第291—293页。
[4] 胡适：《〈国语月刊〉汉字改革号卷头言》，《国语月刊》汉字改革号，文字改革出版社1957年版，第3页。

1922 年，钱玄同提议，陆基、黎锦熙、杨树达联署，在国语统一筹备会第四次常年大会上正式提交了《减省现行汉字的笔画案》。该提案指出："我以为改用拼音是治本的办法，减省现行汉字的笔画是'治标'的办法。那治本的事业，我们当然应该竭力去进行。但这种根本改革，关系甚大，不是一朝一夕就能达到目的的。……但现行汉字在学术上、教育上的作梗，已经到了火烧眉毛的地步，不可不亟图补救的办法！我们决不能等拼音的新汉字成功了才来改革！所以治标的办法，实是目前最切要的办法。"提案把简体字提到前所未有的高度，指出："这种通行于平民社会的简体字，在明清以降，今日以前，都是用在账簿、当票、药方、小说、唱本……上面，所谓'不登大雅之堂'者。我们现在应该将它竭力推行，正式应用于教育上、文艺上，以及一切学术上、政治上。我们不认它是现行汉字的破体，认它为现行汉字的改良之体。正如我们对于白话文学一样，不认它是比古文浅鄙的通俗文学，认它是比古文进化的优美文学。"① 这是学者首次向官方提出推行简体字的倡议，在当时很惹人注意，影响很大。该提案很快顺利获得通过，并经教育部同意成立以张一麐为主席，以钱玄同、熊崇煦、黎锦熙、胡适、沈兼士、方毅、廖立勋、王璞、陈衡恪、杨树达、陆基、赵纶士、朱文熊等 15 人为委员的"汉字省体委员会"，专门研究简体字事宜。这是在学者的敦促之下，政府方面对实行简体字的第一次正面回应。

此后，热心简体字运动的文字改革工作者纷纷撰文提倡并研究简体字，简体字运动从此活跃起来。据杜子劲《简体字》一书（1935 年出版）所附《简体字年谱》记载，从 1927 年到 1934 年，发表关于简体字论文的杂志有《国语周刊》《教育与民众》《语丝》《论语》《太白》等 20 多种；报纸副刊有《京报副刊》《申报自由谈》等 10 多种。出版的专著有胡怀深的《简易字说》（1928 年版）、刘复和李家瑞的《宋元以来俗字谱》、陈光尧的《简字论集》（上海商务印书馆 1930 年版）和《简字论集续集》（上海启明学社 1933 年版）、徐则敏的《常用简字研究》（中央大学 1931 年版）和《550 俗字表》（1934 年版）、杜定友的《简字标准字表》（1934 年版）等。然而，国语统一筹备委员会因改定国音

---

① 《钱玄同文集》第 3 卷，中国人民大学出版社 1999 年版，第 85、91 页。

标准，专门从事编纂国音常用字汇及增修国音字典工作，对实行简体字并无实际行动。直到20世纪30年代，简体字才被正式提到国民政府的议事日程上来。

20世纪30年代，上海文化教育界发起了手头字运动。1935年春，上海的文字改革工作者组织成立了手头字（即简体字）推行会，选定了第一批手头字300个；2月24日，上海《申报》首先刊载新闻报道《手头字之提倡》，同时发表《推行手头字缘起》和《手头字第一期字汇》两篇文章。在《推行手头字缘起》上签名表示支持的有蔡元培、邵力子、陶行知、郭沫若、胡愈之、陈望道、叶圣陶、巴金、老舍、郑振铎、朱自清、李公朴、艾思奇、郁达夫、胡蜂、林汉达、叶籁士等200位当时的文化教育界知名人士。上海《太白》《文学》《译文》《新中华》《读书生活》《世界知识》等15家杂志纷纷转载《推行手头字缘起》。手头字运动在社会上产生了很大的影响，一些杂志纷纷开始试用"手头字"铜模浇铸的铅字排印。

在社会各界的推动下，国民政府加快了推行简体字的步伐。1932年，国语统一筹备委员会编辑出版了《国音常用字汇》，收入了不少宋元以来的简体字，并且"用小字注于普通体之下，以示提倡"，这是最早提倡简体字的字汇。1934年，钱玄同又向国语统一筹备委员会提出《搜采固有而较适用的简体字案》。这一提案通过后，1935年6月，钱玄同组织编印《简体字谱》，选录简体字2400多个。国民政府教育部组织简体字审核委员会就《简体字谱》逐字审查，从中选取324个字作为《第一批简体字表》，于1935年8月21日公布。22日，教育部又公布《各省市教育行政机构推行部颁简体字办法》，规定"凡小学、短期小学、民众学校各课本，儿童及民众读物，均应采用部颁简体字"[①]。这是政府第一次大规模推行简化汉字，受到文化界的普遍欢迎，但也遭到戴季陶等人的强烈反对。1936年2月5日，教育部不得不奉行政院命令，训令"简体字应暂缓推行"，《第一批简体字表》被废止。

（七）发起大众语运动

五四白话文运动以后，白话文在文学和中小学国语教材中的分量得到

---

① 转引自苏培成主编《当代中国的语文改革和语文规范》，商务印书馆2010年版，第111页。

了很大拓展，但其他社会文化领域，如新闻报纸、政府公文、法律条文、社交信札、应酬帖柬、高中国文等，却仍是文言文残存的地盘。在这种双重书面语的制约下，社会写作和学生习作都在很大程度上出现一种半文半白的情况，胡适和林语堂把这种半文半白的表达方式称为"语录体"，又叫"新文言"。在白话文学里，因为新文化运动在反对文言之时，观念上深受欧美语法的影响，加上这时翻译作品特别多，留洋学生也比较多，于是报刊上的白话文章就出现了很多欧化现象，常常滥用欧化的句法、日语的句法，形成了严重违背现代中国人民语言习惯的文腔和洋腔。这种"新文言"和"欧化白话"仍然脱离人民大众，老百姓还是看不懂。

　　白话文的"新文言"和"欧化白话"不良偏向，让主张复兴文言的人以为有了可乘之机。1934年，陈立夫竭力主张至少高等小学教科书要改用文言，国民政府报刊接连发表不少主张恢复文言甚至提倡小学读经的文章。1935年，江亢虎在上海发起以保存汉字、保存文言为目的的存文会，湖南省主席何键通令全省各校一律读经。

　　自1931年起，瞿秋白就写了《鬼门关以外的战争》《普通中国话的字眼的研究》等文章，表达对"五四"之后白话文发展的不满。他指出："二十世纪的中国里面，要实行文艺革命，就不能够不实行所谓'文腔革命'——就是用现代人说话的腔调，来推翻古代鬼'说话'的腔调，不用文言做文章，专用白话做文章。但是，从'五四'到现在，这种文腔革命的成绩，还只能够说是'鬼门关以外的战争'。为什么？因为鬼话（文言）还占着统治的地位，白话文不过在所谓'新文学'里面通行罢了。咱们好好的'人的世界'，还有一大半被鬼话占据着，鬼话还没有被驱逐到鬼门关里面去！"在他看来，新式的半文言的白话里存在很多不通的字眼，"要真正发展中国现代的白话文，必须肃清这些不通的字眼，必须用真正的白话写文章"。①

　　为了抵御"文言复兴"的错误思潮，许多进步的学者提出，坚持言文一致的白话文，就必须建设一种比白话更贴近口语的书面语，那就是"大众语"。1934年6月18日，上海《申报·自由谈》发表陈子展《文言—白话—大众语》一文，首次提出"大众语"一词，指出："从前为

---

① 《瞿秋白文集·文学编》第3卷，人民文学出版社1989年版，第137、246页。

了要补救文言的许多缺陷,不能不提倡白话;现在为了要纠正白话文学的许多缺点,不能不提倡大众语。"6月19日,又发表陈望道的《关于大众语文学的建设》一文,提出大众语的定义,即"大众语便是大众说得出,听得懂,写得顺手,看得明白的语言"。陈望道还提出要做到普及大众语,"有三种统一必须都做到。(一)是语言和文字统一,这样笔头写的便是口头说的,不另学一种不必说的语言,自然省事省力,容易普遍。(二)是统一各地的土话,这里写的别的地方的人也看得下,这也是容易普遍的一个条件。(三)是统一形式和内容,不止语言形式接近大众,就是意识内容也接近大众,说的不是违反大众需要的话,也是容易普遍的一个条件。"① 他们提出了"大众语"的口号,展开了关于"大众语"的辩论。从1934年6月到1936年1月,陈子展、陈望道、叶圣陶、夏尊、胡愈之、陶行知等人在《申报·自由谈》《中华日报·动向》等报刊发表大量文章,以空前的规模开展大众语运动。

大众语运动是五四白话文运动的后续,是五四白话文运动的深化。大众语运动的兴起,不仅彻底击败了复兴文言、废止白话的主张,还强调现代白话文语言要浅显易懂,比较明确地提出了要向人民群众学习语言的发展方向。尽管如此,一直到20世纪40年代末,文言文还占领着书面交流的很大一片领域。那时的报纸从通讯到社论,除《新华日报》等少数报纸外,用的都是文言文。直到新中国成立以后,现代书面语里的文言文才完全废止,白话文的发展有了良好的外部环境。

## 第二节　早期中国共产党人对语文现代化的关注

中国共产党在寻求民族独立、国家富强的斗争中登上历史舞台,与其他仁人志士一样反思近代以来中国落后之所在,语言文字领域的障碍同样进入共产党人的视野。20世纪20年代,新成立的中国共产党把文字改革纳入了自己的奋斗目标。1922年5月,中国社会主义青年团第一次全国代表大会通过的《关于教育运动的议决案》第六条就是"统一国语和推行注音字母的运动",指出:"中国语言文字之庞杂,无非令人感

---

① 《陈望道语文论集》,上海教育出版社1997年版,第230、231页。

着隔阂不便的痛苦。这样庞杂的语文实是我们宣传运动的最大障碍。我们为排除这样重大的障碍起见，必须努力促进国语统一和推行注音字母的运动。至于促进方法，或加入国语读音统一会和注音字母传习所，或在各地方鼓吹广设这类传习机关，及在各学校中增加这门功课。"① 与此同时，以陈独秀、瞿秋白、毛泽东等为代表的早期中国共产党人对文字改革问题予以关注和研究，不仅提出了一些富有价值的主张，还努力付诸实践，践行文字改革。

## 一 关注语言文字领域对于革命的障碍

陈独秀是文字改革的先驱者之一。自早年起，他对文字问题就一直比较关注，1909 年在杭州期间，他每天练习《说文》上的篆字，从马一浮处借到文字学著作《铁云藏龟》，研究甲骨文。1910 年 7—8 月间，陈独秀以"陈仲"的笔名在《国粹学报》第 68、69 期发表《说文引伸义考》一文。1913 年二次革命失败后，陈独秀潜心文字研究，在上海完成《字义类例》一书，该书介绍了中国汉字形成的十条途径，着重分析字义的渊源（1925 年 12 月出版）。到五四新文化运动兴起时，陈独秀积极投身于文字改革的探索，对繁体汉字弊病提出了一些深刻认识。其一，认为汉字繁难，妨碍了教育的普及和文化的传播。1928 年，陈独秀指出："用现在的文字不能够使多数人识字写字，这种浅近的道理，或者不用多说了"；而且"现在这种笨法子的衍音的象形字"，"加造新字很不自由，而且声韵都难有标准，造出字来不容易使人一看即能读出准确的音来"；还由于中国文字长期以来被官僚文人用来作八股文，"所以一用现在的文字，代表现在的语言，叙述现在的生活，便自然感觉到中国的文字已经破产了"。② 1932 年 12 月，他在致胡适的信中进一步明确强调："坑人的中国字，实是教育普及的大障碍。"③ 其二，认识到中国的语言文字分离，造成很多有音无字的情况。"推及全国，无字的语音，最少最少总在一千个以上。这许许多多的字，在洋八股家看来，不过是

---

① 《建党以来重要文献选编（1921—1949）》第 1 册，中央文献出版社 2011 年版，第 84 页。
② 陈独秀：《〈中国拼音文字草案〉自序及说明》（1946 年 5 月抄稿），原中共中央党史研究室藏。
③ 《陈独秀书信集》，新华出版社 1987 年版，第 468 页。

些土音俗字无关重要,其实都是平民日常生活所必需,而且其中大部分还是形容特别的动作状态,不是现有的字所能够代替的。文字只是代表中国语言的符号,中国有许多语言只能说出不能写出,它不成了有语言而无文字的国家!"[1] 陈独秀的这些看法在一定程度上揭示了繁体汉字和言文不一致的弊端。其三,认为汉字记载的思想观念过于陈腐。陈独秀指出,文字不只是一种交流的符号,也是一种文化的载体。在当时反封建的主旨下,他看到的尽是中国文字所负载的封建内容和所负载的传统价值观,"既难传载新事新理,且为腐毒思想之巢窟"[2]。

五四时期,毛泽东对传统文化的积弊有了清醒认识,对中国传统文化的消极影响进行了尖锐批判。如1917年8月23日,毛泽东在致好友黎锦熙的信中指出:"近顷略阅书报,将中外事态略为比较,觉吾国人积弊甚深,思想太旧,道德太坏。""五千年流传到今,种根甚深,结蒂甚固,非有大力不易摧陷廓清。"[3] 改造中国传统文化,建立新文化成为毛泽东的文化追求。这样,毛泽东对文化界大力倡导的文字改革也萌生了兴趣。1919年9月1日,毛泽东在《问题研究会章程》中列举了需要研究和解决的71项144个问题,其中就有"国语教科书编纂问题"和"国语问题(白话文问题)"。[4] 9月5日,毛泽东读了黎锦熙所写《国语学之研究》一文后,致信黎锦熙,表示"国语这个问题,弟亦颇想研究。我是学教育的一个人,谈到教育,可便说非将国语教科书编成,没有办法。要想研究,难的又是材料搜集。关于'国语'的材料,先生遇着,千万惠给一点"[5]。1920年6月7日,毛泽东再次向黎锦熙表达了要研究文字学的愿望。他说:"文字学、言语学、和佛学,我都很想研究,一难得书,二不得空时,懈怠因循,只好说'今日不学又有明日'罢了。希望先生遇有关于言语文字学及佛学两类之书,将书名开示与我,

---

[1] 陈独秀:《〈中国拼音文字草案〉自序及说明》(1946年5月抄稿),原中共中央党史研究室藏。
[2] 《中国今后之文字问题·陈独秀答书》,《新青年》第4卷第4号"通信"栏,1918年4月15日。
[3] 《毛泽东早期文稿(1912.6—1920.11)》,湖南出版社1990年版,第86页。
[4] 《毛泽东早期文稿(1912.6—1920.11)》,湖南出版社1990年版,第396、397页。
[5] 《毛泽东早期文稿(1912.6—1920.11)》,湖南出版社1990年版,第404页。

多余的印刷物，并请赐寄。收聚了书，总要划一个时间，从事于此。"①此后，虽然毛泽东投身于职业革命家的生涯，其研究文字问题的想法未能付诸实践，但是对文字改革一直给予关注，后来对中国共产党人领导的拉丁化新文字运动，给予了极大的赞赏和支持。

1917年，在日本留学的陈望道受到俄国十月革命胜利的影响，"积极开展十月革命宣传和马克思主义的传播活动，热烈向往十月革命的道路"。一方面，他抛弃了"实业救国""科学救国"的幻想，开始走向马克思主义指引的道路；另一方面，他在学术上闯出了一条新路，这就是在"从社会科学到自然科学无不涉猎"的基础上，从"一时泛览无所归，转而逐渐形成以中国语文为中心的社会科学为自己的专业"。因为他在这时已经"深切地体会到语言文字的使用，也就是正确地掌握表达思想的工具，对于启蒙运动和思想解放是极端重要的"。② 1919年，五四运动的革命风暴在国内兴起以后，陈望道于同年6月初毅然返回祖国，到浙江第一师范学校担任语文教师。他与其他几位语文教员一起，以学校为据点，积极响应正在蓬勃发展的反帝反封建的新文化运动。在改革国文教授的过程中，陈望道等四位语文教员采取了许多具体办法，如传授注音字母，出版国语丛书等。在教学中，陈望道特别向学生强调文字改革的重要，阐明文字必须改革的道理。他说："文字的本质，完全是发表自己的意思，使人家了解。既然文字的本质如此，所以不能不从容易方面去做。"又说："既然知道文字不宜拘古，当应世界潮流，所以当改革。"他提出三种改革的方法，一是改为白话文，二是标点革新，三是横排书写。③

此外，瞿秋白等中国共产党人受到苏俄（联）的影响，也开始关注文字改革。苏俄从1920年起在全国开展扫除文盲运动。在列宁的"拉丁化是东方伟大的革命"思想的指引下，苏俄政府从1921年起就为国内各少数民族制定拉丁化新文字的方案，1921年在莫斯科工作的瞿秋白已经受到新文字运动的影响，"开始研究中国文字拉丁化问题"。1928年他再次来到苏联，正值苏联新文字运动的高潮时期。在苏联远东地区居住的

---

① 《毛泽东早期文稿（1912.6—1920.11）》，湖南出版社1990年版，第479页。
② 《中共党史人物传》精选本14，文化卷，中共党史出版社2010年版，第252、253页。
③ 参见杭州一中七十五周年校庆筹备办公室编：《杭州第一中学校庆七十五周年纪念册》，1983年编印，第192—193页。

中国工农用汉字扫盲遇到困难，也正有着创制中国拉丁化新文字的要求，这就更促使他把创制拉丁字母的中国拼音文字的思想变成行动。同时，适值南京政府于1928年9月公布了"数人会"拟订的《国语罗马字拼音法式》，这也激起了瞿秋白改革中国文字的热情。他决心创制出更适合广大人民群众应用的拼音新文字，于是他在苏联语言学者郭质生等人的帮助下开始研制中国拉丁化字母草案。这样，中国共产党领导制订的拉丁化新文字开始走上政治舞台，并发挥了不可磨灭的影响和作用。

**二 提出文字改革主张**

在关注语言文字领域所存在问题的基础上，中国共产党人提出了自己的文字改革主张。限于所处的时代环境，中国共产党人的文字改革主张带有鲜明的时代特点。

（一）反对废除汉语，赞成废除汉字

1918年3月，钱玄同致信陈独秀，提出废除汉语汉字，代之以世界语的激烈主张。他指出："中国文字，论其字形，则非拼音而为象形文字之末流，不便于识，不便于写；论其字义，则意义含糊，文法极不精密；论其在今日学问上之应用，则新理新事新物之名词，一无所有；论其过去之历史，则千分之九百九十九为记载孔门学说及道教妖言之记号。此种文字，断断不能适用于二十世纪之新时代。"因此，他疾呼废除汉字："欲使中国不亡，欲使中国民族为二十世纪文明之民族，必以废孔学、灭道教为根本之解决，而废记载孔门学说及道教妖言之汉文，尤为根本解决之根本解决。"至于废除汉字之后，代以何种文字，他主张"当采用文法简赅，发音整齐，语根精良之人为的文字 ESPERANTO"①。这种主张，实际已不只是文字问题，而且涉及汉语言的存废问题。

对于这种激烈的主张，陈独秀不完全赞同，把他这一问题分为废除汉语与废除汉字两个层次予以分别对待，认为"仅废中国文字乎？抑并废中国言语乎？此二者关系密切，而性质不同之问题也"。他赞同钱玄同对于汉字的认识，同意废除汉字，认为"中国文字，既难传载新事新

---

① 钱玄同：《中国今后之文字问题》，《新青年》第4卷第4号"通信"栏，1918年4月15日。

理,且为腐毒思想之巢窟,废之诚不足惜";但他坚决反对废除汉语,"至于废国语之说,则益为众人所疑矣。鄙意以为今日'国家''民族''家族''婚姻'等观念,皆野蛮时代狭隘之偏见所遗留,根底甚深,即先生与仆亦未必能免俗,此国语之所以不易废也"①。瞿秋白也主张废除汉字,他说:"现代普通话的新中国文必须罗马化。罗马化或者拉丁化,就是改用罗马字母的意思。这是要根本废除汉字。"②

早期共产党人之所以主张废除汉字,理由有三:其一,汉字难学难写难认,是普及教育、提高文化水平的障碍。如前所述,陈独秀系统分析了繁体汉字繁难、妨碍人们识字写字等弊端。瞿秋白也持类似看法,指出:"汉字是十分困难的符号。聪明的人都至少要十年八年的死功夫。平民千字课只够写写简单的信,记记简单的账。能够用平民千字课学科学吗?当然不能够。"③ 其二,汉字不能适应现代科学的发展和社会生活的需要。瞿秋白认为中国的汉字制度落后于拼音制度,"说到具体的中国文字,我们不能不说这是比较落后的文字,比较落后的言语"④;"汉字制度的中国文不能够代表中国话,它不但不帮助实际言语的发展和进化,反而阻碍它的发展和进化。汉字制度的遗毒是养成了只靠眼睛和花样、不靠耳朵和声音的习惯,……这种只靠眼睛不靠耳朵,只用笔不用舌头的所谓'言语',不能够适应社会的进化,不能够用来当做几万万人的文字。而且它使中国文字言语的文法都停滞在幼稚的阶段"⑤。此外,汉字不是表音文字,不能跟语言完全结合,"汉字不是表示声音的符号……汉字存在一天,中国的文字就一天不能和言语一致"⑥。其三,汉字不能很好地为人民群众服务。陈独秀认为汉字记载的思想观念过于陈腐。陈独秀指出,文字不只是一种交流的符号,也是一种文化的载体。在当时反封建的主旨下,他看到的尽是中国文字所负载的封建内容,认为汉字既难传载新

---

① 《中国今后之文字问题·陈独秀答书》,《新青年》第4卷第4号"通信"栏,1918年4月15日。
② 《瞿秋白文集·文学编》第3卷,人民文学出版社1989年版,第168页。
③ 《瞿秋白文集·文学编》第3卷,人民文学出版社1989年版,第168页。
④ 《瞿秋白文集·文学编》第3卷,人民文学出版社1989年版,第212页。
⑤ 《瞿秋白文集·文学编》第3卷,人民文学出版社1989年版,第271页。
⑥ 《瞿秋白文集·文学编》第3卷,人民文学出版社1989年版,第168页。

事新理又为腐毒思想之巢窟，因而从反封建的角度主张废除汉字，针对的便是汉字所负载的传统价值观。瞿秋白认为"汉字不是现代中国四万万人的文字，而只是古代中国遗留下来的士大夫——百分之三四的中国人的文字"①，将汉字视为统治阶级的文化武器，"文字的垄断——结果就造成智识的垄断，维持绅商阶级的愚民政策"②；"他们（绅士）靠着汉字可以独占智识，压迫平民群众"③。中国文字拉丁化第一次代表大会也指出："中国汉字是古代与封建社会的产物，已变成了统治阶级压迫劳苦群众的工具之一，实为广大人民识字的障碍，已不适合于现在的时代。"④

针对当时社会上担心废除汉字后，传统文化会随之流失的看法，陈独秀专门作出解释。他指出，使用拼音文字不等于完全废除汉字，不仅古书要保留，在某些领域也要保存使用汉字，保存传统文化。"有人以为一有拼音文字，汉字便废了，便要烧去经、史、说文、尔雅，这是神经过敏的话。欧洲各国行了国语文数百年，希腊罗马文至今也不曾废；中国古书当然还应该用旧文字即读，在历史学、考古学，都非依据旧文字的书不可。"⑤

（二）赞成以罗马拼音文字代替汉字

废除汉字之后，应代以何种文字，当时改革者们对这一问题的见解各不相同。有人主张用世界语⑥，有人主张将注音字母作为拼音文字来单独使用⑦，有人主张创新字母⑧，有人主张用拉丁化拼音文字⑨。陈独

---

① 《瞿秋白文集·文学编》第3卷，人民文学出版社1989年版，第169页。
② 《瞿秋白文集·文学编》第3卷，人民文学出版社1989年版，第281页。
③ 《瞿秋白文集·文学编》第3卷，人民文学出版社1989年版，第351页。
④ 倪海曙编：《中国语文的新生——拉丁化中国字运动二十年论文集》，时代书报出版社1949年版，第54页。
⑤ 陈独秀：《〈中国拼音文字草案〉自序及说明》（1946年5月抄稿），原中共中央党史研究室藏。
⑥ 如前所述，钱玄同最初就是这种主张。参见钱玄同《中国今后之文字问题》，《新青年》第4卷第4号，1918年4月15日。
⑦ 如语言文字学家黎锦熙曾经有过这种主张，参见李中昊编《文字历史观与革命论》，北平文化学社1931年版，第502页。
⑧ 教育家庄泽宣就是持这种主张，参见李中昊编《文字历史观与革命论》，北平文化学社1931年版，第503页。
⑨ 1916年，正在哈佛大学攻读哲学博士的赵元任在《留美学生月报》发表《吾国文字能否采用字母制及其进行方法》一文，主张用拉丁化拼音代替汉字。

秀是较早提出采用拉丁化拼音文字的改革者之一。1918年4月,陈独秀在给钱玄同的信中提出:"当此过渡时期,惟有先废汉文,且存汉语,而改用罗马字母书之;新名词悉用原语,无取义译;静状介连助叹及普通名代诸词,限以今语;如此行之,虽稍费气力,而于便用进化,视固有之汉文,不可同日而语。"① 其后,他又多次强调这一观点,如1920年又向钱玄同指出:"表中国国语的文字,非废去汉字、改用拼音不可。"② 他还批评了注音字母的缺点,指出:"注音字母不能通行,自然原因很多,而其自身缺点太多,也是主要原因之一,尤其是制造注音字母的人们,既然没有把它做成拼音文字的决心,而又要用拼音文字的方法,方法太简陋,不成其为拼音文字,所以弄得不三不四,自然没有人肯用了。"③

瞿秋白从语言文字本身的发展阐述汉字拉丁化的好处:(1)能够真正达到"言文一致"的目的。用罗马字母,"可以使一切学术政治方面的名词和字眼,不但形体统一,而且读音也统一。至于日常生活之中的字眼,虽然各地方方言不同,然而也容易互相学习,因为这些字眼都是用同一种字母拼起来的。……这样,等到中国社会的经济政治发展到了相当的真正统一的程度,中国的言语文字自然会统一起来"④。(2)可以完全摆脱汉字的束缚。利用罗马字母的拼音制度,"还可以剥夺学阀独占智识的可能,还可以充分吸收欧美的科学技术的术语,而不被汉字所束缚"⑤。(3)用罗马字母拼音制度的方法简便。"而用罗马字母写的白话文,尤其容易学习。……因为这是口头上说得出的言语,而且在语族关系上,又是和自己口头所说的话很相近的言语——所以比学习文言或者夹杂着文言的假白话文,要容易得多。"⑥(4)采用罗马字母可以实现国际化的原则。如前所述,20世纪末30年代初,世界上多个国家都进

---

① 《中国今后之文字问题·陈独秀答书》,《新青年》第4卷第4号"通信"栏,1918年4月15日。
② 《钱玄同文集》第1卷,中国人民大学出版社1999年版,第400页。
③ 陈独秀:《〈中国拼音文字草案〉自序及说明》(1946年5月抄稿),原中共中央党史研究室藏。
④ 《瞿秋白文集·文学编》第3卷,人民文学出版社1989年版,第210—211页。
⑤ 《瞿秋白文集·文学编》第3卷,人民文学出版社1989年版,第211页。
⑥ 《瞿秋白文集·文学编》第3卷,人民文学出版社1989年版,第307—308页。

行了文字改革，采用拉丁化拼音文字。瞿秋白认为："中国既然废除汉字，采用拼音字制度，就也应当采用罗马字母，不必自己杜撰出什么新式的字母，例如注音字母之类。这样，可以比较极容易的接受新时代的国际文化。"①

陈独秀、瞿秋白还身体力行研制拉丁化拼音文字。五四运动后，陈独秀参与创建中国共产党并领导轰轰烈烈的第一次大革命，政治活动繁忙，但他也从未间断文字学及文字改革方面的研究工作。1927 年大革命失败后，陈独秀离开中共中央领导岗位，开始身体力行，创制拼音文字方案。陈独秀指出"新制拼音文字，实为当务之急"②，并说"有人讥笑制造拼音文字的人是想做仓颉第二，其实想做仓颉第二并不是什么可以被人讥笑的事；中国文字当然不是什么仓颉一人所造，是从远古一直到现在无数仓颉造成的，今后需要许多仓颉来研究制造新的文字"③。到1928 年春夏间，陈独秀完成了《中国拼音文字草案》。在《草案》中，陈独秀采用的字母大多是罗马字母，但也有不少增改的地方，尤其是因为"中国结合声母的语音特别发达，国际音标不尽适用"，于是，他依据音理参照国际音标及各国字母，拟订 43 个单声母和单韵母。④ 由于种种原因，陈独秀制订的拼音文字草案未能出版，更没有付诸实践。

20 世纪 20 年代末 30 年代初，瞿秋白等共产党人继承五四时期文字改革的拉丁化方向，受当时世界文字改革运动尤其是苏联"文字拉丁化运动"的启发，在苏联专家的帮助下制订出《中国拉丁化的字母》。在此基础上，苏联专家和萧三等人进一步予以修订，最后形成《中国北方话拉丁化新文字方案》。1933 年，拉丁化新文字传入国内，由于其易学易用，适合当时高涨的抗日救亡运动的需要，因此被作为宣传抗日和救亡教育的工作迅速在全国各地推行开来。中国共产党在探索建设新民主主义文化过程中，将文字改革纳入视野，并在各根据地切实进行试验推

---

① 《瞿秋白文集·文学编》第 3 卷，人民文学出版社 1989 年版，第 309 页。
② 《陈独秀书信集》，新华出版社 1987 年版，第 468 页。
③ 陈独秀：《〈中国拼音文字草案〉自序及说明》（1946 年 5 月抄稿），原中共中央党史研究室藏。
④ 陈独秀：《〈中国拼音文字草案〉自序及说明》（1946 年 5 月抄稿），原中共中央党史研究室藏。

行拉丁化新文字，谱写了拉丁化新文字运动史上的光辉一页。

## 第三节　根据地全面开展拉丁化新文字运动

抗日战争时期，取得抗击日本帝国主义侵略的胜利是中国政治、经济、文化等一切工作的目的所在。中国共产党始终相信人民群众的力量，1936年毛泽东就提出"人民群众能享有经济、社会与政治的自由，那末他们的力量将能成百倍地增长，国家的真正力量将显示出来"[①]。中国共产党奉行全面抗战，认为只有发动和依靠人民群众，才能取得抗战胜利，从而确立"放手发动群众，壮大人民力量"的方针。[②] 在这种形势下，中国共产党将文字改革纳入视野，指出"一切进步的文化工作者，在抗日战争中，应有自己的文化军队，这个军队就是人民大众。革命的文化人而不接近民众，就是'无兵司令'，他的火力就打不倒敌人。为达此目的，文字必须在一定条件下加以改革，言语必须接近民众，须知民众就是革命文化的无限丰富的源泉"[③]。语言文字接近民众，成为抗战时期中国共产党文字改革探索与实践的出发点和落脚点。

### 一　共产党人创制拉丁化新文字

20世纪20年代末30年代初，世界上很多国家进行文字改革，采用拉丁化拼音文字。例如在苏联，十月革命后，苏联总人口的72%是文盲，特别是在数量众多的少数民族中，文盲比例更高。其中115个少数民族根本没有文字，还有一些民族虽然有文字，却很不完善，不易学习。为了推进扫盲工作，苏联政府用国际通用的拉丁字母为这些少数民族创制或改革文字。由于新文字易识易写，在扫除文盲工作中发挥了很大作用。这项工作从1922年开始，到1937年结束，形成"文字拉丁化运动"。当时甚至考虑把俄文也改为拉丁字母，拟订了列宁格勒和莫斯科两个俄文拉丁化方案。列宁非常重视这个运动，称"拉丁化是东方伟大

---

① 《毛泽东文集》第1卷，人民出版社1993年版，第405页。
② 《毛泽东文集》第3卷，人民出版社1993年版，第309页。
③ 《毛泽东选集》第2卷，人民出版社1991年版，第708页。

的革命"①。又如土耳其，土耳其取得反帝的民族独立战争胜利后，凯末尔政府进行一系列重大的改革，使土耳其走上现代化的道路。在文化教育方面，凯末尔政府坚持实现土耳其字母的拉丁化。1928年11月，大国民议会正式通过改革字母的法律，规定从1929年起，所有国家机关和私人组织都必须使用新的拉丁字母。文字改革促使土耳其的扫盲和初级教育得到较快发展。1929年，全国有60多万人进入国民学校学习新字母，有150万人在几年内摘掉"文盲"的帽子。再如1924年成立的蒙古人民共和国，1925年蒙古人民革命党四大提出文字改革问题，1930年4月蒙古人民革命党八大作出使用拉丁化文字的决定。

正是在这种国际形势下，瞿秋白提出废除汉字、改用拉丁化拼音文字的主张。他指出："中国的文字革命必须彻底的废除汉字。……现在土耳其，鞑靼，……以至于安南，蒙古都已经实行采用罗马字母，或者正在开始研究采用罗马字母的方法。所以中国要改用拼音字母，就应当采用罗马字母（拉丁文的字母）。"②他研究了1926年国民政府教育部公布的《国语罗马字拼音法式》，认为国语罗马字在声母、韵母、声调方面存在很多缺陷，"造成一种既非汉字又非罗马字的文字"③，不利于群众学习。为了给广大群众创制一种简易的汉语拼音文字，瞿秋白协同在苏联的中共党员吴玉章、林伯渠等开始探索制订拉丁化新文字方案。

20世纪20年代中后期，苏联远东地区有10万中国工人，他们大多不识字，成为苏联扫盲运动的对象。他们起初用汉字扫盲，但是困难多，效率低，学了两三年还不会读写。1928年2月，苏联莫斯科中国劳动者共产主义大学中国问题研究所开始研究中文是否可以拉丁化，探索创制一种拉丁字母的中文来帮助中国工人扫盲。当时在苏联的中共党员瞿秋白、吴玉章、林伯渠、萧三、王长希、许之桢、李唐彬、张成功等，会同苏联汉学家郭质生、莱赫捷和史萍青进行这项工作。1929年2月，瞿秋白拟定了第一个中文拉丁化方案《中国拉丁式字母草案》，后予以修改，在10月写成小册子《中国拉丁化的字母》。1930年春，《中国拉丁

---

① 列宁：《给亚细亚地区拉丁化运动的主持人Agmaly-Ogly的信》。转引自倪海曙编著《拉丁化新文字运动的始末和编年纪事》，知识出版社1987年版，第3页。
② 《瞿秋白文集·文学编》第3卷，人民文学出版社1989年版，第217页。
③ 《瞿秋白文集·文学编》第3卷，人民文学出版社1989年版，第227页。

化的字母》以"瞿维托"的笔名在苏联刊物《中国问题》第 2 期发表，并由中国劳动者共产主义大学出版社出版。《中国拉丁化的字母》一书用汉文、俄文和拉丁化新文字印刷，共发行 3000 册。该书正文内容分三部分：第一部分谈汉字采用拼音制的必要性和可能性；第二部分谈标注声调是否必要；第三部分是方案和拼写法。正文之后，有两篇汉字与新文字对照的读物，还有新文字和"国语罗马字"、威妥玛式拼音的对照表，以及《汉语拼音表》。

《中国拉丁化的字母》与后来新中国制订的《汉语拼音方案》很接近。它有 28 个字母，没有 q、v、x，有 zh、ch、sh、jh 这四个双字母和 n，其他字母都和《汉语拼音方案》的字母相同。它的 26 个声母，有 17 个和《汉语拼音方案》相同：b、p、m、f、d、t、n、l、g、k、h、zh、ch、sh、z、c、s；不同的只是少数，例如，它用 gi、ki、hi 表示"基、欺、希"的声母。至于它的 36 个韵母，有三分之一以上和《汉语拼音方案》相同，如 a、o、e、i、u、ia、ua、ao、iao 等。《中国拉丁化的字母》还规定了三条简单的拼音规则。

《中国拉丁化的字母》出版后，在苏联语言学界引起很大反响。"在《中国拉丁化的字母》的小册子发表前，拉丁化问题只是在莫斯科的中国共产主义劳动大学中国问题研究所的倡议者和工作人员的比较狭隘范围内讨论着。只是在瞿秋白同志的小册子问世和推广以后，拉丁化问题才开始成为莫斯科、海参崴、列宁格勒的会议上以及远东中国报纸上讨论的题目。"[1] 1930 年 4 月，列宁格勒苏联科学院东方研究所中国研究室的汉学家龙果夫开始参加拉丁化新文字的研制工作，他和瞿秋白、郭质生三人组成专门小组，负责修订瞿秋白的方案。到 1930 年夏天，瞿秋白回国，吴玉章、林伯渠等移居远东海参崴，于是列宁格勒苏联科学院东方研究所成立"中文拉丁化委员会"继续进行工作，主席阿列克谢夫，秘书长龙果夫，成员有中国共产党党员萧三等人。委员会参考了注音字母、国语罗马字等拼音方案，在瞿秋白方案的基础上制订出《中国北方话拉丁化新文字方案》。

---

[1] ［苏联］史萍青著，吴友根译、杜松寿校：《关于中国新文字历史的一章（上）(1928—1931)》，《文字改革》1962 年第 9 期。

1931年5月,《中国北方话拉丁化新文字方案》经全苏新字母中央委员会批准,并于9月26日在海参崴召开的"中国文字拉丁化第一次代表大会"通过。中国文字拉丁化第一次代表大会还通过了吴玉章、林伯渠、萧三、龙果夫等人制订的《中国汉字拉丁化的原则和规则》和1932年内以拉丁化字母完全扫除远东华工文盲的决议案;并成立"远东边区新字母委员会",作为远东地区扫除华工文盲的执行机构。中共党员吴玉章、林伯渠、萧三、王昌希、李唐彬、张成功、周松源以及苏联汉学家龙果夫、史萍青、刘斌、阿哈特金等29人为委员。按照《中国汉字拉丁化的原则和规则》,中国的拉丁化新文字除了拼写北方话以外,还应有拼写各种方言的方案,不过大会通过的只是拼写北方话的方案,拼写方言的方案还没有制订。

中国文字拉丁化第一次代表大会召开后,远东边区新字母委员会以海参崴和伯力为中心,领导开展以拉丁化新文字扫除文盲的工作。1932年10月,吴玉章等人在海参崴组织召开中国拉丁化新文字第二次代表大会,就新文字方案进行了修改完善,确定以中国北方话为基础,同时就新文字书籍的出版、新文字教学问题作了深入讨论。此后,拉丁化新文字的各项工作有计划地开展起来。1931—1934年,远东边区新字母委员会编辑课本、教材、读物、工具书等47种,印发10多万册,并举办各种学习班、补习班、短期学校、识字学校,在旅苏的10万中国工人中进行扫盲和普及教育的工作。1932年,苏联远东的两张汉字报纸《工人之路》和《码头工人》增辟了新文字版;1934年在伯力创刊北方话拉丁化新文字的报纸 *Yngxu Sin Wenz*(《拥护新文字》)六日报(后改为三日报)。

由于拉丁化新文字具有不标声调、拼写方言、分词连写等特点,简单易学,通过学习这种文字脱盲的中国工人很多。从此,拉丁化新文字运动就在苏联远东地区蓬勃地发展起来。但是当时正值国民党"围剿"中央苏区革命根据地,由于新闻封锁,这些情况国内都不知道。

**二 拉丁化新文字在抗日救亡斗争中传播到全国各地**

1932年6月,天津《四海杂志》第3卷第6期发表《苏俄成功之中国语拉丁文》一文,初步透露了拉丁化新文字的一点消息,但是没有引起人们的注意。1933年,汉口的世界语者焦风在世界语刊物《新阶段》

上看到萧三的《中国语书法之拉丁化》一文,将之译成中文,刊登在8月12日中外出版公司出版的《国际每日文选》第12号上,第一次向国内介绍了苏联远东拉丁化新文字运动的情况,引起了文化界的注意。上海的世界语工作者与苏联世界语者联系,陆续得到了拉丁化新文字的方案、检字、课本、读物、词典等资料。

到1934年,上海文化界开展"大众语"讨论,世界语工作者张庚在6月24日《中华日报》副刊《动向》上首先介绍拉丁化新文字,指出:"汉字记录不了大众语这丰富活跃的语言。……苏俄创行了一种中国话拉丁化,推行也很广,而且出版了很多书报,这我们是可以拿来研究的。"① 世界语者叶籁士也写了一些文章介绍拉丁化新文字的理论、原则和方法。他在《大众语·土语·拉丁化》一文中指出:"拼音文字是消灭文盲的利器,非但和大众语并行不悖,而且是大众语创造中必要的步骤。"② 这样,推行拉丁化新文字就在大众语的讨论中正式提了出来。1934年8月,叶籁士等在上海成立"中文拉丁化研究会",拉开了拉丁化新文字在国内推行的帷幕。很快,拉丁化新文字便在抗日救亡的浪潮中发展成为一个空前的、自发的、全国性的运动。

(一)拉丁化新文字在全国的初步传播

拉丁化新文字得到诸多文化界知名人士的大力支持。1935年8月,茅盾在苏联远东的《拥护新文字六日报》上发表《关于新文字》一文,拥护中国共产党人领导的新文字运动。同年12月,郭沫若在《留东新闻》第12期上发表《请大家学习新文字》,他说:"现在已经不是讨论新文字要不要的时候了,而是我们赶快学、赶快采用的时候了","我们应该群策群力来使这项事业完成。"③ 1935年12月,上海成立"中国新文字研究会",发布《我们对于推行新文字的意见》,征得了文化界人士蔡元培、鲁迅、郭沫若、茅盾等688人签名,发表于《青年文化》1936年第4卷第2期。意见书指出:"中国已经到了生死关头,我们必须教育大众,组织起来解决困难。但这教育大众的工作,开始就遇着一个绝大

---

① 倪海曙编著:《拉丁化新文字运动的始末和编年纪事》,知识出版社1987年版,第7页。
② 倪海曙编著:《拉丁化新文字运动的始末和编年纪事》,知识出版社1987年版,第8页。
③ 倪海曙:《中国拼音文字运动史》,上海时代出版社1950年版,第137页。

难关。这个难关就是方块汉字，方块汉字难认难写难学。……中国大众所需要的新文字，是拼音的新文字，是没有四声符号麻烦的新文字，是解脱一地方言独裁的新文字。这种新文字，现在是已经出现了。当初是在海参崴的华侨制造了拉丁化新文字，实验结果很好。他们的经验学理的结晶便是北方话新文字方案。……中国文化界现阶段最重要的工作是普及民族自救的教育，我们要动员一切工作来进行这个工作。但是在选择工具的时候，我们是必得指出新文字的特大效力。……汉字如独轮车，罗马字母如汽车，新文字如飞机！坐上新文字的飞机来传布民族自救的教育的时候，就可以知道新文字是不但不阻碍中国统一，而且确有力量帮助唤起大众挽救垂危的祖国。我们觉得这种新文字是值得向全国介绍的了。我们深望大家一齐来研究它，推行它，使它成为推进大众文化和民族解放运动的重要工具。"意见书中还提出了推行新文字的六项具体办法。①

毛泽东对文化界人士拥护拉丁化新文字十分赞赏。1936年9月22日，毛泽东看了《我们对于推行新文字的意见》之后，写信给蔡元培说："读《新文字意见书》，赫然列名于首位者，先生也。二十年后忽见我敬爱之孑民先生，发表了崭然不同于一般新旧顽固党之簇新议论，先生当知见之而欢跃者绝不止我一人，绝不止共产党，必为无数量人也！"②

在中国共产党和诸多文化界人士的努力推动下，拉丁化新文字很快就推广到了全国很多地区。首先，从1934年8月到1937年8月，各地成立了很多拉丁化新文字团体，北平、山西、广西、四川、江苏、广东、河北、天津、福建、陕西、河南以及香港、澳门、曼谷、法国里昂等地都先后成立了新文字团体。仅河北、山西、陕西、河南、山东、湖北这6个省成立的团体就有71个，学习新文字的人数为8350人。其次，各地出版了大量新文字资料。从1934年4月到1937年5月，全国出版的新文字书籍61种，约12万册；有36种新文字刊物创刊。此外，这一时期，方言拉丁化制订和公布也取得显著成绩，共有上海话、广州话、潮

---

① 倪海曙编：《中国语文的新生——拉丁化中国字运动二十年论文集》，时代书报出版社1949年版，第120—122页。

② 《毛泽东书信选集》，中央文献出版社2003年版，第67页。

州话、厦门话、宁波话、四川话、苏州话、湖北话、无锡话、广西话、福州话、客家话、温州话13种方言拉丁化方案或草案公布。

拉丁化新文字的传播如此之快之广，引起国民党的恐慌。先是国语罗马字促进会发表宣言，攻击拉丁化新文字是"外国人越俎代庖"，"是用卢布买来的"，号召"研究如何可以抵抗外来的破坏"。① 接着，从1936年起，国民党政府开始查禁拉丁化新文字。首先在河南开封，1月1日国民党派军警搜查开封各书店的新文字书刊，并下令禁止报刊登载关于新文字的文章；接着上海、北平等地开始抓捕新文字工作者，抓到都作为共产党惩办。但是拉丁化新文字运动并没有因为国民党的压制而消失，尤其是抗日战争全面爆发后，抗日民族统一战线建立，国民党不得不放松对拉丁化新文字的抵制。这种情况，正如毛泽东所分析的："这对有两种反革命的'围剿'，军事'围剿'和文化'围剿'。也有两种革命深入：农村革命深入和文化革命深入。"②

（二）全面抗日战争时期拉丁化新文字在全国的发展

抗日战争全面爆发后，国共建立抗日民族统一战线，国民党对国内文化控制有所放松。1938年3月5日，国民党中央宣传部发表关于解禁拉丁化新文字的令文，指出："中国字拉丁化运动如不妨碍或分散国人抗战力量，在纯学术之立场加以研究，或视为社会运动之一种工具，未尝不可。若仍有反动分子用此为宣传工具，则仍须严加取缔，切不可任其流行。故对此种刊物之内容，仍应注意审查。"③ 这种解禁虽然是有条件的，但仍使拉丁化新文字有了公开推行的机会。拉丁化新文字的书籍可以公开出版，新文字团体也迅速发展，讲习班层出不穷。许多拉丁化新文字工作者走上民族解放前线，在军队、农村、工厂和难民收容所开展新文字工作，从而使拉丁化新文字运动在全国此起彼伏地发展起来。

1937—1940年，上海是拉丁化新文字运动的中心。这期间上海出版的拉丁化书籍54种，创立的刊物23种，成立的新文字团体有6个。上海新文字研究会在各机关、学校、工厂广泛建立"新文字学会分会"

---

① 倪海曙编著：《拉丁化新文字运动的始末和编年纪事》，知识出版社1987年版，第95页。
② 《毛泽东选集》第2卷，人民出版社1991年版，第702页。
③ 倪海曙编著：《拉丁化新文字运动的始末和编年纪事》，知识出版社1987年版，第134页。

"新文字小组",积极开办新文字讲习班、研究班、学习班、训练班等约150期,培训了一批新文字师资和宣传骨干。1937年11月至1938年11月,上海新文字研究会倪海曙等人在40所难民收容所、3万难民中进行扫盲实验,取得显著成绩。

1938年,武汉开展了拉丁化新文字运动。1937年12月,国民党政府临时迁至武汉。部分新文字工作者也云集武汉,于1938年1月组成武汉新文字教育促进会,与抗战教育促进会联合举办新文字研究班,宣传、推广新文字。3月,在汉口的拉丁化新文字工作者叶籁士、焦风等与国语罗马字宣传者王玉川等交换关于中国文字改革的意见,得出共同结论,使拉丁化新文字宣传者和国语罗马字宣传者在共同抗日的旗帜下团结起来,促进了语文联合战线的发展和巩固。

1937—1938年,随着抗日救亡运动的高涨,广州的拉丁化新文字运动成为华南地区拉丁化运动的中心。1937年4月,中国新文字研究会广州分会出版陈原编的《广州话新文字课本》,中山大学教育研究所编的《新文字研究》创刊。5月,广州新文字书店出版《广州话新文字检字》。1938年1月,广东新文字工作者协会成立,制定了《广州话拉丁化统一方案》。1938年年底,广州失陷,华南新文字运动中心转移到香港。

1939—1942年,拉丁化新文字运动在香港蓬勃发展。1939年7月30日,在张一麐等努力下,香港新文字学会正式成立,公推蔡元培为名誉理事长,张一麐为理事长。蔡元培为学会题字指出:"扫除文盲,愈速愈妙,其所用之工具,愈简愈妙,香港新文字学会所利用之新文字简矣,其有速效,盖无可疑。"[①] 学会举办了许多拉丁化讲习班,出版了课本、读物和"中国文字拉丁化文献",刊物有《星岛日报》副刊《语文半月刊》、《青年拉丁月刊》和《拉丁化研究》。

1939—1941年,重庆也开展了拉丁化新文字的有关活动。1939年2月,国民党政府教育部在重庆召开全国教育工作会议,上海语言教育学会寄去由陈望道起草的《请试验拉丁化以期早日扫除文盲》的提案,呼吁在国语区和方言区积极推行拉丁化新文字。1939年9月,在国民参政会第四次大会上,张一麐强烈要求国民党政府用拉丁化新文字来扫除全

---

① 倪海曙:《中国拼音文字运动史》,上海时代出版社1950年版,第158页。

国文盲。1940年3月,在国民参政会第五次大会上,张一麐、沈钧儒、任鸿隽、胡景伊、史良、陶行知、邹韬奋、董必武、黄炎培等10位参政员联名向教育部提出关于扫盲问题询问案,要求"召集已有经验之新文字专家,以及前者之旧学家,开一讨论会,实验已往成绩,以达全民总动员之速效"①。但是教育部拒绝实验新文字,新文字运动在重庆并无大的发展。

总体上看,抗日战争时期,拉丁化新文字推行最为有力、成就最大的是中国共产党领导的根据地。

### 三　根据地的拉丁化新文字运动

(一) 抗战形势下文字改革的紧迫性和必要性

抗战时期,面对日本帝国主义的侵略,提高国民文化教育水平成为抗日救亡运动的迫切需要,文字改革更突显出其紧迫性和必要性。1939年9月,上海新文字研究会通过的《拉丁化中国字运动新纲领草案》指出:"我们现在正是合力建设民主自由的新中国的时候,这必然也是文字改革运动需要一往无前地进行的时候","一个民族的文字改革,是这个民族在民主革命过程中必然的要求,也就是民主革命无可逃避的任务。"② 抗日战争爆发后,抗日救亡的迫切需要使中国共产党对于开展文字改革来改变文化落后局面的必要性有了更深刻的认识。

第一,艰深、繁难的汉字是中国政治经济落后而遭致帝国主义侵略的原因之一。中国共产党分析指出:"中国政治经济方面的落后,而中国方块字的难于学习,确是最大原因之一。中国号称四万万五千万人民,但不识字的文盲,却是百分之八十以上,这就把广大的民众和新文化之间建立起一道万里长城,使他们无法接触;也正是因为这个缘故,以及科学技术文化不能得到应有的普遍发展,而使国家民族更容易受到帝国主义的侵略。"③

---

① 倪海曙编著:《拉丁化新文字运动的始末和编年纪事》,知识出版社1987年版,第156页。
② 倪海曙编:《中国语文的新生——拉丁化中国字运动二十年论文集》,时代书报出版社1949年版,第254页。
③ 倪海曙编:《中国语文的新生——拉丁化中国字运动二十年论文集》,时代书报出版社1949年版,第282页。

第一章　民主革命时期语文现代化的发轫　89

第二，要彻底击退日本帝国主义的侵略，必须进行文字改革，大力进行包括文化教育在内的各项建设。因为"我们的战争，不是争城夺地的帝国主义性战争，而是从帝国主义铁蹄下让全民族永远独立解放的战争。不是一时性和局部性的抗战和建国，而是军事、政治、经济、文化全面的战争和全民族的战争。假使我们停止在过去文化教育的畸形发展阶段上，最后的解放将成为问题。所以民众迫待教育是无疑义的"①。中国共产党强调，在抗战文化教育建设中，汉字是不能适应需要的，必须采用易学易用的拉丁化新文字作为教育工具。"在敌后斗争的广大群众一日不能脱离生产，也一日不能放下武器。……后方工作也极迫切，在百忙之中，仍旧用旧文字、旧方法进行教育，几成为不可能。在需要教育缺少可能的条件之下，采取新文字作教育工具，是最实际而不待踌躇的问题。"②

第三，采用拉丁化新文字进行文字改革，并不是要用拉丁化新文字来代替汉字，而是利用新文字来扫除文盲。中国共产党指出："汉字虽然已经不合时宜，必须采用拼音文字，但汉字有悠久的历史，不是轻易可以废弃而必须使其逐渐演变，才能完成文字改革。目前我们所要做到的便是利用新文字来教育文盲，使他们在最短时间内可以用新文字学习政治与科学，也还可以利用新文字去学习汉字，但新文字必须学到能写、能拼、能读后，才可能再经过它来学习汉字，而同时新文字又能单独自由应用。"总之，"拉丁化的新文字，无论它有许多优点和缺点，目前我们采取的只在它的大众化，只在它消灭文盲上，认为它有绝对的有效意义"。③

于是，抗日根据地新文字工作者明确扛起了"为彻底扫除文盲而斗争！为创造真正大众化的新民主主义文化而斗争！为推广大众的科学的拉丁化的中国文化而斗争"的大旗④，提出"时代终不容许中国文字革

---

① 倪海曙编：《中国语文的新生——拉丁化中国字运动二十年论文集》，时代书报出版社1949年版，第282页。
② 倪海曙编：《中国语文的新生——拉丁化中国字运动二十年论文集》，时代书报出版社1949年版，第282页。
③ 倪海曙编：《中国语文的新生——拉丁化中国字运动二十年论文集》，时代书报出版社1949年版，第282页。
④ 倪海曙编：《中国语文的新生——拉丁化中国字运动二十年论文集》，时代书报出版社1949年版，第283页。

命远远落后于中国文学革命"①，把新文字运动纳入抗日根据地新民主主义文化建设之中。

（二）拉丁化新文字在苏区的初步推行

1934年瞿秋白到达中央苏区，任中华苏维埃中央政府主席团教育人民委员、中华苏维埃政府教育部部长，在中央苏区主持开展文化教育普及工作和扫除文盲运动。这时，瞿秋白就曾酝酿试用拉丁化新文字来扫除文盲。时任中华苏维埃政府教育部副部长的徐特立曾指出："我对于新文字，开始是一'顽固分子'，在江西的时候，秋白同志和林老（林伯渠）告诉我新文字的好处，我是不赞成的。"②但是由于战事紧张，未能实行。

1935年中央红军到达陕北，建立了中共中央西北局和中华苏维埃人民共和国中央政府西北办事处，使陕北成为革命的中心根据地。陕甘宁地区学校很少，教育极为落后，文盲占人口90%。因此，党中央大力进行教育建设，首要任务就是开展识字教育，扫除文盲。时任中华苏维埃中央政府西北办事处教育部长的徐特立积极倡导用新文字扫盲并用拉丁化新文字学汉字，得到党中央积极支持，成为革命根据地发展新文化的一个组成部分。

1936年，中央教育部与团中央联合发出开展冬学运动的指示信，开始在农民中开展新文字扫盲试点。1936年11月底，陕北省已在21所小学内普遍教新文字，全省还试办了10个新文字教员训练班。1937年3月，中央教育部和团委总结一年来新文字扫盲教育工作，提出《关于教学新文字的意见》，指出：（1）教学新文字的对象是文盲；（2）新文字的应用，在乡村的力量要比汉字为大；（3）汉字与新文字的关系，先用短时间学习新文字，后用新文字替汉字注音和解释汉字，开辟文盲自己学习汉字的道路；（4）新文字的教法是把字母、拼音和读本联系起来教。同年4月，西北办事处文化教育建设委员会起草了第一个成文的教育法规《关于群众的文化教育建设草案》，新文字教育被正式列入其中。《草案》指出："最基本最易学的新文字，应该在最短时期普及到历史上

---

① 吴玉章：《文学革命与文字革命》，《中国文化》创刊号，1940年2月15日。
② 栗洪武：《陕甘宁边区新文字教育运动编年纪事》，陕西师范大学出版社1994年版，第74页。

没有参加过文字生活的男女文盲,但不停止在这一基本的工具上,应该利用这一基本工具,学习汉字及学习政治和科学。"① 这些意见和法规文件对于进一步推行新文字教育起到了重要的指导作用。

1937年1月,中央机关和西北办事处迁到延安,延安市新文字教育运动在中央教育部直接领导下迅速发展起来。到1937年5月,延安市就办有新文字识字班15个,学习人数600多人。5月16日,延安市还成立了新文字促进会。为了推进新文字教育,除编有统一的新文字课本外,还用新文字出版了一批读物,如《毛主席的谈话》《今年的选举》《我们的东北》等。新文字的报刊,主要有《老百姓》日报、每五天一期的《抵抗到底》报、每周一期的《联合墙报》和《新文字画报》,仅《抵抗到底》报每期发行数量就有六七百份。自1936年7月19日开始,中华苏维埃政府机关报《新中华报》陆续刊登了大量用新文字写的新闻报道,以及一些推行新文字教育的研究文章。

1937年7月,上海出版的《语文月刊》第2卷第1期发表了《肤施来客谈》一文,第一次详细报道了毛泽东领导下的陕北苏区一年来新文字运动的情况。该文指出:"据说新文字在陕北的历史,还不过一年多。……现在那边扫除文盲的工作中,新文字已成为顶主要的工具。小学教师登记的时候,懂得新文字是个重要条件,不懂得的必须赶快学。……在那边,私人的通信、墙上的标语,甚至机关的公文,也都有用新文字的。最近还准备出一个新文字的周刊。""陕北各地的党政机关以及军队的'读书室'中,每天或每隔一天的早晨,都开班教授新文字。肤施(延安)城里有九个'读书室',每个'读书室'有五十到一百人光景。各'读书室'的壁报上,经常刊登好些用新文字写成的或宣传新文字的文章,'西北青年救国会'以及肤施市工会的俱乐部里,推行新文字的情形也一样热烈。""在延长(肤施东不到百里的一个县城),还有专授新文字的学校——鲁迅师范学校。其中的学生,多半是文盲,唱歌、政治、历史、地理以及其他一切课程,都一律用新文字教授。这

---

① 陕西师范大学教育研究所编辑:《陕甘宁边区教育资料(社会教育部分)》上,教育科学出版社1981年版,第3页。

个学校六个月毕业,成绩很好。"① 这段记述反映了陕北苏区新文字运动如火如荼的局面。

(三) 陕甘宁边区的新文字运动

抗日战争全面爆发后,1937年9月,根据国共两党关于国共合作的协议,中国共产党将陕甘苏区改名为陕甘宁边区。1937年9月,中央教育部向各级教育部门发出《关于推行新文字的指示信》,要求更广泛更深入地开展新文字扫盲教育运动。1938年4月,陕甘宁边区国防教育部研究会第一次代表大会通过了普遍成立新文字促进会的决议,以推动新文字扫盲教育运动。1940年11月,吴玉章等人发起成立陕甘宁边区新文字协会,毛泽东、朱德、张一麐、沈钧儒、郭沫若、黄炎培等为"陕甘宁边区新文字协会"的名誉理事,林伯渠、吴玉章、徐特立、董必武、谢觉哉、罗迈、胡乔木、周扬、萧立三等45人为理事,具体负责新文字运动的开展。在党中央和边区政府的直接推动下,自1940年起,新文字运动在陕甘宁边区轰轰烈烈地开展起来。

陕甘宁边区开展新文字运动的主要方式是大力开办新文字冬学,把新文字用于社会扫盲教育。1940年9月,边区政府划延安市和延安县为"新文字实验区",决定先从实验区开始用新文字扫盲、大规模办冬学。该年延安市、县共办新文字冬学63处,报名学生1952人,实际到校1563人。新文字冬学以新文字为主要课程,用新编《新文字课本》授课。这届冬学于11月底开学,1941年1月中旬结束,为期50天。在参加考试的1563人中,会读会写的561人,会写但速度较慢、间有错误的219人,二者共780人,扫盲率达50%,远远超过同时期汉字冬学只有12%的扫盲率。② 这期冬学结束后,1941年1月23—28日召开总结大会,还举办成绩展览会,毛泽东、朱德、张闻天等领导人参观了展览会,对新文字冬学所取得的成绩予以肯定和鼓励。吴玉章热情洋溢地指出:"这是大众化、拉丁化开始的工作,虽然成绩很小,还很幼稚,但它的意义很大。"③

---

① 倪海曙编著:《拉丁化新文字运动的始末和编年纪事》,知识出版社1987年版,第128页。
② 1940年全区12个县的汉字冬学,在5926个学生中,只有12%的人毕业。参见倪海曙编著《拉丁化新文字运动的始末和编年纪事》,知识出版社1987年版,第190页。
③ 栗洪武:《陕甘宁边区新文字教育运动编年纪事》,陕西师范大学出版社1994年版,第87页。

1941年上半年，陕甘宁边区各地新文字扫盲教育活动接踵而起，纷纷办起扫盲学习班、夜校。根据这种发展形势，1941年6月边区政府作出部署，决定于1941年冬扩大推行新文字到全区范围，即在陇东、关中、三边、绥德四个分区和延安市、延安县、甘泉、富县、延长、延川、固临、安塞、安定九个直属县市，办新文字冬学。1941年10月24日，《解放日报》发表了胡乔木撰写的社论《开展冬学运动》，宣称："陕甘宁边区今年的冬学，绝大部分就是要教新文字的。在一般的识字教育中，新文字是一把锋利的武器，在冬学的三月教学里，新文字更是最恰当的工具，在人口稀少、文化基础薄弱的陕甘宁边区能够使得半数的冬学学生学会读写，在条件较好的其他地区推行新文字将会收到更大的效果！"① 11月，全区28个县市举办的新文字冬学相继开学。该年实际举办新文字冬学238处（部队、工厂、民教馆办的新文字冬学未计入），在校学生共5712人。各地冬学于1942年1月结束，各冬学毕业考试人数中，成绩最好的达到50%。

1942年，尽管《边区1942年教育工作计划大纲》中社会教育部分第一项为"继续推行新文字消灭文盲"，并具体规定了三项措施，但是由于1942年陕甘宁边区经济困难和征粮运盐等动员工作紧张，不断抽调干部下乡工作，因此新文字的推行工作受到影响，1942年冬学缩小新文字扫盲教育范围。该年全区13个县共办了215处冬学，学生5091人；其中女冬学23个，学生621人。到1943年，正是总结上述深入实验和研究新一年创设延安县新文字实验区的时候，但是由于战争形势的变化和整风运动的发展，陕甘宁边区的新文字运动暂时搁浅，经过三年蓬勃发展的新文字扫盲教育运动也随之停止。

出版新文字书刊也是陕甘宁边区新文字运动的一项主要内容。为了广泛地传播新文字，巩固新文字学习成果，延安新文字促进会在1937年出版了《识字班联合墙报》和《老百姓报》两种新文字报刊，还出版了《五月卅日的故事》一书。1938年以后，新文字的刊物和报纸逐渐增加。"新文字的刊物，定期的报有四种（每天有报告消息的'老百姓报'，每五天有'抵抗到底'报，每周有新文字联合墙报和新文字画报，最近因

---

① 《胡乔木谈语言文字》（修订版），人民出版社2015年版，第10页。

人员的关系只有'抵抗到底'报经常出版,内容除报告重要消息外,还有论文、通讯、讲谈、初级读物等。每期数量约六七百份。现在已出至二十八期,这是新文字工作者宝贵的粮食)。新文字的通俗读物有三十多种。"① 1940 年 11 月,边区新文字协会又出版了《新文字报》,到 1941 年底发行量已达到 1800 份,超过了某些汉字报纸的发行量。此外,各地方的新文字协会也出版了一些新文字报刊,如关中新文字协会就于 1941 年 10 月 25 日出版了《关中新文字报》。

为了出版新文字书籍,陕甘宁边区文协在 1942 年 5 月成立了新文字丛书工作委员会。这个委员会主要负责编辑各种新文字小册子,1942 年主要编辑出版了《什么是新文字》《新文字小学读本》《新文字课本》《新文字的发音方法》等,还有新文字科普读物和文艺读物,如《怎样养娃娃》《不害病》《老百姓打胜仗的故事》《列宁的故事》《长征的故事》《自然常识》《毛主席拦牛》等。新文字书刊的出版发行,对于新文字的推广起了很大作用。

(四)其他根据地的拉丁化新文字运动

与此同时,晋察冀抗日根据地、晋西北抗日根据地、山东抗日民主根据地、华中抗日民主根据地等也都开展了推广新文字的工作,取得了一定的成绩。

抗战爆发后不久,有的根据地就开展了拉丁化新文字运动,其中新四军开展的拉丁化新文字运动比较突出。1937 年 10 月,新四军军长叶挺发表了关于拉丁化新文字的意见,认为"军队的识字运动只有实行拉丁化是最好的法子,拉丁字母又可以改进中国军队的旗语——一般文化工作者为了应付这严重的抗战局面,无形中把拉丁化运动展开了。我相信这局面展开之后,拉丁化运动必然地要重又勃发起来,而且必然地要从试验的时期转入实用。这个预期是很有意义的。我希望所有的文化工作者都能对这点加以充分注意"②。根据叶挺的意见,新四军教导部队训练处规定:各中队每天上一小时文化课,主要学习新文字。到 1938 年 8

---

① 《陕甘宁边区教育资料(社会教育部分)》上,教育科学出版社 1981 年版,第 15 页。
② 转引自倪海曙编著《拉丁化新文字运动的始末和编年纪事》,知识出版社 1987 年版,第 131 页。

月，新四军政治部根据全军指战员的语音情况，试行《普通话新文字方案》，并出版三种油印的新文字课本和《为什么要学习新文字》的宣传册子。与此同时，新四军教导部队训练处召开全军文化教员会议，研讨对于新文字的认识。大家认为，学习新文字意义重大：（一）有利于全军学讲普通话；（二）有利于加速扫除文盲；（三）有利于全军的政治和军事学习。这次会议还对如何改进新文字教学法进行研讨。此后，新四军的新文字工作迅速推进，到1939年1月，新四军政治部创刊《抗敌报》和《普通话新文字》副刊，3月又成立了新四军教导总队新文字研究会，大力推行新文字。此外，1939年，山东根据地也开始在胶东、鲁中南和滨海地区推行新文字。

1941—1943年，拉丁化新文字运动在各根据地广泛开展。首先，各根据地成立了领导新文字运动的组织机构。如晋察冀边区1940年12月在河北平山成立"晋察冀新文字研究会"，1942年2月又成立"晋察冀边区新文字协会"，姚依林任理事长；晋冀鲁豫边区1941年6月成立"太行山区新文字协会"，8月成立"太南区新文字研究促进会"；晋西北根据地1941年8月成立"晋西北新文字促进会"；山东抗日民主根据地不仅成立"山东新文字研究会"，1941年12月还在滨海地区成立新文字研究会，在鲁中、鲁南建立不少新文字小组，1943年又在胶东地区成立"新文字推行委员会"；1942年6月，苏皖边区则成立"淮南新文字促进会"。

其次，各根据地都开展了推行新文字的工作，举办新文字冬学、开办新文字训练班、出版新文字读物等。如在苏北地区，1941年2月，新四军第一师政治部和抗日军政大学第五分校的新文字运动者共同发起成立以张雁为队长的"苏北拉丁化播种队"，以领导开展新文字活动，并向新四军政治委员刘少奇进行汇报。刘少奇对之给予积极鼓励："你们成立苏北拉丁化播种队，很好。开展苏北拉丁化新文字运动是需要的，也是可能的。望你们努力，但要注意克服前进中可能遇到的困难。"① 同年4月，苏北拉丁化播种队油印了600册《北方话新文字课本》，还筹办了"新文字展览会"，展出200多种新文字图书报刊。1943—1944年，

---

① 全国高等院校文字改革学会编：《语文现代化》（丛刊）1980年第4期，语文出版社1980年版，第230页。

张雁编辑出版用新文字注音的《大众字典》和《北方话新文字拼音课本》，其中《大众字典》收入了 5000 个单字。新四军第三师驻扎在盐阜区，师政治部很重视部队的政治、文化教育工作，对于推行新文字也很积极。1941—1942 年，第三师政治部宣传部特地组织专人编写教材，先后编出三册《战士识字课本》，采用北方话新文字拼注汉字的读音，并把课文中的一些拟声词直接用新文字的拼音来代替；在 1943—1944 年，又编出一本 5000 单字的《大众字典》，分上下两册出版，上册为正文，下册为附录。正文中的 5000 单字，全用北方话新文字注音，附录中主要介绍北方话新文字方案和学习拼音的资料。

在淮南地区，淮南新文字促进会成立后，1942 年 12 月在古城龙山乡主办了新文字冬学，成立识字班 6 个，共 95 人；还拟订了江淮话新文字方案，出版了《北方话新文字课本》《江淮话新文字课本》《新文字拼音表》《淮南新文字报》《天高新文字报》等书报。

山东抗日根据地的新文字工作者从 1941 年陆续在滨海、鲁中、鲁南地区分头推行新文字。农村冬学中的农村青年是新文字的重点教学对象，滨海中学也设立过新文字课程。此外，八路军 115 师也成立了新文字学习小组，教授文盲战士新文字。该师警卫营第四连全连战士都学习新文字，连内的墙报、日记、便条、口令等都使用新文字。115 师战士印刷厂也有很多人学会新文字，由该厂工人在业余时间铅印出版了一本用新文字写成的《小尾巴的故事》，流传很广，颇受群众欢迎。1943 年，滨海地区的新文字工作者创办了油印的 *Sin Wenz Bao*（《新文字报》旬刊），这份小报在极端困难的条件下出版了 12 期，每期印发 1000 多份，扩大了新文字的影响。

此外，新文字在各根据地社会生活中都得到了一些实际运用。如 1944 年、1945 年苏皖边区"盐阜区行政委员会"发行的"盐阜银行钞票""大江银行钞票"，背面都用新文字拼写行名。华中根据地的邮票用新文字拼写地名，如淮南区票面铭记"XUAINAN"（淮南）、苏中区邮票标注铭记"SHUZHUNG"（苏中）及面值单位"fen"（分）；山东粮食总局印制的饭票，背面也用新文字拼写局名、票名。这些钞票、邮票的流动，对于新文字运动起到了一定的宣传推广作用。

实践证明，抗日战争时期抗日根据地将拉丁化新文字广泛用于扫盲教育，取得了一定成绩。用拉丁化新文字扫除文盲，把目不识丁的劳动群众尽快从文化极为落后的状况中解放出来，提高广大人民的文化素质，是根据地推行拉丁化新文字的主旨之一。正如陕甘宁边区新文字协会成立时所宣布的："为彻底扫除文盲而斗争！为创造真正大众化的新民主主义文化而斗争！"① 事实证明，用新文字扫盲比汉字扫盲要快得多。40年代初，各根据地用新文字扫盲都取得了可喜成绩。如1940年陕甘宁边区70多名新文字教员就创下了扫除1000多名文盲的好成绩，1941年冬学中全边区有1万名以上青年男女学习新文字。1941年12月吴玉章在新文字协会第一届年会上信心满满地表示："如果以我们去年七十多人就可以扫除一千多人的文盲，那末今年大约也可以扫除一万多人的文盲。每年以十倍来累进，不过四五年，边区的文盲可以扫尽，大众的文化知识可以大大的提高，这是我们新文字推行的光明前途，也是我们多年来心中的期望。"② 总的来说，用拉丁化新文字进行扫盲的试验是卓有成效的。

抗日战争进入相持阶段后，除山东抗日根据地等少数地区外，大多数根据地的新文字运动都在1943年之后趋于沉寂。1943年底，鉴于根据地新文字运动出现"被束之高阁"的形势，在山东胶东领导新文字运动的罗竹风自1943年12月起在《胶东大众》发表一系列文章③，呼吁"猛烈地开展新文字运动"。在新文字工作者的努力下，胶东地区"从1943年到抗战胜利的两三年，又有计划地开展过新文字运动，取得了一定成效"④。1944年春，胶东区党委在关于开展文化运动的指示中，把新文字作为重要工作之一。1944年5月15日，还专门召开新文字座谈会，仔细研究新文字运动的师资、读物等实际问题。会议认为，可以通过多种办法来解决师资，如抽调小学教师开展十天半个月的新文字训练；抽出对新文字有研究的同志到农村组织轮回训练班；各中学设新文字课，

---

① 吴玉章：《文字改革文集》，中国人民大学出版社1978年版，第10页。
② 吴玉章：《文字改革文集》，中国人民大学出版社1978年版，第16页。
③ 主要有：《汉字和新文字》，《胶东大众》1944年第20期；《五四运动与中国语文革命》，《胶东大众》1944年第21期；《从新文字的理论到实际》，《胶东大众》1944年第22期；《新文字的学用和难易》，《胶东大众》1944年第24期；等等。
④ 罗竹风：《行云流水六十秋》，上海教育出版社1991年版，第310页。

特别是师范班必须学习新文字等。读物问题，会议认为除课本外，要编写通俗读物，出新文字的半月刊、周刊或三日刊，还可以创制新文字标语、漫画等。1944年秋，胶东行署还举办了规模较大的新文字训练班，参加的有县文教科的干部、区教育助理员、中心小学教员等，约300人。1944年胶东地区的新文字冬学"最有生气"，"成绩很大"，农民们除了学会新文字外，还借拼音的帮助学会一些汉字。①

### 四 根据地大兴白话文

20世纪30年代，中国共产党人没有直接领导大众语运动，但是党的阶级属性决定了其所领导的语文现代化是真正为人民、为大众的，是大众语的身体力行者。根据地政府公文废除了旧公文名目繁多的格式，规定公文一律采用白话拟写，废除文言文，禁止在布告中使用五言、七言韵文。1931年12月11日，《红色中华》在瑞金创刊。1933年，瞿秋白写下了《关于〈红色中华〉报的意见》，认为《红色中华》应当从六方面进行改进，其中一条是由中央局出版一种《工农报》，"就是行真正通俗的，可以普及到能够勉强读得懂最浅近文字的读者群众的"②。

1942年2月8日，毛泽东发表《反对党八股》的演讲，提出"要向人民群众学习语言"，"人民的语汇是很丰富的，生动活泼的，表现实际生活的"。毛泽东肯定五四白话文运动的成绩，指出："五四运动时期，一班新人物反对文言文，提倡白话文，反对旧教条，提倡科学和民主，这些都是很对的。在那时，这个运动是生动活泼的，前进的，革命的。那时的统治阶级都拿孔夫子的道理教学生，把孔夫子的一套当作宗教教条一样强迫人民信奉，做文章的人都用文言文。总之，那时统治阶级及其帮闲者们的文章和教育，不论它的内容和形式，都是八股式的，教条式的。这就是老八股、老教条。揭穿这种老八股、老教条的丑态给人民看，号召人民起来反对老八股、老教条，这就是五四运动时期的一个极大的功绩。"毛泽东批评五四运动后尤其是土地革命时期的党八股成为

---

① 参见罗竹风：《行云流水六十秋》，上海教育出版社1991年版，第290、316页。
② 中国社会科学院新闻研究所编：《中国共产党新闻工作文件汇编（1921—1949年）》（下），新华出版社1980年版，第164页。

形式主义的束缚，并揭露党八股的八条罪状，号召"洋八股必须废止，空洞抽象的调头必须少唱，教条主义必须休息，而代之以新鲜活泼的、为中国老百姓所喜闻乐见的中国作风和中国气派"。①

1942年3月16日，中宣部发出《为改造党报的通知》，强调党报要反映党的工作，反映群众生活，其中有关于语言文字的规定，指出："各地党报的文字，应力求通俗简洁，不仅使一般干部容易看懂，而且使稍有文化的群众也可以看。通俗简洁的标准，就是要使那些识字不多而稍有政治知识的人们听了别人读报后，也能够懂得其意思。"②《解放日报》率先改版，在报纸语言文字上保持群众化、通俗化，使用白话文。

到1944年，党中央提出了"全党办报"和"群众办报"的理念。《解放日报》1944年2月16日发表的社论《本报创刊一千期》，总结《解放日报》改版以来的工作，指出："我们的重要经验，一言以蔽之，就是'全党办报'四个字。"③同年3月22日，毛泽东在中共中央宣传委员会召开的宣传工作会议上的讲话中提出墙报也是报，号召每个单位都要办墙报，"这样来办报，全边区可以有千把种报纸，这叫做全党办报"④。1948年4月2日，毛泽东在《对晋绥日报编辑人员的谈话》中又说："我们的报纸也要靠大家来办，靠全体人民群众来办，靠全党来办，而不能只靠少数人关起门来办。"⑤这种"群众办报"理念，使得群众参与白话文建设成为一种现实可能，白话文呈现出空前的活力。1944年，陕甘宁边区有1万多名群众参加了读报组，同年11月，陕甘宁边区文教大会作出《关于发展群众读报办报与通讯工作的决议》，总结了读报办报经验。与此同时，黑板报运动和读报运动在农村、工厂、部队中广泛开展起来。与"黑板报"运动相映成趣的是延安的"街头诗"运动，"街头诗"运动中，人民群众或者作为受众或者作为主体广泛参与，直

---

① 《毛泽东选集》第3卷，人民出版社1991年版，第837、831、844页。
② 中国社会科学院新闻研究所编：《中国共产党新闻工作文件汇编（1921—1949年）》（上），新华出版社1980年版，第127页。
③ 社论：《本报创刊一千期》，《解放日报》1944年2月16日。
④ 《毛泽东文集》第3卷，人民出版社1996年版，第113页。
⑤ 中国社会科学院新闻研究所编：《中国共产党新闻工作文件汇编（1921—1949年）》（下），新华出版社1980年版，第234页

接促进了白话文在根据地的普及。

根据地的语文教材全部使用白话文。1946年新华书店出版发行的初中语文教材《中等国文》，是在陕甘宁边区教育厅领导下，由胡乔木主持编写的。教材在前言中开宗明义地提出"力求贯彻反对一切党八股、反对一切主观主义形式主义的原则"，教材选文全部使用白话文，"本书并没有选很多'名文'，却选了很多朴素平易的文字"。[1]《中等国文》出版后，陕甘宁边区和其他边区全面使用新教材。

## 第四节　解放区的文字改革实践

抗日战争胜利前夕，中国共产党提出"使中国由农业国变为工业国""将中国建设成为一个独立、自由、民主、统一和富强的新国家"[2]的目标。为着这一目标的实现，中国共产党带领全国人民奋起反抗国民党的独裁和压迫。解放战争时期，中国共产党的军事和政治斗争压倒一切，但是其领导的文字改革实践却并没有停止。相反，抗日根据地广泛应用的简体字随着解放事业的发展而迅速传播，拉丁化新文字在实际应用中得到一定程度的推进。

### 一　简体字在解放区广泛应用

简体字虽然得不到国民政府的支持，但是在中共领导的抗日根据地和解放区却获得了蓬勃的发展。在根据地，广大人民群众生活艰难，文化教育水平不高，但是在日常生活中，又多少必须使用些文字。在拉丁化新文字不能推广使用的情况下，简体字获得生发的土壤。"广泛的运用简字，暗地里成为一种群众运动，这是抗战以后的事情。特别在解放区，没有过任何人的有意提倡，简字就不声不响从地下蹿出来，侵入到每个人的笔下，侵入到一切书写的范围里，势力之大，已经变为一个极其普遍的现象了。"[3] 随着解放战争的节节胜利，简体字也流行到全国各

---

[1] 课程教材研究所编著：《新中国中小学教材建设史1949—2000研究丛书》中学语文卷，人民教育出版社2010年版，第12页。
[2] 《毛泽东选集》第3卷，人民出版社1991年版，第1081、1030页。
[3] 罗竹风：《论简字》，《大威周刊》（总48期）第3卷第3期，1947年8月10日。

地，被称为"解放字"。

简体字在抗日根据地和解放区得以普遍发展和使用，绝不是偶然的。其一，广大人民积极投入抗日战争和解放战争，语言文字的急需与实用就成为第一要义。人民群众欢迎易学易用的简体字，也就是说，民众的文字需求决定了简体字的存在与发展。"抗战是中国历史上空前的大变动，一切旧的生活习惯打破了，人们在百忙中工作学习，又加印刷条件困难，油印刺写普遍发展起来，为解决一时的急需，不得不大量采用或是创造简字。例如'機關槍'三个字，如果写成'机关枪'笔画简单，还用不上一半的时间。因此，油印刺写要用，平常写标语，作记录，以及一般的书写都要用。"①

其二，根据地文字改革者在提倡与实践拉丁化新文字的同时，对于简体字也予以充分肯定。山东抗日根据地胶东地区文字改革领导人罗竹风指出，汉字由繁入简，不仅是汉字本身发展的规律，也是根据群众的需求变化而来的。"简字是一支扰乱汉字的便衣队，它加速了汉字本身的分化过程。在今天，已经没有办法可以把简字排斥出去，它的力量相当强大，生在民间，长在民间，深为群众所喜好，因此必须把它'改编'过来，使在正统汉字中占一席地位。""无论是陕甘宁边区来的，还是晋察冀来的，晋冀鲁豫来的，或是华中来的，大家所用的简字有许多都是相同的。……只有民主的解放区，文字的民主改革才是被允许的。"②

其三，抗日根据地和解放区特殊的民主氛围有利于简体字的书写与传播。毛泽东等中央领导人都以实际行动对简体字予以支持，他们在工作生活中使用了一些简体字。例如，毛泽东在题写自己的名字时，在20世纪20年代写为"毛澤東"，到20世纪40年代基本写为"毛泽东"。

随着简体字在抗日根据地和解放区的使用，逐渐暴露出一些问题。一是简体字只用于手头书写，而未能吸收到印刷方面，所以造成读写不一致。二是简体字不统一，有的字同时有好几种简体写法，如"国"字当时便有六种不同的写法，增加了群众识字的困难。在这种情况下，根

---

① 罗竹风：《论简字》，《大威周刊》（总48期）第3卷第3期，1947年8月10日。
② 罗竹风：《论简字》，《大威周刊》（总48期）第3卷第3期，1947年8月10日。

据地的文字改革领导人对如何正确地运用简体字提出了积极建议。如罗竹风建议边区政府重视简体字在群众中流行的现实，予以简体字合法地位。"现在大家应该收集已有的简字，加以排列、分析、比较、研究，将其中的一部分精华规定下来，建议教育厅统一颁布，并且制成铜模，广泛地用在印刷书报上，把难写难记的官版正体汉字驱逐出去。这样就可能解决一部分写与读之间的矛盾问题。"他建议教育厅行政机关应该加以重视，进一步调查研究，发现简体字的规律，把流行的简体字从混乱中理出个头绪来，让大家有更加明确的认识。

罗竹风还亲自搜集整理抗日根据地流行的简体字。"稍加统计，就可以得到几百个"，他把所收集的简体字归纳为五种类型：（1）打入"音符"的办法。"就是把一个读音相同或相近而在写法上远为简单的字，打入一个写法较难而读音已经不可捉摸的字里去，作为它的组成部分，因而这字在读、写两方面都变容易了，我们就把这种简字叫做打入音符的办法。"这类简体字罗竹风整理了59个，其中与现在简化字相同的如下：达（達）、华（華）、运（運）、拥（擁）、迁（遷）、战（戰）、织（織）、识（識）、迟（遲）、远（遠）、认（認）、样（樣）、补（補）、态（態）、优（優）、窃（竊）、机（機）、选（選）、据（據）、剧（劇）、惧（懼）、毕（畢）、胶（膠）、帮（幫）、邮（郵）、扰（擾）、赶（趕）、惩（懲）、吓（嚇）、沪（滬）、宾（賓）、滨（濱）、历（曆）、胜（勝）、面（麵）、牺（犧）、积（積）、极（極）、护（護）、惊（驚）等。

（2）省略"形体"的办法。"就是把一个笔画太多，写法比较复杂的字，因书写的方便，随便把它省略一部分。这一类简字过去就有，抗战期间则更加发展了。"这类字中大部分都是社会上习见通行的，但有的则仅仅是一种符号。在罗竹风整理的70多个此类简体字中，与当今简化字相同的如下：务（務）、奋（奮）、夺（奪）、杀（殺）、产（產）、乡（鄉）、离开（離開）、亩（畝）、类（類）、巩（鞏）、显（顯）、电（電）、标（標）、广（廣）、严（嚴）、扫（掃）、妇（婦）、飞（飛）、术（術）、压（壓）、厂（廠）、备（備）、弃（棄）、宁（寧）、际（際）、丽（麗）、画（畫）、虫（蟲）、边（邊）、处（處）、旧（舊）、宝（寶）、么（麼）、声（聲）、伤（傷）、号（號）、独（獨）、尸

第一章　民主革命时期语文现代化的发轫　103

（屍）、医（醫）、节（節）、气（氣）、县（縣）、时（時）、划（劃）、从（從）等。

（3）一般的手头字。"这一部分最多，主要的是习惯上常用的所谓'简写'，也有俗字，个别的古字和草字。过去一直地在民间流传，是简字里边势力比较大的，一向被认为'正宗'，小说唱本里的大半是这一类。"这一部分他整理了150多个简体字，其中用于当今简化字的如下：丰（豐）、义（義）、议（議）、听（聽）、坏（壞）、环（環）、还（還）、泪（淚）、笔（筆）、阴（陰）、敌（敵）、适（適）、乱（亂）、辞（辭）、众（眾）、体（體）、报（報）、这（這）、会（會）、归（歸）、师（師）、个（個）、万（萬）、恋（戀）、蛮（蠻）、变（變）、办（辦）、协（協）、苏（蘇）、乔（喬）、桥（橋）、学（學）、举（舉）、区（區）、赵（趙）、风（風）、刚（剛）、头（頭）、实（實）、卖（賣）、读（讀）、断（斷）、继（繼）、坚（堅）、监（監）、执（執）、势（勢）、热（熱）、枪（槍）、论（論）、应（應）、当（當）、尽（盡）、兴（興）、与（與）、价（價）、养（養）、过（過）、寿（壽）、斗（鬥）、导（導）、礼（禮）、关（關）、联（聯）、乐（樂）、穷（窮）、总（總）、晒（曬）、洒（灑）、块（塊）、层（層）、刘（劉）、罗（羅）、获（獲）、绳（繩）、农（農）、灵（靈）、梦（夢）、床（牀）、双（雙）、庙（廟）、灯（燈）、无（無）、元（圓）、腊（臘）、庄（莊）、卫（衛）、团（團）、党（黨）、为（為）、枣（棗）、发（發）、劝（勸）、欢（歡）、权（權）、难（難）、汉（漢）等。

（4）"借音简字"。"原字难写难识，所以借一个比较容易写容易识的同音字来代替它。这一种简字就是过去六书所谓'假借'的由来，也是我们平常所说的'别字'。现在为大家公认的还不多，但因汉字'同音异义'字太多，群众（甚至连中学生）不得不大量借用。"这类字他整理了16个，即斗（鬥）、干（幹）、汗（漢）、后（後）、于（於）、里（裡、裏）、几（幾）、才（纔）、勾（够）、了（瞭）、余（餘）、叶（葉）、秋千（古字，鞦韆）、胡同（衚衕）。

（5）复合字。"把两个字的词，各自省略一部分，然后合在一起变成一个字，但读音仍然是两个。"罗竹风把当时根据地流行的十几个复合字作了整理，主要如下：问（问题）、干部（幹部）、夲（本幣）、

（火食）、夃（历史）、阪（阶级）、エ乍（工作）、刅（领导）、仝（同志）、迈（运动、運動）等，还有一个四字合成的：囻（帝国主义）。"此外还有读一个音而是两个字合成的，如孬（nao），就是不好的意思；甭（beng），就是不用的意思。"

罗竹风还进一步分析了这五种简体字的具体发展用途。他指出，第一种对识字读音大有帮助，而在书写方面更省便，可以尽量采用到印刷方面。第二种只是省略字形，便于书写，除少数外，恐怕难以吸收作"活字"用。第三种，因为比较习惯，绝大部分可以确定下来，用以代替正体汉字。第四种书写读音都方便，第五种只能用于手头书写。

罗竹风热情赞扬简体字的积极意义和"光明前途"，指出，第一，简体字能打破我们对汉字的拜物教崇拜。他指出，虽然简体字只是应急的办法，是一种小小的改革，但是它可以打破一般人对汉字的拜物教崇拜，说明文字是人造的，群众就是造字的仓颉，群众就是圣人。第二，简体字能说明文字是经常变化的。"指明文字不是一成不变的，它经常流动、变化，特别是在社会大变革的时代就更加明显。"第三，简体字有利于推进中国文字改革。他指出："在拼音文字实行以前一个很长的过渡阶段，简字必然会被充分地利用"，"可以解决汉字的一部分困难"。他认为，虽然简体字本身绝不能向拼音字转化，它始终是汉字的一家，不过在简体字的发展规律中，音符的作用被强化了，简体字也含有拼音的因素。所以，简体字可能是"催生"新文字的一种力量。他作出结论："我们应该大量利用简字，比较定型的可以颁布采用，铸成字模，广泛地用于印刷事业。这样可以补救目前简字的无政府状态，而加强主观的指导。"①

由上可见，在中国共产党的支持下，简体字在抗日根据地和解放区得到广泛使用，这些简体字绝大部分是历史上就在群众中广泛流传的，只有复合字才真正算得上解放区人民群众创造的"解放字"②。简体字在根据地的使用，得到文字改革者的充分重视，根据地的文字改革者对根

---

① 以上引文均见罗竹风《论简字》，《大威周刊》（总48期）第3卷第3期，1947年8月10日。

② 新中国的汉字简化方案基本没有采用这些复合字。

据地的简体字加以初步整理与研究，从理论上总结、阐述简体字的类型、发展规律和积极作用，为新中国的汉字简化字工作奠定了坚实的实践基础和理论基础。

## 二 拉丁化新文字在实际应用中的发展

虽然在战争时期，中国共产党难以大规模推广拉丁化新文字，但是在已经解放的有条件的地区，热心新文字运动的改革者们还是力所能及地将新文字用于实践之中。其中最具有代表性的就是东北铁路使用了新文字电报。

日本帝国主义占领东北期间，东北铁路部门用的是日文电报。1945年苏军解放东北后，1946年5—6月，齐齐哈尔铁路电报队开始采用注音字母电报。1946年庆祝中共成立25周年的时候，为了支援四平战役而恢复了齐齐哈尔到白城子间的各站电报通讯。1947年春天，刘长生等人提出注音字母电报应改为北方话拉丁化新文字电报。曾担任过新四军"苏北拉丁化播种队"队长的张雁此时担任齐齐哈尔职工学校教务主任，研究拉丁化新文字电报的问题。1947年9月，齐齐哈尔铁路局电报队开始学习拉丁化新文字，由张雁教授，第一期学员53人，经过16小时的学习，就已经能用新文字拼写，此后每期都有两个队进行学习，到1950年有520人毕业。

1948年，齐齐哈尔铁路局提出了史汉武拟定的《新文字电报方案》；1949年1月7日以齐电通第13号文呈请铁道部审核。呈文内容有以下各项：东北铁路电报概述；注音字母电报的产生和使用过程；注音字母电报的缺点和困难；应该改用北方话拉丁化新文字电报；试行北方话拉丁化新文字电报优越性的证明；北方话拉丁化新文字电报方案等。铁道部批准了这个方案，命令推行。《新文字电报方案》经铁道部批准后，1949年4月11日又在东北铁路总局召开的电报工作者代表大会上通过。齐齐哈尔铁路局又下令成立"新文字电报推行委员会"，负责新文字电报的推行。当时东北铁路的电报工作者都欢欣鼓舞，全国许多地方写来了贺信，祝贺新文字电报的成功。

据实践，60个字的电报，用新文字不到3分钟就能打抄完毕，可以使通讯效率提高一倍以上。而且新文字电报可以采用略号，这就更加精短了收发报时间。例如，新文字电报方案规定开车时间为"K"、到车时间为"D"，这在注音字母电报和四码电报中是做不到的。东北铁路的新文字电报一直实行到1958年7月才为汉语拼音电报所代替。东北铁路新文字电报既为我国的铁路运输事业作出一定的贡献，又推进了文字改革的实践。

此外，山东解放区也继续推进新文字的使用。如1948年3月，新华化学制药厂出品的"新华丹"，包装纸上就使用新文字拼写药名。

随着解放战争取得全国性胜利和新中国即将诞生，中国共产党人预见到新中国的政治经济建设离不开广大工农群众的教育普及，在对怎样使文盲占绝大多数的基本群众迅速掌握文化这一问题的战略思考中将文字改革纳入视野。1948年8月，山东解放区召开全省教育会议，徐特立特地写了一封信给教育会议的三位代表，要他们在会上提出推行拉丁化新文字的问题。他在信中回顾了新文字的创立和在根据地的推行，指出："教育问题很多，消灭文盲为最要，你们的会议请将新文字问题一定提出为盼。"[①]

---

[①] 转引自倪海曙编著《拉丁化新文字运动的始末和编年纪事》，知识出版社1987年版，第224页。

# 第二章　新中国语文现代化的快速推进

新中国成立后，中国共产党提出"把中国建设成为一个强大的社会主义的现代化的工业国家"[①]的目标，提出实现"四个现代化"即工业现代化、农业现代化、国防现代化、科学技术现代化的任务。自此，中国共产党开始了独立自主建设社会主义现代化的探索，走上了与西方资本主义工业化截然不同的现代化发展道路。在这一过程中，党和政府把语文现代化当作一项重要的政治任务，当作社会主义现代化建设事业的一个重要组成部分，予以快速推进，取得了显著成就。

## 第一节　语文现代化是新中国社会主义现代化建设的重要一环

新中国成立后，努力加快工业化和社会主义现代化建设，语文现代化作为其中重要组成部分，很快纳入中共中央的战略视野。

### 一　新中国确立赶超型现代化发展战略

第二次世界大战以后，民族独立国家纷纷开启现代化进程。那些曾经遭受西方侵略的国家，因面临严峻的外部世界的挑战，在强烈的民族主义意识与时代紧迫感的驱动下，全力推行赶超型发展战略，把现代化作为国家重建的全民任务。新中国成立后，处于美英为首的西方资本主义阵营与苏联为首的东方社会主义阵营相对峙的形势之中。1950 年 6 月

---

① 《建国以来重要文献选编》第 5 册，中央文献出版社 1993 年版，第 589 页。

朝鲜战争爆发，新中国国家安全受到严重威胁，抗美援朝战争爆发后西方对中国经济封锁禁运，直接推动中国选择赶超型现代化发展战略。

新中国一经成立，中国共产党就领导全国各族人民开始了有步骤的从新民主主义到社会主义的转变。经过三年经济恢复工作之后，1953年，中共中央提出了党在过渡时期的总路线，明确指出："从中华人民共和国成立，到社会主义改造基本完成，这是一个过渡时期。党在这个过渡时期的总路线和总任务，是要在一个相当长的时期内，逐步实现国家的社会主义工业化，并逐步实现国家对农业、对手工业和对资本主义工商业的社会主义改造。"① 总路线的目标和主要任务是实现国家工业化。以1953年开始的第一个五年计划建设为标志，中国共产党自上而下大力推进工业化建设。

此后，中国共产党逐步提出了中国现代化的目标任务。到1964年12月，周恩来在三届全国人大一次会议上所作政府工作报告中提出："今后发展国民经济的主要任务，总的来说，就是要在不太长的历史时期内，把我国建设成为一个具有现代农业、现代工业、现代国防和现代科学技术的社会主义强国，赶上和超过世界先进水平。"周恩来还提出实现四个现代化目标的"两步走"设想，"第一步，建立一个独立的比较完整的工业体系和国民经济体系；第二步，全面实现农业、工业、国防和科学技术的现代化，使我国经济走在世界的前列"。②

推进工业化建设、现代化建设，需要提高工人农民的文化和技术知识水平，要求教育、科学奋起直追，达到世界先进水平。然而，语言文字领域却存在不适应这些任务和需求的障碍，如果不积极地进行文字改革，那么人们就必然会在学习和使用文字工具方面耗费过多的时间和精力，这对于人民群众和社会主义事业都是不利的。

## 二 新中国政治经济统一对语言统一的必然需求

新中国成立后，中国实现了国家政治、经济的统一，但是中国方言众多、语言不统一的状况却与此形成极大的矛盾。中国的汉语方言分为

---

① 《毛泽东文集》第6卷，人民出版社1999年版，第316页。
② 《建国以来重要文献选编》第19册，中央文献出版社1998年版，第483页。

七个大区：北方话、吴语、湘语、赣语、客家话、粤语、闽语。大方言里还包括多种"次方言"。例如闽语可分为三大方言群，7个方言区，17种话，27种音。全国方言中，词汇、语法、语音三方面有或多或少的差异，其中词汇的不同约40%，语法的不同约20%，语音的不同约80%。全国各地工业建设突飞猛进，交通往来日益频繁，各地的工人、技术人员、教员等统一调配使用，部队复员军人和从城市下乡参加农业生产的学生越来越多，语言不通成为他们生活上和工作上的障碍。语言不通对于重要政令的传达、思想教育和宣传报道都非常不利。新中国成立初期在全国或全省的会议上，人们常常听不懂那些用差别很大的方言所作的报告。总之，"无论政治、经济、国防和文化教育，都不可能在语言分歧和混乱的情况下顺利前进"①。

针对这种语言与新中国政治、经济需求极不适应的状况，吴玉章进行了详细分析，提出了"依靠国家机关和其他社会力量因势利导"予以改革的主张。他说："汉语方言复杂，差别很大。不但南方人和北方人通话困难，就是同一个省甚至同一个县的人们，语音也不一致。在过去一个很长的历史时期中，我国停滞在封建社会，语言不统一是不容易改变的现象。当我国已在人民民主的基础上实现了完全的统一，特别是进入社会主义工业化和农业合作化的伟大的建设时期，这种情况对人民的政治、经济、文化活动的不利就更加突出，而且改变这种情况的条件也完全成熟了。""民族语言的统一，不但有利于社会主义建设，并且也是给中国文字的根本改革创造了有利条件。"②

### 三 新中国扫盲教育、普及教育对文字改革提出新要求

新中国成立后，国家很快转向大规模经济建设，需要大批有文化的工农兵群众。但是中国社会上存在大量文盲。据统计，1949年全国5.4亿人口中80%是文盲，农村的文盲率更高达95%以上。早在1945年4月，毛泽东强调："从百分之八十的人口中扫除文盲，是新中国的一项

---

① 《继续努力推广普通话》，《人民日报》1957年12月25日。
② 《吴玉章文集》（上），重庆出版社1987年版，第678、679页。

重要工作。"① 新中国成立后，很快就在全国范围内开展了轰轰烈烈的扫盲运动。

在扫盲教育中，传统繁体汉字的"三多"（字多、形多、读音多）、"五难"（难认、难读、难写、难记、难检排）都是影响识字效率的主要障碍。扫盲运动以推广识字为主要内容，但是用汉字进行扫盲工作，效率很低。"一个文盲的人要学习四百到四百五十个小时，才能够学会两千个汉字，而越南民主共和国改用拼音文字后，一个文盲的人只要学习一百多个小时，就可以阅读通俗书报了。用业余时间来算，我们需要两年左右的时间来扫除一个人的文盲，而使用拼音文字的国家只要三个到四个月的时间就够了。"②"我国大量的文盲还不能在短时期内完全扫除，汉字的艰难虽然不是唯一原因，但确实是主要的原因之一。"③ 1950 年郭沫若指出："全中国报纸有一百七十五种报纸，每天销路二百四十五万份。看数字似乎很多，但和全国四万万七千五百万人口比较起来，就觉得少得可怜了。在苏联，只是真理报一天就销二百多万份。在全国一百七十五种报纸中有少数民族的报纸，如维吾尔族用自己的文字出版的报纸，每天销五万份；东北的朝鲜文字出版的报纸每天也销四万份。而首都占全国领导地位的人民日报每日只销九万余份。这说明了很大的一个问题：文盲多，文字困难"，所以"文字改革的问题确实很重要"，"文字改革是当前很值得我们考虑的一个问题"。④

汉字的繁难，对新中国文化教育事业造成很大的影响。新中国成立前夕，毛泽东已经预言：随着经济建设的高潮的到来，将要出现一个文化建设的高潮。广大人民在政治上、经济上获得解放，十分迫切地要求读书、看报，要求学习知识和文化。1949 年 12 月召开的第一次全国教育工作会议确定了教育建设的指导方针，即教育为国家建设服务，教育

---

① 《毛泽东文艺论集》，中央文献出版社 2002 年版，第 117 页。

② 韦悫：《拥护第一次全国文字改革会议的决议，大力宣传文字改革的方针和步骤，积极推行简化字和以北京话为标准的普通话》，《中国语文》1955 年 10 月号。

③ 《关于中国文字改革的问题——吴玉章同志在中共第八次全国代表大会上的发言》，《光明日报》1956 年 9 月 29 日。

④ 转引自杜子劲编《一九五○年中国语文问题论文辑要》，大众书店 1952 年 12 月印行，第 206、205 页。

向工农开门，教育为工农服务。工农群众在文化上也得以翻身，真正享有了受教育的权利，但是汉字的难学、难记、难写、难读却成为工农大众接受教育的主要障碍。由于汉字在学习、书写和记忆方面的繁难，中国小学、中学和业余学校中，学生和教师都要耗费一大部分时间在汉字教学方面。由于汉字教学的困难，中国中小学普通教育需要 12 年，而苏联和现代许多采用拼音文字母国家的普通教育一般只要 10 年，这就是说，每一个中国人都要在学习汉字方面多花费 2 年时间。"汉字在儿童教育、成人教育和扫除文盲工作中是一项沉重的负担。要是保持汉字的现状不加改革，就会严重地妨碍人民文化教育的普及和提高，对于国家工业化和国民经济的发展也是十分不利的。"①

在这种形势下，有计划、有步骤地改革汉字，以使广大人民群众迅速地学习使用汉字，就成为一项十分重要而迫切的任务。"中国文字的改革是教育普及的基础，是新中国重要建设之一。"②

## 四  改善民族地区落后局面需要改变其文字落后状态

坚持民族平等和语言平等是马克思主义民族理论的重要内容。新中国人民民主政权的建立，使各民族之间关系的实质发生了根本变化，从过去压迫与被压迫的关系改变为民族平等互助的关系，解决民族问题的工作重心由开展民族民主革命、帮助各少数民族从民族压迫制度下争取解放，转变为实现经济社会发展、帮助他们彻底实现民族平等。为了实现这一任务，新中国人民民主政权在全国迅速推行了民族区域自治和民族民主联合政府，从法律上制度上使民族平等的权利得到保障和实现。但是历史上遗留的各少数民族政治上、经济上和文化上的落后状态，使各少数民族在享受民族平等权利时，在事实上受到很大限制，从而仍然存在"事实上的不平等"。因此，新中国制定的民族政策"不仅在于保障各民族在政治、经济、文化以及社会生活各方面的平等权利，而且在于帮助各少数民族发展其政治、经济和文化教育的建设事业，使能逐步

---

① 社论：《为促进汉字改革、推广普通话、实现汉语规范化而努力》，《人民日报》1955 年 10 月 26 日。

② 《马叙伦为文字改革工作题词》，《中国语文》1952 年 7 月号。

地改变其落后状态,逐步地达到事实上的平等"①。而要改变各少数民族政治、经济、文化上的落后状态,首先就要改变其文字落后状态。

新中国成立之初,除满、回、畲族等通用汉语汉字外,中国有21个少数民族拥有自己的文字②,其余的没有文字。具体有以下几种情况:一是有比较通用的本民族文字的,如蒙古、回、藏、维吾尔、哈萨克、乌兹别克、俄罗斯、朝鲜、傣、满、锡伯等民族。二是有本民族的文字但并不通用的,如彝、纳西、苗、景颇、傈僳、拉祜、佤等民族。这些民族的文字要么是19世纪末20世纪初西方传教士为便于传教而创制的拼音文字,要么是少数巫师掌握的传统文字,不容易为人民大众所掌握,所以需要改革。三是有独立语言却没有本民族文字者,如壮、布依、侗、白、瑶、黎、东乡、柯尔克孜、土、羌、高山、撒拉、塔吉克、保安、裕固、鄂伦春、鄂温克、怒、独龙、仫佬、毛难、仡佬、土家、阿昌、布朗、赫哲等民族。总体上看,"全国少数民族人口约四千万人,有通用文字的民族人口约一千四百万至一千六百万,而没有文字或没有通用文字的民族约有一千八百万至二千四百万"③。这种少数民族文字与其拥有独立语言不相适应的情况,成为发展其文化教育以至于政治、经济等建设事业的严重阻碍。

从政治方面看,没有文字的少数民族地区虽然绝大部分已经实行了民族区域自治,但是他们的自治机关不能用自己的语言文字执行职务,从而影响了民族区域自治政策的充分性。从经济和社会方面看,没有文字使少数民族地区的社会改革和经济建设受到很大影响。在贵州,苗族代表反映:"没有文字给社会主义改造带来了很多困难。如有的农业生产合作社里采用数豆粒儿、打木刻、在墙上划线条的办法记工,有时把1.5个工误为10.5个工,有时把15个工误为105个工。有的社员全家对不清账,同会计对账也对不清。"布依族代表也说:"由于没有文字,农业社不得不画圆圈儿、刻线条儿或用包谷粒和各种颜色的豆子来记工记账,日子久了,符号一多,就弄不清楚;或包谷和豆子被老鼠吃了,

---

① 《民族政策文件汇编》第1编,人民出版社1958年版,第48—49页。
② 《民族语文政策法规汇编》,民族出版社2006年版,第467页。
③ 《民族政策文件汇编》第2编,人民出版社1958年版,第100页。

无法清点,就要引起社员们的争吵和不团结。"① 一些少数民族如壮族、布依族、侗族、水家族、瑶族都曾经使用汉字和汉字的变体来表达自己的语言,但都没有成功。因为文字是语言的书写形式,汉字不可能表达少数民族的语言。这样,在新中国成立后,拥有了语言文字平等的权利,许多少数民族都迫切要求拥有"自己的文字"来改变落后状态。

为了帮助各少数民族发展其政治、经济和文化教育的建设事业,使其能逐步地改变其落后状态,逐步地达到事实上的平等,新中国成立后即提出了少数民族文字改革问题。1949 年 10 月 10 日,吴玉章在中国文字改革协会成立大会上提出了"加强少数民族语言文字的研究"的设想,他说:"中国的少数民族有些尚无文字,我们应当有系统地研究这些民族的语言,并进而研究他们的文字的改革和创造,帮助他们的语文教育的发展。"② 1950 年 11 月 28 日,邓小平强调做好少数民族各方面工作,其中包括少数民族文字问题,指出:"文字问题比医药卫生更困难。如何形成各民族文字的问题,将来一定要解决,也一定能够解决,这只是时间问题。"③ 1951 年 5 月,中央民族访问团向中央提出了对少数民族文字进行发展、创制和改革的建议。"目前对藏文和僰(泰)文等,应加以发展;对基督教传教师制造的文字,应加以改进;对只有简单文字,或没有文字的民族,应根据其民族语言,创造新的文字。"④ 1955 年 7 月 30 日,一届全国人大二次会议通过的第一个五年计划专门部署少数民族地区的文化建设,规定:"对于那些还没有文字的民族,应该努力地帮助他们创造自己的文字","发展用各民族文字编印的报刊、图书的出版事业","中央人民广播电台应该逐步地增加用少数民族语言广播的节目,并发展少数民族地区的收音站","注意复制以少数民族语言配音的电影片"⑤。1956 年 9 月,中国共产党第八次全国代表大会上的政治报

---

① 傅懋勣:《创制和改革少数民族文字的重要意义和工作情况》,《人民日报》1956 年 12 月 16 日。
② 吴玉章:《文字改革文集》,中国人民大学出版社 1978 年版,第 25 页。
③ 《邓小平年谱》第 2 卷,中央文献出版社 2019 年版,第 306 页。
④ 《民族政策文献汇编》,人民出版社 1953 年版,第 46—47 页。
⑤ 《建国以来重要文献选编》第 6 册,中央文献出版社 1993 年版,第 553 页。

告指出:"对于没有文字的少数民族,应当帮助他们创造文字。"① 同时,周恩来在《关于发展国民经济的第二个五年计划的建议的报告》中提出:"不论在少数民族聚居、杂居或者散居的地方,他们的民族平等权利、宗教信仰自由、风俗习惯和语言文字,都应该受到尊重。对于那些还没有文字或者文字尚不完善的少数民族,应该积极地帮助他们创制和改革自己民族的文字。"② 1958年5月5日,刘少奇在中国共产党第八届全国代表大会第二次会议上的报告中明确提出,为了适应技术革命的需要,必须同时进行文化革命。根据当时情况确定的文化革命内容主要有五点,其中第二点就是"完成少数民族文字的创制和改革"③。

由此可见,发展少数民族语言文字事业,使之更好地为社会主义建设服务,是新中国成立后中国共产党坚定不移的方针。

### 五 文字改革理论准备比较充分

任何改革,都需要充分的理论准备。文字改革也不例外。新中国成立后,在呼吁倡导文字改革的过程中,文字改革领导者和文字改革工作者结合马克思主义语言文字学说和近代以来的文字改革理论,系统阐发了对文字的社会性质、文字的发展演变规律和文字改革的必要性、长期性等问题的认识,以为新中国文字改革工作的展开和推进提供充分的理论支持。

第一,重申文字工具论。"文字工具论"不仅是马克思主义语言学说的观点,事实上无论是清末的文字改良主义,还是五四时期的文字改革思潮,文字工具论都是文字改革的基础理论。在此基础上,新中国的文字改革者结合社会主义革命和实践,系统阐述了这一理论。

其一,文字是记录语言的工具。"汉族从有历史的时期起,就用汉字作为记录语言的工具(虽然古代汉字和现代汉字已经有很大的不同)。不但如此,中国近邻的一些国家,如日本、朝鲜、越南也曾经用过或者还在部分地用汉字记录他们自己的语言。"④ 从这个角度讲,汉字能否适

---

① 《建国以来重要文献选编》第9册,中央文献出版社1994年版,第78页。
② 《建国以来重要文献选编》第9册,中央文献出版社1994年版,第207—208页。
③ 《建国以来重要文献选编》第11册,中央文献出版社1995年版,第304页。
④ 吴玉章:《文字改革文集》,中国人民大学出版社1978年版,第98页。

应汉语发展的需要呢？当时文字改革者的回答是否定的。他们指出："中国语言（主要是汉语）经过长时期的发展演进，已经不是原有的形意体系的汉字所能恰当完好地书写下来的了；必须有一套能把现代汉语的主要特色如实地记写下来而又简明合理的拼音文字，才能充分保持祖国语言的纯洁和健康，才能使祖国语言继续向前发展，一天比一天更加优美"，"进步的、优美的中国语言迫切要求一套拼写出自己的准确语音的文字工具，好来从书面上发挥交流思想、进行社会交际的作用。"①

其二，文字是一种极为重要的生产工具。吴玉章指出："在中国共产党所领导的伟大的人民革命事业中，汉字曾经被用来作为向中国人民进行马克思列宁主义的教育的一项重要工具。在今后一个相当长的时期内，我国进行社会主义建设和改造的伟大事业，在文化教育和生产建设中，汉字仍然将被广大人民群众当作一种书写阅读的工具而更广泛地使用，这也是没有疑问的。"② 当时也有文字改革者认为作为一种生产工具，汉字将成为阻碍生产力发展的赘物，即"当中国向工业化路径突飞猛进时，汉字与近代科学技术的距离，将愈隔愈远了，它将成为阻碍生产力发展的赘物（最少在文化技术部门是如此的），汉字这一笨拙的工具，始终是无法跟现代科学结合在一起的，而只一天天愈表现出其落后性，最后这古老笨拙的工具定必被科学所淘汰"③。

第二，总结文字发展规律，从三个方面回答了文字可以改革的问题。

一是指出文字不是固定不变的。文字不是自然地不依人的意志为转移而发生的，相反，恰好是由少数人整理或创造出来，由政权加以规定，然后经过教育的作用，让一部分人学会使用。因此，文字是可以改革的。"文字是人所规定的书面记号体系。书面记号体系是可以按照人们的需要和方便条件加以更换的"，"历史上常有一个民族废掉原有的文字，采用另一种文字的事实"④，"近几十年来苏联境内许多少数民族的文字改革或建立，以及蒙古人民共和国两次的文字改革，越南民主共和国的文

---

① 中国语文杂志社编：《中国文字改革问题》，中华书局1955年版，第39—40页。
② 吴玉章：《文字改革文集》，中国人民大学出版社1978年版，第99页。
③ 杜子劲编：《一九五〇年中国语文问题论文辑要》，大众书店1952年12月印行，第97页。
④ 中国语文杂志社编：《中国文字改革问题》，中华书局1955年版，第12页。

字改革：这些事实都可以证明文字发展的方式和语言不同。我们不能因为认定语言的发展没有突然的爆发，就认为文字改革也不可以改革。"① 他们认为，文字应否改革，关键"看它是否适宜提高大众文化，倒不必牵涉到经济基础和上层建筑的问题"②，只要有一种新的记号体系"既适合中国的语言，又简单合理好学好用，我们就应当承认它是促成文化为全族百分之九十以上工农劳苦大众和所有人民服务的好工具，拥护它，宣传它，并帮助它推行"③。

二是指出文字的发展呈现"图画文字—表意文字—拼音文字"的发展规律。"文字的创始，大都出于绘画的图形。……当时不但利用绘画的图形来帮助记忆，而且也用来表达意思。后来这种图形逐渐跟语言结合起来，就形成了图画文字。埃及、巴比伦和我国的古代文字，都是从图画文字发展而来的。"图画文字使用一个个结构繁复的图形来表达语言当中一个个完整的句子，这种繁复的图形由于经常书写，逐渐脱离了绘画的性质而趋于简易化，这种简易化的图形由于经常书写和使用，"又趋向于定型化，同时在意义上也逐渐地明确起来；于是原来表达完整句子的图形，变做一个个的字体，用来表达语言里一个个完整的词了。这就是从图画文字转变做表音文字的过程"。但是表意文字还不能尽量发挥它的代表语言、记录语言的效用，文字只有专门从标音的效用方面来使文字跟语言紧密结合起来，发展为标音文字，才能够"完全发挥它的代表语言、记录语言的效用"，而且拼音字母"把原来表意文字里繁复杂乱的字体，简括做几十个代表音读成分的符号，当然最容易为人民大众所掌握，不再为少数人所垄断了。由此可见，标音文字是属于文字发展的最进步阶段，也是最适合人民大众的需要的"。总之，一般文字的发展趋势，"是脱离了原始绘画的形象性，逐渐减少它的显示意义的作用，而增强它的记录语言和标明音读的效能"，"这种发展的趋势，正是说明一般文字发展的规律，也正和整个社会发展的大众化的方向，密切地联系的"。④

---

① 张世禄：《汉字改革的理论和实践》，文字改革出版社 1957 年版，第 12 页。
② 罗常培：《从斯大林的语言学说谈中国语言学上的几个问题》，《科学通报》1952 年第 7 期。
③ 中国语文杂志社编：《中国文字改革问题》，中华书局 1955 年版，第 12 页。
④ 张世禄：《汉字改革的理论和实践》，文字改革出版社 1957 年版，第 17—18 页。

三是指出汉字的演变呈现由繁到简的规律。"文字符号是不断发展的，符号发展的一般规律主要是简化——从繁难到简易。"① 从汉字发展的历史来看，"简化是汉字本身发展的主要规律"。就笔画繁简来说，"甲骨文、金文中都有简体，拿金文和甲骨文作一般比较，虽然有繁化的趋势，但汉字发展到了小篆时期，还是简化了……隶书、楷书又陆续地作进一步简化。楷书产生以后，又同时产生了一些楷书的简体。在汉魏六朝的碑刻中，就常常可以发见当时人所写的简化字。从唐朝人写经里可以看出常用简化字。宋元以来，简化字用在一部分书籍的印刷上，更广泛流行，数量也逐渐增加了"。"从以上事实上看，简化是汉字发展的固有规律。"②

第三，阐述文字改革的必要性。汉字繁难，不利于知识的学习和教育水平的提高，是近代以来文字改革者倡导汉字改革的重要理由。新中国的文字改革工作者继承这一思想，结合新中国社会主义建设的需要，对"汉字繁难，必须加以改革"这一问题作了充分阐述。

他们指出：（1）汉字构造的原则复杂，使学习上遭遇许多不易克服的困难。汉字构造原则复杂，有象形、指事、会意、形声、转注、假借，即"六书"。这些方法"把音符和意符混杂起来"，"使一般人在学习上很容易造成类推的错误"。③（2）汉字字数多、形多、音多，增加了学习和记忆的困难。汉字的字数，东汉《说文解字》收录汉字9353个，清《康熙字典》收录47035个。1953年出版的"供初中学生和初中文化程度干部使用的《新华字典》也收录到了6000多个字，中央教育部1952年6月公布的《常用字表》，列出常用字和补充常用字共2000个"④。即使这些常用字中，异读字即有几个音的字很多，异体字即一个字有多种写法的字也不少。（3）汉字笔画繁杂，没有一定规则，造成汉字难认、难记、难写。"单拿中央教育部公布的二千个常用字来说，平均每字有十一点二笔，其中在十七笔以上的就有二百二十一个字。我们的小学校，在六年间，只能学习三千个左右汉字，而且未必巩固得了，更说不上

---

① 周有光：《汉字改革概论》，文字改革出版社1961年版，第2页。
② 《中国文字改革的第一步》，人民出版社1956年版，第35、36页。
③ 张世禄：《汉字改革的理论和实践》，文字改革出版社1957年版，第29页。
④ 张世禄：《汉字改革的理论和实践》，文字改革出版社1957年版，第30页。

完全了解。……由于这种情形,学习汉字比学习任何一种拼音文字耗费更多得多的时间。"①（4）汉字字数繁多、结构复杂,难以编排成一定的次序,汉字字典编排,无论是按部首、笔画、笔形,都不简便。由于编排和检查字典没有妥善的办法,其他应用汉字来编制的各种目录、索引等,都没有简便的方法。（5）汉字在实际应用中,如书写、记录、打字、印刷等,均比较困难。与使用拼音文字相比较,"要耗费更多的劳动力,并且无法利用现代科学技术的最新成果"②。汉字的繁难,对新中国文化教育事业造成很大的影响。例如,就当时开展的扫盲工作而言,用繁难的汉字进行扫盲工作,效率就很低。"一个文盲的人要学习四百到四百五十个小时,才能够学会两千个汉字,而越南民主共和国改用拼音文字后,一个文盲的人只要学习一百多个小时,就可以阅读通俗书报了。用业余时间来算,我们需要两年左右的时间来扫除一个人的文盲,而使用拼音文字的国家只要三个到四个月的时间就够了。"③ 因此,如果汉字不改革,"就会严重地妨碍人民文化教育的普及和提高,对于国家工业化和国民经济的发展也是十分不利的"④。

第四,阐述文字改革的长期性和渐进性。文字改革是一个长期的过程,这是清末以来诸多文字改革倡导者的共识。中国共产党人在创制拉丁化新文字之时,对此也有充分的认识。尤其是经过抗日根据地推行拉丁化新文字的试验,中国共产党人对这一问题有了更深刻的体会。例如,1952年吴玉章反思指出,他过去"没有估计到民族特点和习惯,而把它抛开了。认为汉字可以立即用拼音文字来代替,这事实上是一种脱离实际的幻想。中国人没有拼音的习惯,以前念书的人少,懂得反切和音韵学的人更少。汉字已有悠久的历史,在文化生活上有深厚的基础,其改革必须是渐进的,而不应粗暴地从事"⑤。因此,新中国的文字改革工作者强调文字改革的长期性,指出文字改革"必须经过一定步骤的准备。

---

① 吴玉章:《文字改革文集》,中国人民大学出版社1978年版,第99页。
② 张世禄:《汉字改革的理论和实践》,文字改革出版社1957年版,第36页。
③ 韦悫:《拥护第一次全国文字改革会议的决议,大力宣传文字改革的方针和步骤,积极推行简化字和以北京话为标准的普通话》,《中国语文》1955年第10期。
④ 吴玉章:《文字改革文集》,中国人民大学出版社1978年版,第100页。
⑤ 吴玉章:《文字改革文集》,中国人民大学出版社1978年版,第89页。

原先有着长期使用的文字的民族更要经过某些转化阶段，不能太急骤"①。尤其是中国的文字改革，"和苏联国内某些民族文字的创造不同，和土耳其文字由阿拉伯字母换拉丁字母也不同，我们是有一套使用过几千年的文字，它又不是拼音制的，要改革它不是一年两年可以成功的。必须经过一个长期的渐变的过程，也就是说，要以渐变的步骤来实现突变的形式"②。

此外，新中国的文字改革者探讨了中国共同民族语的形成及哪种汉语方言可以成为民族语的基础并发展为民族语的问题。他们指出，北方话最适合发展为共同民族语。从新中国经济和政治集中的情况看，"中华人民共和国的首都语，北京话和它同系统的北方话，无疑地具备优越的条件"，"从中华人民共和国建国以来，全国人民空前地团结，政治、经济、文化空前地集中，通过电影、话剧、广播的传布，依靠物资的交流，教育和交通的发展，这种中央人民政府所在地的北方话更加强了形成民族语的决定性"；从历史事实看，中国自秦朝统一全国以来，诸多朝代在北方建都，国民党政府虽以南京为都，但也是以北京话为标准语，"北方话早就成了发展民族语的基础了"；就地理来讲，北方话通行区域"几乎占据全部汉族居住区域的三分之二"，能说能懂这种话的人粗略统计约有三万万人；就语音系统来讲，北方话"在全国方言中比较最简单、最容易懂、最容易学"。他们得出结论："以北方话为基础的汉民族语，从秦汉以来就逐渐形成着，中华人民共和国建国后，这种民族语基本上已经形成了；在国内各兄弟民族逐渐提高政治、经济、文化的过程中，它不久还会成为各民族共同的交际工具，成为各民族间的共通语。"③

## 六　世界范围内拼音化文字改革趋势引起中央关注

20世纪上半叶，世界上很多国家进行了拼音化文字改革，这为刚刚成立的新中国开展文字改革产生了示范作用。

第一，苏联等国家文字改革的示范作用。十月革命胜利后，1921—

---

① 中国语文杂志社编：《中国文字改革问题》，中华书局1955年版，第11页。
② 曹伯韩：《中国文字的演变》，漓江出版社2012年版，第119页。
③ 罗常培：《从斯大林的语言学说谈中国语言学上的几个问题》，《科学通报》1952年第7期。

1932年，苏联在少数民族中进行拉丁化文字改革，把原用阿拉伯字母的各种文字改为拉丁字母，给原来没有文字的各民族创制拉丁化文字。在此期间，苏联先后新创制了近50种以拉丁字母为基础的文字。1936—1940年，苏联各民族放弃已经使用的拉丁字母文字体系，转用斯拉夫字母（即基里尔字母）。在苏联的影响下，蒙古人民共和国1930年也把老蒙文改为拉丁化字母，后来在1941年向苏联看齐，又将拉丁化字母改为斯拉夫字母的新蒙文。

此外，一些殖民地半殖民地国家独立后，也进行了文字改革。如土耳其取得反帝民族独立战争的胜利后，凯末尔政府实行了字母的拉丁化改革，将阿拉伯字母改为拉丁字母。1929年，土耳其全国有60多万人进入国民学校学习新字母，有150万人在几年内摘掉了文盲的"帽子"。1945年印度尼西亚独立，以拉丁化的印尼文作为法定文字，成为东方拉丁化的一件大事。

第二，周边国家对汉字改革的探索。20世纪40年代中后期，越南、日本、朝鲜和韩国这些使用过汉字的国家也进行了文字改革。1945年越南成立民主共和国，以拉丁化的越南语拼音文字为法定文字，废除汉字，成为世界上首先由汉字改用拉丁化字母文字的国家。日本自20世纪20年代就致力于缩减汉字数量，在1946年又启动限制汉字、简化汉字和拉丁化改革，使日语罗马字通过学校教育的方式在日本正式得到普及，最终形成汉字、假名、罗马字混用的文字体系。朝鲜半岛独立以后，朝鲜民主主义人民共和国自1948年停止使用汉字，改用朝鲜原有的拼音文字"谚文"。韩国也于1948年规定公文全部使用表音字"谚文"，不得使用汉字。

可见，20世纪上半叶很多国家大兴文字改革，这些国家的文字改革，有的只改文字符号，不改文字制度。如土耳其的文字改革，把阿拉伯字母改为拉丁字母，而文字制度仍旧是拼音的。有的则是既改文字制度，也改文字符号。如越南完全废旧立新，将形声制的"字喃"改为拉丁字母拼音文字。日本的文字改革则是新旧混用，在保留汉字的情况下，另创音节文字"假名"，改革后汉字与假名混用。无论是哪种改革，其中呈现出来的文字拼音化改革方向是这些国家文字改革的共同趋势。"朝鲜和越南，我们这两个亲密的兄弟国家，自从停止了汉字的一般使用，已经把文盲扫除了。这是大家所知道，而且为他们表示衷心祝贺的事。"① 这不能不引起中共中央领导人的关注。

1950年2月1日，刘少奇写信给陆定一、胡乔木，提出要研究亚洲邻国蒙古国、朝鲜、越南等国的文字改革经验。他指出："中国的文字改革，尚无定案。但现在我们亚洲邻国蒙古、朝鲜、越南的文字改革均已成功。在某一方面来讲，他们的文字已较中国文字为进步，而他们原来是学并用中国文字的。朝鲜的字母已有数百年历史，日文字母历史亦有多年，据朝鲜大使李周渊说：全用朝鲜字母翻译各种著作均无困难。这是一件值得注意的事。我想我们的文字研究者应即研究他们的字母及文字改革经验，为此，并可派学生或研究工作者去这些国家学习，以便为我们的文字改革制订方案。"② 1951年秋冬，毛泽东两次约请郭沫若、马叙伦、沈雁冰等人讨论文字改革问题，经过商讨，毛泽东明确提出了"文字必须改革，要走世界文字共同的拼音方向"③ 的方针。

## 第二节 新中国文字改革提上日程

20世纪50年代初，中共中央设立文字改革的专门机构，负责文字改革工作的研究、组织和部署。自1953年至1958年，在中共中央的指导下，中国文字改革研究委员会和中国文字改革委员会主要组织了对新中国文字改革目标、步骤、任务以及改革方案的研究和制订工作，逐步明确了新中国文字改革方针和文字改革方案。

### 一 设立文字改革领导机构，确定文字改革方针

1950年7月31日，中央人民政府教育部邀请在北京的30多位语文研究者座谈文字改革问题，与会者提出了组织中国文字改革研究委员会、推进文字改革工作的建议。对此，中央人民政府予以积极响应。1951年5月14日，教育部成立中国文字改革研究委员会筹备会，马叙伦任主

---

① 郭沫若：《日本的汉字改革和文字机械化》，《人民日报》1964年5月3日。
② 《建国以来刘少奇文稿》第1册，中央文献出版社2005年版，第441页。
③ 马叙伦：《中国文字改革研究委员会成立会开幕辞》，《中国语文》1952年7月号。

任。1951年12月26日，周恩来批示，在中央人民政府政务院文化教育委员会下设立中国文字改革研究委员会。经马叙伦、郭沫若、吴玉章、胡乔木共同商议，拟定委员会名单，上报中央，得到批准。

1952年2月5日，中国文字改革研究委员会召开成立大会，由马叙伦任主任委员，吴玉章任副主任委员；丁西林、吴晓铃、林汉达、季羡林、胡乔木、韦悫、陆志韦、陈家康、叶恭绰、黎锦熙、魏建功、罗常培12人任委员。马叙伦在开幕词里传达了毛泽东关于文字改革的指示：文字必须改革，要走世界文字共同的拼音方向；形式应该是民族的，字母和文字要根据现有的汉字来制定。吴玉章在讲话中也传达了毛泽东关于首先进行汉字简化，搞文字改革不要脱离实际的指示。中国文字改革研究委员会隶属于政务院文化教育委员会，是新中国建立的第一个主管文字改革研究工作的国家机构。中国文字改革研究委员会的成立，标志着中国的文字改革结束了由民间热心人士提倡试验的阶段，进入了政府领导推进时期。从此，文字改革工作成为中华人民共和国国家事务的一部分。

自1952年至1954年，中国文字改革研究委员会主要完成四项工作：（1）讨论并通过《常用字表》，由教育部公布；（2）收集整理群众中通用的简体字；（3）探索拟订汉语拼音方案的几种不同的道路，为后来的方案草案拟订工作取得一致意见奠定了基础；（4）与中国科学院语言研究所合办《中国语文》杂志，并在《光明日报》上出刊《文字改革》双周刊，编辑了十多种宣传文字改革的书籍，引起各界人士对文字改革问题的重视。

为了加强对文字改革工作的指导，协调党内对文字改革的不同意见，研讨文字改革工作上的重大原则和实行步骤，并向中央提供切实可行的意见，1953年10月1日，中共中央成立中央文字问题委员会，并在中南海召开第一次会议。委员会由胡乔木担任主任，范文澜任副主任；董必武、徐特立、吴玉章、谢觉哉、胡绳等三四十名热心文字改革或对语言文字有研究的党内人士担任委员。从中央文字问题委员会组成来看，胡乔木直接负责中共中央与中国文字改革研究委员会的沟通和联络。1953年11月21日，中央文字问题委员会召开第二次会议，研究整理和简化汉字问题；并根据中国文字改革研究委员会一年多来研究所得的材料写出报告,向中央建议实行四项初步改革办法,即(1)推行简体字。(2)统一异体字。(3)确定常用字,并对非常用字加注音。(4)极少数汉字改用拼音字母。报告主张"集合人力以解决字母问题",并建议于 1954 年召开全国语文专家会议,把讨论结果报请中央批准并提交全国人民代表大会通过。"党的中央文字问题委员会虽然只开过两次会,写了一个报告,但在制定文字改革方针和实行步骤,满足人民改革汉字的迫切要求上,起到了重要的承先启后的作用。"[1]

随着文字改革工作的推进,文字改革工作有必要从研究阶段推向实施阶段。为了领导开展文字改革工作,1954 年 10 月,周恩来提议设立"中国文字改革委员会",作为国务院直属机构。10 月 8 日,一届全国人大常务委员会第二次会议批准设立中国文字改革委员会,作为国务院直属机构。这是近代以来第一次由政府正式设立的领导开展文字改革的工作机构。

1954 年 11 月 20 日,国务院任命吴玉章为中国文字改革委员会主任,胡愈之为副主任;吴玉章、胡愈之、韦悫、丁西林、叶恭绰为常务委员,并进行成立中国文字改革委员会的筹备工作。12 月 16 日,国务院任命吴玉章、胡愈之、韦悫、王力、丁西林、叶恭绰、朱学范、吕叔湘、邵力子、季羡林、林汉达、胡乔木、马叙伦、陆志韦、傅懋勣、叶圣陶、叶籁士、赵平生、董纯才、黎锦熙、聂绀弩、魏建功、罗常培等 23 人为中国文字改革委员会委员。从文字改革机构的领导和委员的政治身份来看,这些委员中,有不少人是党外民主人士。这说明,中国共产党在领导新中国文字改革的过程中,非常重视党外文化界人士的意见。从委员们的专业背景看,既有吴玉章、叶籁士等拉丁化新文字工作者,也有黎锦熙等国语罗马字倡导者;既有王力、陆志韦、吕叔湘等研究汉语语音、汉语语法等语言学家,也有丁西林这样倾力研究汉字检字法的科学家。可以说,新中国的文字改革,集中了语言文字学界和科学界等诸多方面专家的智慧。

中国文字改革研究委员会改组成为中国文字改革委员会,这不仅仅是名称的改变,而且是机构性质的改变,由过去的研究机构转变成实际

---

[1] 郑林曦:《记党的"中央文字问题委员会"》,《人民日报》1981 年 7 月 13 日。

工作机构。中国文字改革委员会根据中央人民政府的政策，采取切实可行的步骤来推行各项文字改革的具体工作，把中国文字改革运动向前推进一步。也就是说，中国文字改革委员会是具有设计研究和贯彻执行双重职能的机构。

1955年1月8日，中国文字改革委员会召开第七次常务会议，讨论通过《中国文字改革委员会组织大纲（草案）》和秘书长、副秘书长及各业务部门主任、副主任名单：秘书长叶籁士，副秘书长庄栋、赵平生；拼音方案部主任吴玉章，副主任胡愈之；汉字整理部主任叶恭绰，副主任魏建功、曹伯韩；技术指导部主任丁西林；宣传推广部主任韦悫，副主任庄栋（兼）；编辑出版部主任林汉达；方言调查部主任丁声树；词汇研究部主任吕叔湘；语文教学部主任叶圣陶。

在中共中央的指导下，中国文字改革研究委员会、中国文字改革委员会主要组织开展对新中国文字改革目标、步骤、任务以及改革方案的研究和制订工作，逐步确立新中国文字改革方针和文字改革方案。

20世纪50年代初，中共中央并没有对文字改革的方针、任务等问题给予明确的、正式的指导。1953年12月7日，胡乔木在给毛泽东、刘少奇的信中指出："汉字问题较为复杂，但因文委的文改会成立已近两年，若不定一方针，甚难继续工作，对该会多数党外学者亦感无以交代，故切盼中央能对其中所提初步改革办法作一原则指示。"[①] 此后，毛泽东、刘少奇等中央领导人对文字改革发表了一些意见，新中国文字改革方针逐步确定。

例如，1950年6月，毛泽东向吴玉章指出，"搞文字改革不要脱离实际"，主张"首先进行汉字的简化"。[②] 根据这一意见，1952年2月5日，吴玉章在中国文字改革研究委员会成立会上指出"目前应着重研究汉字的简化"[③]。自此，汉字简化成为文字改革工作的第一步。马叙伦在中国文字改革研究委员会成立会上则传达了毛泽东关于"文字必须改革，要走世界文字共同的拼音方向；形式应该是民族的，字母和文字要

---

① 《胡乔木书信集》，人民出版社2002年版，第119—120页。
② 《吴玉章文集》（上），重庆出版社1987年版，第664页。
③ 《吴玉章文集》（上），重庆出版社1987年版，第665页。

根据现有的汉字来制定"的指示，"研究并提出中国文字拼音化方案"遂成为50年代初期文字改革的中心工作。1955年5月1日，毛泽东在致蒋竹如的信中，提出了文字改革必须是渐进的，要分步骤推行文字改革的主张。他在信中说："拼音文字是较便利的一种文字形式。汉字太繁难，目前只作简化改革，将来总有一天要作根本改革的。"①

到1955年10月召开全国文字改革会议时，新中国文字改革的方针得以初步确定。10月15—23日，中国文字改革委员会和教育部在北京联合召开了第一次全国文字改革会议。参加会议的有来自全国除西藏外28个省（市、自治区）以及中央一级文字改革、教育、科学、作协、外交、邮电、新闻、广播、出版、民委、总政、全总、青年团、妇联等的代表共207人。这次会议初步确定了新中国文字改革的方针，即"汉字必须改革，汉字的根本改革要走世界文字共同的拼音方向；而在目前，逐步简化汉字并大力推广以北京语音为标准音的普通话——汉民族共同语，是适合全国人民的迫切要求和我国社会主义建设的需要的；特别是推广普通话，将为汉字的根本改革准备重要的条件"②。

1956年1月27日，中共中央发出《关于文字改革工作问题的指示》，批转了中国文字改革委员会党组和教育部党组《关于全国文字改革会议的情况和目前文字改革工作的请示报告》，指出："这个报告中关于我国文字改革的方针、关于汉字简化的原则和步骤、关于大力推广普通话和积极准备文字拼音化的各项措施的意见，中央认为都是正确的。"③《指示》所批准的文字改革方针是："汉字必须改革，汉字改革要走世界文字共同的拼音方向，而在实现拼音化以前，必须简化汉字，以利目前的应用，同时积极进行拼音化的各项准备工作。"1956年9月，中共八大再次明确强调"有计划、有步骤地推行文字改革"④ 的方针。

## 二 汉字的整理与简化

文字改革的第一步是汉字整理和简化。1949年5月，吴玉章向刘少

---

① 《毛泽东书信选集》，人民出版社1983年版，第492页。
② 《全国文字改革会议决议》，《人民日报》1955年10月24日。
③ 《建国以来重要文献选编》第8册，中央文献出版社1994年版，第91页。
④ 《建国以来重要文献选编》第9册，中央文献出版社1994年版，第373页。

奇请示成立中国文字改革协会时，刘少奇指出："可以组织这一团体，但不要限于新文字，汉字简体字也应研究整理一下，以便大家应用。"①然而，中国文字改革协会成立之初，人们对创立新文字的热情远远高过对汉字的整理和简化。文字改革协会成立不到半年，就收到近百种新文字方案，而汉字的整理和简化方案则"门庭冷落"。这种状况直到毛泽东对文字改革明确表态才有所改变。1950年6月，毛泽东向吴玉章提出"首先进行汉字的简化"的意见，后来毛泽东又向教育部提出对常用字、简体字和一般文字改革问题多加研究的要求。

按照中央的要求，1950年7月，教育部成立简体字研究组和常用字研究组，于10月编成第一批简体字表初稿，共计550个字。1952年初，中国文字改革研究委员会成立后，专门成立了汉字整理组，接手负责汉字整理与简化工作。在这550个简体字基础上，中国文字改革研究委员会汉字整理组根据"述而不作"的原则，即主要采用通行已久的俗体字或笔画简单的异体字，而不另创新字，把民间一直在使用且范围比较广泛的简体字搜集起来加以整理，到1952年底制订出包括700个简体字的《常用字简化表草案》第一稿，送毛泽东审阅。毛泽东看后指出，拟出的700个简体字还不够简，作简体字要多利用草体，要找出简化规律，作成基本形体，有规律地进行简化。汉字的数量也必须大大简缩，只有从形体上和数量上同时精简，才算得上简化。② 1953年12月，中宣部传达了对汉字整理工作的四点意见：（1）实行简体字，采用通行的简体字3400个，另外整理出通行简字的偏旁；（2）统一异体字，有简字的以简字为正体；（3）选定一般必学的常用字1500个，1500字以外注音；（4）夹用拼音不宜太多。

根据毛泽东和中央的意见，中国文字改革研究委员会决定将汉字笔画简化工作与汉字字数精简工作相结合，来开展汉字简化工作。此后，汉字简化工作确定了"约定俗成，稳步前进"的方针。"约定俗成"就是从群众中来、到群众中去的方针，很多简体字是基于群众的智慧所创造出来的，因此首先采用群众所创造且已经为群众习惯使用的那些简体

---

① 《吴玉章文集》（上），重庆出版社1987年版，第656页。
② 《建国以来毛泽东文稿》第8册，中央文献出版社2023年版，第288页。

字，同时运用群众习惯使用的那种简化方法（例如同音代替、草书楷化和减省笔画等）来创造一部分新的简体字，从而把一大部分笔画繁复的汉字都简化了。另外，把汉字的某些组成部分——部首和偏旁——逐步简化，类推到同一偏旁的汉字，这样就有更多的字得以简化，形成一些"偏旁类推简化字"。"稳步前进"，是指简化汉字并不是一步到位，而是分成若干次进行简化，因为有许多汉字的简化形式不是一下子就能够确定下来的，先在群众中间讨论并试用一个时期，等到群众已经熟悉的时候再正式推行，是比较妥当的方法；从印刷技术方面来说，铸造简化字的铜模需要一定时间，要一次改铸大批汉字的铜模也有困难。分次分批逐步简化，虽然需要的时间比较久，但在推行的时候，却比一次简化容易得多。

按照这一方针，首先整理、研究和肯定在群众中流行且已经社会化了的简体字。其次在汉字简化方法上充分研究前人简化汉字的做法，吸收其有益做法。早在1922年，钱玄同分析、归纳了历史上简体字的8种构成方法。① 在前人的基础上，新中国简化汉字的方法可以归纳为省略、改形、代替、新造四大类，具体来说主要有保留原字轮廓（如"慮"作"虑"）、保留原字的特征部分（如"聲"作"声"）、改换形声字较复杂的声符或形符（如"殲"作"歼"）、改非形声字为形声字（如"態"作"态"）、同音代替（如"台"代"臺"）、草书楷化（如"东"代"東"）、改复杂偏旁为简单的象征符号（如"僅"作"仅"）、新造会意字（如"尘"代"塵"）、符号代替（如"义"代"義"）、借用古字（如"云"代"雲"）等。为了简化字数，中国文字改革研究委员会开展异体字整理工作，即废除那些同音同义骈枝异体的字，只选定一个来通用。异体字整理，主要有三个原则：一是从俗，选定最通用的，废除比较生僻的；二是从简，同样通俗的字，采用笔画少的；三是书写方便，偏旁左右、上下互异的字，主要采用偏旁左右的。

到1954年11月，中国文字改革委员会制定出《798汉字简化表草

---

① 这8种方法是：(1) 将多笔画的字就字的全体删减，粗具匡廓，略得形似；(2) 采用固有的草书或就草书而稍新改变；(3) 将多笔画的字仅写它的一部分；(4) 将全字中多笔画的一部分用很简单的几笔替代；(5) 采用古体；(6) 将音符改用少笔画的字；(7) 别造一个简体字；(8) 假借他字。《钱玄同文集》第3卷，中国人民大学出版社1999年版，第89—90页。

案》《拟废除的400个异体字表草案》《汉字偏旁手写简化表草案》这三个草案,合称《汉字简化方案草案》,报送中央。1954年11月,中共中央发出《关于讨论汉字简化方案(草案)的指示》,发动全国对这一方案进行讨论。1955年1月,中国文字改革委员会印制了《汉字简化方案草案》30万份,向各地文教工作者征求意见;同时《光明日报》等约10家报刊也发表了这一草案,广泛征求公众意见。据不完全统计,当时全国参加讨论的共约20万人。中国文字改革委员会所收到的意见书,除去由各地文教行政机关整理汇转的以外,直接寄到中国文字改革委员会的意见书就达到5167件。[①]

1955年9月,中国文字改革委员会根据征求意见结果提出修正草案。删除原草案中的《拟废除的400个异体字表草案》和《汉字偏旁手写简化表草案》,并把798个简化字减为512个,增收简化偏旁56个。同时,单独制订《第一批异体字整理表草案》,与《汉字简化方案修正草案》一并提交1955年10月召开的全国文字改革会议讨论审议。全国文字改革会议通过了《汉字简化方案修正草案》和《第一批异体字整理表草案》,并将简化字由512个增加为515个,简化偏旁由56个减少为54个。

1955年12月22日,文化部和中国文字改革委员会联合发布了《关于发布第一批异体字整理表的联合通知》,发布了《第一批异体字整理表》,此表收异体字810组,每组最少2字,最多6字,合计共1865字。根据从简从俗的原则,从中选出810个作为正体,其余1055个异体字予以淘汰,自1956年2月1日起,全国出版的报纸、杂志、图书一律停止使用表中括弧内的异体字。但翻印古书须用原文原字的,可作例外。商店原有牌号不受限制。停止使用的异体字中,有用作姓氏的,在报刊图书中可以保留原字,不加变更,但只限于作为姓使用。到1956年3月28日,文化部和中国文字改革委员会又联合发出通知,恢复"阪、挫"两字,实际淘汰异体字1053个。《第一批异体字整理表》的发布,不仅精简了汉字的字数,使汉字系统向规范化方向大大前进了一步,而且有

---

[①] 吴玉章:《文字必须在一定条件下加以改革——在全国文字改革会议上的报告》,《人民日报》1955年10月24日。

效地遏制了汉字使用中的字体混乱现象。总体来说,《第一批异体字整理表》是淘汰异体字的正字标准。但值得注意的是,它是在旧形字和繁体字的基础上淘汰异体字的,因此,只能作为淘汰异体字的主要标准,而不能作为书写简化字的规范性标准。① 规范的简化字,是以 1956 年初公布的《汉字简化方案》为标准的。

1956 年 1 月 28 日,国务院全体会议第二十三次会议通过了经国务院汉字简化方案审订委员会审订的《汉字简化方案修正草案》。同年 1 月 31 日,《汉字简化方案》由《人民日报》正式公布。《汉字简化方案》包含 515 个简化字和 54 个简化偏旁,共分三部分:第一部分即汉字简化第一表所列简化汉字共 230 个,自 1956 年 2 月 1 日起在全国印刷和书写的文件上一律通用;除翻印古籍和有其他特殊原因的以外,原来的繁体字在印刷物上应该停止使用。第二部分即汉字简化第二表所列简化汉字 285 个。第三部分为汉字简化偏旁表所列简化偏旁 54 个,包含这 54 个偏旁的字在 1200 个左右。这样,实行《汉字简化方案》,实际得到简化的汉字可以达到 1700 多个。为了减少改用简化字所引起的社会震动,刘少奇强调,简化字要分期分批进行;原来的繁体字要保留一个时期,不要马上废除。② 这样,《汉字简化方案》自 1956 年 2 月起至 1959 年 7 月分四批正式推行。在民间已经应用了千百年的俗体字终于有了合法身份。

## 三　汉语拼音方案的制定与公布

1952 年 2 月中国文字改革研究委员会成立后,即设立拼音方案组,把拼音方案的研究作为主要工作之一。马叙伦于 1952 年 2 月 5 日在中国文字改革研究委员会成立大会上传达了毛泽东的意见:文字必须改革,

---

① 该表颁布后又曾作过某些调整。例如,1986 年 10 月 10 日重新发表《简化字总表》的说明,确认《简化字总表》收入的"诉、谗、晔、奢、诃、鳍、紬、剗、鲙、诓、雠"11 个类推简化字为规范字,不再作为淘汰的异体字。1988 年 3 月 25 日,国家语言文字工作委员会与中华人民共和国新闻出版署《关于发布〈现代汉语通用字表〉的联合通知》中规定,确认"蒉、邱、於、澹、骼、彷、荪、涠、徼、薰、黏、桉、愣、晖、凋"等 15 个字为规范字,收入《现代汉语通用字表》,不再作为淘汰的异体字。因此,凡是与《简化字总表》和《现代汉语通用字表》不一致的地方,应以二者为准。

② 参见费锦昌主编《中国语文现代化百年记事(1892—1995)》,语文出版社 1997 年版,第 203 页。

要走世界文字共同的拼音方向；形式应该是民族的，字母和方案要根据现有汉字来制定。① 这时毛泽东主张采用民族形式的字母，与1951年底扫盲运动中出现的"速成识字法"有一定关联。

速成识字法，1951年由中国人民解放军西南军区文化教员祁建华创造。这是一种借助注音字母的辅助作用，利用汉字字形、字义、字音相同与相异的不同特点，来提高识字速度的方法。1951年，西南军区在1.26万名干部、战士中试行《速成识字法》，一般只要15天时间，能识字1500个以上，能读部队小学课本3册，能写短稿。中共中央领导人对这种方法给予了高度评价，毛泽东称祁建华是"名副其实的识字专家"，刘少奇称他是"当代仓颉"，陆定一称他是"中国第二大圣人"。既然这种传统汉字笔画式注音字母辅助识字效率如此之高，毛泽东倾向于采取民族形式的拼音字母，在情理之中。1952年2月，郭沫若在中国文字改革研究委员会成立大会上也指出："'速成识字法'给我们指示一点，就是，注音字母在今天仍不失为一个可以利用的工具。"②

此后，中国文字改革研究委员会开展了以注音字母为基础制订民族形式拼音方案的研究工作。1952年底，拟出了拼音方案草稿报送毛泽东审阅。毛泽东看后并不满意，他认为这套方案在拼音方法上虽然简单了，但是笔画还是太繁，有些比注音字母更难写。他指出，要利用原有汉字的简单笔画和草体；笔势基本上要尽量向着一个方向（"一边倒"），不要复杂。③

按照这种意见，拼音方案组进行了修改。到1954年7月，拼音方案组以注音字母为基础，共设计完成了五套民族形式的拼音文字方案草案，这些草案所需的字母都在40—60个之间，在学习和使用上都很不方便。新构造出来的汉字笔画式字母，看起来与汉字有很大差别，经过草书连写以后就更看不出方块汉字的特点了，所谓"民族形式"也无从谈起，就连这些方案的制订者本身也对它们不甚满意。于是，自1955年6月起，中国文字改革委员会拼音方案部分设甲乙两个小组，甲组的任务是

---

① 马叙伦：《中国文字改革研究委员会成立会开幕辞》，《中国语文》1952年7月号。
② 郭沫若：《在中国文字改革研究委员会成立会上的讲话》，《中国语文》1952年7月号。
③ 《建国以来毛泽东文稿》第8册，中央文献出版社2023年版，第288页。

讨论和拟订汉字笔画式拼音方案，乙组的任务是讨论拟订国际通用字母拼音方案。等甲乙两组各自选定方案之后，再提交全体委员会讨论。到1955年10月，甲组拟定了4种汉字笔画式方案草案，乙组拟定了1种拉丁字母式方案草案、1种斯拉夫字母式方案草案，共6种方案草案。

与此同时，社会各界热心人士包括海外华人也制订了各自的汉语拼音方案，发表自己的见解。据统计，自1950年中国文字改革协会时期起至1955年8月，中国文字改革委员会收到了全国各省、市、自治区和海外633位同志寄来的汉语拼音方案共计655种。这633位同志包括各种不同职业和各种不同的工作岗位：中小学教师，人民解放军，志愿军，工矿企业、机关学校工作人员、学生，华侨。655个方案的内容也是各种各样的：有汉字笔画式的，有斯拉夫字母式的，有图案式的，有速记式的，甚至还有数码式的。①

1955年10月15日，全国文字改革会议召开。应与会代表要求，中国文字改革委员会向会议提交了6种拼音方案草案，借以征求意见和批评。会上，中国科学院语言研究所苏联顾问谢尔久琴柯作了《关于中国文字的几个问题》的报告，对拉丁化新文字作出高度评价，指出中国在应用拉丁化新文字方面已有足够的经验；在这种情况下推荐不大成功并从各方面说都是比较复杂的、按照注音字母类型创立的音缀和字母混合的字母，而不推荐比较合理地创制出来的汉语拼音字母，是没有任何根据的。他的意见得到了很多人的赞同，主张使用世界通行的拉丁化的拼音字母。

根据代表们的呼吁，1955年11月23日，中国文字改革委员会在向中共中央提交的《关于全国文字改革会议的情况和目前文字改革工作的请示报告》中，提出及早确定拼音方案的主张，并指出："注音字母笔画繁杂，笔势不顺，方向纷乱，书写不便，在记录方言和拼写少数民族语言方面都有困难，因此不可能作为我国将来拼音文字的字母，迟早要用别的字母来代替。但是如果等到将来再改，则不如现在就改，否则在

---

① 中国文字改革委员会：《关于拟订汉语拼音方案（草案）的几点说明》，《人民日报》1956年2月12日。

教学和出版印刷方面徒然浪费许多人力物力，并增加将来改变时的困难。"①

1956年1月27日，中央发出《关于文字改革工作问题的指示》，明确指出："中央认为，汉语拼音方案采用拉丁字母比较适宜。"② 这使得几年中关于字母形式的反复争论最终尘埃落定。至于中共中央为什么改为支持拉丁字母，毛泽东在1956年1月20日中央召开的知识分子问题会议上的讲话中作了较深刻的讲解。他说："会上吴玉章同志讲到提倡文字改革，我很赞成。在将来采用拉丁字母，你们赞成不赞成呀？我看，在广大群众里头，问题不大。在知识分子里头，有些问题。中国怎么能用外国字母呢？但是，看起来还是以采取这种外国字母比较好。吴玉章同志在这方面说得很有理由，因为这种字母很少，只有二十几个，向一面写，简单明了。我们汉字这方面实在比不上，比不上就比不上，不要以为汉字那么好。有几位教授跟我说，汉字是世界万国最好的一种文字，改革不得。假使拉丁字母是中国人发明的，大概就没有问题了。问题就出在外国人发明，中国人学习。但是，外国人发明，中国人学习的事情是早已有之的。例如，阿拉伯数字，我们不是久已通用了吗？拉丁字母出在罗马那个地方，为世界大多数国家所采用，我们用一下，是否就大有卖国嫌疑呢？我看不见得。凡是外国的好东西，对我们有用的东西，我们就是要学，就是要统统拿过来，并且加以消化，变成自己的东西。我们中国历史上汉朝就是这么做的，唐朝也是这么做的。汉朝和唐朝，都是我国历史上很有名、很强盛的朝代。他们不怕吸收外国的东西，有好的东西就欢迎。只要态度和方法正确，学习外国的好东西，对自己是大有好处的。"③

1956年2月20日，中国文字改革委员会发表了《汉语拼音方案（草案）》，并印行100多万份，征求全国各方意见，并在草案说明中详细阐述了汉语拼音方案的用处，主要有：给汉字注音、作为普通话的教学工具、作为科学上和技术上的符号、用来试验汉语拼音文字、作为各

---

① 《建国以来重要文献选编》第8册，中央文献出版社1994年版，第102页。
② 《建国以来重要文献选编》第8册，中央文献出版社1994年版，第92页。
③ 转引自费锦昌主编《中国语文现代化百年记事（1892—1995）》，语文出版社1997年版，第219页。

少数民族制定拼音文字的字母基础。《汉语拼音方案（草案）》得到全国人民的极大关注，全国各方面进行了热烈的讨论。仅政协各地委员会中组织讨论的就有22个省、3个市、2个自治区、28个省辖市、4个县和1个自治州，参加的人数有1万多人。同汉语拼音字母关系比较密切的如邮电、铁道、海军、盲哑教育等部门，都组织了不同规模的专门讨论。此外，从1956年2月到9月，中国文字改革委员会收到了全国各方面人士及海外华侨对草案的书面意见4300多件。①

中国文字改革委员会根据以上各方面的意见，在1956年8月提出了对于这个原草案的修正意见，送国务院审核。10月，国务院成立汉语拼音方案审订委员会进行审议。审订委员会开过五次会议、多次座谈，同时向京外39个城市的100位语文工作者书面征求意见。经过反复讨论和磋商，审订委员会在1957年10月提出《汉语拼音方案修正草案》，经政协全国委员会常务委员会扩大会议讨论，11月1日由国务院全体会议第60次会议通过，决定在报纸上发表，并提请全国人民代表大会讨论、批准。1958年2月11日，一届全国人大五次会议批准《汉语拼音方案》。《汉语拼音方案》包含五个部分：字母表、声母表、韵母表、声调符号、隔音符号。它完全用现成的拉丁字母，采用拉丁字母的通用顺序，并提出汉语的字母名称。

《汉语拼音方案》中的每一个字母及其用法都是历史上拼音方案中出现过的，也是群众方案中提出过的，它将历史的和群众的智慧加以整理、集中和系统化，成为一个简单实用而又比较精密完备的方案。《汉语拼音方案》可以说是"六十年来中国人民创造汉语拼音字母的总结"②。自此，中国的汉语拼音运动进入一个以大规模推行汉语拼音、普及汉语拼音教育为主要特征的全新的历史时期。

### 四 把推广普通话作为文字改革的内容

新中国的成立，使国家实现了空前的统一，高度统一的国家必然要

---

① 吴玉章：《关于当前文字改革工作和汉语拼音方案的报告——一九五八年二月三日在第一届全国人民代表大会第五次会议上》，《人民日报》1958年2月14日。

② 《吴玉章文集》（上），重庆出版社1987年版，第706页。

求有统一的语言，只有这样，才能为工业化和现代化建设服务。从总体来看，20世纪50年代初期，文字改革的重点放在汉字简化和拟定拼音文字方案上，推广普通话还没有作为文字改革的一项内容，只是进行了与汉字标准音有关的研究工作。例如，1951年6月7日，中国文字改革委员会筹备会召开汉字注音、拼音问题座谈会，讨论汉字要不要注音，注音用什么符号等问题。经过讨论，会议赞成给汉字注音，并且以北京话为标准音；对于用什么符号注音的问题，大部分人主张用拉丁化符号来注音。后来在研究改革中小学语文的过程中，中央提出了标准语的问题。1953年12月24日，中央语文教学问题委员会①主任胡乔木向中共中央提交《关于改进中小学语文教学报告》，报告指出，在中小学语文教学中分别设立语言课和文学课，其中语言课在汉民族学校中拟定名为"汉语"课（少数民族学校教本民族语言时类推），其教学目的是使学生掌握语言规律的基本知识，并学会正确运用这些基本知识来说话、写作、阅读，其范围不限于语法，而包括整个语言领域。"它所用的语言拟采用北京普通话为标准语。并以北京音系的音为标准音，但不用机械的办法强迫各地统一读音。"② 1954年2月1日，刘少奇代表中央批准了这一报告。1954年中国文字改革委员会成立大会上，把研究和推行标准语的教学与制定《汉字简化方案》、制定《汉语拼音方案》一起列入了文字改革工作规划。

1955年5月，中国文字改革委员会党组、教育部党组就召开全国文字改革会议向中央提交报告。在这一报告中，提出会议任务为通过汉字简化方案，同时研究汉字整理和改革的下一步骤，并讨论推广标准语问题。报告还指出，标准语的推广工作是十分必要的，并且必须从现在开始，大力推行。必须调查研究全国方言，编辑专门教材，并训练师资。

---

① 1953年5月，中央政治局会议决定成立中央语文教学问题委员会，研究语文教学和教材的编写。1953年9月24日，中共中央批准教育部党组等部门的三个报告，决定由中央宣传部负责组织成立中国历史问题、语文教学问题、文字改革问题三个委员会。第四季度，这三个委员会相继成立，胡乔木担任中央语文教学问题委员会和中央文字问题委员会主任，陈伯达担任中国历史问题研究委员会主任。

② 《建国以来刘少奇文稿》第6册，中央文献出版社2008年版，第55—56页。

刘少奇对该报告作出了"拟予同意"的批示。① 当时关于汉民族共同语的名称有三种意见,有人主张用"普通话"来称呼汉民族共同语,也有相当一部分人主张沿用1949年以前民国政府时期定下来的"国语",还有少数人主张沿用更早的"官话"。1955年5月6日,刘少奇听取吴玉章关于文字改革工作的汇报后,采用了普通话的提法。他指出:"汉民族要有统一的语言,学校要用普通话进行教学。可以考虑作出这样的规定:老师在一定时期内学会普通话。今后凡是不会讲普通话的,不能当教师。"② 此后,按照中央这一精神,中国文字改革委员会和教育部对"标准语"的提法作了改动。

1955年10月召开的全国文字改革会议,正式通过了推广普通话的决议。对于为什么要推广普通话,全国文字改革会议认为推广普通话是适应全国人民迫切要求和社会主义建设需要的政治任务,这是加强汉民族政治、经济、文化的统一的必要步骤,是全国性的带有战略意义的重大措施,也是进一步发展汉语和准备汉字根本改革的必要步骤。对于什么是普通话,会议也取得了一致的认识,即普通话是以北方话为基础方言,以北京语音为标准音的汉民族共同语。会议还确定了推广普通话的工作方针:"重点推行,逐步普及。"这样,推广普通话的工作正式确定下来。同年10月紧接着全国文字改革会议之后召开的现代汉语规范问题学术会议,进一步从语音、词汇、语法三方面为普通话下了科学明确的定义,就是:"以北京语音为标准音,以北方话为基础方言,以典范的现代白话文著作为语法规范。"

普通话以北方话为基础方言,以北京语音为标准音,是符合汉语的实际情况和历史发展的。首先,以北方话为基础方言符合马克思主义语言学关于民族共同语是以某一方言为基础发展而成的原则。北方话在中国分布最广,用北方话讲话的人占汉民族人口总数的70%,所以北方话具有全国性的意义。而且北方话体现着汉语发展的一般趋势。几百年来的白话文学都是用北方话写的,北方话事实上已成为汉民族共同语的基

---

① 《建国以来刘少奇文稿》第7册,中央文献出版社2008年版,第202、203页。
② 参见费锦昌主编《中国语文现代化百年记事(1892—1995)》,语文出版社1997年版,第203页。

础。当然，规范化的汉民族共同语在北方话的基础上还要不断地吸收各方言、古语以及外语中有用的词和语法来丰富自己。其次，以北京语音为标准音也是比较恰当的。因为汉语方言之间最大的差别在于语音，所以规范化的民族共同语要求语音上的一致。汉民族共同语既以北方话为基础，北方话的代表方言是北京话。北京几百年来是政治文化的中心，"官话"的语音一直是以北京语音为标准的，1949年以来北京又是新中国的首都，所以决定用北京语音作标准音是恰当的。从语音上讲，北京语音具有北方方言中的最大共同点，在北方方言中有最大的普遍性，因此，采用北京语音做标准音也是合适的。

为什么普通话要以典范的现代白话文著作为语法规范呢？不说一般著作，而说典范的著作，这是因为在各种各样的著作中，长久传诵的典范著作在规范的巩固和发展上无疑起着决定性的作用。至于这些白话文著作必须是现代的，原因也很明显，因为语言是不断发展的，较早的作品，比如《水浒传》和《红楼梦》，无论其语言多么美好，总有些地方是不符合现代的语言习惯的。

1955年11月17日，教育部发出《关于在中学、小学和各级师范学校大力推广普通话的指示》，要求全国中小学和各级师范学校必须逐步使用普通话教学，使学生学会说普通话。该指示指出，学校使用普通话教学应该从语文科做起，逐渐推广到各科；中小学学生应该学会拼音字母，能准确地发音、拼音和朗读，师范学校的学生还应该掌握基本的语音知识，用普通话试教。该指示要求在1956年暑假内将全国小学、初中一年级和师范学校的语文教师训练完毕，其他各科教师也应该在1958年训练完毕。① 这是新中国成立以来教育部向各级学校发出的学习和推广普通话的第一个重要指示，为广大老师和学生学习普通话提供了有力保证。

1956年2月6日，国务院向全国发出《关于推广普通话的指示》，从现代化建设的角度阐述了推广普通话的必要性，指出："语言是交际的工具，也是社会斗争和发展的工具。目前，汉语正在为我国人民所进

---

① 《教育部关于在中学、小学和各级师范学校大力推广普通话的指示》，《中华人民共和国国务院公报》1955年第21期。

行的伟大的社会主义建设事业服务。学好汉语,对于我国的社会主义事业的发展具有重大的意义。由于历史的原因,汉语的发展现在还没有达到完全统一的地步。许多严重分歧的方言妨碍了不同地区的人们的交谈,造成社会主义建设事业中的许多不便。……为了我国政治、经济、文化和国防的进一步发展的利益,必须有效地消除这些现象。"该指示对普通话的定义作了全面的阐述,指出:"汉语统一的基础已经存在了,这就是以北京语音为标准音、以北方话为基础方言、以典范的现代白话文著作为语法规范的普通话。在文化教育系统中和人民生活各方面推广这种普通话,是促进汉语达到完全统一的主要方法。"① 国务院的这个指示,将普通话的定义明确下来。

国务院发出这一指示,得到各界的积极响应。首先,各大主要报刊媒体纷纷发表社论、文章,号召推广普通话。1956年2月12日,《人民日报》发表了题为《努力推广普通话》的社论,2月15日《光明日报》发表了题为《大力推广普通话》的社论,宣传提倡学用普通话。《文字改革》《中国语文》等杂志大量发表关于推广普通话和文字改革的文章。文字改革出版社出版的《普通话论集》一书,选收了自1955年10月到1956年上半年宣传推广普通话的重要文件和论文,就有45篇之多。出版部门配合推广普通话形势,也出版了大量宣传推广普通话的读物。其次,中华全国总工会、文化部、铁道部、中央广播事业局、教育部、高等教育部、共青团中央等部门陆续发出在所属系统推广普通话的指示。如1956年2月16日,中华全国总工会发出《在职工中推广普通话的通知》;3月20日,高等教育部、教育部联合发出《关于汉语方言普查工作的指示》;4月3日,中央广播事业局发出了《关于推广普通话的指示》;5月15日,高等教育部、教育部发出《关于在高等学校和中等专业学校推广普通话的联合通知》;8月27日,交通部发布了《关于推广普通话的指示》。这些文件积极推动了各系统、各行业的推广普通话工作。

在普通话的标准和推广普通话的方针政策确定之后,1956年1月28日,国务院全体会议第二十三次会议决定成立中央推广普通话工作委员

---

① 《建国以来重要文献选编》第8册,中央文献出版社1994年版,第114页。

会，统一领导全国的推广普通话工作。1956年2月2日，国务院发布《关于成立中央推广普通话工作委员会的通知》，决定由陈毅出任主任，郭沫若、吴玉章、陆定一、林枫、张奚若、舒舍予（老舍）等为副主任，丁西林、丁声树、王力、叶圣陶、叶籁士、朱学范、吕叔湘、沈雁冰（茅盾）、吴冷西、邵力子、周有光、周建人、周扬、罗常培、林汉达、胡乔木、胡愈之、胡绳、胡耀邦、范长江、夏衍、梅兰芳、邓拓、蔡畅、黎锦熙、萧三、萧华、谢觉哉、魏建功等43人担任委员。各省、市、自治区根据国务院的指示，相继成立了推广普通话工作委员会，除天津、新疆、内蒙古以外，其余24个省、市、自治区都成立了推广普通话工作委员会。

为了保证各省、市有专人负责并切实推动推广普通话工作，1956年5月9日，国务院又发出《关于在各省（市）教育厅（局）设立普通话推广处（科）的通知》，指出"各省（市）教育厅（局）应分别设立普通话推广处（科），由一位副厅长、副局长兼任处（科）长，其他工作人员可以在现有编制内调整解决"①。根据这一通知要求，辽宁、吉林、黑龙江等16个省、市、自治区先后设立了普通话推广处（科），配备了专职干部；天津、北京、山东等8个省、市配备了专职干部。各级推广普通话组织的相继成立，加强了推广普通话工作的监督领导、组织协调，为推广普通话提供了有力的组织保证。

1957年6月25日，教育部、中国文字改革委员会联合召开全国普通话推广工作汇报会，明确提出推广普通话工作的方针是"大力提倡，重点推行，逐步普及"。"大力提倡"就是通过报刊、广播电台、报告会、座谈会、曲艺和其他文化娱乐活动，大力宣传党和国家对推广普通话工作的指示，宣传推广普通话的意义，不断提高群众学习运用普通话的自觉性，鼓励大家都来说普通话。"重点推行"，就是说推广普通话工作要抓重点。从地区来说，南方方言区是重点；从部门来说，学校是推广普通话的重点；从对象来说，青少年是重点。因此，中小学校和各级师范学校是推广普通话的重要基地。此外，社会上推广普通话，以迫切

---

① 《新时期推广普通话方略研究》课题组编：《推广普通话文件资料汇编》，中国经济出版社2005年版，第37页。

需要学习普通话的部门如邮电、交通、铁路等为重点。"逐步普及"是指因中国地广人多、方言复杂，在全国推广普通话只能逐步做到。这是一项长期的艰巨的任务。在推广工作中，既要充分发动群众，大造讲普通话光荣的声势，积极努力工作；又要从实际出发，持之以恒，不满足于搞几次突击运动，不操之过急。

在党和政府的大力领导下，1956年到1957年间全国掀起第一次推广普通话的热潮。这次推广普通话热潮的中心，是教育部门中的中小学校。从1956年秋季开始，根据教育部的指示，全国小学一年级结合"语文课"、初级中学一年级结合"汉语课"，都开始教学普通话。到1957年底为止，全国受过普通话语音训练的中小学和师范学校教师，已有721600人。教育部、中国文字改革委员会和各省、市编制的普通话教材、读物，发行达500多万册，各种教学普通话用的留声片发行100多万张。[1] 1957年还摄制了影片《大家来说普通话》。从1956年开始，中央有关单位还举办面向小学和师范学校的普通话语音教学广播讲座和电视教学讲座，可见当时推广普通话工作开展的盛况。

**五 现代白话文书面形式的重大变化**

为了适应现代自然科学、社会科学以及文学艺术等发展，新中国语文现代化建设进程中，汉语书面形式发生了相应的变化或者增加了新的内容。例如，出版物均采用汉字横排横写，与横排横写相适应，运用新式标点，采用阿拉伯数字，以及汉字加用拉丁字母等，使现代白话文书面形式产生重大变化，改变了古代书面语几乎是汉字一统天下的面貌。

（一）汉字横排横写

新中国成立前后，出版物文字有的直排，有的横排，有的直排与横排交错；横排的文字有的从左到右，有的从右到左，比较混乱。针对这种情况，文字改革部门呼吁文字横排横写，指出汉字横排横写是科学文化发展的必然结果，也符合人的生理要求。例如，1950年4月，《光明日报》上的《新语文》第1期发表提倡横排的文章《我们主张采用横排的版式》，呼吁所有的文章采用横排。1952年2月5日郭沫若在中国文字改革委员会

---

[1] 吴玉章：《汉语拼音方案》，文字改革出版社1958年版，第8页。

成立的讲话中说:"就生理现象说,眼睛的视界横看比直看要宽得多。根据实验,眼睛直看向上能看到 55 度,向下能看到 65 度,共 120 度。横看向外能看到 90 度,向内能看到 60 度,两眼相加就是 300 度;除去里面有 50 度是重复的以外,可看到 250 度。横的视野比直的要宽一倍以上。这样可以知道,文字横行是能减少目力的损耗的,并且现代科学论著多半已经是横写。"①1955 年元旦,《光明日报》首先实行横排,并发表胡愈之文章《中国文字横排是和人民的生活习惯相合的》。1955 年有大量书籍报刊采取了横排方式,据 8 月、9 月两个月全国新书样本统计,在 1562 种一般书籍中,横排的占 80%;在 135 种课本中,横排的占 98%。1955 年 9 月,中央一级杂志 214 种,其中横排的 187 种,占 86%。② 到 1955 年底,全国 372 种期刊,横排的有 298 种,占 80.1%。③

党和政府对汉字横排十分重视,有关部门把汉字横排提上了工作日程。1955 年 10 月,全国文字改革会议提出了报刊图书和公文函件的横排横写问题。张寿康(北京师范学院中文系汉语教研组组长)、吴三立(华南师范学院中文系教授兼副主任)、商承祚、陈望道等 79 位代表在会上提出了进一步推广横排横写的提案,经全体代表一致同意列入会议决议,"建议中华人民共和国文化部和有关部门进一步推广报纸、杂志、图书的横排。建议国家机关、部队、学校、人民团体推广公文函件的横排、横写"④。1955 年 11 月,教育部在《关于在各级学校推行简化字的通知》中指出,在推广使用简化字的同时,应该逐步地横排横写,学生作业本、试卷等也应该尽量横排横写。1955 年 12 月,文化部发布《关于推行汉文书籍、杂志横排的原则规定》,规定自 1956 年起新发排的汉文书籍,除影印中国古籍以及少数有特殊原因(如该书读者对象大部分还不习惯横排)不能或不宜横排者外,应该一律采用横排;今后新创刊的汉文杂志除特殊者外,应该一律采用横排。1956 年元旦,《人民日报》和地方报纸一律改为横排。此后,全国新出版的报纸、杂志、书籍几乎全部改为横排。

---

① 郭沫若:《在中国文字改革研究委员会成立会上的讲话》,《中国语文》,1952 年 7 月号。
② 《中华人民共和国出版史料(1955 年)》,中国书籍出版社 2001 年版,第 412 页。
③ 吴玉章:《中国文字改革的道路》,《光明日报》1956 年 1 月 18 日。
④ 全国文字改革会议秘书处编:《全国文字改革会议文件汇编》,1956 年,第 217 页。

随着国家大规模经济建设的开展，机关公文中的数字表格日渐增多，《国务院公报》早已实行横排。此外，如重工业部、第一和第二机械工业部、石油工业部、煤炭工业部、电力工业部和新疆维吾尔自治区也已实行公文横写。国务院秘书厅为了统一公文格式，于 1955 年 5 月向各省、市、自治区和中央一级机关征求意见，各地各部都一致同意将现行的直写改为横写格式。1956 年 1 月，国务院秘书厅发出《关于改变国家机关公文用纸格式的通知》，规定国家机关的公文一律自左而右，横排横写，在左侧装订。

汉字横排横写，既是历史上汉字排写方式的一个重大改革，也是新中国成立后语文现代化的一项重大成果。

（二）完善标点符号

1951 年 6 月 6 日，《人民日报》发表社论《正确地使用祖国的语言，为语言的纯洁和健康而斗争》。在社论精神的指引下，出现了学习语法知识、重视语言运用的热潮，标点符号的使用也得到空前的重视。《人民日报》连载的语言学家吕叔湘、朱德熙的《语法、修辞讲话》，第六讲就是《标点》，把对标点的认识提高到一个新的水平，指出："标点符号是文字里面的有机的部分，不是外面加上去的。它跟旧式的句读号不同，不仅是怕读者读不断，给它指点指点的。每一个标点符号有一个独特的作用，说它们是另一形式的虚字，也不为过分。"① 《语法、修辞讲话》讲了 16 种标点符号的用法，从正面讲清用法，用误例分析错在何处，观点明确，例证丰富，对全国学习和使用中央人民政府出版总署制定公布的《标点符号用法》，起到了很大的作用。

1951 年 9 月，中央人民政府出版总署颁布了《标点符号用法》，共有标点符号 14 种，比 1920 年公布的《新式标点符号》多了两种：顿号"、"和着重号"·"。各种标点符号的定义和具体用法也有较大的改变，总的说是改进了，水平提高了。1951 年 10 月，政务院下达指示，要求全国对《标点符号用法》遵照使用，各机关指定专人负责。这个指示得到很好的贯彻，有关标点符号使用法的小册子如雨后春笋，小学、中学、大学都要教学标点符号用法，报刊书籍都普遍使用了标点符号。在 1956

---

① 吕叔湘、朱德熙：《语法、修辞讲话》，《人民日报》1951 年 11 月 10 日。

年全国改为横排之后，标点的使用相应有些改变，如引号改用""，书名号用《》，等等。

新式标点标准颁布之后，1954年9月召开的一届全国人大一次会议上，毛泽东指示吴晗转告范文澜，组织人员标点《资治通鉴》。这一工作于1956年完成，《资治通鉴》于1956年6月由古籍出版社出版，书前有《标点〈资治通鉴〉说明》，开创了应用1951年出版总署公布的新式标点符号标点大部头史籍的先河。

（三）试用阿拉伯数字

20世纪50代中期，全国书刊改为横排之后，阿拉伯数字使用的范围不断扩大。有些书刊年代、月日、数字、百分比数等都用阿拉伯数字。由于没有统一规定，人们的用法多有不同。有人发表文章，要求出版物统一使用阿拉伯数字。例如，1955年4月13日《光明日报》发表的陈越《汉字横行排写中阿拉伯数字的运用问题》一文，提出在现行文字中尽量适当地应用阿拉伯数字，是必要而且可能的。

1956年，国务院秘书厅草拟了《关于在公文、电报和机关刊物中采用阿拉伯数码的试行办法》，10月23日颁布了《关于国家机关公文、电报和机关刊物横排横写以后采用阿拉伯数码的通知》。《通知》指出："自从国家机关的公文、电报和机关刊物横排横写以后，文件中改用阿拉伯数码的日益增多。这种改变，无论在阅读上或者书写上都增加了便利，因而是必要的和合理的。但是，目前各机关对于阿拉伯数码的用法很不一致，不仅在各个机关之间不统一，就是在一本刊物里甚至在一个文件里也有不统一的。"[①] 因此特制定《试行办法》，使机关文书在采用阿拉伯数码方面，能有一个比较妥善的、统一的依据。这给公文、书刊文字中使用阿拉伯数字提供了政策依据。与此同时，有关新闻部门也于1956年发出了《报纸横排数字用法的规定》。根据这个规定，《人民日报》等报纸从1957年开始，逐步试用阿拉伯数字，这就扩大了阿拉伯数字的试用范围，促进了阿拉伯数字的使用。

---

① 宋涛主编：《最新办公室内部管理规章制度全书》第4卷，中国物价出版社2001年版，第2318页。

## （四）拉丁字母进入汉语

文字的混合现象在各种语言中都存在。20世纪初拉丁字母就进入了汉语，出现了拉丁字母与方块汉字共存于一词的现象，这是中西文字交融的产物。例如，鲁迅把拉丁字母引入汉语人名，创造了"阿Q"这一家喻户晓的文学人物。

新中国成立后，汉语拼音采用拉丁字母，随着汉语拼音的应用推广，用拉丁字母直接拼写外来语的情况也多了起来。正如1964年郭沫若所指出的，"外国的人名、地名，科技术语——尤其还没有统一固定译名的科技术语，我认为最好用拼音字母转写。首先在一些专业书刊上试用，这样便可以免掉译名的分歧"，"我人民解放军先后两次击落了美国的U2式间谍飞机，日本人民目前还在为反对美国F105D飞机进驻日本而斗争，这些都是我国报纸上的特大标题。拉丁字母和汉字是混合着使用的。VitaminA，B，C，旧译为维他命A，B，C。其后改译为甲种维生素，乙种维生素，丙种维生素，看来是为了避免使用拉丁字母的原故。但是近来又已有VitaminK，P，U等出现了，甲乙丙丁等十个天干文字是无法应付的，除了恢复拉丁字母以外，没有别的办法。感冒时要服APC，透视时要照X光，美国的三K党我们也只好名从主人。今天的问题已经不是回避拉丁字母，而是应该尽力推广法定的拉丁字母的使用了"。[①]

### 六　确定文字改革三大任务

文字改革是20世纪50年代中国文化领域最重大的改革运动。总起来说，这一改革受到工农兵广大群众的欢迎，但在知识分子群体中，却自始至终伴随着不同意见的争论。中国共产党在领导文字改革过程中，非常重视不同意见的讨论。针对社会上关于文字改革问题的种种疑虑，中国文字改革委员会在各种场合、通过各种渠道做了大量说明和解释工作，以消除人们的误解和顾虑。如1955年3月，在政协全国委员会报告会上，胡乔木、吴玉章向大会报告了关于汉字简化问题的工作，都对汉字简化问题的种种意见作了回答。1955年10月全国文字改革会议上，胡乔木等人还对推广普通话的工作作了长篇阐释。1956年2月，中国文字改革委员会发表

---

[①] 郭沫若：《日本的汉字改革和文字机械化》，《人民日报》1964年5月3日。

《汉语拼音方案草案》和《关于拟定〈汉语拼音方案（草案）〉的几点说明》，对为什么要拟订汉语拼音方案、根据什么原则拟订、为什么要采用拉丁字母而不用注音字母或者另外创造一套汉字笔画式的字母、草案的拟订过程、拟订过程中有哪些重要的不同意见等问题作了详细说明。1956年3月，吴玉章在政协全国委员会常务委员会第十八次会议（扩大）上又作了《关于汉语拼音方案（草案）的报告》，向各界人士作了汇报。以上这些文件和报告还都同时发表在《人民日报》《光明日报》《中国语文》《拼音》等主要报纸杂志上，向全国人民和关心文字改革的各界人士通报说明文字改革的目的、任务和各项工作的进展。

1957年整风运动中，中国文字改革委员会先后于5月16日、5月20日、5月27日在政协全国委员会文化俱乐部召开"文字改革问题座谈会"，征求各界人士对于文字改革的意见。在"百家争鸣、百花齐放"精神的鼓舞下，一些人"大鸣大放"，发表了对文字改革及文字改革工作的质疑和批评。（1）关于文字改革工作，有些知识分子坚持认为汉字是优秀的文字，并不见得那么难学难认，因此结论开展文字改革工作是没有必要的。① （2）关于《汉语拼音方案（草案）》和文字改革的拼音化方向，有不少反对的声音。《拼音》杂志1957年第6期就刊载了多篇反对《汉语拼音方案（草案）》的文章。这些反对意见基本都是反对拼音方案采用国际化的拉丁字母，而主张采用俄文字母，或斯拉夫字母，或民族形式字母来制订汉语拼音方案。还有人将拼音化误解为用拼音文字代替汉字，批评："今之主张废除汉字，以拼音文字来代替的，主观上是为扫除文盲，普及文化；而客观上，则是自己毁灭祖国历史与文化，消灭民族意识，正是殖民主义者对被征服的国家所走的道路，至堪令人痛心的！"② （3）关于汉字简化工作，不少人抱有怀疑和顾虑，要求"停止公布简化汉字"，收回已经公布的简化字，"希望将这个方案暂行撤回，重作慎重考虑"。③ （4）关于推广普通话。推广普通话，是一个加强国家政治、经济、国防、文化各方面统一和发展的重要步骤，本无可厚

---

① 《文字改革问题座谈会记录》，《拼音》1957年第7期。
② 王重言：《对于废除汉字改用拼音文字的商榷》，《拼音》1957年第6期。
③ 陈梦家：《慎重一点"改革汉字"》，《文汇报》1957年5月1日；陈梦家：《关于汉字的前途》，《光明日报》1957年5月19日。

非，且十分必要。但是推广普通话仍然招致了一些怀疑。例如，有人认为北京音有许多地方不合理；有人说北京语音太难学了，连语言学家们的北京话都说不好，推广普通话谈何容易；还有一部分人觉得北京话以前叫做"官腔"，因此对学普通话有反感；还有一种误会，认为推广普通话是要消灭方言。

1957年整风运动中关于文字改革的各种"鸣放"意见引起了中央和中国文字改革委员会的重视，对文字改革的长远性和当前文字改革的任务作了详细说明。1957年11月，中国文字改革委员会发布《关于汉语拼音方案草案的说明》，对新中国文字改革的目的和主要任务进行明确阐释，指出："当前文字改革工作的目的，是便利人民学习和使用汉字，逐步统一汉字读音和统一汉民族语言，使我们的语言和文字能够更好地为人民掌握，更好地为我国社会主义建设服务，而不是废除汉字。至于汉字是否需要和是否适宜进行根本改革的问题，就是把汉字改革成为拼音文字的问题，是另一种性质的问题，不属于当前文字改革的范围，不应该与当前文字改革的任务混淆起来。"因此，当前文字改革的任务是：（1）简化汉字，以便利汉字的教学和应用；（2）推广以北京语音为标准音的普通话，以逐渐统一汉民族语言；（3）制定和推行汉语拼音方案，用来为汉字注音、帮助教学汉字、统一读音和推广普通话。[①]

1958年1月10日，周恩来在中国人民政治协商会议全国委员会举行的报告会上作了《当前文字改革的任务》的报告，对新中国文字改革的主要任务进行了详细而深刻的阐述。周恩来在报告中开明宗义地明确指出当前文字改革的主要任务就是"简化汉字，推广普通话，制定和推行汉语拼音方案"。针对人们的疑虑，周恩来对这三项任务进行了详细说明。（1）关于简化汉字。周恩来指出汉字简化是符合群众利益并且受到群众热烈欢迎的好事，所以知识分子应该从六亿人口出发而不是从个人的习惯和一时的方便来看汉字简化问题，应该积极支持这个工作而不是消极对待。周恩来还明确指出，汉字简化不会对书法艺术有什么不利影响，书法是一种艺术，可以不受汉字简化的限制。（2）关于推广普通话。周恩来从方言分歧对政治、经济、文化生活带来的不利影响，社会

---

[①] 中国文字改革委员会：《关于汉语拼音方案草案的说明》，《人民日报》1957年12月11日。

主义建设迫切需要一种共同语言的角度强调了其重要性，并指明推广普通话是为了消除方言之间的隔阂，而不是禁止和消灭方言。（3）关于制定和推广汉语拼音方案，周恩来明确说明了汉语拼音方案"是用来为汉字注音和推广普通话的，它并不是用来代替汉字的拼音文字"，一下子消除了人们关于拼音文字代替汉字的误解。周恩来还从多个方面列举了汉语拼音方案的用处，包括给汉字注音、作为教学普通话的有效工具、作为各少数民族创造和改革文字的共同基础、帮助外国人学习汉语、音译外国的人名地名和科学技术术语、音译中国的人名地名、编索引等等。（4）对于人们普遍关心的汉字的前途问题，周恩来在报告中作了重点说明。周恩来指出："汉字在历史上有过不可磨灭的功绩，在这一点上我们大家的意见都是一致的。至于汉字的前途，它是不是千秋万岁永远不变呢？还是要变呢？它是向着汉字自己的形体变化呢？还是被拼音文字代替呢？它是为拉丁字母式的拼音文字所代替，还是为另一种形式的拼音文字所代替呢？这个问题我们现在还不忙作出结论。但是文字总是要变化的，拿汉字过去的变化就可以证明。将来总要变化的。而且可以说，世界各个民族的文字形式将来总有一天会逐渐统一，甚至语言最后也会逐渐统一。人类的语言文字发展的最后趋势是逐渐接近，到最后也许就没有多大区别了。这种理想不是坏的，而是好的。至于用什么方案，现在不忙把它肯定。关于汉字的前途问题，大家有不同的意见，可以争鸣，我在这里不打算多谈，因为这不属于当前文字改革任务的范围。"[①]

从整个报告来看，这个报告既是对此前文字改革工作的总结，也是对以后文字改革工作的部署。自此，简化汉字、推广普通话、制定和推行《汉语拼音方案》构成了新中国文字改革的内涵，奠定了新中国文字改革的框架，此后的文字改革工作都是从这三方面展开的。

## 第三节 掀起文字改革的高潮

继周恩来 1958 年 1 月在中国人民政治协商会议全国委员会举行的报告会上作《当前文字改革的任务》的报告之后，1958 年 5 月 5 日，刘少

---

[①] 《建国以来重要文献选编》第 11 册，中央文献出版社 1994 年版，第 29、36 页。

奇在中国共产党第八次全国代表大会第二次会议上作中央委员会的工作报告时提出："为了适应技术革命的需要，必须同时进行文化革命，发展为经济建设服务的文化教育卫生事业"，其中的一项主要任务就是"完成少数民族文字的创制和改革，积极地进行汉字的改革"。① 这是中共中央向全国人民发出的文字改革号召。1958—1960 年，在"大跃进"运动的热潮中，全国掀起了开展文字改革三大工作的高潮。

## 一　大力推行简化字

（一）推行《汉字简化方案》

根据国务院决议，《汉字简化方案》颁布后，自 1956 年 2 月起至 1959 年 7 月，分四批由文字改革委员会、文化部公布，正式推行。1956 年 2 月 1 日公布第一批推行的简化字 260 个，包括《汉字简化方案》第一表的 230 个简化字和《汉字简化方案》没有收入的偏旁类推简化字 30 个。之所以推行这 30 个偏旁类推简化字，是因为群众已经在广泛使用。这 30 个简化字是："陈、冻、栋、坚、趋、劳、痨、荣、营、楼、屡、数、欧、机、侨、桥、职、帜、档、仪、觉、学、挤、济、剂、筹、变、恋、蛮、弯"。1956 年 6 月 1 日公布第二批推行的简化字 95 个；1958 年 5 月 11 日公布第三批推行的简化字 70 个；1959 年 7 月 15 日公布第四批推行的简化字 92 个。以上四批共推行简化字 517 个。《汉字简化方案》中有 28 个简化字没有推行，继续试用，即：坝、仆、凤、迭、涂、椭、疟、砾、篱、合、胡、回、碴、纤、曲、象、须、嘱、缠、忏、属、铄、脏、灿、涩、肮、渊、愿。

此外，在四批简化字推行过程中，根据使用情况，中国文字改革委员会对《汉字简化方案》中的三个简化偏旁作了修改，就是"钅"（金）改为"钅"，"𩵋"（魚）改为"鱼"，"鸟"（鳥）改为"鸟"。还对《汉字简化方案》中的四组简化字所兼代的繁体字作了调整，即"娄（婁、嘍）"改为"娄（婁）"，不兼"嘍"；"彻（徹、澈）"改为"彻（徹）"，不兼"澈"；"仓（倉、艙）"改为"仓（倉）"，不兼"艙"；"钟（鐘）"改为"钟（鐘、鍾）"。可见，在推行《汉字简化方案》的

---

① 《建国以来重要文献选编》第 11 册，中央文献出版社 1994 年版，第 304 页。

过程中,已经对《方案》作了必要的调整和修改。

简化字的推行,减轻了广大群众特别是儿童和工农群众学习和使用汉字的困难,因此受到他们的热烈欢迎。简化字受到群众的欢迎,一是因为减少了许多常用字的笔画。原来一些汉字不仅笔画繁多,而且结构复杂,如"鑿、纜、廳、釁、驢、壩、蠶、靈、鹽",密密麻麻,难写难认,简化为"凿、缆、厅、衅、驴、坝、蚕、灵、盐"之后就好多了。笔画的减省使初学汉字的人节省了不少的精力和时间。据统计,《汉字简化方案》中有繁体字544个,总笔画8745画,平均每字16.8画;简化后成515个简化字,总笔画4206画,平均每字8.16画。这一笔画统计数字表明:每一个简化字的笔画只占原来繁体字笔画的50.7%,差不多减少了一半的笔画,书写起来可以节省不少功夫。二是一部分形声字简化后比原字合理、好认、好懂、好记。如"态(態)、迁(遷)、窍(竅)、证(證)、肤(膚)、惊(驚)、忧(憂)、矾(礬)、沟(溝)、护(護)、极(極)、舰(艦)、栏(欄)"等字,简化以后的声旁、意旁都比原字要正确合理。三是淘汰了一部分繁难的偏旁和笔画结构,如"䜌、侖"等,代之以简单、好写、好记的结构。四是使原来不能成字的一些汉字偏旁和笔画结构变成了常用字。如"厂、广、关、业、办、亏、儿"等都是,这样就使相当一部分汉字的结构便于分析,大大方便了这些汉字的教学。

(二)整顿滥造、滥用简化字现象

1958—1960年全国各行各业掀起"大跃进"的热潮,文字改革领域亦不例外。1958年,文字改革工作就提出了"把文字改革的红旗插遍全国"的口号,认为加速完成文字改革当前的三项任务,继续简化汉字,大力推广普通话,普遍推广和使用汉语拼音方案,不但是有必要的,也是完全有可能的。在这种氛围中,加速简化汉字、再简化一批汉字成为很多人的呼声,广大群众在实际工作和生活中自行创造并应用了一些新简化字。对于这些新简化字,社会上不少人建议中国文字改革委员会予以收集、审定,将之作为合法简化字公布。

中共中央和文字改革部门对于人民群众的这种热情给予认可和鼓励。在20世纪60年代初兴起的注音识字扫盲运动中,1960年4月22日,《中共中央批转山西省委关于推广万荣县注音扫盲报告的指示》中提出再简化一批汉字的要求。指示指出："为了加速扫盲和减轻儿童学习负担，现有的汉字在今年还必须再简化一批，尽可能使每一字一般不到十笔或不超过十笔，使难写难认、容易写错认错的字逐渐淘汰。这一任务必须依靠广大群众而不是依靠少数专家，广大群众对此是十分热心和有办法的。请各省市区党委指令当地有关部门在今年第二季度提出一批新简化字的建议，报告中央文字改革委员会综合整理后送中央审定。"①

根据这一指示精神，1960 年 6 月 4 日，教育部、文化部、中国文字改革委员会联合发出《关于征集新简化字的通知》。通知指出："近几年来各地群众创造的新简化字，数量很大，而且还在不断增加。这些新简化字是我们继续简化汉字的重要依据。……我们希望，各省市区都能提出四百至一千个新简化字的建议，于 7 月底以前报告中国文字改革委员会。"为了指导群众的简化字工作，通知提出了几条选用简化字的原则意见：(1) 首先应该尽量利用汉字结构的形声原则；(2) 在使用时绝不引起意义混淆的条件下，也可以考虑采用同音代替；(3) 以上两种简化方法不能适用的时候，可以酌量采用下列办法：用原字的一部分，会意字，轮廓字，草书楷化。通知还指出，为了减轻儿童和成人的学习负担，地名用的生僻字（包括少数民族和少数民族地名的译音汉字）应该一并加以简化。②

中央的精神大大鼓舞了人民群众使用简化字的热情，同时也激发了他们"创造"简化字的积极性。其中不乏无根据地乱造简化字的现象，主要有以下几种：一是错误类推而创造不正确的简化字，如认为"陽"可以简化为"阳"，就把"楊、揚"简化为"相、扣"。二是随意借用同音字，如把"舞蹈"的"舞"借用为"午"，把"井"代替"警惕"的"警"。三是分不清简字的偏旁而出现一些不正确的简化字，如"东""东"不分，把"拣"写成"拣"。四是随意滥造简化字，如丁(党)、可(丽)、冋(問题)、笈(资产阶极)等。在地名上随便乱代的也很多，如把醴陵写成"礼 O"、宜宾写成"一兵"、泸州写成"六州"、雍和宫写成"拥和宫"等。有的是胡乱使用异体字，如"嚚"（器）、"奌"

---

① 《中共中央文件选集（1949 年 10 月—1966 年 5 月）》第 33 册，人民出版社 2013 年版，第 541 页。

② 中华人民共和国教育部、中华人民共和国文化部、中国文字改革委员会：《关于征集新简化字的通知》（1960 年 6 月 4 日），《文字改革》1960 年第 11 期。

(点)、"迊"(迎)等。①

很多商店、企业、机关等行业的文字使用也存在相当严重的混乱状态。例如，1963年北京市东城区98个商店中有68个存在滥造、滥用简化字的情况；西城区99个商店中发现错别字189个，崇文区三条街的商店中发现错别字98处。② 北京糖业烟酒公司检查发现1800多种商品的品名有滥造、滥用简化字的情况；西城糖业批发部给公司上报的一份五反文件中，发现有18处错别字；宣武区管理处在主要街道干线检查了11个单位，发现有179个错别字。③ 商店滥用、滥造简化字，不仅使顾客辨认不清，直接影响为人民群众服务的质量，甚至会引起人民群众误解，造成不好的政治影响。例如，1963年8月，北京市某商业部门的工作人员在拟定《一九六三年中秋月饼价格安排的通知》时，图省事，乱用简化字，沿袭了商业部门一部分人习惯性的写法，把"翻毛月饼"写成了"反毛月饼"。该通知发往北京市城区各副食、百货管理处，各大商场，直属零售点和远郊各县商业局、副食经理部之后，在人民群众中引起"反毛泽东"的误解，造成严重的政治影响。

滥造、滥用简化字，引起了很多社会人士的不满。1962年11月，人民日报社收到有关简化汉字的读者来信270多封，绝大多数来信反对任意滥造、滥用简化字。自60年代初起，《人民日报》《文字改革》等报刊刊载很多反对滥造、滥用简化字的文章，呼吁一切机关、团体、事业、企业、公社以及新闻出版机关，在一切文件和出版物中，必须正确地使用国务院公布过的简化字，一定不要滥造滥用没有公布过的简化字。

为了消除简化字使用方面存在的分歧和混乱现象，1963年10月14日，国务院财贸办公室转发《"北京市有的商业部门乱用简字发生政治性错误"的反映》，要求各省、市、自治区人民委员会、各中央局财办（委）对各地商店乱用简化字现象认真地进行检查和整顿。根据这一通知精神，

---

① 参见《北京市文化局关于商店牌匾、橱窗、广告等滥用简化字的调查报告》（1963年2月13日），北京市档案馆藏，档案号002-015-00376。
② 《北京市人民委员会财贸办公室关于商店滥用滥造简化字的通报》（1963年12月22日），北京市档案馆藏，档案号002-015-00376。
③ 《北京市副食品商业局关于制止滥用滥造简化字的情况汇报》（1963年11月20日），北京市档案馆藏，档案号002-021-00269。

各地商业部门、服务行业等认真开展了整顿滥用简化字的工作。例如北京市副食品商业局 1963 年 11 月 20 日下发通知,要求:(1) 各批发、零售、储运、加工、物价等单位,对业务上经常使用的字,普遍进行一次检查,以文字改革委员会公布的简化字为标准,错了的改过来,以后注意不再使用。今后各单位打印文件、写变价单、发货票和商品标签等,要认真核对,层层把关,使错别字不出门。(2) 已写成牌匾或油漆、刻印在门面上或其他物件上的错别字,也要检查改正。今后写牌匾、广告、标语等,在张贴公布之前,应经过上一级领导部门审核批准。(3) 商业职工学校、职业学校、业余学校和各种训练班,在组织商业人员的文化学习时,应该把纠正错别字作为一项学习内容。提高职工群众识别正误字的能力,不要养成写错别字的习惯。各单位应组织职工学习一两次国家已经正式公布的简化字表。(4) 各企业管理部门和基层业务单位的领导干部,要注意带头纠正错别字,不滥用简化字。要向职工群众进行关于加强政治观点、端正文风、严肃使用文字的教育,使广大职工群众从思想上重视,互相监督,减少并逐步消灭商业上使用的错别字。①

随着整顿工作的进行,尤其是 1964 年中国文字改革委员会编印发布《简化字总表》之后,社会上滥造、滥用简化字现象在很大程度上得以改观。

(三) 编印《简化字总表》

随着简化字的推行,工作中逐渐暴露出两个问题:一是群众创造了许多新的简化字,结果许多人不清楚哪些是国家公布的简化字,哪些不是;二是《汉字简化方案》中关于简化偏旁的使用范围,交代得不够明确,因而在教学上产生不少困难,在印刷上出现许多分歧。为了对已推行的简化字进行一次总结,减少推行中发生的分歧,1961 年 12 月底,中国文字改革委员会向国务院文教办公室递交了《关于〈汉字简化方案〉推行情况的报告》,提出:"我们准备把从一九五六年到一九六一年公布推行和作了修改的简化字作成一张总表(其中包括已推行和作了修改的简化字 649 个,偏旁类推简化字 1170 个,共 1819 字),由我会和文化部、教育部联合发布,可以使各项手写和印刷的简化字体有一个共同

---

① 《北京市副食品商业局关于制止在商业上滥用错别字的通知》(1963 年 11 月 20 日),北京市档案馆藏,档案号 002-021-00269。

一致的准则,避免那些因为先后公布、推行、修改或类推错误而可能发生的分歧。"① 1962年1月,国务院文教办公室批准同意这一报告。中国文字改革委员会遂于1962年4月编成了《简化字总表》。

简化字推行以后,一方面受到广大群众的热烈欢迎,另一方面不少人提出了一些意见。针对这种情况,1962年5月20日,周恩来向中国文字改革委员会负责同志指出:"简化字应当邀请各方面人士重新讨论;如有不同意见或反对意见,必须虚心接纳,即使国务院早已公布的简化字,如大家有意见,也可以考虑重新修改。"② 根据这一指示意见,文改会认识到《简化字总表》没有经过各方面充分讨论、征求意见,因此决定暂停发行,并决定通过举行座谈或书面征求意见的方式,请各方面有关人士对《简化字总表》发表意见。为此,中国文字改革委员会成立总结修订《汉字简化方案》小组,由丁西林主持,成员有叶圣陶、吕叔湘、林汉达、黎锦熙、魏建功、赵平生六位委员。

根据所收集的初步意见,1962年11月7日,修订简化汉字七人小组举行会议,提出《对〈汉字简化方案〉的修改意见(初稿)》。11月9日,中国文字改革委员会副主任叶籁士向周恩来书面报告简化汉字讨论、修订情况及今后工作计划。报告指出,将《对〈汉字简化方案〉的修改意见(初稿)》发给上次参加讨论的人士,再一次书面征求意见,同时召开中央各部门负责同志、新闻出版界以及教师参加座谈会,听取他们对修改稿的意见;根据各方面意见,七人小组将再一次讨论修改,编制成准备公布的《简化字总表》。11月10日,周恩来在报告上批示:同意照此安排,修改意见待收到文件后再复。此后,中国文字改革委员会就《对〈汉字简化方案〉的修改意见(初稿)》再次组织了一系列座谈会和书面征求意见。自1962年9月至1963年底,中国文字改革委员会组织的关于修订简化字的讨论和调查,计有政协全国委员会召集的简化字座谈会9次,参加者300余人;教师座谈会6次,参加者有中小学教师、工农业余教师和部队文化教员共100余人;新闻出版界座谈会1次,参加者20余人;中央一级机关负责干部座谈会1次,参加者10余人。采

---

① 王均主编:《当代中国的文字改革》,当代中国出版社1995年版,第150页。
② 费锦昌主编:《中国语文现代化百年记事(1892—1995)》,语文出版社1997年版,第283页。

用通信方法，征集了各省市宣传部、教育厅局负责人，各省市教育界人士、语文教育专家、文字学专家、书法家的意见100多份，其中包括上海市有关方面召集的两次大型座谈会的意见。

中国文字改革委员会一方面及时向中共中央宣传部报告简化字讨论情况和各方面提出的意见和问题，一方面根据所征求的意见加紧研究修订《汉字简化方案》。1963年2月9日，中国文字改革委员会以叶籁士的名义向周恩来呈报《关于〈汉字简化方案〉修订工作的报告》，汇报了修订工作的三条原则：（1）对原方案尽量少作改动；（2）对于哪些简化字可作偏旁类推，哪些不能类推，作出明确规定，以防止混乱；（3）不增加新简字。2月24日，周恩来作出了"原则同意"的批示。根据这一批示，3月3日，中国文字改革委员会拟定《简化汉字修订方案（草案）》和《国务院命令（草案）》。3月31日，中国文字改革委员会将这两个草案连同《关于修订简化汉字的报告（草案）》一并报送周恩来。由于中央事务繁忙，周恩来一直没能对这三个方案作出批复。但是社会上学校教科书和若干词典急待排印，新闻出版等有关部门都要求对简化字尤其是类推原则作出明确规定，于是1963年10月28日中国文字改革委员会向周恩来上报《关于简化字问题的请示》，说如果《简化汉字修订方案（草案）》中央一时还不能讨论，拟请周总理考虑，可否先行批准其中一部分字，即"可以类推简化的字"。12月25日，中国文字改革委员会又向国务院呈报《关于类推简化原则的请示》，指出，类推简化的原则问题需及早解决，也可以提前解决。拟请国务院批准类推简化原则，以便据此作出可以类推简化的字表，分发新闻出版部门遵照执行，以统一简化字规范。1964年1月7日，中国文字改革委员会给国务院写了《关于简化字问题的请示》，再次要求国务院批准类推简化的原则。

1964年2月4日，国务院批复同意中国文字改革委员会提出的类推简化原则，指出："《汉字简化方案》中所列的简化字，用作偏旁时，应同样简化；《汉字简化方案》的偏旁简化表中所列的偏旁，除了四个偏旁（纟、讠、钅、饣）外，其余偏旁独立成字时，也应同样简化。"[①] 根

---

[①] 《国务院关于简化字问题给中国文字改革委员会的批复》，《中华人民共和国国务院公报》1964年第5期。

据国务院的批示精神，中国文字改革委员会、文化部、教育部于1964年3月7日发出《关于简化字的联合通知》。通知规定："一、下列92个字已经简化，作偏旁时应该同样简化。例如'爲'已经简化作'为'，'僞、媯'同样简化作'伪、妫'。愛爱罷罢備备筆笔畢毕邊边參参倉仓嘗尝蟲虫從从竄窜達达帶带黨党動动斷断對对隊队爾尔豐丰廣广歸归龜龟國国過过華华畫画匯汇夾夹薦荐將将節节盡尽進进舉举殻壳來来樂乐離离歷历麗丽兩两靈灵劉刘盧卢虜虏鹵卤錄录慮虑買买麥麦黽黾難难聶聶聂寧宁豈岂氣气遷迁親亲窮穷嗇啬殺杀審审聖圣時时屬属雙双歲岁孫孙條条萬万為为烏乌無无獻献鄉乡寫写尋寻亞亚嚴严厭厌業业藝艺陰阴隱隐猶犹與与雲云鄭郑執执質质。二、下列40个偏旁已经简化，独立成字时应该同样简化（言食糸金一般只作左旁时简化，独立成字时不简化）。例如，'魚'作偏旁已简化作'鱼'旁，独立成字时同样简化作'鱼'。貝贝賓宾產产長长車车齒齿芻刍單单當当東东發发風风岡冈會会幾几戔戋監监見见龍龙婁娄侖仑羅罗馬马賣卖門门鳥鸟農农齊齐僉佥喬乔區区師师壽寿肅肃韋韦堯尧頁页義义魚鱼專专。三、在一般通用字范围内，根据上述一、二两项规定类推出来的简化字，将收入中国文字改革委员会编印的《简化字总表》中。"①

中国文字改革委员会根据国务院的批示精神和联合通知的规定，于1964年5月编印出版《简化字总表》。《简化字总表》确认了《汉字简化方案》推行过程中对简化字数量、形体等方面的调整，同时针对简化方案存在的不完善之处，作出了如下规定：（1）《简化字总表》肯定了《汉字简化方案》中尚未推行的28个简化字"坝、仆、风、迭、涂、椭、虐、砾、篱、合、胡、回、磴、纤、曲、象、须、嘱、缠、忏、属、铄、脏、灿、涩、肮、渊、愿"作为规范字正式推行；（2）确认《汉字简化方案》中爱、罢、备等92个简化字作偏旁用时同样简化；（3）确认《汉字简化方案》中54个简化偏旁中的贝、宾、产等40个能独立成字的简化偏旁，其独立成字时应同样简化（纟、讠、钅、饣除外）；（4）确认《汉字简化方案》推行过程中作出了修改的钅（金）、鱼（魚）、鸟（鳥）三个简化

---

① 《中国文字改革委员会、文化部、教育部关于简化字的联合通知》，《中华人民共和国国务院公报》1964年第5期。

偏旁为规范的简化偏旁；(5)肯定了《汉字简化方案》分四批推行时对仑（倉艙）、娄（婁嘍）、彻（徹澈）三组简化字的调整，即：仑不再兼"艙"、娄不再兼"嘍"、彻不再兼"澈"。《简化字总表》肯定了 4 批推行过程中对这 3 个简化偏旁形体的修改和对这 3 组简化字的调整。(6)规定迭（叠）、复（覆）、干（乾）、伙（夥）、借（藉）、么（麼）、象（像）、余（餘）、折（摺）、征（徵）等 10 个简化字，在意义容易产生混淆时仍用原繁体字；并对适（適）、宁（寧）两个简化字加以解释，说明"適"简作"适"后，"适"读 kuò 音时写作"𨓈"；"寧"简作"宁"后，"宁"读 zhù 音时写作"宁"。(7)《简化字总表》增加了简化字乌（烏），并确认鸟、枭等原从鸟的字，依简化偏旁鸟（鳥）类推简化。依据上述规定，《简化字总表》应用《汉字简化方案》收入的 54 个简化偏旁和《关于简化字的联合通知》对 92 个可作简化偏旁用的简化字的补充规定，总共类推简化了 1754 个繁体字。可见，《简化字总表》是对《汉字简化方案》的进一步完善和具体化。

《简化字总表》分成 3 个表，表内所有简化字和简化偏旁后面，都在括弧里列入原来的繁体。第一表所收的是 352 个不作偏旁用的简化字。这些字的繁体一般都不用作别的字的偏旁。个别能作别的字的偏旁，也不依简化字简化。如"習"简化作"习"，但"褶"不简作"袑"。第二表有两个部分：132 个可作简化偏旁用的简化字和 14 个简化偏旁。第一项所列繁体字，无论单独用或作别的字的偏旁用，同样简化。第二项的简化偏旁，不论在一个字的任何部位，都可以使用，其中"讠、饣、纟、钅"一般只能用于左偏旁。这 14 个简化偏旁一般都不能单独使用。第三表所收的是应用第二表的 132 个简化字和 14 个简化偏旁类推简化的字，计 1754 个（实际 1752 个，因"须""签"二字重复出现）。这样，简化字的数量一共达到 2236 个。此外，在《简化字总表》后面有一个附录，收录 1955 年 12 月 22 日文化部和中国文字改革委员会发布的《第一批异体字整理表》中的 39 个选用字和经国务院批准更改的 35 个地名生僻用字。①

---

① 1986 年 10 月，国家语委经国务院批准重新发布了《简化字总表》，并进行了个别调整（叠、覆、像不再作迭、复、象的繁体字处理）。调整后的《简化字总表》，实收 2274 个简化字及讠[言]、饣[食]、纟[糸]、钅[金]等 14 个简化偏旁。

《简化字总表》的编印，把在一般通用的汉字范围内应该简化的字全部收入，使简化字的使用有了明确的标准和规范，既便于读者查检使用，又可防止随意乱简，有利于消除社会用字的混乱现象。

（四）更改地名生僻字

中国幅员辽阔，仅县级以上地名就有3000多个。其中许多地名用字地域性很强，在当地属常用字，但在全国范围内属于生僻字，其中还有一些字笔画繁复，书写不便。这种状况使群众经常读错、写错，给群众的日常生活带来不便，有时还会使工作受到损失。

为了使地名用字易认、易读，1955年11月23日，中国文字改革委员会党组和教育部党组在写给中共中央的《关于全国文字改革会议的情况和目前文字改革工作的请示报告》中就指出："我国地名用字中有许多生僻字（约略估计在三、四百字上下），难认难写，除作地名用外没有别的用处，但报纸上和教科书上却非用不可，因而增加学习和使用上的负担。我们建议由内务部和文改会同这些有关的地方人民委员会协商，请他们提出常用的同音字或简字来代替。我国少数民族的汉文名称所用的字，亦有不少生僻或笔画繁复的，建议由民族事务委员会和文改会同本民族协商改用较简易的字。"[1] 中共中央于1956年1月27日批转了这个报告。1956年6月3日，内务部、中国文字改革委员会联合发出公函，征求对生僻地名简化的意见。

1958年，在工农业生产"大跃进"和即将到来的文化革命高潮的氛围中，中国文字改革委员会于10月17日向一些省区的人民委员会发出《更改一部分生僻地名字的建议》的函件，指出，"更改生僻地名字是从我国六亿多人民的整个利益着想的"，因为国家经济和文化建设日益发展，过去许多区域性的地名字，现在可能变成全国人都要广泛应用的字。至于照顾个别地方的历史传统，也应在厚今薄古的原则下重新加以考虑。更改生僻地名字的办法，最好是用同音又同调而字义也较好的熟字代替；如不可能，就用读音比较接近的熟字；遇有特殊情况，还可采用恢复古名等其他方法。中国文字改革委员会还列举

---

[1] 《建国以来重要文献选编》第8册，中央文献出版社1994年版，第104页。

了需要更改的县名共81个。①

在更改生僻地名字的实际工作中，自1956年3月至1959年8月，经国务院批准，分8次更改了21个县以上地名里的生僻用字，即：国务院1956年3月30日批准广西鬱林县改为玉林县；1956年11月19日批准黑龙江铁骊县改名为铁力县、瑷珲县改名为爱辉县；1957年2月9日批准江西大庾县更名为大余县、鄱阳县更名为波阳县、虔南县更名为全南县、新淦县更名为新干县、新喻县更名为新余县、寻邬县更名为寻乌县、雩都县改为于都县；1958年9月22日批准四川酆都县改为丰都县；1959年1月3日批准贵州婺川县改为务川县、鳛水县改为习水县；1959年4月30日批准青海亹源回族自治县改为门源回族自治县；1959年6月16日批准四川越嶲县改名越西县、石砫县改为石柱县、呷洛县改为甘洛县，新疆和阗专区改为和田专区、和阗县改为和田县、婼羌县改为若羌县；1959年8月13日批准新疆于阗县改为于田县。

1964年，陕西省将更改14个生僻地名的意见上报国务院，得到批准，并于同年9月9日在《陕西日报》上予以公布。国务院批准改换陕西省14个生僻地名为：商雒专区改商洛专区、盩厔县改周至县、郿县改眉县、醴泉县改礼泉县、郃阳县改合阳县、鄠县改户县、雒南县改洛南县、邠县改彬县、鄜县改富县、葭县改佳县、沔县改勉县、栒邑县改旬邑县、洵阳县改旬阳县、汧阳县改千阳县。虢镇因不是县以上的地名，可由省政府批准。加上前述50年代更改的21个生僻用字的县名，经国务院批准更改的县级以上地名共35个，到1964年5月，在《简化字总表》附录中予以公布。

1965年9月24日，由内务部和中国文字改革委员会组织成立的地名审改组召开会议，研究各省、市、自治区新提出的更改地名生僻字意见。当时收到的材料有：河北15条，山西3条，黑龙江3条，陕西4条，甘肃2条，新疆5条，江苏4条，安徽20条，浙江11条，河南9条，湖北7条，广东8条，西藏6条。地名审改组对上述各省、市、自治区建议更改的地名生僻字进行讨论研究，但还未等审议定案，便由于

---

① 《文改会向部分省、市、县发出"更改一部分生僻地名字的建议"》，《文字改革》1958年第15期。

"文化大革命"的爆发而停止了。

（五）开展汉字标准化工作

一是制订现代汉语通用字表。1955年，中国文字改革委员会把继续整理汉字、编订汉字标准字表列入工作计划，并提出进行汉字字模标准化工作。这两项工作最初是分别进行的。关于前者，1956年8月拟出了《通用汉字表草案（初稿）》，收通用汉字5390个，分为常用字（1500）、次常用字（2004）、不常用字（1886）三个部分。《初稿》1960年7月修订为《通用汉字表草案》，增加了500多个字。关于后者，1956年9月标准字形研究组设计出字形卡片540张，编成了《标准字形方案（草案）》。到1959年，经过修改，初步定稿为《汉字字形整理方案（草案）》。1959年12月文化部召开关于革新铅字字体的座谈会之后，又由中国文字改革委员会、教育部和中国科学院语言研究所指定专人从现代书籍、报刊上选取6043个通用汉字，逐字进行分析研究，对每个字的笔画和结构作出规定，于1960年5月编成《通用汉字字形表草案》。这样，上述两项工作便由分别进行逐渐变为统一进行。

二是统一印刷汉字字形。1962年3月，文化部、中国文字改革委员会、教育部、中国科学院语言研究所为了统一铅字字形，共同成立汉字字形整理组，就印刷通用字范围内的铅字字形加以整理，确定每一个字的一定笔画结构和笔数，以便用作统一铅字字形的范本。汉字字形整理组经过反复研究，于1964年5月编成《印刷通用汉字字形表》，共包含印刷通用的宋体字6196个（不包括排印古籍及其他专门用字）。1965年1月30日，文化部、中国文字改革委员会发布《关一统一汉字铅字字形的联合通知》，要求各地以《印刷通用汉字字形表》为范本，有计划、有步骤地尽早刻制各种印刷字体的新的铅字字模，供应各地需要。报纸、杂志、图书出版、印刷方面可视需要和字模供应情况逐步加以采用。采用后，书写报纸、杂志标题和图书封面的美术字，亦应以该本为范本，以求一致。在新的铅字字模制成和供应以前，报纸、杂志、图书可以仍旧用旧的铅字字模。翻印古籍和有其他特殊需要者，可以不受范本限制。这些规定为印刷用字确立了规范，改变了过去印刷汉字字形不一、一字多体的混乱局面，有利于印刷铜模的刻制以及其他方面的汉字机械处理。

三是改进汉字查字法。汉字查字法，是给汉字规定便于查找的排列方法。长期以来，汉字的查字法一直没有统一的规定。社会上通行的有按部首、按号码、按笔形（包括笔顺）、按音序（以拼音字母为顺序）、按画数等排列的各种查字法。每种都有不同的方案，因此比较混乱，不仅不便于语文教学，而且也给字典、词典等的编辑出版和资料、档案、索引、目录等的排列造成困难。1961年11月，由文化部、教育部、中国文字改革委员会、中国科学院语言研究所联合组成汉字查字法整理工作组，邀请各方面专家参加，设立几个专门小组，审核各类查字法方案。工作组商定的查字法整理原则是：（1）选择查字法方案的标准，首先是便于检索，易于学会；（2）既要照顾多数人的查字习惯改进通用的方案，又要综合群众提出的各种建议，拟订更为合理的方案；（3）整理查字法方案必须广泛征求各方面意见；（4）最后应提出几种方案，同时推行，并容许自由选用。汉字查字法整理工作组先后征集到专家和群众提出的查字法方案170件、意见144件，经过全面和认真的研究，并反复进行修改，于1964年4月提出《拼音字母查字法（草案）》《部首查字法（草案）》《四角号码查字法（草案）》《笔形查字法（草案）》四种草案，推荐给文化、教育和出版界试用。

1965年，中国文字改革委员会向国务院文教办公室提交《关于试行几种汉字查字法的意见》的报告。1965年10月13日，国务院文教办公室批示："报告中提到准备把'部首查字法'、'四角号码查字法'、'笔形查字法'和'拼音字母查字法'四个草案在报刊上发表，推荐给各方面试用的问题，我们的意见，在四个方案中，'四角号码查字法'和'拼音字母查字法'现在已经在群众中比较广泛地使用，可不必再行试用。至于准备推荐的'部首查字法'（即新编《辞海》部首查字法），因它跟现在使用的部首查字法有所不同；'笔形查字法'则是一种未经使用的新方案，这两种方案可由文化部会同教育部邀请有关单位商定在若干小学三、四年级学生中小范围内试行，根据试用结果，然后进一步研究是否推行此两种查字法和如何改进汉字的查字方法。"[①] 后来因"文化大革命"十年动乱，此项工作没有继续进行。

---

[①] 费锦昌主编：《中国语文现代化百年记事（1892—1995）》，语文出版社1997年版，第317页。

## 二 汉语拼音的推行和应用

《汉语拼音方案》公布以后，各地掀起了学习汉语拼音的运动。例如，江苏省新沂县于 1958 年 10 月下旬在全县推行汉语拼音，截至年底，全县 7—50 岁的 286149 人中有 266118 人参加学习，其中有 212894 人学会了拼音字母，部分人会拼会写拼音字母。① 1959 年，吉林省榆树县 16 万人学习汉语拼音字母，全县各级各类学校师生普遍参加了学习，有 80% 的师生基本达到"四会"（会认、会写、会拼、会用）。② 群众学会汉语拼音之后，不仅可以巩固已识的汉字，而且可以增识更多汉字，不断提高汉语水平。因此，汉语拼音很受群众欢迎。江苏省新沂县翟兴华在 1959 年 1 月 14 日《新华日报》上发表了他写的一篇文章，题目叫"学习汉语拼音字母帮我增识一千多字"。他写道："学会拼音字母用处大极了，不认识的字它会教你，不会写的字它能顶替；有一次我读'刘介梅忘本回头'，碰上'褴褛'两字，问很多人都不认识。后来查字典才拼出来是 lanlou，而且知道是衣服破烂的意思。从前听报告，担心记不下来，学过拼音字母以后，胆量就大了。听报告能记就记，写不出汉字时就用拼音字母顶替。听完报告后，再查字典把汉字补出来。这样日子多了，不但巩固了原识的汉字，而且学会了许多生字。"③

汉语拼音在学习运动中得以迅速推行，到 1960 年，全国各地出版的汉语拼音报已经有 8 种，即《汉语拼音报》（文字改革出版社出版）、《汉语拼音小报》（上海市文字改革协会筹备委员会和上海市推广普通话工作委员会主办）、《万荣拼音报》（山西省万荣文字改革委员会编）、《新沂拼音报》（江苏省新沂县教育局编印）、《荣县拼音报》（四川省荣县推广注音扫盲及普通话工作委员会编印）、《学文化》（山东省平原县文字改革委员会编印）、《晋南拼音报》（山西省晋南专区主办）、《学文化》（北京市西城区职工业余教育委员会主办）。文字改革出版社出版了大批有关汉语拼音字母读物。

---

① 吴家麟：《新沂县是如何推行汉语拼音和推广普通话的》，《文字改革》1958 年第 17 期。
② 胡文祥、崔海廷：《吉林省榆树县 16 万人学习汉语拼音字母》，《文字改革》1959 年第 9 期。
③ 吴玉章：《利用拼音字母帮助扫盲和推广普通话》，《人民日报》1959 年 3 月 20 日。

全国的教育、新闻、出版、广播、工商、交通、科技等各领域都开始广泛应用汉语拼音，使汉语拼音在各行各业特别是在小学拼音教学和注音扫盲工作中，发挥了突出的作用。

（一）汉语拼音在语文教育上的应用

给汉字注音是汉语拼音的基本用途。1958年3月，教育部发出《关于在中小学和各级师范学校教学拼音字母的通知》，要求"从1958年秋季起，一年级新生应该教学拼音字母……高等师范院校及师范专科学校，1958年秋季入学的一年级，应该教学拼音字母"，"初级中学一年级，原则上应该从1958年秋季起教学拼音字母，学好语文课中的语音部分。其他年级以及高级中学和工农中学学生也应该补学拼音字母"。[①] 这样，从1958年秋季开始，小学生入学首先学习汉语拼音，用拼音字母作为正音工具，帮助认读汉字，学习普通话。中学语文课本的生字，也运用汉语拼音字母注音。过去在小学语文课上，教师要花相当多的时间来教汉字的读音。运用汉语拼音字母注音，减少了认字的困难，提高了识字的效率。1958年以后出版的各种汉字字典和词典，也都用汉语拼音字母注音。

帮助外国人学汉语。随着中国国际地位的提高，世界上有愈来愈多的人愿意了解中国、学习中国的经验，因而要求学习汉语，但是汉字很难，又使他们望而生畏。在《汉语拼音方案》产生之前，外国人要么用威妥玛拼音方案帮助学习汉语，要么用注音字母来帮助学习汉字。对外国人来说，注音字母的每个字母都像一个独立的汉字，是一套完全陌生的东西，接受起来比较困难。《汉语拼音方案》的公布为他们解决了困难，开辟了学习汉语的一条捷径。《汉语拼音方案》的拉丁字母为世界上各种语言所采用，比威妥玛拼音方案等更加完善，容易为大多数外国人所接受；汉语拼音采用音素化的音节结构，使他们在拼音拼写、辨认上一般不会有什么困难。1958年以来，利用汉语拼音向中国的外国留学生教学汉语，收到了良好的效果。20世纪60年代初，国外也有许多学校采用汉语拼音作为教学汉语的工具。中国文字改革委员会编印的《汉语拼音报》和用汉字同拼

---

① 《教育部关于在中小学和各级师范学校教学拼音字母的通知》，《中华人民共和国国务院公报》1958年第11期。

音对照的读物行销国外，作为学习汉语的教材和读物，受到许多国外读者的欢迎。中国面向世界公开发行的英文刊物《中国建设》，每期有《中文月课》一栏，应用汉语拼音字母教国外读者自学汉语，受到热烈欢迎。英国读者普力克赫特（P. Prickhard）在给《中国建设》的贺年片上写道："谢谢极了，我念完了'简易汉语会话'，三个朋友们和我一同学中文，这本有用，一排排的字很清楚。现在我信认识了最多的字，大家在一起什么都能够！"63岁的印度尼西亚华侨桂邃展1957年开始通过《中文月课》学习普通话，他认为汉语拼音方案为中国人民开辟了"黄金时代"，使在外国长大的中国人都能有机会学习自己的"国语"。①

汉语拼音在聋哑人手指语教育中发挥了很大作用。中国的聋哑教育中，手指语以书面语为依据，用指式代表字母来拼打。《汉语拼音方案》制定以前，中国聋哑人教育主要使用以注音字母拼打方式创制的手指语。《汉语拼音方案》公布实施后，中国的聋哑教育工作者即着手以《汉语拼音方案》为基础，并比较各国手指语的优缺点，制定汉语手指语的30个单手指式和拼打规则。1959年2月，《汉语手指字母方案（草案）》发布并开始在全国试行，其中确定汉语手指字母以"经济、形象、通俗、符合国际化"为设计原则，"用指式代表字母，按照汉语拼音方案拼成普通话，作为聋哑人手语之一种"，在聋哑人教育过程中"作为发音教学的辅助手段和识字拐棍"。1963年12月，《汉语手指字母方案》由中华人民共和国内务部、教育部、中国文字改革委员会公布实施，从此中国聋哑人拥有了一套字母数量少、简单清晰、符合语言习惯的标准手指语体系。

（二）汉语拼音在科学技术上的应用

首先是用于电报。中国在1880年创办电报局，采用丹麦人编订的"四码"电报。用"四码"电报传送汉字一般要经过两道翻译，发报前先把汉字译成数码，收报后将数码译成汉字。这种传送方法既速度慢，又容易出错，很不方便。1954年周恩来到日内瓦开国际会议，用"四码"电报向国内发电报，先得把汉字译成阿拉伯数字电码，国内收到再转译为汉字，如此一来，中国发出来的会议新闻或重要讲话，常常要比

---

① 《国外人士对汉语拼音方案的反映》，《文字改革》1960年第4期。

别的用拼音文字的国家慢一两天。当时周恩来就指示文字改革研究委员会研究拼音电报，并保证不能出错。①《汉语拼音方案》公布后，自1958年10月1日起在全国开办汉语拼音电报业务。汉语拼音电报传信速度比"四码"电报快。在直接传送字母的电报机上，可以节省1/3的时间；在传送点画信号或声响信号的电报机上，可以节省1/2到1/4的时间。中国电报事业的发展进入了新纪元。

其次，用汉语拼音编制各种索引，比过去用汉字笔画、四角号码、威妥玛式拼音等旧办法准确简便，查找迅速，工作效率高。例如，北京协和医院的病历卡片，按病人姓名的汉语拼音字母顺序排列，一般不到一分钟就能在100多万份病历中找出所需要的病历。序列索引是各行各业每天都要使用的，汉语拼音在这方面的应用节省了许多时间，提高了各行业工作效率。

此外，汉语拼音还用作代号和缩写，用于标注商标，尤其是在出口商品的商标上标注汉语拼音字母，既有利于外国人了解和购买商品，也有助于向国外宣传介绍汉语拼音方案。1958年9月30日，中央工商行政管理局、中国文字改革委员会发出《关于在商标图样和商品包装上加注汉语拼音字母的联合通知》，要求新设计的商标，必须尽可能在图样和商品包装上的汉字下面加注汉语拼音字母；已经注册的商标，再印制图样和商品包装时，也应当在汉字下面加注汉语拼音字母；如果商标图样很小，全部加注汉语拼音字母有困难时，可以只在商标名称上加注拼音字母；加注拼音字母应一律以普通话语音，即北京语音为准，拼法必须正确；出口商品的商标图样和包装，不论是否印上外文，也应该加注拼音字母。

（三）汉语拼音在注音识字运动中发挥重要作用

由于汉字难学，所以学习过程中需要给汉字注音。在《汉语拼音方案》制订以前，采用注音字母为汉字注音。新中国非常重视扫盲运动的开展。1952年，中国在农村广泛运用"速成识字法"来扫除文盲，掀起全国扫盲运动的第一次高潮。"速成识字法"借注音字母为辅助识字的工具，可是注音字母笔画曲折，不便连写，拼出来的某些音节不够准确

---

① 参见郑林曦《从高考拼音题说到拼音电报》，《人民日报》1982年10月5日。

（例如宾拼成ㄅㄧㄣ，就不如用拉丁字母拼成 bin 那样准确），又不能灵活变化，导致易学、易忘，扫盲学员夹生、回生、复盲现象十分严重。1958 年《汉语拼音方案》颁布后，中国文字改革委员会建议在普通话区域试点用汉字和汉语拼音对照的办法扫除文盲，并出版一系列对照的出版物，以巩固扫盲成绩。1958 年 3 月，教育部在《关于在中小学和各级师范学校教学拼音字母的通知》中提出："在城市和北方话区域农村成人教育中，也可以试教拼音字母，帮助扫盲识字。"[①] 根据这一精神，1958 年江苏、山东、河北 3 个省首先进行用汉语拼音扫盲试点工作，取得较好成效。1959 年 5 月 24 日，中共中央、国务院发出《关于在农村中继续扫除文盲和巩固发展业余教育的通知》，提出"在全国普通话地区，可以试行用拉丁化拼音字母给汉字注音的办法帮助扫盲"[②]。此后，山西、河南、黑龙江、吉林、辽宁、陕西、甘肃、安徽、湖北、四川、云南、福建、新疆、内蒙古等地先后进行了用汉语拼音注音识字的试点。山西省万荣县很快以其突出的扫盲成绩成为用汉语拼音注音识字的典型。

新中国成立以后，山西省万荣县一贯重视扫盲工作，但复盲现象严重。1958 年 10 月，万荣县决定在全县广泛地推行《汉语拼音方案》，采取注音识字的办法，高速度地开展扫除文盲和业余教育运动，他们所采取的注音识字的步骤是：一是学习掌握《汉语拼音方案》，二是借助注音字母认识汉字，三是大量阅读注音书报，不断扩大识字量。万荣县利用拼音字母扫盲，青年人一般用 15—20 小时、壮年人用 25—30 小时的拼音教学，就可以学会汉语拼音方案；再经过大约 120 个到 150 个小时阅读和写作的教学，就可以认识 1500 个汉字，达到扫盲的标准。在掌握了汉语拼音这个工具达到扫盲标准之后，就可以不受识字数目的限制，大量阅读注音读物，练习写作，无师自通，举一反三，互教互学，从而使群众性的学习运动更容易广泛、持久地开展起来。

毛泽东比较关注汉语拼音的应用。1960 年 3 月 14 日，他在视察浙江双龙洞人民公社水库、看望当地驻军时，看到战士学习用的汉语拼音

---

[①] 《教育部关于在中小学和各级师范学校教学拼音字母的通知》，《中华人民共和国国务院公报》1958 年第 11 期。

[②] 中华人民共和国教育部工农教育司编：《工农教育文献汇编·农民教育》，1979 年 10 月，第 98 页。

课本，指出："这种拼音字很好，你们好好学习吧。"① 万荣县注音识字扫盲经验更引起毛泽东的高度重视，1960 年 4 月 20 日，他为中共山西省委关于推广万荣县注音扫盲经验给中央的报告拟题《山西省委关于在全省推广万荣县注音扫盲经验，争取在一九六〇年使山西成为无盲省向中央的报告》，指示将这一报告印发中央一级各部委、各党组，并在党刊发表。他还满怀信心地指出："经过一九六一年一年的努力，争取比山西迟一年完成扫盲任务，是有可能的。"②

1960 年 4 月 22 日，中共中央批转山西省委关于推广万荣县注音扫盲报告的指示，指出，山西省万荣县在短期内消灭全部青壮年文盲的经验，解决了扫盲运动中的两个大问题，一个是消灭了扫过盲又大量回生的现象，一个是保证了认识一千五百字的农民可以无师自通地阅读注音书报，在自习中不断增加识字的数量。这就大大便利和加快了业余高小的工作，并且使农村读书成风，真正表现出了农村文化高潮到来的气象。提前扫除青壮年文盲是提前实现农业纲要四十条的重要关键之一，因此，推广万荣县多快好省的扫盲经验是一项重要任务。③ 1960 年 5 月 14 日，国务院业余教育委员会、教育部、中华全国总工会、中国共产主义青年团中央委员会发出《关于在业余初等学校推广注音识字的联合通知》；6 月 4 日，中国人民解放军总政治部发出《关于在全军中学习拼音字母和推广普通话的指示》。

在中央的倡导下，全国各地迅速掀起"学万荣、赶万荣"的注音识字运动高潮，参加注音识字的人数迅速增长。据 1960 年 4 月、5 月的不完全统计，山西、山东两省分别达到 640 多万和 530 多万（其中除万荣、平原外，晋北专区 139 万，太原市 50 多万，青岛市 132 万，昌潍地区 30 万）；吉林 95 万（其中榆树县有 1 个无盲公社，56 个无盲管理区，215 个无盲生产队）；河北徐水 27 万，清苑 12 万；辽宁旅大市 50 万；江苏沭阳 30 万；四川泸州 10.4 万多；北京市西城区 2.5 万多，西南边疆的云南腾冲也达到了 7.6 万。在南方方言区，福建已经有 400 多万人（包

---

① 《毛主席看望炮兵战士》，《解放军报》1960 年 11 月 11 日。
② 《建国以来毛泽东文稿》第 15 册，中央文献出版社 2023 年版，第 172 页。
③ 《中共中央文件选集（1949 年 10 月—1966 年 5 月）》第 33 册，人民出版社 2013 年版，第 540 页。

括学生和工农群众）学会了拼音字母；湖南长沙参加注音扫盲的人达33万，浙江的桐庐、温岭、临海等县已经开始广泛推行注音识字；广东除了一般县城以上的城镇试行普通话拼音来扫盲外，农村分广州话、潮汕话、客家话、海南话四种方言拼音来扫盲。① 到1960年6月，全国已经有23个省市开展了注音识字运动。

各地的注音识字扫盲工作获得了显著成效。许多学习条件差、历次扫盲都扫不掉的人，依靠注音识字摘掉了"文盲"帽子。注音识字受到广大群众的热烈欢迎，他们赞颂说："拼音字母是法宝，老师随身跟着跑，遇到生字把它问，阅读它当领路人，自己读书写文章，才是文化大翻身。"② 农民通过学习拼音字母和大量阅读注音读物，也逐步地学会了普通话。群众高兴地说："注音识字好办法，一树开下两朵花：一朵摘掉文盲帽，一朵学会普通话。"③

与此同时，各大报刊采用汉语拼音给难字注音的办法。1961年11月1日，《人民日报》开始用汉语拼音字母给生僻难认的汉字注音。不久，《中国青年报》和其他若干报纸、刊物，以及一部分少年儿童读物和通俗读物都采取了这种做法。难字包括一些生僻字和容易读错的字，新闻、通讯、文章和文艺作品中的难字，注音一般加在字后；社论和文件性稿件中的难字，注音附在文末。难字注音对于识字不多的群众和少年儿童很有帮助，受到人民群众的欢迎。《人民日报》实行难字注音20天，就陆续收到读者来信200多封，表示赞成。有一些读者还建议，除每天的难字注音以外，最好定期把已经见报的难字重新加上注音集中刊登一次，这样可以帮助大家复习。就是对于识字较多的知识分子，难字注音也是一种方便之举。当时许多知名知识分子都发表文章，赞成、拥护用汉语拼音为难字注音。他们认为用汉语拼音为难字注音，一方面对解决汉字难读的问题有很大帮助，另一方面有益于在群众中推行《汉语拼音方案》和推广普通话。

---

① RB：《各地贯彻中央指示的动态》，《文字改革》1960年第12期。
② 张丽君：《让注音识字之花开遍全国——记注音识字展览会》，《人民日报》1960年6月23日。
③ 《注音识字是加速工农群众知识化的捷径》，《人民日报》1960年5月11日。

### 三　掀起推广普通话热潮

中共中央十分重视推广普通话工作。1958年1月，毛泽东在《工作方法六十条（草案）》第46条专门指出："一切干部要学普通话"，要"先订一个五年计划，争取学好，或者大体学好，至少学会一部分。"[①] 1958年2月22日，共青团中央发出《关于在全国青少年儿童中开展种植、除四害、讲普通话三项活动的决定》，指出，推广普通话，是文字改革的一个重要措施，是关系到全国人民利益的大事情。万丈高楼平地起，推广普通话要从少年儿童抓起，而且少年儿童年龄小，记性好，方言还没有完全固定，学起来容易。每一个少年儿童都应该学会讲普通话。少先队要想各种办法来帮助大家学讲普通话，开展学讲普通话的活动，如听广播、演戏、朗诵诗歌、举办演讲比赛等；要号召少年儿童天天讲，人人讲，不怕羞，不怕难；要发起竞赛，组织大队和大队、中队和中队之间互相挑战，掀起一个学讲普通话的热潮。少先队组织应该支持和鼓励努力学习普通话的孩子。[②]

在中共中央和有关部门的鼓励和推动下，在有了《汉语拼音方案》这一推广普通话的有效工具的条件下，1958年到1959年，全国各地都制订出推广汉语拼音和普通话的计划，很多地方开展学习普通话的竞赛。例如，这期间教育部、共青团中央和广播事业局联合举办了"全国十二城市少年儿童讲普通话的比赛"，上海、南京、杭州、福州、广州、成都、武汉、长沙、西安、兰州、天津、沈阳等地各小学少年儿童踊跃参加，对于全国少年儿童学习普通话起到了推动作用。有些地方开展"万人教，全民学"普通话的群众运动。这样，从小学到大学、从学校到社会、从部队到机关、从城市到农村，掀起了推广普通话的热潮，出现了一些推广普通话的先进单位、先进地区。例如，福建的大田县吴山乡是一个偏僻的山区，方言复杂。1958年春，乡党委在扫盲基础上提出"奋战五十昼夜，人人能说普通话"的口号，采取七项推广普通话措施：（1）党团员、干部、青年带头讲；（2）处处讲，人人讲；（3）敢讲、

--------

① 《建国以来重要文献选编》第11册，中央文献出版社1995年版，第56页。
② 吴慧珠、蒋晓选编：《课外校外活动》，人民教育出版社1991年版，第516页。

敢说、敢问；（4）亲教亲、邻教邻、夫妻互教，儿女教双亲；（5）教师、学生分片包干；（6）以物学讲；（7）开展批评表扬与竞赛。按照这些措施，全乡很快掀起人人学讲普通话的热潮。到 5 月中旬，全乡已有 85% 的青少年、60.5% 的壮年能说普通话，总计全乡少、青、壮年中能说普通话的比例占少、青、壮年总数的 77.7%。① 大田县吴山乡推广普通话的工作取得突出成绩后，1958 年 8 月 25 日，中共福建省委在大田县召开福建省推广普通话现场会议，交流先进经验，举行普通话"大跃进"的誓师大会，推动大田县乃至全省的普通话工作走向高潮，使学普通话、讲普通话逐渐成为福建的社会风气。

为了展示推广普通话工作成绩，交流推广普通话工作经验，1958 年 7 月 25 日，中央推广普通话工作委员会和教育部在北京联合举行第一次全国普通话教学成绩观摩会，25—29 日，大会进行了四天半的观摩表演和工作经验介绍，来自 25 个省、市、自治区的 138 名代表表演了将近 140 个节目，30 日举行优秀节目表演和发奖大会。8 月 1 日，全国普通话教学成绩观摩会全体代表发出倡议书，指出："大力推广普通话，是我国汉字改革当前的任务之一；而汉字改革又是文化革命的主要任务之一。为了适应全国工农业飞速发展的需要和积极实现文化革命的要求，我们认为，全国普通话推广工作也应当来一个大跃进，更好地为政治和生产服务。"倡议书提出的目标是：（1）保证在一年内，全国中小学教师、学生都能学会拼音字母和普通话。（2）争取在三年内全国青、少年和壮年一般地学会拼音字母，并能普遍运用普通话。②

可以说，服务于"大跃进"建设的热切希望，带动了各国各地推广普通话的热潮。但是试图用三年时间在全国范围内普及普通话，无疑不符合推广普通话工作实际，明显带有"大跃进"运动时期急于求成的特点。这种要求到 1959 年有所变化。

1959 年 8 月 10 日到 21 日，第二次全国普通话教学成绩观摩会在上海举行。这次观摩会是由中国文字改革委员会、中央教育部和共青团中

---

① 《吴玉章同志在普通话教学成绩观摩会上的开幕词》（1958 年 7 月 25 日），上海市档案馆藏，档案号 B105-7-289-34。

② 《全国普通话教学成绩观摩会全体代表的倡议书》，《安徽教育》1958 年第 21 期。

央委员会联合召开的。全国 27 个省、市、自治区的代表 184 人参加了会议。代表中有中、小学和师范学校的学生和教师，有幼儿园教师和民办老师，也有工人和农民。除汉族外，还有傣、朝鲜、回、蒙、彝、苗、满、仫佬和景颇等民族代表。在大会开幕时，中国文字改革委员会副主任韦悫发表讲话。他指出，普通话要根据不同对象、不同情况，有重点地推行。从对象来说，儿童和青少年是推广普通话的重点，要求应该高些；在教师中，对语文教师的要求应该高些。从行业来说，交通运输、邮电和商业部门是推广普通话的重点。关于推广普通话的速度，对不同年龄、不同对象、不同条件，也要有不同的要求。总的说，应该鼓足干劲，积极推广，同时要实事求是，能快的就快，不能快的可以放慢些。①在这次观摩会上，出席会议的云南、广西等地的少数民族代表普通话也说得很好，在会议期间，他们能够和其他代表一同开会，一同参加观摩表演，一同生活，这不能不归功于普通话。因此，会议强调，普通话是国内各民族间互相交际并加强民族团结必不可少的工具，中国是一个几十个民族组成的大家庭，需要一种各民族共同了解的语言作为民族间交际的工具，才便于民族团结的社会主义建设。由此可见，少数民族的人民群众要求学习普通话是很自然的事。

1960 年 8 月 1 日，中国文字改革委员会、教育部、共青团中央在青岛联合举行第三次全国普通话教学成绩观摩会，来自 27 个省、自治区、直辖市的 321 名代表出席。学校是推广普通话的主要阵地，这次参加观摩会的各地中、小学和师范学校的学生、教师代表有 137 人，占代表总数的 42% 以上。因为 1960 年 4 月，中央发出《关于推广注音识字的指示》，所以吴玉章在第三次全国普通话观摩会工作座谈会上讲话中提出："要把推广注音识字和推广普通话的工作密切联系起来，即是要通过注音识字大力推广普通话。今后不但要注意在普通学校里推广注音识字和普通话，而且要注意在业余教育中推广注音识字和普通话。""推动各个方面和利用一切办法来推广注音识字和普通话。不但要在教育部门大力推广注音识字和普通话，而且要注意推动其他部门（农村、工矿企业、部队铁道、交通、商业、服务员、以至外事部门等等）一起来推广注音

---

① 《第二次全国普通话教学成绩观摩会确定方针》，《人民日报》1959 年 8 月 27 日。

识字和普通话。尤其是部队，由于它是战斗的集体，不但对学习普通话和注音识字迫切需要而且条件又好，所以应抓紧推广。"①

全国普通话教学成绩观摩会是一次检阅成绩的大会，通过观摩评比，交流经验，促进和加速普通话的推广。浙江、陕西、河北、山东、福建、湖北、河南、江苏、上海等省、市也都举办了全省、市的普通话教学成绩观摩会。

1961年至1963年上半年，由于三年经济困难，中央没有大规模推动推广普通话工作，推广普通话工作陷于低潮，全国普通话教学成绩观摩会也暂停下来。上海、福建等少数地区的推广普通话工作仍然持续进行。1961年，上海市文字改革协会筹备委员会与上海市推广普通话工作委员会制定了《一九六一年上海市推广普通话工作纲要》，强调推广普通话必须与教学改革、提高教学质量相结合，要求师生在各项教学活动中坚持使用普通话。纲要提出在少数学校试行普通话的平时考查和期终考试，在主要街道、大型商店和主要交通路线的青年服务人员中重点推广，在培训师资、加强宣传和出版工作方面也都规定了具体措施。②1963年2月21日，上海市推广普通话工作委员会与上海市文字改革协会筹备委员会又制定了《1963年上海市推广普通话工作纲要》，指出："1963年本市推广普通话工作，要继续贯彻'大力提倡，重点推行，逐步普及'的方针，发挥学校在推广普通话工作中的基地作用，结合经常的教学工作，提高语音教学质量，并且切实做好普及工作，在教师学生中形成普遍说普通话的风气；有重点地做好社会推广工作，更好地为经济建设事业服务。"上海市委对推广普通话工作很重视，在关于纲要的批示中指出上海市的推广普通话工作发展不够平衡，在社会上还没有形成普遍说普通话的风气，因此强调："除了继续在学校中结合经常的教学工作，推行汉语拼音方案、教学和推广普通话，充分发挥学校在推广普通话工作中的基地作用以外，还应该做好社会推广工作，特别应该以商店营业员、服务员、公共车辆售票员、铁路列车员为主要对象，有重

---

① 《吴玉章同志在第三次全国普通话观摩会工作座谈会上讲话提纲》（1960年8月10日），上海市档案馆藏，档案号B105-7-875。

② 《一九六一年上海市推广普通话工作纲要》，《文字改革》1961年第4期。

点地进行。"① 此外，上海市自 1958 年以来坚持每年举行全市性普通话教学成绩观摩会，到 1963 年连续举行了五年。经过不断努力，60 年代初中期，上海市中小学和师范学院中，汉语拼音和普通话已经成为正音、辨字的重要工具，对提高学生的识字效率和阅读能力，提高口头和书面表达能力，发挥了有利作用；在社会上，也有不少单位能够坚持学习和使用普通话，提高了服务质量；推广普通话的师资和骨干队伍也在日益扩大，为进一步推广普通话打下了良好的基础。福建省教育厅 1962 年 3 月发出《关于在师范院校及中小学中进行汉语拼音教学、推广普通话和推行简化汉字的几点意见》，推动福建省各地学校的汉语拼音教学和推广普通话等工作取得明显进展。

普通话审音等工作也继续推进。普通话异读词审音是推广普通话、推进汉语规范化的一项任务。为了规范普通话语音标准，1956 年 1 月，中国文字改革委员会与中国科学院语言研究所合作成立普通话审音委员会，开始对普通话异读词的读音进行审定，并于 1957 年 10 月、1959 年 7 月先后发表《普通话异读词审音表初稿》正续两编，审订了 1200 多条异读词的读音和 170 个地名的读音；之后又陆续搜集异读词 600 多条，经过讨论审核，初步审定其读音。同时，对于正续两编审订的音，根据读者意见重新审核，修订了个别词的读音，到 1962 年发表《普通话异读词审音表初稿》（第三编）。1963 年，普通话审音委员会将三次审定的 1800 余条异读词和 190 余条地名汇集成《普通话异读词三次审音总表初稿》。《总表初稿》审音以词为对象，不以字为对象。对于某字在不同词里的不同读音，《总表初稿》不予审定，作为多音字处理。如"率"在"效率"和"率领"中的不同读法。同时，《总表初稿》审音兼顾北京语音的一般发展规律以及读音在北方方言里的使用程度。《总表初稿》公布以后，受到文教、出版、广播等部门广泛重视，不少语文工具书以此作为注音的依据，对普通话异读词的规范工作起到了很好的推动作用。

到 1963 年下半年，国家的经济困难形势有所缓解后，中央继续提倡推广普通话。1963 年 7 月 12 日，中央推广普通话工作委员会、中华人民共和国教育部、中国文字改革委员会发出《关于转发〈1963 年上海市

---

① 《1963 年上海市推广普通话工作纲要》，《文字改革》1963 年第 5 期。

推广普通话工作纲要〉联合通知》,指出近年来许多地区推广普通话工作有所放松,值得引起注意。"要在方言复杂的我国六亿汉族人民中普及普通话,这是一项长期的、艰巨的任务,不能要求过急,但是也决不能放任自流,必须作长期不懈的努力,才能完成。"通知强调"大力提倡、重点推行、逐步普及"仍然是推广普通话的正确方针,必须继续努力贯彻。通知对如何推广普通话进行了具体部署,指出:"各级学校是推广普通话的重要基地,而中小学校和各师范学校又应该是学校中的重点。为此,希望各地教育行政部门采取切实措施,加强普通话师资的培训工作,并逐步使中小学和师范学校的语文老师(年老的除外)首先掌握普通话。汉语拼音字母是学习普通话的有效工具,在教学普通话中应该充分利用。社会推广工作,应以商业、交通、铁路和服务性行业中的营业员和服务员为主要对象,有重点地进行,而方言地区尤其应该加强这方面工作。普通话教学成绩观摩会和演讲比赛是推广普通话的可行的形式,各地可以根据情况,在省、市、县的范围内或在一部分学校之间定期举行,以检阅成绩、交流经验,并促成社会上说普通话的风气。"[①]同年8月1—13日,中国文字改革委员会又在北京组织召开全国部分省市推广普通话工作汇报会议。广东、福建、江苏、浙江、安徽、湖北、陕西、黑龙江、上海、广州、西安、哈尔滨等12个省、市的代表参加。会议讨论了对推广普通话意义的认识,如何贯彻推广普通话方针,如何加强推广普通话工作的组织领导,普通话、拼音字母和语文教学的关系,如何举行普通话教学成绩观摩会,要不要试验注音识字等八个方面的问题,使各地代表对于如何恢复推广普通话工作有了基本的认识。会后,各省市均发出进一步做好推广普通话工作的通知,各地推广普通话工作重新开展起来。

1964年8月17日至25日,由中央推广普通话工作委员会、中国文字改革委员会、教育部、中国共产主义青年团中央委员会四个单位联合举办的第四次全国普通话教学成绩观摩会在西安举行。这是中断了四年以后举行的一次盛会。参加大会的有来自全国27个省、市、自治区和解

---

[①]《关于转发〈一九六三年上海市推广普通话工作纲要〉联合通知》,《文字改革》1963年第8期。

放军的各族代表 199 人。他们是小学、中学、大学和师范院校的学生、语文教师，还有农民、职工、解放军，以及担任推广普通话工作的干部。其中有藏族、维吾尔族、黎族、苗族、僮族、佤族、土族、撒拉族等 12 个兄弟民族的代表 18 人。会议期间，来自各地的代表参加了各种观摩表演和经验交流活动，用普通话表演了快板、朗诵、讲故事、对口词、短剧等 123 个节目。会议强调，推广普通话工作还远远不能适应客观形势的需要，尤其不能适应社会主义革命新形势的需要。推广普通话是一项长期的、艰巨的工作，必须经常坚持，不能放松。学校教学普通话必须解决师资问题。在社会各界人士中间，需要大力进行宣传，使学普通话、说普通话成为社会风尚。出版和广播是推广普通话工作的有力武器，要经常在报纸、刊物和电台上宣传拼音字母和普通话。①

随着社会主义建设事业的发展，南来北往的人员日益增加。因此，方言区大中城市开展社会推广普通话工作越来越显得重要。为了推进方言区的社会推广普通话工作，1965 年 10 月 25 日至 29 日，中央推广普通话工作委员会、中国文字改革委员会和商业部在上海联合召开方言区城市推广普通话工作座谈会。参加会议的代表除上海市以外，还有广东、广西、江西、江苏、安徽、浙江、湖南、福建八个省（自治区）的商业、教育系统的代表共 39 人。这次会议主要是交流方言区城市在商业、服务业、交通、铁路、广播、公安等系统推广普通话的工作经验。

方言区城市推广普通话工作座谈会以后，一些地区的工作有些进展。有的发了通知，作出安排；有的搞试点，摸索经验。商业部教育局在 1965 年 12 月 4 日向各地商业系统转发了湖南省长沙市第二商业局《关于推广普通话的初步安排的意见》，并要求各地汇报安排部署情况。1965 年 11 月上旬，上海市商业一局和二局分别召开会议布置推广普通话工作，两个会议到会人数都在千人左右。商业一局还向所属单位发出《1966 年推广普通话工作意见》。杭州、南京的商业部门也开始推行普通话。但是"文化大革命"一开始，各地推广普通话的工作就中断了。

---

① 《坚持不懈地推广普通话》，《人民日报》1964 年 8 月 30 日。

### 四 帮助少数民族创制和改革文字

为切实推进少数民族文字工作,中共中央和中央人民政府做了大量实际工作。

一是设立少数民族文字工作的指导、组织机构。1951年10月12日,政务院文化教育委员会成立少数民族语言文字研究指导委员会,其任务是:"(1)指导并组织有关机关、团体及个人进行少数民族语文的调查、研究及文字的创制、改革和充实等工作;(2)商讨并拟定有关机关工作的分工及合作的办法。"① 委员会成员大多是在少数民族语言文字方面卓有成就的专家,如罗常培、陆志韦、费孝通、夏康农、季羡林、黎锦熙、翁独健、曹伯韩、刘春、郑之东、傅懋勣、马学良、方与岩、左恭等,由邵力子担任主任委员,陶孟和、刘格平任副主任委员。为了更好地开展工作,民族事务委员会主任委员李维汉也参加了该委员会的领导工作。

随着各项工作的深入,少数民族文字工作创制与改革进入实施阶段,需要作进一步分工。于是1954年5月20日政务院决定:帮助少数民族创制文字的具体工作,如研究、制订方案等专业工作由中国科学院语言研究所负责,民族文字方案的确定和工作中的其他问题,由中央民族事务委员会负责;对于已确定的文字在各民族学校教育中进行试验和推行的工作,由中央人民政府教育部负责;各有关民族地区的人民政府,领导本地区的文字的试验和推行工作。民族语言文字研究指导委员会予以撤销。② 地方上也相继成立了民族语言文字工作的指导机构,如1954年7月广西省桂西壮族自治区壮族文字研究指导委员会成立(1957年改为广西省壮文工作委员会),1956年7月广东省黎族苗族自治州语文研究指导委员会成立,1956年8月四川省语文工作指导委员会成立,1956年10月云南省少数民族语文指导工作委员会成立。

二是确立少数民族文字工作的"自愿自择"原则和"创、改、选"方针。1954年9月20日,一届全国人大一次会议通过的《中华

---

① 《民族语文政策法规汇编》,民族出版社2006年版,第503页。
② 国家教育委员会民族地区教育会编:《少数民族教育工作文件选编》,内蒙古教育出版社1989年版,第413页。

人民共和国宪法》第三条规定："各民族都有使用和发展自己的语言文字的自由"①。不同的民族在语言文字的社会背景和实际使用需求方面存在很大差异，因此帮助少数民族创造文字，首要的一条就是要考虑本民族的需要和意愿。其次，本民族群众对文字的选择也存在不同意见，因此在解决文字问题的措施上不能搞一刀切，创制、改革到底应该采用哪种办法，只能根据本民族的意愿和社会的实际需求来决定。尊重本民族的意愿，不仅符合马克思主义的思想原则，而且符合语言文字发展的基本规律。因为一种文字一旦被群众掌握，群众就会对之产生感情，能够帮助群众迅速提高文化水平。基于这种认识，1954年5月，政务院批准民族语言文字研究指导委员会《关于帮助尚无文字的民族创立文字问题的报告》，提出："对于有自己的语言而没有文字或没有通用文字的民族，根据他们的自愿自择，应在经过一定时期的调查研究之后，帮助他们逐步制订一种拼音文字，或帮助他们选择一种现有的适用的文字。"②

三是确立创制和改革少数民族文字方案的具体工作程序。为了切实做好各少数民族创立和改革文字方案的工作，中央人民政府就这项工作的批准程序和批准以后在实验推行时的分工专门作了明确规定。1. 关于各少数民族创立和改革文字方案的批准程序，规定（1）中国科学院少数民族语言研究所负责作出创立和改革文字方案的初步设计。由省、自治区人民委员会审核，并广泛征求本民族各界人士的意见，经过充分协商讨论获得同意以后，提出意见，报民族事务委员会审查。经确定后，由省、自治区人民委员会公布作为实验推行的方案。（2）上述方案实验推行经过一定时期，由负责推行的各有关部门作出总结，送交原设计机关，再加必要的修改后，重送民族事务委员会复审，然后由民族事务委员会报请国务院批准。2. 各少数民族创立和改革文字的方案，在经过批准确定之后，实验推行工作统一归国务院第二办公室管理。在学校中的实验推行工作，如编写实验推行课本，选定实验学校进行教学等，由教育部负责；在一般的社会文化事业及编译出版方面的实验推行工作，由

---

① 《建国以来重要文献选编》第5册，中央文献出版社1993年版，第522页。
② 《民族政策文件汇编》第2编，人民出版社1958年版，第101—102页。

文化部负责。①

四是确立了少数民族文字方案的字母。原有少数民族文字的结构形式可分为三类，即拼音文字、音节文字（没有字母、一个字代表一个音节）、表意文字（包括原始的象形字和小部分形声字）。新创少数民族文字采取何种字母形式的探索，是与当时文字改革紧密相关的。在少数民族文字方案的设计过程中，许多民族提出了其字母形式要与汉语拼音字母一致的要求。如1955年12月在北京举行民族语文科学讨论会的时候，四川彝族代表说："汉语拼音方案究竟什么时候做出来？对新彝文方案的确定，虽然已经是迫不及待了，但是我们也非常希望我们彝族的拼音文字能和汉语拼音方案的字母形式一致。如果汉语拼音字母能在几个月以内做出，我们还可以等一下。"②

考虑到尊重少数民族的民族自愿，同时考虑到少数民族文字字母形式与汉语拼音方案一致有着诸多便利，如便于少数民族和汉族互相学习语文，便于少数民族语言和汉语互相丰富，也益于各少数民族互相学习语文、互相丰富语言，因此1957年12月国务院批准了《中国文字改革委员会关于讨论壮文方案和少数民族文字方案中设计字母的几项原则的报告》，规定少数民族创制文字应该以拉丁字母为基础；原有文字进行改革，采用新的字母系统的时候，也应该尽可能以拉丁字母为基础；少数民族语言和汉语相同或者相近的音，尽可能用汉语拼音方案里相当的字母表示等。

1958年1月10日，周恩来在政协全国委员会举行的报告会上专门就这一点作出了深入解释。他说："我国共有五十多个民族，其中有许多民族还没有自己的文字，另外一些民族虽然有文字，但是也需要改进。已有文字的民族中，除汉族用汉字以外，有用藏文字母的，有用蒙文字母的，有用阿拉伯字母的，有用朝鲜字母的，还有用其他各种字母的。这些兄弟民族创造和改革文字的时候，应该采用什么字母作为基础呢？能不能就用汉字作为各民族文字的共同基础呢？过去曾经有人这样试过，

---

① 《民族语文政策法规汇编》，民族出版社2006年版，第32页。
② 傅懋勣：《汉语拼音方案对发展少数民族语言和文化的意义》，《人民日报》1956年3月20日。

没有成功，证明这条路是走不通的。如果几十个民族大家各搞一套字母，这不仅对于各族人民之间的互相学习和交流经验是个障碍，而且印刷、打字、电报的设备势必各搞一套，对于各民族今后在文化教育方面的发展极其不利。许多兄弟民族都表示这样的愿望，就是要同汉族在字母上取得一致，以便于交流文化，学习汉语和吸收汉语的名词术语。前几年，汉语采用什么字母还有些举棋不定，使一些兄弟民族创造和改革文字的工作也受了影响。现在西南区已经有十几个民族创造了拉丁字母的民族文字，但是他们还是不大放心，因为我们的方案还没有最后定案。……汉语现在既然决定采用拉丁字母作为拼音字母，那就应该确定这样一条原则：今后各民族创造或者改革文字的时候，原则上应该以拉丁字母为基础，并且应该在字母的读音和用法上尽量跟汉语拼音方案取得一致。可以预料，汉语拼音方案的制定，对于各兄弟民族的创造和改革文字，以及今后各族人民之间的互相学习和沟通，将有极大的利益。"[1]

以上种种努力，既为顺利开展少数民族文字的创制和改革工作奠定了组织基础，确立了整体指导思想，又明确了具体工作程序和方案的设计原则，从而使少数民族文字的创制与改革工作局面迅速推开，取得一系列成就。到1958年8月，帮助壮族、苗族、布依族、彝族、黎族、哈尼族、傈僳族、佤佤族（今佤族）、纳西族、侗族等10个民族创制了以拉丁字母为基础的新文字，帮助景颇族和拉祜族设计了以拉丁字母为基础的文字改革方案。1959年又帮助新疆的维吾尔族和哈萨克族改革原来的阿拉伯字母式的旧文字，设计了以拉丁字母为基础的新文字方案草案。以上创制和改革文字的14个民族，他们的新文字都采用拉丁字母，都是在汉语拼音方案的共同基础上，适应本民族语言的需要作了必要的补充和调整。

这些少数民族文字方案中，壮文于1957年经国务院批准正式推行，改进的老彝文于1980年由国务院批准正式推行，苗文、布依文、黎文、哈尼文、傈僳文、景颇载瓦文、佤文、纳西文、侗文等经国家民族事务委员会批准试验推行[2]，土文、羌文等经国家民族事务委员会批准试点

---

[1] 《建国以来重要文献选编》第11册，中央文献出版社1995年版，第30—31页。
[2] 2011年，德宏傣文、景颇文、载瓦文、哈尼文、拉祜文、川黔滇苗文、佤文等7种民族文字方案，由云南省报国务院审批成为正式文字。

推行，凉山新彝文、新维吾尔文、新哈萨克文等经试验推行后被废止。

各民族的少数民族文字推行实践证明，新创民族文字由于"文字形式与本民族语言相一致，易写、易记、易认"的特点，少数民族群众学习起来的确要比学习汉语文容易得多，是一种比较理想的扫盲教育模式。而且，少数民族群众熟练掌握新创文字以后，再通过用新创文字拼注汉字读音的方法进行汉文扫盲，可以有效促进汉文扫盲，比直接采用汉文扫盲容易得多。

此后，新创民族文字在学校教育、少数民族文化传承以及新闻出版、文艺等社会领域陆续得到一定应用，发挥了不可替代的社会功能，取得了较好的社会效果，为推动少数民族地区的社会经济发展和满足少数民族当家作主的需要作出了重要贡献。据不完全统计，从1952年到1958年用蒙古、藏、维吾尔、壮、布依、苗、朝鲜、彝、黎、傣、哈萨克、柯尔克孜、锡伯、傈僳、景颇、拉祜、佤、哈尼18个民族的文字出版了图书9058种，共9735.3万册。用蒙古、藏、维吾尔、哈萨克、朝鲜、壮、柯尔克孜、傣、景颇、傈僳、锡伯等10多个民族的文字出版的报刊有70种左右。壮族新文字于1957年11月经国务院批准推行，到1958年底就用壮文出版了343种书，发行960多万册。少数民族语言的广播、电影、戏剧事业也得到巨大的发展。1958年一年就生产了用蒙古、藏、维吾尔、朝鲜、壮、彝6种语言译制的104部新闻纪录片和26部故事片。少数民族语言的剧种和剧目也像雨后春笋一样发展起来了，不只原有文字的民族建立和发展了自己语言的戏剧，许多新创制文字的民族也建立了自己语言的剧团。①

## 第四节 文字改革在低潮中蹒跚

"文化大革命"时期，新中国的文字改革工作不可避免地遭到破坏而出现数年的停滞。幸运的是，自1972年起，在周恩来等中央领导人的努力下，文字改革工作有所恢复，一些具体工作在低潮中推进。

---

① 傅懋勣：《傅懋勣民族语文论集》，民族出版社2011年版，第283—284页。

## 一 文字改革工作的中断与恢复

从 1966 年 5 月起,"无产阶级文化大革命"运动席卷中国大地,各项现代化建设事业遭到严重干扰和破坏,文字改革工作自然不能幸免。

"文化大革命"刚刚开始,语言文字工作便出现混乱和停滞局面。从 1966 年 6 月 2 日起《人民日报》报头取消了汉语拼音,其他报纸、期刊也先后不用汉语拼音拼注报刊名称;7 月,《文字改革》杂志和上海《汉语拼音小报》停刊;8 月,《光明日报》的《文字改革》副刊停刊。中国文字改革委员会被迫停止工作,多数委员和专家受到迫害,如周有光、倪海曙等人都被打成"反动学术权威""现行反革命分子"遭到批斗。[①] 1969 年,北京各机关单位的职工下放农村,中国文字改革委员会全体干部被下放到国务院在宁夏平罗的"五七干校"劳动,中国文字改革委员会的机构被撤销,文字改革工作被迫中断。

随着"文化大革命"的发展,社会上语言文字的应用出现混乱局面。滥用繁体字和异体字、乱造简化字、随便写错别字的现象越来越严重,汉语拼音的使用也越来越不规范,甚至东北铁路拼音电报也被取消,改回"四码"电报。由于学校教育遭到严重破坏,推广普通话和汉语拼音教学都失去了主要阵地。

林彪事件后,周恩来在毛泽东的支持下主持中央日常工作。他抓住这一历史契机,为纠正"文化大革命"的某些错误作出坚持不懈的努力,各方面工作出现一些转机。文字改革工作也在周恩来等中央领导人的关心领导下有所恢复。

其一,文字改革机构恢复成立。1972 年初,周恩来向郭沫若提出从国务院干校调回六七个同志重建文字改革工作机构,建议设在中国科学院。于是郭沫若找了从"五七干校"回北京探亲的中国文字改革委员会副主任叶籁士谈话,决定从干校调回部分干部,恢复文字改革工作机构。1972 年 3 月,在中国科学院设置了文字改革办公室,由叶籁士负责;次年 4 月,文字改革办公室划归国务院科教组。1973 年 7 月 17 日,周恩来在国务院科教组的请示报告上批示:"同意恢复'中国文字改革委员会'

---

[①] 参见周有光《口述文革经历:一句对联成罪状》,《北京青年报》2012 年 11 月 12 日。

名称，归科教组管。委员会要改组，并要参加新的血液，在文化大革命中涌现出来的工、农、革命知识分子的代表人物。委员会及其名单需提请中央批准。"① 1975 年 9 月，国务院调整直属机构，确定中国文字改革委员会仍为国务院直属机构，由教育部代管。文字改革机构的重设，保证了语言文字工作的逐步恢复和正常开展。

其二，文字改革三大任务得以重申。1973 年 3 月，毛泽东、周恩来在文字改革办公室编印的《文字改革简报》第 2 期上批示同意恢复《光明日报》的《文字改革》专刊。同年 5 月 10 日《文字改革》专刊复刊，这是"文化大革命"期间《光明日报》恢复的第一个专刊。专刊第一期发表了署名"闻宣"的文章《积极而稳步地进行文字改革》。对于文字改革任务，文章指出，继续整理和简化汉字是当前广大群众的迫切要求，简化汉字工作要坚持群众路线，实行"从群众中来，到群众中去"的原则；推广普通话，就是推广以北京语音为标准音、以北方话为基础方言、以典范的现代白话文著作为语法规范的普通话，对我们这样一个地广人众、方言复杂的国家来说，是一项重大的战略性任务；推行汉语拼音字母，首先要认真做好小学的汉语拼音教学工作，要进一步加强和扩大汉语拼音字母在各方面的应用。推广普通话，以统一语音；推行拼音字母，以普及拼音知识——这两项工作都是为实现拼音化铺平道路，我们必须坚定不移地认真做好。可见，该文所阐述的文字改革任务，与"文化大革命"前党和政府确定的三大任务是基本一致的。

其三，周恩来多次就文字改革具体工作作出指示。1971 年，周恩来在外交部的一个文件上批示同意用汉语拼音编印中国地图，以适应国内外需要。1972 年 10 月 14 日，周恩来在同美籍华人李政道谈话时指出当前的文字改革工作有两项：第一，要推广普通话，否则搞拉丁化不行；第二，要把简化字规范化。② 1973 年 5 月，周恩来接见美籍中国语言学家赵元任时，对赵元任带来的《通字草案》表示关注，要求印制几十份供国内文字改革参考。③ 在同年 5 月召开的中央工作会议上，周恩来明

---

① 《险恶用心卑鄙伎俩——揭发批判"四人帮"利用文字改革阴谋反党的罪行》，《光明日报》1977 年 4 月 8 日。
② 王均主编：《当代中国的文字改革》，当代中国出版社 1995 年版，第 98 页。
③ 参见郑林曦《赵元任教授给祖国办了好事》，《人民日报》1982 年 4 月 1 日。

确指出:"简化体到现在还没有足够。各人有各人的简化体。将来把它统一,还多发展一点,我们才有几百个字。简化体可以增多,简一个偏旁就可以解决了。还有提倡普通话,最近这个时期又比较差。没有普通话,拉丁化就不容易推广。"① 直到 1975 年 9 月 15 日,重病中的周恩来还派人向中国文字改革委员会传达他关于汉字简化和推广普通话的意见,指出:"汉字简化方案让群众讨论提意见,这一条好";"现在普通话普及问题没有过去提得那么多了。不学普通话,拼音怎么能准确呢?"②

在周恩来等中央领导人的关心指导和中国文字改革委员会直接领导下,各地着手恢复文字改革工作。例如在上海,"过去比较重视(文字改革)的单位,现在劲头更足了;有的过去不够重视的单位,感到不抓不行了,也积极行动起来了。如上海师大中文系写作组,他们把文字改革工作列入了工作规划,又如培训班的郊区组,也积极地订出了推广普通话的计划"③。各界的努力使文字改革工作在政治运动的不断冲击和极左思潮的干扰下,依然蹒跚前行。

## 二 拟订、试用《第二次汉字简化方案(草案)》

1966 年至 1971 年,中国文字改革委员会的汉字简化工作处于停顿状态,但是人民群众对简化字的热情却没有停止,他们根据需要在使用中对繁难的汉字予以自行简化,创造了许多新的简化字。随着新简化字使用范围的扩大,群众普遍反映有不少字如午(舞)、过(建)、迁(遇)等已经约定俗成,要求有关部门抓紧审定,迅速公布,并希望能经常收集群众中创造的新简化字,成熟一批,公布一批,步子要尽量快一些。

到底应该怎样对待这些群众自发创造使用的简化字,怎样对待他们提出的使新简化字合法化的要求?1972 年 4 月《红旗》杂志第 4 期专门发表郭沫若的文章《怎样看待群众中新流行的简化字》,对这一问题作

---

① 王均主编:《当代中国的文字改革》,当代中国出版社 1995 年版,第 98 页。
② 费锦昌主编:《中国语文现代化百年记事(1892—1995)》,语文出版社 1997 年版,第 343 页。
③ 《上海市教育局革委会关于文字改革简报》(1973 年 5 月 21 日),上海市档案馆藏,档案号 B105-2-4-960。

出明确回答。他在文中指出，新中国的汉字简化工作之所以能够取得成效，就是因为采取了群众路线，即"从群众中来，到群众中去"；"民间对汉字纷纷简化，这正表明汉字必须简化，也正表明汉字必须改革。这是时代潮流，不应禁止，也不能禁止。……从事文改工作的人，应该经常注意民间的简化汉字，吸收其可取者而随时加以推广。国务院所颁布的简化汉字，是应该随时增加的。当然，报纸刊物上的用字，小学生的学字，仍应以正式公布的简化字为准"，而且"脱离群众的'造字'当然是要不得的"[①]。这就为下一步汉字简化工作指明了方向。

此后，文字改革办公室深入工厂、农村、机关、学校进行为期3个月的调查，了解了群众迫切要求再公布一批新简化字的意愿。于是，从1972年7月开始，文字改革办公室着手拟订《第二次汉字简化方案（草案）》。《第二次汉字简化方案（草案）》拟订工作是在4500个常用字范围内进行的。这一次主要根据三种材料选取简化字：一是1960年教育部、文化部和中国文字改革委员会发出征集简化字的通知后，各省、市、自治区和部队推荐的群众中流行的新简化字材料；二是1956年《汉字简化方案》公布以来群众来信中提供的新简化字材料；三是1972年中国文字改革委员会向各省、市、自治区征集的新简化字材料。同年11月，文字改革办公室初步整理出新简化字方案草案的一个初稿，开始在北京、上海、广东等地向工厂、农村、部队、邮电、出版、教育部门广泛征求意见，之后经过反复修改，于1975年5月15日定稿（收简化字412个，第一表109个，第二表303个），上报国务院。

1975年9月15日，国务院办公室传达周恩来对中国文字改革委员会的请示报告和《第二次汉字简化方案（草案）》的意见："此事（简化汉字）主席说了那么长时间了，为什么这一次才这么一点？……汉字简化方案让群众讨论提意见，这一条好。"[②] 根据这一意见，中国文字改革委员会对《第二次汉字简化方案（草案）》又进行修订，增加了整体简化字和偏旁简化字的数量，并再次向有关部门和地区征求意见。到1977

---

① 郭沫若：《怎样看待群众中新流行的简化字》，《红旗》1972年第4期。
② 费锦昌主编：《中国语文现代化百年记事（1892—1995）》，语文出版社1997年版，第343页。

年5月，中国文字改革委员会拟出《第二次汉字简化方案（草案）》修订稿，第一表收简化字193个（其中不作简化偏旁的简化字172个，可作简化偏旁的简化字21个），类推出来的简化字55个，两项合计共248个；这些字是已经在全国流行的简化字。第二表收简化字269个（其中不作简化偏旁的简化字245个，可作简化偏旁的简化字24个），不能单独成字的简化偏旁16个。根据24个可作简化偏旁的简化字和16个不能单独成字的简化偏旁类推出来的简化字336个。两项合计605个。这样，整个草案共收简化字853个、简化偏旁61个。5月20日，中国文字改革委员会将《关于〈第二次汉字简化方案（草案）〉的请示报告》送国务院审批。

中国文字改革委员会对这次汉字简化方案的制订工作所秉持的原则作出了详细说明。第一，主要选用群众中流行的简化字。《第二次汉字简化方案（草案）》（以下简称《二简草案》）中所收的简化字，主要是从群众中流行的简化字中选用的，少数字是根据群众简化汉字的规律，采用群众简化汉字的方法拟制的。具体分三种情况：（1）《二简草案》中第一表所收的简化字，已在社会上广泛通行。这部分字自发表之日起，即在图书、报刊上试用，在试用中征求意见。（2）《二简草案》收入了一些在部分地区和某个行业中流行的简化字。例如，"傅"简作"付"等。还有一些是从社会上流行的几种不同的简化形体中选用的。如"澈"有"沏、彻"等简化形体，《二简草案》选用了"彻"这一简体；"辨"有"卞、弁"等简化形体，《二简草案》选用了简体"弁"。（3）有少量笔画较繁的常用字，群众迫切要求予以简化，但没有合适的简体可供选择，这部分字的简化形体是根据群众简化汉字的方法拟制的，如"击（愚）"、"屹（屹）"、"庐□（磨）"等。上述两种情况的简化字，都收入了《二简草案》的第二表。第二表的简化字还需要经过群众讨论，广泛征求意见，然后进行修改和补充。

第二，简化汉字形体的同时精简了汉字的数量。《二简草案》将590个原字简化为462个简化字（不包括按简化偏旁类推出来的391个简化字）。590个原字的平均笔画为13.1画，462个简化字的平均笔画为6.9画，简化字比原字的笔画减少几近一半。此外，《二简草案》还通过同音代替、处理异体字和采用一字两读等方法，精简了263个字，占590

个原字的 44.6%。一字两读精简汉字的方法，也是广大群众创造的。群众形象地说，汉字是忙闲不均。有些字笔画少、结构简单，但使用频率小，应该让它们把一些笔画繁、结构复杂的常用字的读音和意义兼起来。如彳亍的亍（chù），只有三画，但不常用，用它代替常用字"街"，既减少了好多笔画，又减少了一个字，使用时也不会发生意义的混淆。《二简草案》中的"迀（遇）、桔（橘）"等都属于这一类。

第三，淘汰了一部分容易读错和写错的字。1960 年中共中央《关于推广注音识字的指示》中提出："为了加速扫盲和减轻儿童学习负担，现有的汉字还必须再简化一批"，"使难写难认难记、容易写错认错记错的字逐渐淘汰。"[①] 汉字的繁难，就字形来说，不仅表现在结构复杂、笔画繁多、难写、难认、难记这些方面，还表现在有一部分汉字容易读错和写错方面。《二简草案》淘汰了一部分这样的字。如臀部的臀（tún），容易错读为 diàn，破绽的绽（zhàn）容易错读为 dìng 等。这两个字，《二简草案》把它们分别简化成"尾口、纟口"。简化以后就好读了，也不容易读错。另外，还简化了一部分容易写错的字。如"稻"的右半部分也容易记错写错，《二简草案》把它简化成"初"，就不容易写错。

第四，使一部分汉字的偏旁和笔画结构变成了常用字。多年来识字教学的经验证明，用分析汉字结构的方法进行教学，不仅教师易教，学生易学，而且使学过的字容易巩固。1956 年《汉字简化方案》中，将一部分原来不能成字的偏旁和笔画结构，或者是一般人不认识的古字，变成了常用字，如"厂、广、关、业、办、亏、儿、击、处"等。这样就使相当一部分汉字的结构便于表达，一说就懂，因而大大便利了汉字的教学。如，"庆"字只消说"广"字下面加一个"大"字就行了，因此易教、易学、易记，这类字深受广大教师和少年儿童的欢迎。基于此，《二简草案》中又将一部分汉字的偏旁和笔画结构变成了常用字。如"彐（雪）、厶（私）、𠂇（雄）、疒（病）、夕（餐）"等。

第五，减少了一部分汉字的偏旁。1956 年国务院公布《汉字简化方案》以来，群众纷纷建议将有关的一些偏旁进行合并，以减轻学习和使用

---

[①] 《中国共产党中央委员会关于推广注音识字的指示》，《中华人民共和国国务院公报》1960 年第 18 期。

的负担。例如，群众反映狼、狗、狐和豹、豹等字的左偏旁不一样，应该合并，统一用"犭"这一偏旁。这次拟订《二简草案》时，根据群众的建议对现行汉字的偏旁进行了适当的调整合并。如"豸"同"犭"合并，采用"犭"这一偏旁。"辶"同"辶"合并，采用"辶"这一偏旁。①

1977年10月31日，国务院批转中国文字改革委员会《关于〈第二次汉字简化方案（草案）〉的请示报告》，指出："我国文字改革的当前任务是简化汉字、推广普通话和推行汉语拼音方案。""《第二次汉字简化方案（草案）》可在《人民日报》以及省、市、自治区一级报纸上按照规定日期同时发表，征求广大工农兵群众和各方面人士的意见。其中第一表的字，已在群众中广泛流行，自《草案》发表之日起，即在图书报刊上先行试用，在试用中征求意见。关于《草案》征求意见的工作，中央一级有关部门和各方面人士由中国文字改革委员会负责；各地工农群众和各方面人士由各省、市、自治区革命委员会负责；军队系统由总政治部负责，于半年内将意见汇总告中国文字改革委员会。中国文字改革委员会再根据这些意见提出修订草案，报国务院审定公布。"②根据国务院的批示，中国文字改革委员会于1977年12月20日在《人民日报》《光明日报》《解放日报》及各省、市、自治区一级报纸发表《第二次汉字简化方案（草案）》，广泛征求意见。21日，《人民日报》开始试用《第二次汉字简化方案（草案）》第一表的简化字。教育部也在1978年3月2日发出《关于学校试用简化字的通知》，决定全国统编的中小学各科教材自1978年秋季起一律试用《第二次汉字简化方案（草案）》第一表的简化字。

从《第二次汉字简化方案（草案）》发表到1978年底，各地对《二简草案》展开广泛的讨论，各省、市、自治区以及解放军总政治部将征集到的意见综合整理后寄给中国文字改革委员会。中国文字改革委员会还收到各地群众的1万多封来信。

从整体来看，当时广大群众对《二简草案》及简化工作予以肯定，认为做好汉字简化工作，有益于发展文化教育事业，对《二简草案》第

---

① 中国文字改革委员会：《〈第二次汉字简化方案（草案）〉解释》，《人民日报》1978年1月31日。
② 王均主编：《当代中国的文字改革》，当代中国出版社1995年版，第105—106页。

一表较满意。"中国文字改革委员会人民来信组的统计材料表明：《二简草案》公布后，全国各地来信一万多件中，赞成汉字简化的占百分之九十五以上。这些来信首先肯定汉字继续简化是正确的、必要的，并从改进《二简草案》的角度提出了补充和修改意见。一万多封来信中，反对简化字的不到千分之二。"①

然而，专家学者却对《第二次汉字简化方案（草案）》提出了许多批评和改进意见。首先是原中国文字改革委员会的委员和专家提出了一些反对意见。"文化大革命"结束后，这些专家逐渐得到平反，能够大胆发表对《二简草案》的意见。1978年3月4日，胡愈之、王力、周有光等23人联名写信给全国政协五届一次会议秘书处和五届全国人大一次会议秘书处，要求全国政协和全国人大的主要文件不采用草案第一表的简化字。其次，在各地召开的座谈会上，很多专家发表了对《二简草案》的反对意见。例如，上海市1978年3—9月召开了8个座谈会，与会专家对《二简草案》第二表的简化字提了很多不同意见，认为有些字很不成熟。再次，报刊公开发表了不少给《二简草案》提意见的文章。如1978年5月1日，《社会科学战线》发表吴甲丰的《对当前文字改革的意见和建议》；7月10日，《中国语文》第二期发表于夏龙的《关于第二次汉字简化工作的一些意见》；6月16日《光明日报》发表周有光的《汉字简化问题的再认识》；等等。

综观这些批评意见，主要有以下内容。其一，关于《二简草案》本身的意见，主要有：（1）用同音代替方法简化汉字是精简汉字数量、简化汉字形体的一个重要方法，但是在人们还不能全部摆脱"形符表意"这一传统观念时，应慎重选择同音代替字。《二简草案》中有相当数量的简化字音义混淆，增加人们在理解和记忆上的负担。例如，以"代"代"戴"，代局长与姓代的局长，字义很难区别。特别是贬义字代替褒义字更为不妥。如，以"刁"代"雕"，在刁像、群刁等词语中就含有贬义了。（2）偏旁类推简化方法便于群众学习运用新简化字，是较受欢迎的。一般情况下，偏旁类推应尽量一律，但《二简草案》中有相当一

---

① 文以战：《汉字简化工作不可就此结束——评〈汉字简化问题的再认识〉》，《文字改革》1982年第3期。

第二章　新中国语文现代化的快速推进　　187

部分字偏旁简化不一律，类推无规律可循。如原是同一偏旁的"建""健"，却简化为"边""伋"。(3) 形声简化时，不能忽略"六书"造字规律，形不宜改动很大，声应尽量保持原声韵。《二简草案》中有些新形声字声旁表音不准，如"寨"简化成"宎"，容易读成 zai。有些字任意去形旁、改形旁，不易了解字义，如"熄"简作"息"、"嘹喨"简作"辽亮"。(4) 新造简化字应注意避免与其他字产生混淆，但《二简草案》增加了形近易混字。如"厦"简化为"斥"，与"斥"字形相近，一笔之差容易写错，给识字和教学带来困难。(5) 约定俗成是简化汉字的重要原则之一，但在挑选简化字时，既要考虑群众基础，又不能忽视科学性。《二简草案》对这一原则掌握得不够好，有些在部分地区或某个行业中流行的新简化字，不应作为已在群众中广泛流行的字而采纳。如"蔡"简化为"芛"，群众普遍不能接受。(6) 汉字是由音、形、义组成的，有些字简化后失去了原来的字形和含义，如果作为单词单字出现，字义就不易弄懂。如"叮、盯、钉"简化为"丁"。另外，简化偏旁合并也应慎重考虑，否则会造成有些字形义没法区分。如"礻"旁合并为"衤"旁，使原来两种解释、两种读音的"祇—祇"成为一个字了。(7) 简化字既要从儿童识字、成人扫盲和日常书写方便出发，又要为已经认识相当数量汉字的人着想。一次简化公布的简化字不宜过多，一些用途不广、使用频率不高的姓和专有名词，如"傅（付）""柠檬（宁苎）"等，暂不必简。另外，简化的重点应放在十笔以上的繁体字上，已经简化、笔画不多、使用尚属方便的字，不必再简化。如"没"一共 7 笔，不必再简化成"殳"。新造字不宜过多，以免增加识字人的负担。(8) 汉字零件（笔画）应用有一定的范围，太广容易影响人们掌握汉字简化的规律。如"一"既可代替"宣"中的"亘"，又可代替"蒙"下面的"豖"、"熟"下面的"灬"，没有区别，不易掌握。① 其二，认为《二简草案》简化工作也存在问题。如《第二次汉字简化方案（草案）》上报前，没有充分征求语言文字专家及各方面人士的意见，在报刊公开发表不够慎重，对一表的简化字试用要求过急，试用范围考虑

---

① 《报送半年来文字改革工作汇报以及对〈第二次汉字简化方案（草案）〉的意见》(1978 年 9 月 19 日)，上海市档案馆藏，档案号 B105 - 9 - 245 - 68。

不周,在一定程度上造成人们阅读上的困难和试用上的混乱。

鉴于社会上对《二简草案》的争议,教育部率先于1978年4月17日发出《关于学校使用简化字的补充通知》,指出:"《第二次汉字简化方案(草案)》第一表的字,正在试用并征求意见。今秋供应的教材,凡未发排的,不再使用新简化字。使用了新简化字的教材……可不再改动,但仍用原字进行教学。再版时改用原字。"[1] 7月,中共中央宣传部根据新华社《关于不再使用新简化字的请示》,通知《人民日报》、新华社、《红旗》杂志、《光明日报》及有关出版社,停止使用新简化字。8月以后,全国的图书、报刊不再试用《二简草案》第一表的简化字。

### 三 恢复推广普通话工作

20世纪70年代,中央及有关部门对推广普通话工作还是比较重视的,屡次强调其重要性。如1975年11月4日,教育部发出文件,向各省、市、自治区教育局转发上海市教育局、江苏省东台县教育局关于推广普通话的总结材料。文件指出:"努力推广普通话是一项重要的政治任务。""要继续贯彻'大力提倡,重点推行,逐步普及'的方针。""同时要重视汉语拼音教学,使它成为帮助识字和教学普通话的有效工具。"[2] 粉碎"四人帮"以后,全国形势发生很大变化,需要加快推广普通话工作的步伐,为提高人民的科学文化水平、实现社会主义现代化作出应有的贡献。1977年10月31日,国务院在批转中国文字改革委员会《关于〈第二次汉字简化方案(草案)〉的请示报告》时,再次强调:"普通话是社会主义革命和社会主义建设的需要,是国家的统一、人民的团结的需要,必须大力推广,逐步普及;汉语拼音是工农兵群众以及中小学生学习文化、学习普通话的有效工具,是我国文字拼音化的基础,要大力宣传,积极推广。"[3]

---

[1] 教育部语言文字应用管理司、中国语文现代化学会组编:《新时期语言文字工作记事(1978—2003)》,语文出版社2005年版,第2页。

[2] 费锦昌主编:《中国语文现代化百年记事(1892—1995)》,语文出版社1997年版,第344页。

[3] 费锦昌主编:《中国语文现代化百年记事(1892—1995)》,语文出版社1997年版,第349—350页。

在中央的推动之下，各地的推广普通话工作开始恢复。如 1972 年 12 月 29 日，福建省发出《关于进一步推广普通话的通知》，1958 年被誉为"推广普通话的一面红旗"的福建省大田县，恢复了推广普通话工作。湖北省教育部门在 1974 年对近百名教师进行了普通话培训。

总起来看，20 世纪 70 年代上海市的推广普通话工作做得尤其深入。1973 年 4 月 16 日，上海市教育局召开推广普通话和推行汉语拼音工作座谈会，总结几年来的推广普通话工作和推行汉语拼音教学的情况，并部署如何进一步推广普通话。从 4 月底 5 月初开始，上海各个学校掀起大学普通话、大讲普通话的群众运动。7 月 20 日到 30 日，教育局举办"推广普通话工作人员学习班"，各区、县教育部门的干部和中小学教师共 97 人参加学习。同时，各区县都明确由文教局或红专院校专人分管推广普通话工作。1973 年 12 月中旬召开上海市中小学普通话教学经验交流及成绩观摩会，中国文字改革委员会负责人叶籁士带领江苏、浙江、福建、广东、广西、江西、湖南、安徽、山西 9 个省、自治区的 12 名代表来沪参加会议。叶籁士在会上发表讲话，从两方面论述了推广普通话工作的重要意义。他指出，一方面，中国在追求国际地位的道路上，需要将推广普通话工作进行下去，"我们这种的语言分歧，对我们这个伟大的祖国，今天国际上的地位来讲是不相称的，现在全世界的革命人民，眼睛都是看着中国，都要求学习中国的经验，很多人要求学中国的语言，中国的普通话"；另一方面，"普通话也是上山下乡知识青年的需要，如果不会普通话，要发生很大的困难，联系群众，接受贫下中农再教育，学习，生产，劳动，这方面都会发生许多困难"。① 此后，上海市每年都举行推广普通话工作会议以及经验交流会，还举办教师培训班。上海推广普通话经验成为各地学习的材料。

在实践中，20 世纪 70 年代的推广普通话工作以学校的推广普通话工作为重点。1978 年 5 月 18—25 日，中国文字改革委员会在江苏省吴县召开南方方言区推广普通话工作座谈会。上海、江苏、安徽、浙江、福建、江西、湖南、广东、广西等 9 个省、市、自治区教育部门的代表

---

① 《本市中小学、幼儿园推广普通话工作小结（初稿）》（1973 年 12 月 12 日），上海市档案馆藏，档案号 B105-4-963。

以及中国社科院语言研究所的代表参加了座谈会，讨论了教育部《关于加强推广普通话和汉语拼音教学的意见》（征求意见稿），为下一步推广普通话工作献计献策。同年8月26日，教育部下发《关于加强学校普通话和汉语拼音教学的通知》，重申继续贯彻"大力提倡，重点推行，逐步普及"的推广普通话方针，强调学校是推广和教学汉语拼音的重要基地，广大师生是普及普通话和推行汉语拼音的重要力量。此后，各地学校积极行动，努力推广普通话。1979年4月22—28日，中国文字改革委员会和教育部联合召开推广普通话工作汇报会，回顾总结自教育部下发《关于加强学校普通话和汉语拼音教学的通知》以来各地积极开展推广普通话工作的情况。

### 四　恢复汉语拼音教学

"文化大革命"爆发后，学校各科教学处于停滞阶段，学校里不上课。即使复课以后，也是把标语、口号当教材，谈不到学习汉语拼音。1972年秋季，在当时的教育部领导下，人民教育出版社的有关人员组织北京、天津、辽宁、河北、山西5个省市，协作编写小学语文课本，一年级的课本中安排了汉语拼音教学的内容。教材中沿用人教社1963年汉语拼音教材改进的部分，并对声介合母拼音方法作了进一步改进，即带介母的音节采用三拼连读法。汉语拼音教学受到广大教师的重视，对改进之点反映很好。这套教材除参加编写的5个省市使用外，还有十几个省市使用。

针对学校汉语拼音教学内容较多、难点比较集中，以致小学一年级学生不能很快熟练掌握汉语拼音，相当一部分学校出现"低年级学、中年级忘、高年级丢精光"的情况，中国科学院文字改革办公室1973年初提出推行"汉语拼音基本式教学"。基本式教学就是把《汉语拼音方案》的内容分两步教。第一步（一年级），教《方案》规定的最基本的内容（不教拼写规则）；第二步（二年级），再教拼写规则。基本式教学的优点是：（1）第一步的内容简化，不接触复杂的拼写规则，学生容易接受；（2）课文采用汉字夹拼音的形式，解决了低年级课本不好编，课文短、浅的困难。1973年春，北京、上海、河南、黑龙江进行了"汉语拼音基本式教学法"的试验。到1975年，全国已有20多个省市在不同范围内进行试验,河南、浙江等省在秋季全省推广。

为了了解试点的情况,交流试点经验,自1973年10月至1974年12月,中国文字改革委员会先后在河南省郑州市、开封市,江苏省吴县,山西省太原市,召开了汉语拼音基本式教学试点分片座谈会。1977年7月28日,中国文字改革委员会又在安徽黄山召开汉语拼音基本教学座谈会。到1977年底,汉语拼音基本式教学已经在全国各省市得到不同程度的推广,其中18个省、市、自治区全面推广,广大学生普遍学习掌握汉语拼音。

此外,为了满足社会上广大群众学习汉语拼音的需要,1974年3月15日到4月3日,中国文字改革委员会和中央人民广播电台联合举办了汉语拼音广播讲座。讲座所用教材在北京先后印130万册,在上海、天津、浙江三地印80万册,对于人们识字、学习文化、学讲普通话都发挥了积极作用。

### 五 启动汉字信息处理工程

汉字信息处理,就是计算机对汉语和汉字进行输入、存储、处理和输出,直接影响到计算机在中国的普及和应用。20世纪70年代,在发达国家计算机已由单纯的数值计算发展到文字处理和事务管理领域的背景下,中国计算机界及时预见到计算机普及的必然性,同时更深刻意识到计算机要在中国普及,必须立足于中华民族本民族的文字。1974年8月9日,第四机械工业部、第一机械工业部、中国科学院、新华通讯社、国家出版事业管理局五单位共同拟文向国家计委并报国务院,请求将汉字信息处理工程列入国家重点科研项目计划。周恩来亲自批准此报告,将汉字信息处理工程列入国家科学技术发展计划,定名为"七四八"工程。该工程主要有三个研制目标:一是汉字精密照排系统,主要供印刷出版行业使用;二是中文情报检索系统,供科学技术部门、行政管理部门、事业单位等在信息查询和检索方面使用;三是汉字通信系统,供新闻、报纸等远距离通信使用。"七四八"工程标志着计算机中文信息处理技术受到国家高度重视,为汉字进入信息时代作出了不可磨灭的贡献。

到了20世纪70年代,让汉字进入计算机已经成为一个十分急迫的问题。拼音文字中,字母数量有限,计算机容易处理;汉字字数多,笔画烦琐，结构复杂，难以转变为一定的符号供计算机操作。能否妥善地解决这一问题，直接关系到中国现代化建设的进程。为此，1978年3月23日，时任全国人大常委会常务委员和全国政协常务委员的胡愈之提出了关于实现汉字标准化的建议，以便进行中文信息处理。这一建议立即得到了时任中共中央副主席邓小平和时任国务院副总理方毅的支持，他们指示第四机械工业部、教育部、中国文字改革委员会研究方案，报国务院审批。汉字编码是电子计算机对汉字信息进行处理时首先必须解决的一个重要课题。1978年8月，云南大学张其溶教授给中央领导写信，提出研究汉字编码问题。[①] 经中央领导同志批转，1978年12月，全国汉字编码学术交流会在青岛召开，会议上交流的54种资料中有43个汉字编码方案。会后，中国科学技术情报研究所对这些编码方案进行了整理汇编，并出版了《汉字编码方案汇编》一书，这是第一部汉字编码方案的专著。为了促进汉字信息处理研究工作的展开，这次会议还成立了全国汉字编码研究会，这是中国中文信息处理方面的第一个学术团体。此后，对于汉字编码的研究不断发展，掀起了研究高潮，一些编码研究会、委员会相继成立，越来越多的研究者投身于编码工作当中，在短短几年时间内，呈现了万"码"奔腾的局面。

汉字信息处理涉及文字结构分析、文字改革、汉字编码、语言统计，机器检索、汉语理解、汉字自动识别、语言识别、语言合成、中文信息交换传输等一系列知识和技术。汉字信息处理的主要内容涉及汉字编码方式、字库的组织和汉字生成方式，代码的转换和检验，汉字字符串的操作处理、汉字的编辑处理，汉字标志符的识别处理、输入、输出方式和相应的设备等。

中国文字改革委员会对汉字信息处理工程给予大力指导。如叶籁士指出，汉字信息处理必须遵循简化字的原则，暂时不搞繁体字，其选样标准为第一、二期发布的简化汉字作为汉字信息处理的标准依据，第三期推荐的汉字暂不考虑，从而使汉字信息处理确立了简化字标准。[②] 这极大地推进了汉字信息处理工作的进程。

---

① 参见龚滨良《建国以来中文信息处理技术大事记》，《中国科技史料》1985年第2期。
② 参见郭平欣《纪念汉字信息处理工程廿周年》，《电子出版》1994年第1期。

### 六 开启汉语汉字国际化

联合国从成立之时起就把中文、英文、法文、俄文和西班牙文确定为联合国的5种正式语文。联合国宪章就是用中、法、俄、英、西班牙文写成的，并且明确规定五种文字具有同等效力。然而，由于新中国长期以来被剥夺了在联合国的合法地位和权利，中文一直没有被联合国列为工作语文。1971年10月，第26届联合国大会通过决议，恢复中华人民共和国在联合国的一切合法权利。此后，为了提高中文应有的平等地位，常驻联合国的中国代表团进行了多次呼吁与倡导，要求把中文列为联合国的工作语文。到1973年10月，联合国大会第五委员会通过决议案，同意把中文作为联合国大会和安全理事会的工作语文之一。自此，中文成为中外经济、政治、文化交流的重要工具，也是外国人学习汉语和了解中国的重要工具。

长期以来，中国地名和人名的汉语拼音拼写一直受到威妥玛式拼音法的干扰。威妥玛（Thomas F. Wade）是英国大使馆原外交官，1867年出版北京语音官话课本《语言自迩集》。他设计了一套拉丁字母拼音方案，作为外国驻华使馆人员学习汉文的注音工具，后来扩大用途，成为在英文中音译中国人名、地名和事物名称的一种主要拼法。《汉语拼音方案》颁布后，虽然周恩来曾指示《汉语拼音方案》"可以在对外文件、书报中音译中国人名、地名"[①]，但是威妥玛式拼音法一直沿用，如把河北的"唐山"和江苏的"砀山"同样拼为Tangshan，把江苏的"常州"和福建的"漳州"同样拼为Changchou等；把毛泽东译为Mao Tsetong，把周恩来译为Chou Enlai。这种情况使中国地名、人名的罗马字拼写产生了混乱。

为了改变这种情况，1971年，周恩来在外交部的一个文件上批示同意用汉语拼音编印中国地图。1972年，中国文字改革委员会收到联合国地名标准化专家组成员山多尔·拉多的信，就采用《汉语拼音方案》作为中国地名罗马字母拼法的国际标准问题，征询中国的意见，并要求提供有关资料。外交部就联合国地名国际标准化会议的有关问题向国务院

---

① 中国地名研究所编：《中国南极地名文件选编》，中国社会出版社2011年版，第40页。

提交了请示报告。1973年2月，周恩来在请示报告上批示同意这项工作的进行步骤，指示由中国文字改革委员会召集有关部门协商解决。1973年12月，中国文字改革委员会召开改用汉语拼音作为中国人名、地名在罗马字母拼写法统一规范问题座谈会，外交部、国家测绘总局、总参谋部测绘局、民族事务委员会、新华社、邮电部、广播事业局、外文出版局、出版事业管理局、地理研究所等部门的代表参加了会议。与会代表一致要求尽快改用汉语拼音取代"威妥玛式"拼音，以消除中国人名、地名在罗马字母拼写法方面长期存在的混乱现象。1974年5月，中国文字改革委员会发布了《中国人名汉语拼音字母拼写法》（1976年9月修订），规定了用汉语拼音字母拼写人名的具体方法。1974年6月，汉语拼音版《中华人民共和国地图》由地图出版社出版，内附汉字—汉语拼音—英文地名对照索引。

1975年3月，中国第一次派专家组出席联合国地名标准化会议第六次地名专家组会议，提出中国地名应当以《汉语拼音方案》为拼写标准。会议一致同意采用《汉语拼音方案》作为中国地名罗马字母拼写法的国际标准。到1977年8月，在雅典举行的联合国第三届地名标准化会议上，通过关于中国地名拼法的决议，采用《汉语拼音方案》作为中国地名罗马字母拼法的国际标准。决议指出："会议认识到《汉语拼音方案》是中国法定的罗马字母拼音方案，中国已制定了《中国地名汉语拼音字母拼写法》。注意到《汉语拼音方案》在语言学上是完善的，用于中国地名的罗马字母拼法是最合适的；中国已出版了汉语拼音版《中华人民共和国分省地图集》，《汉语拼音中国地名手册（汉英对照）》等资料；《汉语拼音方案》已得到广泛应用，考虑到在国际上通过适当的过渡时期，采用汉语拼音拼写中国地名是完全可能的。建议：采用汉语拼音作为中国地名罗马字母拼法的国际标准。"[①]

1978年9月26日，国务院批转中国文字改革委员会、外交部、国家测绘总局、中国地名委员会《关于改用汉语拼音方案作为我国人名地名罗马字母拼写法的统一规范的报告》，指出："改用汉语拼音字母作为我国人名地名罗马字母拼法，是取代威妥玛式等各种旧拼法，消除我国

---

① 《联合国第三届地名标准化会议关于中国地名拼法的决议》，《语文建设》1994年第6期。

人名地名在罗马字母拼写法方面长期存在混乱现象的重要措施",要求各地和有关部门改用《汉语拼音方案》作为中国人名地名罗马字母拼写法的统一规范,并规定,用汉语拼音字母拼写的中国人名地名,适用于罗马字母书写的各种语文,如英语、法语、德语、西班牙语和世界语等。[1] 根据国务院这一规定,外交部于1978年12月1日通报各国驻我国外交代表机关:从1979年1月1日起,中华人民共和国政府的外交文件译文将改用《汉语拼音方案》作为中国人名地名罗马字母拼写法的统一规范。

相应地,1979年6月15日,联合国秘书处发出关于采用汉语拼音的通知,指出:"从1979年6月15日起,联合国秘书处采用'汉语拼音'的新拼法作为在各种拉丁字母文字中转写中华人民共和国人名和地名的标准。从这一天起,秘书处起草、翻译或发出的各种文件都用'汉语拼音'书写中国名称。例如,中国人名 Hua Kuo-feng 改为 Hua Guofeng(华国锋),Teng Hsiao-ping 改为 Deng Xiaoping(邓小平)。"[2] 2001年7月,萨马兰奇宣布北京成为2008年奥运会举办城市时,用的是"The city of Beijing!"汉语拼音"Beijing"取代了曾经国际通用的威妥玛拼写"Peking"。一字之差,显示了两种拼法的地位起落。

---

[1] 中国地名研究所编:《中国南极地名文件选编》,中国社会出版社2011年版,第40页。
[2] 张瑞主编:《语言文字应用手册》,四川辞书出版社2004年版,第394页。

# 第三章　改革开放新时期语文现代化的稳步发展

改革开放新时期，党中央高度重视社会主义现代化建设，作出许多重要论述，进行了明确的战略部署，全国人民为实现社会主义高度物质文明和精神文明的宏伟目标而努力奋斗。在这个过程中，一方面，改革开放和社会主义现代化建设中不少工作需要语言文字工作紧密配合，尤其是信息时代的到来和电子计算机的发展，对语言文字的规范化、标准化提出前所未有的严格要求。另一方面，随着中国特色社会主义建设取得越来越显著的成就，中国传统文化不再被视为阻碍现代化、与现代性背道而驰、消极落后的东西，尤其是随着中文信息处理的推进和汉字成功进入计算机，作为中国传统文化象征的汉字，彻底摘掉了落后的帽子。在这种新的形势下，党中央与时俱进，创新对语言文字性质、语言文字工作地位和作用等的认识，引领新时期语文现代化取得了显著进展。

## 第一节　改革开放新形势下语文现代化的调整

进入新的历史时期后，语言文字工作越来越呈现出其重要性。语言文字工作关系到国家统一、民族团结、社会进步、文化传承和国际交往；实现语言文字规范化、标准化、信息化，成为普及文化教育、发展科学技术、提高工作效率的一项基础性工程，对社会主义物质文明建设和精神文明建设具有重要意义。在这种形势下，新中国成立以来的文字改革工作必须进一步调整，更好地适应改革开放和社会主义现代化建设的需要。

## 一　改革开放对语言文字工作提出新要求

中共十一届三中全会以后，党和国家工作重点转移到社会主义现代化建设上来，实行改革开放政策，大大加快了社会主义现代化的进程。现代化建设中不少工作需要语言文字工作的紧密配合。

第一，加快改革开放和现代化建设步伐，对普及普通话提出迫切需求。推广规范的、全国通用的民族共同语，是任何一个工业化国家所必须完成的社会历史任务。因为经济建设、促进国内统一市场的形成，普及教育、发展文化都需要普及民族共同语。中国要建设现代化社会主义强国，加快改革开放和现代化建设的步伐，建设社会主义市场经济体制，普及普通话就显得异常迫切。

改革开放以来，社会主义现代化建设蓬勃发展，人际交往空前频繁，方言隔阂的矛盾显得更加突出。自20世纪50年代开始的推广普通话工作取得了一定成绩，到80年代初许多方言复杂的地区听普通话基本上并无太大的困难，但是很多人对推广普通话的重要性认识不够，社会上还没有形成说普通话的风气。根据1984年全国各地的《汉语拼音报》通讯员进行的普通话社会调查，当时全国能听懂普通话的人数约为90%，但是能够用普通话交流的人数只有50%左右。① 根据中国文字改革委员会的调查，"全国各地的语言发音区别很大，不但北方人听不懂南方话，就是一个省、一个县里往往语音都很不同，都有各自的方言。最严重的如福建、广东等地，两个村庄隔一座山，彼此语言就不通。考其原因，是这些地方还处于自然经济状态，他们村与村之间既不通商，又不通婚，相互没有交往的必要，也就不需要共同的语言了。但是，无论如何隔阂、闭塞，大家使用的文字都是汉字这种古老的方块字，而这正是我们民族形成统一的强大纽带。如果普遍推广了普通话，大家对汉字读音统一了，必将极大地方便于全国人民的互相交流，对四化建设无疑是十分必要的"②。

1991年江淮和太湖地区暴雨成灾，也曾发生过长途电话业务员不会

---

① 吴润仪、尹斌庸：《普通话社会调查——现状和前景》，《文字改革》1985年第1期。
② 刘导生：《文字改革的方向在哪里？——八十年代在文字改革委员会的一段经历》，《百年潮》2009年第4期。

讲普通话，致使报纸快讯无法传递的事故。① 由此可见普及普通话的重要性。正如有的专家阐述普通话重要性时所指出的："推广普通话实在是一件很大的大事，一件头等重要的大事，是我们社会主义现代化建设的先决条件，是我们民族教育普及、文化提高的重要标志，是改进我们语文教育的必要措施"，"从社会主义现代化建设来说，它的重要性等于建立一个全国性的精神的交通运输网，跟建立全国性的物质的交通运输网（例如公路网、铁路网、航空网）一样重要"，"没有一个国家在它的现代化过程中不抓这两个交通运输网和不把它们列为首要任务的。"②

第二，20世纪80年代初期社会用字混乱，错别字、繁体字、不规范的简化字比比皆是，对汉字规范化提出了迫切要求。新时期之所以出现社会用字混乱的情况，其一，"文化大革命"十年动乱冲淡了人们使用语言文字要注意规范化的观念，同时使全社会的文化素质大幅度下降，培养出一大批文化水平不高的毕业生。当时在商业等部门工作的青年干部职工语文水平普遍低下，写出了"本店出售烧并油并并回收啤酒并"这一类告示。使用汉语拼音时不遵守国家规定或使用不准确的也很多，许多商品的拼音，以及地名、路名牌和各种招牌的拼音常有错误。这是社会用字混乱的一个直接原因。其二，复古、崇洋思想的抬头是滥用繁体字、异体字的一个重要原因。有些商店把招牌上出现繁体字跟恢复"老字号"混为一谈；有些商店片面强调做海外华侨的生意，以此作为滥用繁体字、异体字的借口。20世纪80年代初的《深圳特区报》采用繁体字竖版排印，遭到批评后，有人专门发表了题为《不要坐而论道》的文章，认为特区报采用繁体字"主要出于一些历史原因和对外宣传上的考虑，这同（文字）改革毫无关系"③。其三，新中国成立以来尤其是"文化大革命"期间对于群众自创简化字没有及时予以制止和正确引导，《第二次汉字简化方案（草案）》拟定时收入了很多群众创造的新简化字，从而造成"人人可以当仓颉"的社会心理，社会上广泛流行了很多群众自造的简化字。

---

① 唐旬、白英：《适应新形势 推广普通话——访国家语委有关负责人》，《光明日报》1992年6月21日。
② 倪海曙：《倪海曙语文论集》，上海教育出版社1991年版，第535页。
③ 远休：《不要坐而论道》，《深圳特区报》1984年11月2日。

这种社会用字的混乱状况引起了各界人士的焦虑和不安，语文学界和教育界对此尤为关注。有的专家建议发起一个汉字规范化运动："（1）结束旷日持久的'第二次'简化字草案，简化100个字也好，不再简化也好。（2）迅速开始一个全国性的汉字规范化运动，请国务院主持，教育部、文化部、商业部为主要执行单位，由文改会代国务院办理具体工作。（3）所谓规范化，就是实行：a. 严格遵守1956年的《汉字简化方案》和1964年的《简化字总表》；b. 严格遵守从左到右书写；c. 除重印古书外，新出版物必须遵守；d. 一切招牌必须严格遵守，简化字照样可以艺术化；e. 各大城市举行简化字书法展览和比赛；f. 中央电视台在说明和广告上严禁用繁体字。"[1]

第三，信息时代的到来和电子计算机的发展，对语言文字的规范化、标准化提出前所未有的严格要求。实现现代化的关键是科学技术现代化，科学技术现代化的关键在信息化，没有信息化，工业、农业、国防、科技就不能实现现代化。20世纪八九十年代，世界正处于信息化迅速发展的时代。1993年底，中国正式启动了国民经济信息化的起步工程——"三金工程"。三金工程即"金桥工程""金卡工程""金关工程"。"金桥工程"首先建立国家共用经济信息网，具体目标是建立一个覆盖全国并与国务院各部委专用网连接的国家共用经济信息网；"金关工程"是对国家外贸企业的信息系统实行联网，推广电子数据交换技术（EDI），实行无纸贸易的外贸信息管理工程；"金卡工程"则是以推广使用"信息卡"和"现金卡"为目标的货币电子化工程。语言文字工作与信息化的关系越来越密切，因为无论是智能化电子计算机的研制、电子计算机的普及和应用，还是各种类型各种用途的软件的开发，都必须以语言文字的各种规范为前提和基础。

在20世纪70年代已经开展的汉字信息处理系统的研制中，新中国成立以来的汉字规范化成果以及文字改革的其他成果，对汉字信息处理系统制定各项有关标准确实起到了不可低估的作用。如淘汰异体字，淘汰复音、生僻的计量用字，更改地名生僻字，国务院公布的简化字，现代汉语用字字形的规范，以及公布《汉语拼音方案》，普通话异读词审

---

[1] 周有光：《乱用字的问题亟待解决》，《文字改革》1985年第1期。

音成果等，都为研究拟订汉字字形输入编码方案、汉字字音输入编码方案以及汉语拼音语词输入方案提供了标准依据，起到积极的促进作用；1964年文化部和中国文字改革委员会发布的《印刷通用汉字字形表》，为现代汉语通用字的数量确定了标准，并对汉字笔形次序进行了规范；文化部、教育部、语言研究所、文改会组成的查字法整理工作组拟订的"部首查字法""笔形查字法""拼音字母查字法"草案，以及现代汉语字频统计成果等，为研制GB2312—80国家标准《信息交换用汉字编码字符集（基本集）》提供了规范和科学依据。

随着中文信息处理的深入发展，计算机汉字自动识别和语音识别的研究已提上日程。这就对语言文字的规范和应用提出了更多、更高、更迫切的要求：要求加强现代汉语词汇研究，确定分词标准；要求编写适合计算机使用以及其他各方面需要的规范性词典；对普通话语音系统进行分析和合成，为语音识别、声控设备的研制提供必要的数据；要求扩大现代汉语异读词审音范围；要求确定汉字笔画种类、汉字书写笔顺、汉字部件及其结构方式的规范或进一步规范；要求解决汉语拼音的同音字和同音词的区分问题，制订汉语拼音正词法标准；要求对科学名词、术语以及外来词等进行规范；要求对人名、地名用字进行规范；等等。这使得新时期语言文字工作的地位出现前所未有的变化，以往的语言文字工作的任务、观念也随之调整和更新。正如胡乔木所说："语言文字本身是历史的产物，语言文字工作也是跟着历史的发展和社会的需要而发展的。"[1]

第四，汉字信息化处理的成功实践，深化了人们对于汉字的认识，激发了对于文字改革拼音化方向的质疑。20世纪70年代末80年代初，汉字信息处理工作取得了显著进展。80年代初期，国内研究的汉字输入方案已达500余种。归纳起来，主要有四种类型：（1）以汉字字形分解输入为主的编码方案。其中有汉字部件输入编码方案、笔形输入编码方案，以及其他类型的字形输入编码方案。（2）以汉字字音输入为主的编码方案。其中汉语拼音输入已不属于编码，也比其他编码方案简便，但要解决同音字词问题。（3）汉字字形与字音结合输入编码方案。（4）整

---

[1] 《胡乔木同志在全国语言文字工作会议闭幕式上的讲话》，《语文建设》1986年第Z1期。

字输入的方案。此外，还有号码输入方案等。与此同时，国家开始了研制汉字信息处理交换用汉字编码字符集的工作，当时电子工业部 15 所为研制编码的主办单位，中国文字改革委员会参与这项工作。1981 年发布国家标准 GB2312—80《信息处理交换用汉字编码字符集·基本集》，收入 6763 个汉字，其中一级常用字有 3755 个，按汉语拼音字母顺序排列。读音相同的字，按一、丨、丿、丶、フ 的笔形次序排列。二级次常用字有 3008 个，按部首排列，同部首的字按笔画多少排列，笔画少的排在前，笔画多的排在后，同笔画的字，仍按一、丨、丿、丶、フ 的笔形次序排列。

汉字信息处理工程的阶段性成功，改变了人们对汉字不能适应现代化的传统认识。20 世纪上半叶乃至中叶，由于拼音文字易于机械化处理，而汉字字数繁多，不宜利用机械方法进行处理，所以人们认为汉字要实现现代化，只有走拉丁化的道路。随着汉字的计算机处理技术日益成熟，以及汉字编码、输入、存储、编辑、输出和传输的有效解决，汉字成功进入计算机系统，从而改变了长期以来人们对汉字不能有效适应现代化需要的认识，并引发人们对于文字改革拼音化方向的质疑。

20 世纪 50 年代中共中央在确立文字改革三大任务时，明确指出，关于汉字的前途问题不是新中国文字改革的范围，但是大家可以讨论争鸣。此后，广大群众对于拼音文字热情很高，很多人热衷于设计拼音文字，1958—1980 年，群众自行设计的拼音文字方案就达 1667 种。[①] 也有很多人对文字改革有误解，认为文字改革就是废除汉字，实行拼音文字。20 世纪 80 年代初期，文字改革工作者就人们的误解作了澄清和解释[②]，但是社会上反对文字改革拼音化的言论仍然与日俱增。他们提出要辩证地看待汉字的繁难，因为汉字可以适应信息化时代需求。如有人指出，汉字繁难论中的"难"，"有的属实，有的不应由汉字负责，有的则是颠倒事实。就说难认和难记吧，是指认记字音、字形和字义的困难，这已包括在难念、难读、难写之中，不应另立罪款。……要说难用，首先应

---

① 中国人民大学语言文字研究所拼音文字研究室：《群众自拟拼音文字方案整理报告（1958—1980）》，《文字改革》1982 年第 2 期。

② 参见周有光《关于文字改革的误解和理解》，《文字改革》1982 年第 2 期；倪海曙：《改而不废（文改对话之一）》，《文字改革》1983 年第 6 期。

搞清'谁为谁用'这一根本问题。打字和印刷是用来加速文字书写的手段，电报是用来加速文字传递的手段，因此现行的打字机、印刷机和编码译传电报用于汉字是落后的、笨拙的；不能本末倒置，倒打一耙，说成汉字对它们难用。……何况，现用打字机、计算机、机械化印刷排版对汉字难用的状况，只不过是暂时的现象，随着科技的发展，肯定会逐步解决"。他们承认汉字难念、难写是事实，必须改进，但是"汉字难读，根本不符合事实，正好相反，在文字的这一主要职能上，汉字却具有任何拼音文字都无法与之相比的优越性"[1]。基于这种认识，他们提出，如果把汉字改成按词成形的拉丁化拼音文字，纯粹是"弃长就短"，所以主张不要把汉字拉丁化作为中国文字改革的方向，认为走拉丁化的道路，会拖现代化的后腿。[2]

在这种形势下，语言文字如何发挥在社会主义现代化建设中的地位和作用，如何确定新时期语言文字工作方针和主要任务，成为党中央关注的问题，并很快提上工作日程。

## 二 确定新时期语言文字工作方针和主要任务

在探讨如何确定新时期语言文字工作方针和主要任务的过程中，中央书记处书记万里、胡乔木等中央领导同志发表了指导意见。如，1985年，万里认为："现在不宜明确提实行汉语拼音文字。这样提没有积极意义，反而有消极作用，有人会有反感，中央也通不过"，"要很好地考虑，以免求快，结果适得其反。"万里也不赞成过多地简化汉字，认为简得太多了，大家不认识，他也不认识。[3] 胡乔木指出，文字改革"要稳步进行，不能操之过急"，"急了，大家通不过，人大和政协通不过，中央也通不过"；他建议把中国文字改革委员会改名为"国家语言文字工作委员会"，这样就可以把新时期的字形字音标准化、计算机的语言文字处理、推广普通话等许多工作包括在内，有利于开展工作，适合国

---

[1] 段生农：《汉字拉丁化质疑》，《北京师范大学学报》（社会科学版）1981年第5期。
[2] 参见关甲《重新论证文字改革的方向》，《文字改革》1985年第5期；段生农《汉字拉丁化质疑》，《北京师范大学学报》（社会科学版）1981年第5期。
[3] 《胡乔木谈语言文字》（修订版），人民出版社2015年版，第309—310页。

家和社会需要。① 这些意见对于确定新时期语言文字工作方针和主要任务起到了重要的指导性作用。

根据万里、胡乔木等人的意见，中国文字改革委员会写出《关于语言文字工作几个问题的请示报告》，并于1985年9月向中央提交了报告。该报告总结新中国成立30年来文字改革工作的成绩，分析当时亟待解决的几个问题，阐述新时期语言文字工作的基本方针和具体任务；并提出将原机构名称改为国家语言文字工作委员会的请求，同时建议将第二次全国文字改革会议的名称也相应地改为全国语言文字工作会议。

中央对于新时期语言文字工作极为重视。中共中央总书记胡耀邦亲自主持中央书记处会议，讨论中国文字改革委员会的报告。书记处许多同志发表了意见，最后由胡耀邦作了总结，指出当前要促进语言文字的规范化、标准化，一是要大力推广普通话；二是汉字是国家的法定文字，已有的简化成果要稳定下来，规范用字，不准任意简化；三是拉丁化拼音只作为语音符号使用。胡耀邦亲自签字批准该报告，并决定全国语言文字工作会议由国家教委和国家语委共同负责召开。② 1985年12月16日，国务院发出将中国文字改革委员会改名为国家语言文字工作委员会（简称"国家语委"）的通知，指出国家语言文字工作委员会仍为国务院的直属机构，其主要职责是：贯彻执行国家关于语言文字工作的方针、政策和法令，促进语言文字的规范化、标准化，继续推动文字改革工作，并做好有关的社会服务工作；少数民族语言文字工作仍由国家民族事务委员会管理。中国文字改革委员会更名为国家语委，反映了国家语言文字工作的新定位，"说明工作范围已从文字改革扩大到促进语言文字的规范化和标准化，以及其他有关工作，内容比以前增多了"③，标志着国家语言文字工作重点出现重要转折。

1986年1月6—13日，由国家教育委员会和国家语言文字工作委员会联合召开的全国语言文字工作会议在北京举行。这是继1955年10月全国文字改革会议之后又一次全国性的重要会议。万里出席开幕式并代

---

① 《胡乔木谈语言文字》（修订版），人民出版社2015年版，第309、310、311页。
② 参见刘导生《我在国家语委的难忘经历》，《秘书工作》2009年第5期。
③ 《关于我国当前的语言文字工作——陈章太答本刊记者问》，《瞭望》1986年第14期。

表党中央和国务院作重要讲话,肯定了1955年以来国家语言文字工作取得的显著成绩,指出语言文字是人们的交际工具,是信息的载体;加强语言文字的规范化、标准化,对社会发展、科技进步和文化教育水平提高,都有重要的意义;语言文字的运用是否合乎规范、标准,往往反映一个国家、一个民族的文明程度。[①] 国家语委主任刘导生作题为《新时期的语言文字工作》的主题报告,确定新时期语言文字工作的方针是:贯彻执行国家关于语言文字工作的政策法令,促进语言文字规范化、标准化,继续推动文字改革工作,使语言文字在社会主义现代化建设中更好地发挥作用。当前语言文字工作的主要任务是:做好现代汉语规范化工作,大力推广和积极普及普通话;研究和整理现行汉字,制定各项有关标准;进一步推行《汉语拼音方案》,研究并解决实际使用中的有关问题;研究汉语汉字信息处理问题,参与鉴定有关成果;加强语言文字的基础研究和应用研究,做好社会调查和社会咨询、服务工作。[②] 胡乔木在闭幕式上发表讲话,肯定新中国成立以来语言文字工作取得的巨大成就,指出当前的任务就是要充分消化、充分巩固、充分发展已经取得的成果和成就。

总体来看,这次会议所确定的语言文字工作方针和主要任务,与社会主义革命和建设时期的文字改革有所不同,使新时期语言文字工作更能适应改革开放和社会主义现代化建设的需要。

第一,新时期语言文字工作重点是加强语言文字的规范化和标准化。这次会议深化了对语言文字的认识,指出"为了适应社会发展和人们交际的需要,语言文字不断发展变化,同时又保持相对稳定。这是语言文字演变的基本规律。语言文字工作必须遵循这一客观规律,顺乎自然,因势利导,做促进工作"。20世纪50年代开展的文字改革,是新中国文化建设事业的一个重要组成部分,既是当时社会现实的需要,也是历史发展的必然。经过30多年的发展,文字改革在简化汉字、推广普通话、制定和推行《汉语拼音方案》方面取得了显著的成绩。新时期"需要充

---

[①] 全国语言文字工作会议秘书处编:《新时期的语言文字工作——全国语言文字工作会议文件汇编(1986年1月)》,语文出版社1987年版,第13、14页。

[②] 全国语言文字工作会议秘书处编:《新时期的语言文字工作——全国语言文字工作会议文件汇编(1986年1月)》,语文出版社1987年版,第23页。

分消化、巩固和发展这一历史性重要成果",新的形势也对语言文字工作提出了新的要求,因此,促进语言文字规范化、标准化成为中心工作。文字改革工作"还要继续进行,尚未完成的任务还要继续完成",但是文字改革"必须稳步进行,不能急于求成;脱离实际超越历史条件的改革,是得不到大多数人支持的"。①

第二,推广普通话成为新时期语言文字工作的首要任务,重点放在大力推行和积极普及方面。新时期之所以把推广普通话作为语言文字的首要任务,是出于三方面考虑:(1)中共十一届三中全会以来,党和国家各方面政策作了符合实际的调整,大大加快了社会主义现代化建设进程。大力推广和积极普及普通话,可以消除方言隔阂,沟通民族语言,有利于空前繁荣的社会交往,有利于扩大商品流通和建立国内统一市场,有利于加强人民团结和民族团结,借此推动大好形势进一步发展。(2)新时期,以"四个现代化"为重点的现代化建设,特别是文化教育的普及和提高、科学技术的进步和发展、传声技术的现代化、计算机语音输入和语音识别的研究,都对推广普通话提出了新的要求。(3)随着对外开放政策的贯彻执行,国际往来和国际交流越来越多,进一步推广普通话,可以减少语言交际的困难,促进国际交往。这次会议强调"各级各类学校,以及与群众接触面较广的部门仍然是推广普通话的重点。在新的形势下,大中城市尤其是沿海开放城市,也应该列为重点。必须指出,学校是推广普通话的重点,但是如果只抓学校而放松社会,学校推广普通话的成果也不容易巩固。学校和社会的推广普通话工作都不是孤立的。两者应该互相促进"②。

第三,新时期强调现行汉字的整理和各项用字标准的制定,没有单独提出简化汉字的任务。简化汉字在20世纪50年代党中央确定的文字改革三项任务中被列为第一项,这是根据当时的具体情况和实际需要提出来的。新中国成立以后,为了扫除文盲和普及教育,尽快提高民族文化水平,以推动社会主义各项事业的发展,需要解决汉字的难学难写问

---

① 全国语言文字工作会议秘书处编:《新时期的语言文字工作——全国语言文字工作会议文件汇编(1986年1月)》,语文出版社1987年版,第3—4页。

② 全国语言文字工作会议秘书处编:《新时期的语言文字工作——全国语言文字工作会议文件汇编(1986年1月)》,语文出版社1987年版,第26页。

题，以减轻初学者的学习负担，因此简化汉字便成为紧迫的任务。第一批公布的简化字，包括偏旁类推字，共 2236 个。这批简化字推行后，取得了实效，缓和了常用汉字难学难写的矛盾。1977 年发表的《第二批汉字简化方案（草案）》，字数简得过多，试用要求过急，有些简化得不合理，试用中效果不好。新时期人们迫切希望现行汉字字形在一个时期内能保持相对稳定，简化汉字的任务已不是十分紧迫了，所以新时期语言文字工作的主要任务没有单独列出简化汉字工作。会议指出："当前语言文字工作的主要任务中没有单独列出简化汉字工作，而把它包括在研究和整理现行汉字的任务中。这并不是说今后简化汉字工作不再进行了。无论从汉字演变的历史看，或是从社会的实际需要看，今后汉字不再简化都是不可能的。只是汉字简化不能过快过急，汉字的形体不能老处于变动之中。今后对汉字的简化应持极其慎重的态度。"[1]

第四，把中文信息处理纳入新时期语言文字工作范围。20 世纪 80 年代初，电子计算机技术的发展把人们带到一个崭新的信息化时代。这个时代对语言信息处理提出了更高的要求，这就迫使语言文字工作必须紧密配合语言信息处理，共同适应时代的要求。20 世纪 70 年代末以来，汉字信息处理系统尤其是汉字输入编码工作取得了显著成绩，到 80 年代中期，方块汉字输入计算机的方法大致有五类，即编码输入法、点触式整字输入法、手写输入法、印刷体光学输入法、声音输入法。其中，编码输入法又有拼音法、声形编码法、形声编码法、字形分解法四种，这四种编码法都是在对语言文字的结构、规律和人们的使用习惯等进行研究分析后得出的成果。但总体上看，中国电子计算机事业起步较晚，中文信息处理有许多问题有待解决，信息处理技术有待提高，总体规划需尽早研究拟订，这些问题都有待语言文字工作者和计算机科学家共同开发和完成。因此，新时期语言文字工作把中文信息处理纳为主要内容。

第五，强调语言文字的社会服务工作。20 世纪 70 年代末 80 年代初，社会上对文字的使用不够规范，出现了比较混乱的现象。对于这种情况，这次会议强调"应当采取包括行政办法在内的有效措施予以

---

[1] 全国语言文字工作会议秘书处编：《新时期的语言文字工作——全国语言文字工作会议文件汇编（1986 年 1 月）》，语文出版社 1987 年版，第 325—326 页。

纠正"①。社会用字的问题是很复杂的，要从根本上纠正社会用字的混乱，需要认真细致的调查研究，采取切实可行的措施。因此，加强文字管理，做好语言文字社会服务工作也是新时期主要工作内容。

总之，这次会议根据改革开放新时期社会主义现代化建设形势的需要，对国家语言文字工作重点进行调整和规划，开启了新时期语言文字工作的新局面，在中国语文现代化历史上具有里程碑意义。

根据党中央和全国语言文字工作会议精神，1986年5月，国家语言文字工作委员会向国务院提交《关于废止〈第二次汉字简化方案（草案）〉和纠正社会用字混乱现象的请示》。6月24日，国务院批转这一请示，明确规定："一九七七年十二月二十日发表的《第二次汉字简化方案（草案）》，自本通知下达之日起停止使用。今后，对汉字的简化应持谨慎态度，使汉字的形体在一个时期内保持相对稳定，以利于社会应用。……为便利人们正确使用简化字，请《人民日报》、《光明日报》以及其他有关报刊重新发表《简化字总表》。"②至此，"文化大革命"时期遗留下来的"二简字"问题得到彻底解决。

### 三　加强对新时期语言文字工作的指导

党中央对于新时期语言文字工作高度重视，健全语言文字工作机构，加强对语言文字工作的指导，积极推进语言文字工作的法制化进程。

（一）健全语言文字工作机构

1988年12月，国务院召开国家机构编制委员会第十一次会议，审议并批准《国家语言文字工作委员会"三定"方案》，明确国家语言文字工作委员会是国务院主管全国语言文字工作的部门，其主要职能是：拟定语言文字工作的方针政策，制定语言文字标准，发布语言文字管理办法，促进语言文字的规范化标准化。1988年进行的国务院机构改革，保留了国家语言文字工作委员会，并由国家教委归口管理。1994年2月，国务院批准的国家语言文字工作委员会"三定"方案规定：国家语

---

① 全国语言文字工作会议秘书处编：《新时期的语言文字工作——全国语言文字工作会议文件汇编（1986年1月）》，语文出版社1987年版，第28页。

② 教育部语言文字应用管理司编：《新时期语言文字法规政策文件汇编》，语文出版社2005年版，第28页。

言文字工作委员会为国家教育委员会管理的国家局（副部级）。1998年国务院机构改革，明确"教育部主管国家教育事业和语言文字工作"，"国家语委并入教育部，对外保留牌子"。教育部内设两个职能司局负责语言文字工作：语言文字应用管理司负责拟定语言文字工作的方针、政策和中长期规划；监督检查语言文字的应用情况；指导语言文字改革；组织推行《汉语拼音方案》；指导推广普通话工作以及普通话师资培训工作。语言文字信息管理司负责研究并审定语言文字标准和规范，制定语言文字信息处理标准；指导地方文字规范化建设；负责少数民族语言文字规范化工作，指导少数民族语言文字信息处理的研究与应用。国家语委的职责明确为拟定国家语言文字工作的方针、政策；编制语言文字工作中长期规划；制定汉语和少数民族语言文字的规范和标准并组织协调监督检查；指导推广普通话工作。2006年，国家语委换届后，由教育部、国家民委、民政部、人事部、信息产业部、文化部、国家广电总局、国家工商总局、新闻出版总署、国家质检总局、中科院、社科院、团中央、全国妇联、全国总工会、解放军总政宣传部等16个部委组成国家语委委员，主要对语言文字工作的规划、计划、相关政策及重大工作事项进行研讨决策，加强对委员单位所在部门和行业系统语言文字工作的指导推动，发挥决策指导和协调功能。

与此同时，地方语言文字工作机构不断健全。截至2011年底，全国31个省、自治区、直辖市和新疆生产建设兵团以及2/3的地（市）、县（区）设有语言文字工作机构，多数大中城市的机构延伸到区县、街道、社区，语言文字工作机构总体上得到加强。

在全国语言文字工作体系中，还建立健全了议事协调机制，主要包括：逐步建立健全了年度语言文字工作会议、语委咨询委员会会议、语委全体委员会议，外语中文译写规范部际联席会议，以及各专业机构、专项工作组等制度和组织；先后制定完善了《国家语委语言文字规范（标准）审定委员会章程》《国家语委语言文字规范（标准）管理办法》等规章，保证语言文字规范化、标准化工作运行更加科学规范。新世纪，语言文字领域初步形成"行政推动、部门协同、专家支持、社会参与"的工作格局。

（二）加强对语言文字工作的指导

20世纪八九十年代，中共中央和国务院根据形势需要，重点指导加强语言文字规范化、标准化建设。1992年11月6日，针对新时期语言文字工作中存在的对语言文字工作的方针政策宣传不力，必要的行政管理工作跟不上，社会上的语言文字规范意识比较淡薄，语言文字应用中的混乱现象还相当严重等问题，国务院批转了国家语言文字工作委员会《关于当前语言文字工作请示》，指出"语言文字工作关系到国家的统一、民族的团结、社会的进步和国际的交往；实现语言文字规范化、标准化，是普及文化教育、发展科学技术、提高工作效率的一项基础工程，对社会主义物质文明建设和精神文明建设具有重要意义，必须给予高度的重视"，要求各级人民政府和有关部门"大力推广普通话，促进汉语规范化"，"推广普通话，促进汉语规范化，是我国新时期语言文字工作的首要任务"；"加强社会用字管理，促进汉字规范化"；"继续推行《汉语拼音方案》，扩大使用范围"；"加强语言文字标准的研制，适应信息处理技术发展的需要"；"加速语言文字应用管理的立法工作"；"加强领导，做好语言文字工作"；"使语言文字更好地为社会主义现代化建设服务"。[1]

为了对跨世纪的语言文字工作作出部署，1997年12月23—26日在北京召开全国语言文字工作会议。李岚清发表书面讲话，明确指出跨世纪语言文字工作的方向是"坚持为社会主义现代化建设服务的方向"，根本任务是"使语言文字社会应用的规范化、标准化水平与我国经济、科技、社会发展水平相适应，为提高全民族科学文化素质、解放发展生产力服务。到本世纪末至下世纪初叶，推广普通话工作应有大的进展"，并从"尊重规律、重在建设"的角度，提出当前语言文字工作的宏观管理要抓好四个方面的工作：一是要发挥教育的基础作用。各级各类学校，特别是中小学校、师范院校要继续把说好普通话，写好规范字，提高语言文字能力作为素质教育的重要内容，首先使普通话成为校园语言，教师要成为说好普通话、写好规范字的模范。各级教育行政部门要将这方面的要求作为管理、督导和教师考核的内容。二是要发挥国家公务员的带头作用。把"说普通话"列入对公务员的要求；公务员和教师一样，要带头说普通话。希望今后能有个具体规定，逐步实施。三是要发挥新闻出版、广播、影视等媒体

---

[1] 《国务院批转国家语委关于当前语言文字工作请示的通知》，《中华人民共和国国务院公报》1992年第27期。

的示范普及作用。新闻出版和广电系统除特殊要求者外，必须继续执行国家语言文字各项规范和标准，在用语用字方面真正成为全社会的榜样。四是所有公共场所的标牌、宣传标语和广告、霓虹灯必须用语正确、文字规范、字形完整；其中手书字提倡写规范字，但中国文字也是一种书法艺术，不必苛求。手书的店名凡使用了繁体字的，应当在明显的位置再配放用规范字标注的店名，以便公众识别。[1]

这次会议聚焦跨世纪的语言文字工作，提出到 21 世纪语言文字工作的奋斗目标，主要包括：2010 年以前，建立并完善语言文字法规体系；普通话在全国范围内初步普及，交际中的方言隔阂基本消除，受过中等及以上教育的公民具备普通话的应用能力，并在必要的场合自觉地使用普通话，与口语表达密切相关行业的工作人员，其普通话水平达到相应的要求；汉字的社会应用基本规范，社会用字混乱现象得到有效的遏制，出版物用字、影视屏幕用字和计算机用字达到较高的规范水平；汉语拼音应用范围进一步扩大，扭转拼写中的不规范现象；建立起有效的中文信息处理管理制度，做到凡面向社会推广的中文信息技术产品，均经过国家语言文字工作主管部门在语言文字规范标准方面的审查认定。达到这一目标，将为实现 21 世纪中叶的宏伟目标奠定坚实的基础。21 世纪中叶以前，语言文字规范标准和各项管理制度更加完善；普通话在全国范围内普及，交际中没有方言隔阂；语言文字规范化、标准化水平显著提高；中文信息技术产品在语言文字规范标准方面实现较高水平的优化统一。经过未来四五十年的不懈努力，国民语文素质将大幅度提高，语言文字的社会应用更加适应社会主义经济、政治、文化建设的需要，形成与中等发达国家水平相适应的良好的语言文字环境。[2]

这次会议承前启后、继往开来，是确定语言文字工作跨世纪奋斗目标和工作任务的一次重要会议，对积极、稳妥、逐步地推进语言文字工作，开拓新世纪语言文字工作新局面，发挥了重要的推动作用。

新世纪，中共中央和国务院继续加大对语言文字工作的支持力度。

---

[1] 教育部语言文字应用管理司编：《新时期语言文字法规政策文件汇编》，语文出版社 2005 年版，第 295、296 页。

[2] 教育部语言文字应用管理司编：《新时期语言文字法规政策文件汇编》，语文出版社 2005 年版，第 309—310 页。

2001年起，为了加快推进语言文字规范化，教育部、国家语委从基本国情出发，组织开展城市语言文字工作评估。该项工作主要用10年左右时间，分三个阶段对城市全面开展评估工作，逐步完成对城市语言文字工作的检验认定。截至2011年底，237个二类城市（地级市的市区部分）、484个三类城市（县级市及县的政府所在镇）通过达标认定；至2012年底，全国36个一类城市（直辖市、省会城市和自治区首府及计划单列市的市区部分）全部评估达标。

2011年10月，中共十七届六中全会通过的《中共中央关于深化文化体制改革推动社会主义文化大发展大繁荣若干重大问题的决定》，强调建设优秀传统文化传承体系、维护民族文化基本元素，指出要"大力推广和规范使用国家通用语言文字，科学保护各民族语言文字"[1]。这是中国共产党第一次在中央全会的主要文件中对语言文字工作提出明确要求，突显了语言文字在社会主义文化建设中的战略地位，体现了中共中央对语言文字事业的高度重视。

### 四 积极推进语言文字工作的法制化进程

改革开放以后，语文生活日益活跃，新词新语层出不穷。在这一过程中，出现了滥用繁体字、谐音改成语、汉语拼音应用混乱、方言使用范围扩大等诸多语言文字不规范现象，迫切需要语言文字部门的法治管理。1997年，中共十五大提出了"建设社会主义法治国家"的目标。社会主义民主法制建设赋予了新时期语言文字工作新的时代特征，即依法行政、依法管理语言文字工作。因此，法制化成为新时期语言文字工作的重心之一。

1982年修改的《中华人民共和国宪法》把普通话载入其中，规定"国家推广全国通用的普通话"。从此，普通话具有了明确的法律地位，成为全国通用的语言。1990—1996年，全国人大代表和全国政协委员关于语言文字问题的议案和提案97项，其中要求语言文字立法的议案达28项。[2] 将语言文字工作纳入法制轨道已经势在必行。1996年10月，

---

[1]《十七大以来重要文献选编》（下），中央文献出版社2013年版，第572页。
[2] 王雷鸣：《规范语言文字已有法可依》，《人民日报》2001年2月14日。

八届全国人大常委会第二十二次会议同意由全国人大教科文卫委员会牵头、国家语言文字工作委员会配合起草《中华人民共和国语言文字法》，并列入1997年全国人大常委会的立法计划。《中华人民共和国语言文字法》的起草工作于1997年1月开始启动，起草班子对北京、上海、江苏、山东、云南、四川、新疆、辽宁、吉林、黑龙江等10个省、自治区、直辖市的30个市州县的语言文字使用情况进行了立法调研，同时进行国外立法调研，召开多次座谈会，在总结语言文字管理工作的经验、借鉴国外语言立法经验和吸收各方面修改意见的基础上，经过反复讨论、反复修改，数易其稿，形成《中华人民共和国语言文字法（草案）》，于1997年9月全国人大教科文卫委员会第四十九次会议讨论通过，报全国人大常委会审议。2000年2月，全国人大常委会委员长会议决定将法律名称改为《中华人民共和国国家通用语言文字法》。2000年10月31日，九届全国人大常委会第十八次会议审议通过《中华人民共和国国家通用语言文字法》。

《中华人民共和国国家通用语言文字法》自2001年1月1日起施行。该法科学地总结了新中国成立50多年来语言文字工作的成功经验，第一次以法律形式确定普通话和规范汉字作为国家通用语言文字的法律地位，规定国家通用语言文字以《汉语拼音方案》作为拼写和注音工具。这部法律的颁布实施是语文生活中的一件大事，标志着中国语言文字规范化、标准化工作开始走上法制轨道，对语言文字的社会应用管理进入一个新的发展时期。

围绕《中华人民共和国国家通用语言文字法》这部国家语言文字专项法律，全国各省、市、自治区及各相关部门相继制定地方和部门通用语言文字法规或实施条例，初步形成了国家语言文字法律体系。截至2007年，中国已有31部地方贯彻实施国家通用语言文字法的法规或规章出台。此外，教育法、义务教育法等教育领域和广播电视、广告、地名等领域的法规、规章中也对推广普通话、推行规范汉字和汉语拼音方案作出了明确规定。这些法律法规为维护公民语言权利、促进国家语言文字方针政策的贯彻实施及推广普及国家通用语言文字提供了重要保障，使国家通用语言文字的教育与普及工作走上依法行政的轨道。

## 第二节　推广普通话成为语言文字工作首要任务

1986年全国语言文字工作会议之后，国家就把推广普通话作为语言文字工作的首要任务。1992年11月6日，国务院批转国家语委《关于当前语言文字工作的请示》，再次指出："推广规范的、全国通用的语言，是经济和社会发展的需要，是任何一个工业化国家所必须完成的社会历史任务"，"推广普通话，促进汉语规范化，是我国新时期语言文字工作的首要任务。"[①] 根据新时期社会主义现代化建设的需要，国家语委及时调整推广普通话工作的方针、目标和工作思路，使推广普通话工作有声有色地开展起来。

### 一　新时期推广普通话的方针和目标

（一）新时期推广普通话的新方针

如前所述，20世纪50年代确立了"大力提倡，重点推行，逐步普及"推广普通话工作方针，指导推广普通话工作取得很大成绩。改革开放以来，政治、经济、文化、社会等各项建设发生巨大变化，大力推行、积极普及全国通用的普通话已经成为经济和社会发展的迫切需求。其一，推广和普及普通话是改革开放后全社会的紧迫需求。随着改革开放的发展，商品经济大潮使广大城乡人民从原来的封闭式小圈子里走出来，跨出乡里，走向全国。为保证各种交流畅通无阻和整个社会高效协调运转，就必须推广国家通用的语言文字。中国有56个民族，70多种语言，现代汉语还有各大方言区，没有规范化、标准化程度较高的信息交流载体，经济建设必然受到阻碍，全面建设小康社会的目标也难以实现。因此，必须学好普通话，普及普通话。其二，推广和普及普通话是中文信息化的要求。随着高新技术的发展，中文信息处理技术、人机界面技术和人工智能技术都要求语言文字不断提高规范化程度。这就必须大力普及普

---

① 教育部语言文字应用管理司编：《新时期语言文字法规政策文件汇编》，语文出版社2005年版，第33、34页。

通话，逐步提高普通话水平，为语音自动识别创造良好的前提条件。其三，推广和普及普通话是社会主义精神文明建设的需要。一个国家和民族的语言规范程度，是衡量这个国家和民族文明程度的标志之一。所以，推广普通话不仅是经济、科技、教育发展的需要，也是社会主义精神文明建设的重要内容。

更重要的是，推广全国通用的普通话已经载入1982年宪法，推广普通话工作成为一种执法行为，而不只是提倡的问题。1982年12月，五届全国人民代表大会五次会议通过《中华人民共和国宪法》，写入推广普通话的内容，第十九条第四款规定："国家推广全国通用的普通话"。国家根本法的法律保障成为推广普通话工作的强大动力。1982年12月21日，教育部、中国文字改革委员会、人民解放军总政治部、中国共产主义青年团中央委员会、中华全国总工会、中华全国妇女联合会、公安部、商业部、铁道部、交通部、邮电部、城乡建设环境保护部、文化部、广播电视部、国家旅游局等15个单位向全社会发出《大家都来说普通话倡议书》。倡议书指出："在党的十一届三中全会以后，这项（推广普通话）工作开始恢复，有了一些进展，但还不能适应形势发展的需要。党的十二大制定了开创社会主义现代化建设新局面的伟大纲领。现在，五届人大五次会议通过的新宪法已经载明'国家推广全国通用的普通话'的条款。全国人民正认真贯彻十二大精神，学习和执行新宪法，沿着十二大指引的方向，满腔热情地从事伟大的社会主义现代化建设。大力推广普通话，消除方言隔阂，已成为更加迫切的任务。它是关系到国家的统一、人民的团结、社会的进步的大事，是建设社会主义的物质文明和精神文明、建设社会主义的民主和法制必不可少的措施"，号召"各地、各级领导部门都来关心推广普通话工作，各行各业的同志们，特别是青少年，都来学习普通话、说普通话、做推广普通话的促进派"。[①]

在这种形势下，20世纪50年代确立的推广普通话方针已经不能适应改革开放实践的需要，新的推广普通话工作方针呼之欲出。1986年1月，全国语言文字工作会议提出推广和普及普通话是当前语言文字工作的一项重要任务，指出："中央过去制订的'大力提倡，重点推行，逐

---

[①] 《大家都来说普通话倡议书》，《人民日报》1982年12月23日。

第三章　改革开放新时期语文现代化的稳步发展　　215

步普及'的推普方针，实践证明是完全正确的，应当继续贯彻执行。但是，形势发展了，推广普通话工作要有新的要求，重点应当放在大力推行和积极普及方面。"① 这样，"大力提倡，重点推行"变为"大力推行"，"逐步普及"变为"积极普及"。到20世纪90年代初，教育的发展和广播电视的普及使全民文化素质大大提高，在全国范围内大力推行和积极普及普通话并逐步提高人民群众的普通话水平，已经具备了较好的基础。因此，1992年10月国家语委发布的《国家语言文字工作十年规划和"八五"计划纲要》规定："推广普通话是新时期语言文字工作的首要任务，必须大力推行，积极普及，逐步提高，在深度和广度上要上一个新的台阶。"② 推广普通话工作方针由"大力提倡，重点推行，逐步普及"调整为"大力推行，积极普及，逐步提高"这12字方针，有力引领了改革开放新时期的全国推广普通话工作。

（二）新时期推广普通话的新目标

1997年12月召开的全国语言文字工作会议，提出新世纪推广普通话工作目标，即2010年以前，普通话在全国范围内初步普及，交际中的方言隔阂基本消除，受过中等和中等以上教育的公民具备普通话的应用能力，并在必要的场合自觉地使用普通话，与口语表达密切相关行业的工作人员，其普通话水平达到相应的要求；21世纪中叶以前，普通话在全国范围内普及，交际中没有方言隔阂。2000年10月，《中华人民共和国国家通用语言文字法》的颁布，使推广普通话工作全面走上法治道路。国家通用语言文字法明确规定普通话是国家机关的公务用语，是学校及其他教育机构的基本教育教学用语，是广播电台、电视台基本的播音用语，提倡公共服务行业以普通话为服务用语。③ 国家通用语言文字法的这些规定，为新世纪推广普通话工作提供了强大坚实的法律保证。

为实现新世纪推广普通话工作目标，2001年《国家语言文字工作"十

---

①　教育部语言文字应用管理司编：《新时期语言文字法规政策文件汇编》，语文出版社2005年版，第278页。

②　教育部语言文字应用管理司编：《新时期语言文字法规政策文件汇编》，语文出版社2005年版，第259页。

③　教育部语言文字应用管理司编：《新时期语言文字法规政策文件汇编》，语文出版社2005年版，第5—6页。

五"计划》提出坚持"一个中心，四个重点领域，三项基本措施"的工作思路，"一个中心"即以城市为中心，"四个重点领域"即"以学校为基础，以党政机关为龙头，以新闻媒体为榜样，以公共服务行业为窗口"，"三项基本措施"即"目标管理、量化评估，普通话水平测试，推广普通话宣传周"。[1] 按照这一思路，新世纪推广普通话工作全面开展起来。

## 二 新时期推广普通话的新举措

改革开放新时期，国家推广普及普通话采取三项新的基本措施，即对城市、行业和单位的语言文字工作实行目标管理、量化评估，对特定岗位人员进行普通话水平测试，并以全国推广普通话宣传周为中心开展宣传教育活动。

（一）"目标管理，量化评估"

"目标管理，量化评估"是对全国重点地区和部门普及普通话工作进行科学管理的一项办法。在这一办法的指导下，重点地区、重点领域的推广普通话工作取得很大进展。

1. 城市的推广普通话工作

在开放、旅游城市中，国内外人员交往频繁，信息交流迅速，人们对普通话的需要比其他地区更为迫切。1986年7月24日，国家教委、国家语委、商业部、国家旅游局、城乡建设部、交通部联合发出《关于加强开放、旅游城市推广普通话工作的通知》，各地要认真贯彻全国语言文字工作会议精神，把推广普通话这项工作抓紧抓好。通知对开放、旅游城市的推广普通话工作提出四点要求：（1）在开放、旅游城市推广普通话（主要指市区，下同），要学校、社会一起抓。（2）各级各类学校要在三五年内普及普通话。（3）社会推广普通话要从商业、服务业、交通、旅游等"窗口"行业抓起，重点抓好干部和第一线人员（主要是中青年）的普通话推广工作。（4）各省、自治区、直辖市有关部门应把抓好开放、旅游城市的推广普通话工作列入工作日程。[2] 此后，不少城

---

[1] 教育部语言文字应用管理司编：《新时期语言文字法规政策文件汇编》，语文出版社2005年版，第270页。

[2] 教育部语言文字应用管理司编：《新时期语言文字法规政策文件汇编》，语文出版社2005年版，第141页。

市采取宣传发动、建立机构、配备干部、组织培训、加强管理等多种措施，城市社会推广普通话工作有了明显的进展。

为了交流各地城市推广普通话工作经验，1990年10月23日至26日，国家语委在上海召开全国城市社会推广普通话工作经验交流会。会议期间，各地代表交流了社会推广普通话工作情况和经验，讨论了到20世纪末城市社会推广普通话工作的目标、要求以及应采取的一些切实可行的措施。会议指出，为了适应改革开放和社会主义现代化建设的需要，城市社会推广普通话工作应当更积极，适当加快步伐。城市社会推广普通话工作到20世纪末应争取达到以下目标：各级各类机关、企事业单位干部把普通话作为工作用语；"窗口"行业干部和职工把普通话作为职业用语；广播、电视、电影、话剧要把标准的普通话作为宣传用语；部队干部、战士、公安干警、司法执法人员在工作中一律使用普通话。达到上述目标的步骤是：直辖市、计划单列市、省会、自治区首府、沿海开放城市、经济特区和重点旅游城市争取在1995年底以前达标，其他中小城市和一般旅游城市争取在1998年底以前达标。其中北方话区城市的达标时间一般应早于其他方言区的城市。民族地区城市达标时间由各地根据实际情况确定。由于社会推广普通话涉及群众语言习惯、心理状态以至思想感情，必须讲究工作方法。根据各地多年来的实践经验，会议提出在工作方法上要做到以下几个结合：（1）社会推广普通话是一项群众性的工作，牵涉面广，必须在党和政府统一领导下，发动各有关部门通力合作，条块结合，齐抓共管。（2）宣传教育、启发自觉与适当采取行政措施、建立规章制度相结合。（3）抓评比竞赛等大型活动与深入细致、扎扎实实的工作相结合。（4）从实际出发，分别要求，分类指导，做到普及与提高相结合。（5）抓好推广普通话试验点，做到点面结合，波浪式前进。（6）学校推广普通话与社会推广普通话相结合。[1]

在城市推广普通话工作取得一定成绩的基础上，1995年12月，纪念文字改革和现代汉语规范化工作40周年大会提出了"部分中心城市和经济发达地区率先普及普通话"的要求。1997年12月，全国语言文字工作会议将"九五期间中心城市和经济发达地区要率先初步普及普通

---

[1] 《全国城市社会推广普通话工作经验交流会纪要》，《语文建设》1991年第1期。

话"列为跨世纪语言文字工作的主要任务之一。① 这是推广普通话工作40多年来的一个阶段性飞跃，是全国普及普通话历史进程中一个十分重要的阶段性标志。

为了深入贯彻全国语言文字工作会议精神，1998年12月国家语委在上海召开了"城市语言文字工作观摩研讨会"，对城市语言文字工作进行了部署。会后，教育部、国家语委印发《关于进一步发挥城市的中心作用，全面推进语言文字工作的意见》，提出"三类城市、分三个时间段达标"的总体设想，即直辖市、省会、自治区首府、计划单列市的中心市区为一类城市，一般省辖市和地区（州、盟）行署所在城市的中心市区为二类城市，县级政府所在城镇为三类城市。规划一类城市于2002年左右基本达标，实现普通话初步普及；二类城市于2005年左右基本达标，实现普通话初步普及；三类城市于2010年以前基本达标，实现普通话初步普及。② 2000年2月，教育部和国家语委颁布《一类城市语言文字工作评估标准（试行）》和实施细则，全国36个一类城市按照这个标准积极进行自评，取得了促进工作、巩固成绩、扩大战果的效果。经过评估，哈尔滨市首先于2001年宣布实现普通话初步普及，北京市于2002年实现普通话初步普及的目标。2012年底，全国36个一类城市的语言文字工作评估完成，实现普通话初步普及。

2. 重点领域的推广普通话工作

学校是推广普通话工作的第一重点领域。在城市语言文字工作评估中，学校普及普通话占有约1/4的权重。从1986年起至20世纪末，国家语委与国家教委陆续发出多个关于加强中等师范学校、高等师范院校、小学、普通中学、职业中学、普通高校等各级各类学校普及普通话工作的通知③，要求

---

① 教育部语言文字应用管理司编：《新时期语言文字法规政策文件汇编》，语文出版社2005年版，第294、310页。

② 教育部语言文字应用管理司编：《新时期语言文字法规政策文件汇编》，语文出版社2005年版，第185页。

③ 主要有：1986年1月28日国家教委发出的《关于加强中等师范学校学生进行普通话考核的意见》，1990年12月29日国家语委和国家教委联合发布的《关于小学普及普通话的通知》，1991年6月4日国家语委、国家教委发出的《关于对中等师范学校普及普通话工作进行检查验收的通知》，1992年9月21日国家语委、国家教委发布的《关于进一步做好中等师范学校普及普通话工作的通知》，1993年2月20日国家语委和国家教委发出的《关于普通中学普及普通话工作的通知》，1993年12月25日国家语委和国家教委联合发出的《关于职业中学普及普通话的通知》，1994年2月16日国家语委和国家教委发布的《关于进一步做好师范专科学校普及普通话工作的通知》等。

第一步做到让普通话成为教学语言，师生在课堂上都说普通话；第二步做到让普通话成为校园语言，师生员工在教学、会议、宣传和集体活动中都说普通话；对师范专业及其他与口语表达密切相关专业的学生实行普通话不合格暂不发给毕业证书的制度。

为了督促学校推广普通话工作取得实效，从1994年起，教育部门联合语言文字部门，加强了对学校推广普通话工作的检查和评估。1994年8月25日国家教委、国家语委发出《关于对普通中小学普及普通话工作进行检查评估的通知》，1996年9月27日国家教委和国家语委下发《关于印发〈职业中学普及普通话工作评估指导标准〉的通知》。从1994年起，全国各地陆续开始按照国家语委和国家教委发布的标准和要求对中小学和职业中学的普及普通话工作进行检查评估，各地已经涌现出一批普通话校园语言示范学校。通过检查评估，激发了学校普及普通话的热情和积极性，加快了学校普及普通话的步伐。

新世纪初，教育部和国家语委召开学校语言文字工作会议和学校语言文字工作汇报交流会，并于2000年2月29日发出《关于进一步加强学校普及普通话和用字规范化工作的通知》，提出到2005年，教师和学生的普通话水平基本达到规定的要求；普通话基本成为各级各类学校及幼儿园的教学语言，即师生在教学中使用普通话；成为城镇学校及幼儿园的校园语言，即师生员工在教学、会议、宣传和其他集体活动中使用普通话。教材（含讲义、教学辅助读物）用字，教学、公务和校园环境用字符合国家颁布的规范标准和要求。有条件的大中城市和经济发达地区的学校，应争取提前实现上述目标；已达标的学校要巩固成绩，不断提高规范化水平。工作难度较大的地区、偏远乡村可适当推迟达标时限，但最迟应在2010年以前达标。[①]

公共服务行业系统积极展开推广普通话工作。1991年6月，国家语委和建设部在成都联合召开全国公交系统推广普通话工作经验交流会，全国39个省、自治区、直辖市、计划单列市建委、语委办、教委以及公交系统的代表共107人参加了会议。会议交流了公交系统推广普通话的

---

[①] 《新时期推广普通话方略研究》课题组编：《推广普通话文件资料汇编》，中国经济出版社2005年版，第168页。

工作情况和经验教训。会后，1991年7月12日，建设部与国家语委发布了《关于在全国城市公共交通系统进一步加强推广普通话工作的通知》，提出"八五"期间要在全国公交系统基本普及普通话，使普通话成为公交系统45岁以下职工的服务用语、宣传用语和会议用语。使用自动报话器的乘务员应同时具备用普通话报站和回答乘客询问的能力。为总体上实现这个目标，计划分两步进行：第一，直辖市、省会（区首府）、计划单列市、沿海开放城市、旅游城市和经济特区，在1993年底前实现上述目标。第二，其他城市在1995年底前实现上述目标。其中北方话区的城市应早于南方话区的城市达标。① 这一通知要求大大推动了公交系统的推广普通话工作。在商业系统加强推广普通话工作，对于提高企业的经济效益和服务质量，树立良好的企业形象，具有重要作用。在改革开放和社会主义商品经济日益发达的形势下，商业系统的职工不会或不说普通话，势必会削弱企业的竞争能力。1992年5月25日，商业部协同国家语委发布《关于在全国商业系统加强推广普通话工作的通知》，提出了商业系统推广普通话的目标和任务，以及建立健全推广普通话的工作网络、工作制度等要求，对于商业系统的推广普通话工作起到很大的促进作用。

1997年12月召开的全国语言文字工作会议提出，"公务员和教师一样，要带头说普通话"，把"说普通话"列为对公务员的要求。② 根据这一要求，1999年5月12日，人事部和教育部、国家语委联合发出《关于开展国家公务员普通话培训的通知》，原则要求1954年1月1日以后出生的公务员达到普通话三级甲等以上水平，提出国家公务员在公务活动中应当自觉使用普通话，各地、各部门要逐步将普通话作为考核公务员能力水平的内容之一。③

普通话是广播电视等新闻媒体的基本播音用语，新闻媒体在推广普

---

① 《新时期推广普通话方略研究》课题组编：《推广普通话文件资料汇编》，中国经济出版社2005年版，第76页。

② 教育部语言文字应用管理司编：《新时期语言文字法规政策文件汇编》，语文出版社2005年版，第296页。

③ 人事部、教育部、国家语言文字工作委员会：《关于开展国家公务员普通话培训的通知》，《中华人民共和国国务院公报》2000年第10期。

通话工作中起着主力军作用,新闻媒体工作人员须达到一定的普通话标准。1987年4月1日,国家语委、广电部颁发《关于广播、电影、电视正确使用语言文字的若干规定》,要求县、市以上(包括县、市)广播电台(站)的播音,除少数民族聚居地区和其他特殊情况者外,都应逐步达到全部使用普通话;电影、电视剧(地方戏曲片除外)要使用普通话,不能滥用方言。自1997年,国家语委、广电部组织开展了广播电影电视系统的普通话水平测试工作,自1998年起普通话测试达标的播音员、主持人持证上岗,三年内经测试仍不能达标的播音员、主持人须离岗。

总之,改革开放新时期推广普通话工作,充分发挥了学校教育的基础阵地作用、党政机关的带头作用、新闻媒体的示范作用、公共服务行业的窗口作用。

(二) 开展普通话水平测试

普通话水平测试是推广普通话工作的重要组成部分,是使推广普通话工作逐步走向科学化、规范化、制度化的重要举措。

为适应新时期推广普通话工作的需要,1986年全国语言文字工作会议提出制定"普通话水平测试等级标准"的设想。根据会议精神,国家语委于1988年成立"普通话水平测试等级标准"课题组,负责拟订《普通话水平测试等级标准》。1992年,《普通话水平测试等级标准》试行。该标准把普通话水平划分为三个级别(一级可称为标准的普通话,二级可称为比较标准的普通话,三级可称为一般水平的普通话),每个级别内划分甲、乙两个等次。1994年,国家语委普通话水平测试课题组对该标准做了文字修订。1994年10月,国家语委、国家教委、广播电影电视部联合发出《关于开展普通话水平测试工作的决定》,规定了教师、播音员、主持人等主要测试对象应达到的普通话等级要求,修订后的标准作为附件印发给各省市继续试行。1997年12月,国家语委正式颁布《普通话水平测试等级标准(试行)》。

按照这些文件的精神,普通话水平测试在全国各省、自治区、直辖市陆续开展起来。接受测试的主要是教师、师范院校的学生和电台电视台的播音员、节目主持人。2001年《中华人民共和国国家通用语言文字法》施行以后,普通话水平测试得到更加广泛的发展。国家通用语言文字法第十九条规定:"凡以普通话作为工作语言的岗位,其工作人员应当具备说普通话的能力。以普通话作为工作语言的播音员、节目主持人和影视话剧演员、教师、国家机关工作人员的普通话水平,应当分别达到国家规定的等级标准;对尚未达到国家规定的普通话等级标准的,分别情况进行培训。"[1] 于是,普通话水平测试有了法律保障,得到更加迅速的发展。除了法律规定的行业以外,铁道部规定列车和车站的播音员必须接受普通话的培训测试并且达到规定的等级,国家邮政局、信息产业部、中央金融工委、文化部等部门也对以语言服务为主的岗位人员提出普通话培训测试的要求。

2003年5月21日,教育部发布第16号令《普通话水平测试管理规定》;10月10日,教育部、国家语委印发《普通话水平测试大纲》。一系列制度规定的出台,保障和促进了测试质量和管理水平的提高。

据统计,截至2011年底,全国普通话水平测试(PSC)累计测试4000万人次,有测试站1440个、测试员5.27万名。2005年,计算机开始用于辅助普通话水平测试及其信息管理。至2011年底,全国已有28个省(区、市)开展了计算机辅助普通话水平测试试点工作,其中10个省份已经全部实行机测;全国通过机测完成普通话水平测试的人员突破700万人次。[2]

(三) 开展全国推广普通话宣传周活动

全国推广普通话宣传周活动是经国务院批准的每年一度的专题宣传活动,是新时期普及普通话的一项重要措施。

新时期推广普通话工作面临的一个重要问题是有许多人本来会说普通话,却不愿意说或者不好意思说普通话。这是个语言习惯问题,更是个语言观念问题。因此,加强宣传、教育和引导,营造说普通话的舆论氛围,成为新时期推广普通话重点工作之一。1997年1月6日,国务院第134次总理办公会议决定,从1997年起每年举行一次"全国推广普通话宣传周"活动。经过筹备,第一届推广普通话宣传周活动是在1998年9月第三周举

---

[1] 教育部语言文字应用管理司编:《新时期语言文字法规政策文件汇编》,语文出版社2005年版,第5—6页。
[2] 《用更美的语言描绘"中国梦"——中国语言文字工作十年发展成就综述》,《中国教育报》2013年1月4日。

办的。此后经国务院批准,每年9月份第三周为全国推广普通话宣传周。

全国推广普通话宣传周活动有如下特点:其一,有关部门对全国推广普通话宣传周活动高度重视。1999年,为加强对推广普通话宣传周的领导,成立了以教育部部长陈至立为组长的全国推广普通话宣传周领导小组,领导小组办公室设在教育部语言文字应用管理司。从2003年开始,推广普通话宣传周活动由教育部、中宣部、人事部、文化部、国家广电总局、国家语委、解放军总政治部、共青团中央等八部委共同主办,各省、自治区、直辖市的相关委、厅、局也对应增加。

其二,"全国推广普通话宣传周"活动内容和形式丰富多彩。中宣部、教育部、人事部、文化部、广电总局、解放军总政治部、国家语委以及共青团中央,共同组织推广普通话周活动。《人民日报》《光明日报》《解放军报》《法制日报》《中国教育报》《中国青年报》和中央人民广播电台、中央电视台、中国教育电视台以及众多地方新闻媒体积极报道推广普通话周活动,发表社论、专题文章,播出推广普通话专题片和公益广告,《实话实说》《东方时空》《第二起跑线》《西部论坛》等著名栏目制作了推广普通话专题节目。各地的普通话大赛、语言文字知识竞赛和基本功比赛、文艺演出、朗诵艺术欣赏、街头现场咨询、模拟普通话水平测试等活动,令人目不暇接。历届推广普通话宣传周期间,举办过全国公务员普通话大赛、全国普通话广播大赛、《中华人民共和国国家通用语言文字法》及语言文字规范知识竞赛,多次举办朗诵艺术欣赏会,举办过有港澳学生参加的中小学课本剧比赛,出版过经典作品的经典朗读唱片,举办过推广普通话宣传画征集和展览,向全国推荐过多首宣传推广普通话的群众歌曲。

其三,社会各界参与逐步扩大,社会支持逐渐增多。国家拨付的推广普通话宣传周经费有限,全国推广普通话宣传周领导小组办公室每年也只有40万元经费。于是越来越多的社会企业和报纸、电台、电视台、出版社、网站愿意为推广普通话宣传周活动出资出力,赞助设计和印制招贴画等宣传品,制作公益广告,举办大型活动,或者为推广普通话宣传周活动出谋划策。

总之,全国推广普通话宣传周活动举行以来,普通话的社会声誉越来越好,推广普通话工作面临的形势越来越好,推广普通话的社会舆论越来越好，全国推广普通话宣传周活动的社会知晓度也越来越高，从第七届全国推广普通话宣传周开始，宣传活动逐渐向农村地区拓展。全国推广普通话宣传周不仅是一种社会公益活动，而且已成为广大语言文字工作者盛大的节日。

经过多年的努力，新时期推广普通话工作成效显著。2004年，根据"中国语言文字使用情况调查"项目统计，全国能用普通话交际的人口比例约为53%，能用汉语方言交际的人口比例约为86%，能用少数民族语言交际的人口比例约为5%；能用普通话交际的人口比例在城乡之间存在一定差距，城镇人口使用普通话的比例约为66%，高出乡村21个百分点。"普通话与方言并存使用""在公务场合使用普通话"成为我国目前语言使用的主要格局。[①] 至2010年，普通话的普及率提高到70%，普通话在全国范围内逐步实现初步普及。

## 第三节　努力推进汉字规范化、标准化建设

语言文字的规范化、标准化是新时期语言文字工作的重点，在国家语委等有关部门的努力推动和专家学者的积极支持下，新时期的汉字规范化、标准化建设取得丰硕成果。

### 一　加强社会用字管理

1986年国务院批准废止《第二次汉字简化方案（草案）》的同时，要求重新发表《简化字总表》，并对原《简化字总表》的个别字作了调整。至此，官方主导的汉字简化工作实际上暂告一段落。但是，民间的汉字简化仍在继续，不仅已废止的《第二次汉字简化方案（草案）》中的一些字有些人继续使用，社会上还不断造出新的简体字。此外，20世纪八九十年代，中国社会上出现了"繁体字回潮"的现象，用繁体字书写的店名、广告、商品的名称、产品说明书、国产影视片的片名和演职员表等大量出现，而且呈上升趋势。之所以出现这种情况，一是因为来

---

① 温红彦：《首次大规模语言文字情况调查显示我国五成人口用普通话交际》，《人民日报》2004年12月27日。

自港、澳、台地区的繁体字渗透。随着改革开放的发展，来自港、澳、台地区的商品涌入内地，而那些商品的名称、商标、说明书和商品广告都是用繁体字印刷的。二是不少书法家给商店、饭店、建筑物等题写牌匾时使用繁体字，某些名人题字也用繁体字，无意中起到了示范作用。三是涉外经济部门、对外宣传部门在出口商品名称、出版报刊等方面都使用繁体字。社会用字混乱，不仅使几十年来新中国的文字改革成果遭遇严峻的挑战，而且给文化教育事业带来危害，也给经济、技术、国际交往等各个方面带来损害。

面对这种情况，1986年初，万里在全国语言文字工作会议上的讲话中指出："语言文字的运用，是否合乎规范、标准，往往反映一个国家、一个民族的文明程度。当前社会用字比较混乱，滥用繁体字，乱造简化字……这种现象应该引起我们注意，并采取切实有效的措施，加以干预和纠正。"① 1986年5月25日，国家语委向国务院提出了《关于废止〈第二次汉字简化方案（草案）〉和纠正社会用字混乱现象的请示》，建议"对社会用字作如下规定：翻印和整理出版古籍，可以使用繁体字；姓氏用字可以使用被淘汰的异体字。除上述情况及某些特殊需要者外，其他方面应当严格遵循文字的规范，不能随便使用被简化了的繁体字和被淘汰的异体字，也不能使用不规范的简化字。"② 同时，不少语言文字专家也呼吁加强对语言文字的管理。③

中共中央和国务院对此高度重视。1986年6月24日，国务院批准国家语委《关于废止〈第二次汉字简化方案（草案）〉和纠正社会用字混乱现象的请示》，责成国家语言文字工作委员会尽快会同有关部门研究、制定各方面用字管理办法，逐步消除社会用字混乱的不正常现象。李鹏等领导同志还采纳学者意见，题词时率先垂范书写规范汉字，在社会上产生了积极影响。④ 1992年11月6日，国务院批转国家语委《关于

---

① 全国语言文字工作会议秘书处编：《新时期的语言文字工作——全国语言文字工作会议文件汇编（1986年1月）》，语文出版社1987年版，第14页。

② 教育部语言文字应用管理司编：《新时期语言文字法规政策文件汇编》，语文出版社2005年版，第29页。

③ 《吕叔湘等八位专家呼吁加强国家对语言文字的管理》，《语文建设》1991年第12期。

④ 参见彭泽润《有感于总理写规范字》，《人民日报》1990年8月18日。

当前语言文字工作请示》，强调加强社会用字管理，促进汉字规范化。①1992年12月14日，江泽民在和国家语委主任柳斌谈到语言文字工作时指出："语言文字工作，我讲三点意见：一、继续贯彻国家现行的语言文字工作方针政策，汉字简化的方向不能改变。各种印刷品、宣传品尤应坚持使用简化字。二、海峡两岸的汉字，当前可各自维持现状。一些不同的看法，可以留待将来去讨论。三、书法是一种艺术创作，写繁体字，还是写简化字，应尊重作者的风格和习惯。可以悉听尊便。"②这就明确界定了作为规范汉字的简化字和繁体字各自的使用范围，对于澄清社会用字混乱有着极强的指导作用。

在中共中央和国务院的支持下，国家语委协同有关部门大力组织开展了整顿社会用字的工作。

第一，制定社会用字管理的规章制度，组织开展整顿社会用字工作。1987年，国家语委与中央有关部门连续制定发布了社会用字管理的三个规定。1987年3月27日，国家语言文字工作委员会、中国地名委员会、铁道部、交通部、国家海洋局、国家测绘局颁发《关于地名用字的若干规定》，要求"各类地名，包括自然地理实体名称、行政区划名称、居民地名称、各专业部门使用的具有地名意义的台、站、港、场等名称，均应按国家确定的规范汉字书写，不用自造字、已简化的繁体字和已淘汰的异体字"③。1987年4月1日，国家语言文字工作委员会与广播电影电视部颁发《关于广播、电影、电视正确使用语言文字的若干规定》，要求"电影、电视剧的片名，电影、电视剧片头的制作单位名、字幕、演职员表，以及电影、电视广告，使用文字要合乎规范。除对外发行的电影、电视片以外，不应使用已经简化了的繁体字、被淘汰了的异体字和不规范的简化字。应当消灭错别字。简化字以1986年10月10日重新发表的《简化字总表》为准。使用汉语拼音，要拼写正确，分词连写，

---

① 教育部语言文字应用管理司编：《新时期语言文字法规政策文件汇编》，语文出版社2005年版，第34页。
② 《江泽民总书记对语言文字工作作出三点指示——继续贯彻执行国家现行的语言文字工作方针政策汉字简化的方向不能改变》，《语文建设》1993年第1期。
③ 教育部语言文字应用管理司编：《新时期语言文字法规政策文件汇编》，语文出版社2005年版，第169页。

以汉语拼音正词法委员会公布的《汉语拼音正词法基本规则（1987年）》为依据"①。1987年4月10日，国家语言文字工作委员会、对外经济贸易部、商业部国家工商行政管理局联合印发《关于企业、商店的牌匾、商品包装、广告等正确使用汉字和汉语拼音的若干规定》，对企业、商店的牌匾、商品包装、广告如何使用简体字、繁体字作出详细规定。②

1987年至1990年，河北、北京等省市率先大力开展社会用字管理工作，取得良好成效。大城市的社会用字混乱现象比中小城市更严重，而且情况复杂，工作难度大。国家语委和北京市委抓住迎亚运的有利时机，1989年下半年提出了整顿300条大街社会用字的目标，从1989年10月起对全市8个城近郊区的300条大街的社会用字进行整顿。到1990年6月底，基本上达到要求的有192条大街，沿街共有单位、门店10635个，整顿前牌匾广告等共有不规范用字21771个，其中繁体字、异体字15168个，废止的"二简字"4703个，错别字1900个。整顿后纠正不规范字17124个，其中繁体字、异体字10581个，"二简字"4680个，错别字1863个，"二简字"、错别字的改正率达99%。另外，针对繁体字的牌匾重新制作规范牌2134个，使首都主要大街社会用字的混乱现象初步得到了纠正，在全国的社会用字整顿中起到了示范作用。③1990年，整顿社会用字工作在全国展开，在一些省市出现较好势头。

为了给各地社会用字管理工作提供明确的目标和要求，1992年11月6日，国务院批转《国家语委关于当前语言文字工作请示》，就加强社会用字管理作出五项规定：（1）凡党政机关、部队、团体、学校和企事业单位的法规、政令、公文、布告、证书、印章、票证、牌匾、标语用字；出版物用字，影视屏幕用字，计算机用字，商品包装说明，广告、地名、路名、站名牌用字等各种面向社会公众的文字，都必须符合规范

---

① 教育部语言文字应用管理司编：《新时期语言文字法规政策文件汇编》，语文出版社2005年版，第129页。
② 教育部语言文字应用管理司编：《新时期语言文字法规政策文件汇编》，语文出版社2005年版，第136页。
③ 北京市语言文字工作委员会：《整顿300条大街社会用字加强社会用字管理》，《语文建设》1990年第5期。

和标准。(2) 各类文化体育活动和各种会议用字，必须合乎规范和标准。(3) 对已经被简化了的繁体字，要严格限制其使用范围，只能用于古籍整理出版、文物古迹、书法艺术方面。书法作为艺术，可以写各种字体，但也应提倡写规范字。其他方面确需使用繁体字的，须按隶属关系报中央有关部委或省、自治区、直辖市政府主管部门批准，并报国家语委备案。(4) 各级各类学校要加强语言文字规范化、标准化教育和语言文字基本功训练。(5) 各级政府部门及其所属行业系统，社会各界和有关群众团体，要紧密配合，齐抓共管，抓好本部门、本系统的用字规范化工作，严格执行社会用字的有关规定。各级领导干部要带头使用规范汉字。科技名词用字的规范化，由国家语委与全国自然科学名词审定委员会共同协商，根据实际情况确定。国家语委明确要求：对于社会上已经出现的用字混乱现象，各级政府部门要按照上述要求进一步采取有效措施，坚决、稳妥、逐步地加以纠正。到1995年底，力争各省省会、自治区首府、直辖市、计划单列市、经济特区、经济开发区做到社会用字规范化。[1]

1992年和1993年，在各地相继开展社会用字管理工作的形势下，国家语委检查了29个省会城市、自治区首府、直辖市，迈出了关系社会用字管理工作全局的关键一步。在整顿社会用字的基础上，1994年6月26日，国家语委发布《关于社会用字管理工作的意见》，对社会用字管理的政策原则、社会用字管理工作的范围和要求等作出明确规定。该意见指出："社会用字是指面向社会公众的示意性文字。其范围大致包括计算机用字、出版印刷用字、影视屏幕用字和城镇街头用字四个方面。在工作中，应针对不同领域用字的特点提出要求。当前要采取有力措施，切实管住计算机用字、出版印刷用字和影视屏幕用字。"[2] 这一意见对新时期社会用字管理发挥了重要的指导作用。

第二，开展城市社会用字管理工作评估。为了保障社会用字管理工作长期、有序开展，自1995年8月起，国家语委组织了《城市社会用字管理

---

[1] 教育部语言文字应用管理司编：《新时期语言文字法规政策文件汇编》，语文出版社2005年版，第35页。

[2] 教育部语言文字应用管理司编：《新时期语言文字法规政策文件汇编》，语文出版社2005年版，第177页。

工作评估指导标准》的起草工作，经过近一年的酝酿、起草、修改，广泛征求意见、展开研讨，几易其稿，1996年5月6日国家语委下发《城市社会用字管理工作评估指导标准（试行）》，作为供全国各县级以上市对社会用字管理工作进行日常自我评估的全面评估标准，也是供上级有关部门对其进行常规性检查评估所依据的标准。这一标准包括"管理工作"和"社会用字状况"两项一级指标和12项二级指标；每项指标都列出评估标准和分值，共110分；另加奖励部分二级指标5项，分值10分。经过试行以后，1998年2月9日，国家语委印发《关于颁布〈城市社会用字管理工作评估指导标准（试行）的通知》，对1996年颁布的标准进行修订，对其中争议较大的社会用字领域中的手书字问题，规定了"题字、题词提倡写简体字，但不苛求"的原则。开展对城市社会用字管理工作评估，为加强对城市语言文字工作的全面管理奠定了基础。

1999年2月5日，教育部、国家语委发出《关于印发〈关于进一步发挥城市的中心作用，全面推进语言文字工作的意见〉的通知》，提出城市语言文字工作的目标是：2010年以前"初步普及"普通话，汉字社会应用"基本规范"。该文件指出："实现汉字社会应用'基本规范'，必须认真执行国家现行的文字政策和文字应用管理的法规规章和规范标准，使社会主要领域的用字符合国家及主管部门规定的要求。要重点规范出版物用字、影视屏幕用字和计算机用字，堵源截流，标本兼治。党政机关、学校要带头使用规范汉字。公共场所的标牌、宣传标语和广告，要文字规范、字形完整。手书的招牌凡使用了繁体字的，必须在明显的位置再配放规范字的标牌。编辑、记者、校对人员和影视中文字幕机的操作人员，以及牌匾、广告制作业与文字应用关系密切的从业人员，要把学习文字规范知识、提高文字应用规范水平作为业务进修的常规内容，逐步做到持证上岗。"[①]

第三，推进语言文字应用管理的立法工作。对混乱的社会用字加强管理是语言文字立法的初衷之一。2000年10月颁布、2001年1月1日起施行的《中华人民共和国国家通用语言文字法》，明确了必须使用规

---

[①] 教育部语言文字应用管理司编：《新时期语言文字法规政策文件汇编》，语文出版社2005年版，第185页。

范汉字的范围和领域，指出"下列情形，应当以国家通用语言文字为基本的用语用字：（一）广播、电影、电视用语用字；（二）公共场所的设施用字；（三）招牌、广告用字；（四）企业事业组织名称；（五）在境内销售的商品的包装、说明"；"信息处理和信息技术产品中使用的国家通用语言文字应当符合国家的规范和标准"。与此同时，根据实际需要，《语言文字法》对繁体字、异体字和外国语言文字在中国境内的使用作了特殊、具体的规定："有下列情形的，可以保留或使用繁体字、异体字：（一）文物古迹；（二）姓氏中的异体字；（三）书法、篆刻等艺术作品；（四）题词和招牌的手书字；（五）出版、教学、研究中需要使用的；（六）经国务院有关部门批准的特殊情况"[①]。用法律的形式对社会用字作出规定，标志着社会用字管理进入了一个新阶段。

## 二 促进汉字规范化、标准化

对现代汉语用字进行全面、系统、科学的整理，做到"字有定量、字有定形、字有定音、字有定序"，可以为语文教学、出版印刷和汉字的信息化处理提供用字规范。汉字的定量就是确定现代汉字的字量，包括各种专门用字的字量；定形就是确定每一个现代汉字的字形，使一个汉字只能有一个标准字形；定音就是规定每个现行汉字的标准字音，消除异读现象；定序就是确定现行汉字的排列顺序，规定标准的查检法。在这种情况下，拟定并推行现代汉语常用字表、当用字表和通用字表；确立汉字的书写笔顺、笔形次序、部件结构、部首排检等规范，实现现代汉字的规范化、标准化，成为新时期汉字整理工作的主要内容。

（一）整理汉字查字法：《汉字统一部首表》的制定

部首的用途主要是字典、词典的编排和检索，随着现代信息技术的发展，部首的应用也进入计算机信息处理领域，在较大规模的计算机用字的字集中，多利用部首进行编排或检索。为了适应汉字检索的需求，早在1964年，由文化部召集中国文字改革委员会、教育部和中国科学院语言研究所组织的查字法工作组制定了《部首查字法（草案）》，确立了

---

[①] 教育部语言文字应用管理司编：《新时期语言文字法规政策文件汇编》，语文出版社2005年版，第5页。

250个部首，但此后大多数辞书并未采用，使得汉字部首的检索存在不统一的混乱状况，增加了汉字检索的难度，不仅给学习汉字带来不便，也不能适应现代社会对语言文字规范化、标准化的要求，因此，制定统一的汉字部首表势在必行。

1983年，由中国文字改革委员会和国家出版局联合组织制定并发布《汉字统一部首表（草案）》，在辞书编纂、汉字标准制定、计算机信息处理、图书馆检索等方面得到广泛应用。但在1983年以后，又有一些新的语言文字规范发布，如1997年4月由国家语委、国家新闻出版署联合发布《现代汉语通用字笔顺规范》，《汉字统一部首表（草案）》与这一规范在笔形的归类上存在矛盾，在部首的形体、排序等方面存在不一致之处。根据现实需要，国家语委决定立项对《草案》进行修订，使之升级为正式标准。课题组通过广泛征求语言文字专家及使用者的意见，依照现行的语言文字标准，在主部首和附形部首的确立、部首排序、部首表的使用规则等方面对《草案》做了适当的调整和补充。2009年1月12日，国家语委发布语言文字规范《汉字部首表》，设主部首201个、附形部首100个。汉字偏旁部首终于有了国家级别的语言文字标准规范。

汉字部首归部一直没有统一的标准，使汉字信息处理、辞书编纂等工作存在各种不方便，有时候会造成很大的浪费。2009年1月12日，教育部和国家语言文字工作委员会联合发布《GB13000.1字符集汉字部首归部规范（GF0012—2009）》，规定了GB13000.1字符集汉字部首的归部原则和规则，给出了20902个汉字的部首归部表。

（二）确定汉字定序规则：发布《GB13000.1字符集汉字字序（笔画序）规范》

汉字字序主要有音序（按汉字读音排序）和形序（按汉字字形排序）两种，形序中又有按部首、按笔画、按四角笔形等方式排序的不同。由于同音节和同部首之下的字序最后也要归结为笔画排序，因此，按笔画排序是汉字最基本、最重要的排序方式。

1965年1月30日发布的《印刷通用汉字字形表》，确定了字形标准，特别是规定了汉字字形结构、笔画数、笔形次序和笔顺，为确定汉字的笔画序奠定了基础。《印刷通用汉字字形表》依汉字笔画的排序规则给收入的6196个汉字确定了笔画序，但其定序未进行到底。如同笔画、同笔形、同笔顺的"八"和"人"、"未"和"末"、"土"和"士"、"目"和"且"等则没有确定其先后次序，先后位置不固定。然而，社会应用特别是按姓氏笔画排列人名，则要求上述字必须确定其先后次序，使一定数量范围内的每一个汉字都有其固定的位置。根据这一需要，1999年10月1日，国家语言文字工作委员会发布《GB13000.1字符集汉字字序（笔画序）规范》，确定了20902个汉字的笔画序。

（三）确定现代汉语常用字和通用字字量

为了适应语文教学、基础教育的需要，国家语言文字工作委员会汉字处从1986年6月开始研制现代汉语常用字表，于1988年1月制定《现代汉语常用字表》。1988年1月26日，国家语委、国家教委发布《关于发布〈现代汉语常用字表〉的联合通知》。《现代汉语常用字表》分常用字（2500字）和次常用字（1000字）两个部分，常用字在语料中的覆盖率达到99.48%，掌握了常用字就达到了使用汉语的基本要求。

新时期以来，社会用字发生较大的变化，为了促进中国语言文字规范化，满足出版印刷、信息处理以及其他方面的需要，1988年3月25日，国家语委和新闻出版署联合发布《现代汉语通用字表》，收7000字，包括《现代汉语常用字表》中的3500字。《现代汉语通用字表》依据《印刷通用汉字字形表》确定的字形标准，规定了汉字的字形结构、笔画数和笔顺。字表发布后，印刷通用汉字字形即以此为准。

《现代汉语通用字表》是依据《印刷通用汉字字形表》确定的字形标准及其规定的汉字字形结构、笔画数、笔形次序和笔顺制定的，它与《印刷通用汉字字形表》一样，虽然规定了汉字的规范笔顺，但笔顺是隐性的，在应用中因理解不同出现汉字笔顺的不规范现象。为了完善现行规范笔顺，1997年4月7日，国家语委和新闻出版署联合发布《现代汉语通用字笔顺规范》。《现代汉语通用字笔顺规范》是在《现代汉语通用字表》的基础上形成的，将隐性的规范笔顺变成显性的，列出了三种形式的笔顺。同时，明确了字表中难以根据字序推断出规范笔顺的一些字的笔顺。

（四）研制《通用规范汉字表》

1980年5月20日，增补了新委员的中国文字改革委员会举行第一次全体会议，王力、叶籁士、倪海曙、周有光四位委员提出《关于研究和制订〈标准现代汉语用字表〉的建议》以及《制订〈标准现代汉语用字表〉的科研计划（草案)》，提议对五四时期以来的现代汉语用字进行全面、系统、科学的整理，制定一套标准现代汉字。会议讨论并在原则上通过了这一建议。但是受各种条件的制约，《标准现代汉语用字表》的研制未能进行，不过研制任务一直列于语言文字机构的日程上。1994年，国家语委把制定"汉字规范字表"列入工作计划要点，并责成语言文字应用研究所[①]组织力量完成这一任务，语言文字应用研究所做了一些相关探索工作。2000 年 10 月 31 日，九届全国人大常委会第十八次会议通过《中华人民共和国国家通用语言文字法》，其中第三条明确规定："国家推广普通话，推行规范汉字。"在宣传贯彻实施国家通用语言文字法的时候，什么是规范汉字、哪些是规范汉字这一问题突显出来。显然，为了推行规范汉字，迫切需要有一张规范汉字表。2001 年 4 月，国家语委批准规范汉字表研制课题立项；10 月，又将该课题列为语言文字应用研究"十五"科研规划重大项目。自此，规范汉字表的研制正式启动。

在规范汉字表研制过程中，先后召开学术会、审议会、征求意见会等大型会议 80 余次，参与讨论的海内外专家学者 3000 多人次，前后修改 90 余稿。研制始终遵循四项原则：（1）注重与原有规范的衔接，维护汉字系统的基本稳定。字表的制定坚持汉字简化的基本方针，同时遵循了国务院 1986 年批转国家语委《关于废止〈第二次汉字简化方案（草案)〉和纠正社会用字混乱现象的请示的通知》中所指出的"今后，对汉字的简化应持谨慎态度，使汉字的形体在一个时期内保持相对稳定"的原则。《第一批异体字整理表》《简化字总表》《印刷通用汉字字形表》《现代汉语常用字表》《现代汉语通用字表》等已有的汉字规范，经过数十年实践的考验，很多内容值得承袭和吸收。字表继承了这些规范的原则和主要内容，对其中错误、疏漏、相互矛盾及不能满足当今社会需要之处，则予以必要的修订。（2）遵循汉字构造和演变的规律。字表制定过程中，充分吸收汉字学与汉字史研究成果，采用科学的统计方

---

[①] 语言文字应用研究所（简称"语用所"），成立于 1984 年 9 月 25 日。语用所成立之初由国家语言文字工作委员会和中国社会科学院双重领导，1988 年以后由国家语委领导，1998 年国家语委并入教育部，语用所随之成为教育部的直属研究所。"研究整理汉字，提出现代汉语用字的各种标准"是语用所的主要任务之一。

法获取可靠的数据；同时也广泛吸取基础教育、古籍整理、辞书编纂、印刷出版、计算机信息处理等部门的实践经验，遵循汉字构造和演变的规律，充分考虑汉字应用的实际，尽可能提高汉字规范的科学性与可行性。（3）广泛听取各界意见，照顾不同领域汉字应用的需要。字表的制定坚持群众路线，以各种方式听取广大人民群众的意见，尤其是基础教育和文化普及领域所反映的意见，尽量满足不同领域、不同文化程度的人群对汉字使用的不同要求。例如2009年8月12日教育部公开发布《通用规范汉字表（征求意见稿）》之后，从8月12日到8月31日的20天公开征求意见期间，《字表》意见收集组共收到社会各界人士发来的电子邮件2688件、信函157件、传真67件，总计2912件。另外，还有许多人士通过报纸、广播、电视、网络等媒体提出了大量的意见和建议。尤其是改变44个汉字的字形、笔画引发争议，很多人担心会改变书写习惯，影响用字便利，甚至影响学生学习、考试。教育部听取公众的意见，在公布的字表中，取消了"整形"附表。（4）适当考虑汉字在中国台湾、香港、澳门地区的使用情况和国际化需求。汉字不仅通行于中国各地，而且还跨越国界，传播到世界各地。字表的制定，正视不同国家、地区使用汉字时简繁字形并存并用的客观实际，兼顾汉字使用的现状及国际化的各种需求，尽量避免扩大不同国家或地区之间汉字使用的差异，以利于相互之间的沟通和交流。直到2013年6月，历经10多年研究和修改，教育部、国家语言文字工作委员会组织研制的《通用规范汉字表》由国务院正式发布。

（五）确定汉字基础部件和部件名称

汉字部件的名称，特别是非字部件的名称，一直不统一，还有一部分非字部件没有名称。这种状况的存在，给识字教学和汉字字形编码造成不便。确定汉字部件名称，需首先区分汉字独体字与合体字，确定合体汉字的结构方式。2009年3月24日，教育部和国家语委发布《现代常用独体字规范》，收256个常用独体字。1993年，国家技术监督局发布国家标准《GB 13000.1—1993 信息技术通用多八位编码字符集（UCS）第一部分：体系结构与基本多文种平面》，规定了汉字结构方式国家标准。上述规范和标准，为汉字部件的科学定名创造了条件。

2009年3月24日，教育部和国家语委又联合发布《现代常用字部件及部件名称规范》和《现代常用独体字规范》。《现代常用字部件及部件名称规范》规定了现代常用字的部件拆分规则、部件及其名称。该规范中部件拆分的原则是：根据字理、从形出发、尊重系统、面向应用。具体拆分规则是：（1）字形结构符合字理的，按字理进行拆分。如"分"拆分为"八、刀"，"相"拆分为"木、目"。（2）无法分析字理的或字形与字理矛盾的，依字形进行拆分。如"朋"拆分为"月、月"，"执"拆分为"扌、丸"。（3）笔画交叉重叠的，不拆分。如"串"不拆分为"中、中"，"东"不可拆分为"七、小"。（4）拆开后的各部分均为非成字部件或不再构成其他汉字的，不拆分。如"非"。（5）因构字造成基础部件相离的，拆分后仍将相离部分合一，保留部件原形。如"裹"拆分为"衣、果"。据此规则，对3500个现代常用汉字进行部件拆分，得出514个部件。根据不同变体、简繁对应、形近等原则对514个部件进行归组，共归为441组部件。部件名称命名规则是：（1）按读音命名部件。如："口"的名称是"口（kǒu）"，"聿"的名称是"聿（yù）"或"律（lǜ）字边"。（2）按笔画命名部件。如："丨"称为"竖（shù）"，"一"称为"横（héng）"或"一（yī）"。（3）按俗称命名部件。如："辶"称为"走之"，"亻"称为"双立人"。（4）按部位命名部件。如："囗"称为"围（wéi）字框"，"巛"称为"巡（xún）字心"等。依据以上规则，该规范给出《现代常用字部件表》和《常用成字主形部件表》。《常用成字主形部件表》共包括305个常用的成字主形部件。在规范的附录中还给出《现代常用字部件构字数表》和《现代常用字部件笔画序检索表》。

《现代常用独体字规范》规定了现代汉字中常用的独体字，给出《现代常用独体字表》。该规范适用于识字教育、辞书编纂等，也可供汉字信息处理等参考。独体字是由笔画组成、不能或不宜再行拆分、可以构成合体字的汉字。该规范的制定原则是：尊重字理、从形出发、立足现代、面向应用。确定现代常用独体字的规则是：（1）字形结构符合字理和独体字定义的汉字。如"一、乙、日、火、土"等。（2）符合独体字定义的草书楷化的简化字。如"专、书、东、农"等。（3）交重结构，不能拆分的汉字。如"串、隶、事"等。依据以上规则，在现代汉字的范围内确定了256个现代常用独体字，形成了《现代常用独体字表》。为方便使用,该规范还提供了音序检索表。

《现代常用字部件及部件名称规范》和《现代常用独体字规范》都是推荐性标准,鼓励社会使用。它们的发布,对推动汉字教育、辞书编纂、汉字信息处理等语言文字的规范化、标准化具有重要作用,特别是有助于传承汉字文化,提高汉字教育质量,促进中小学信息教育与汉字教学的一致性。

## 第四节 完善《汉语拼音方案》并扩大其应用

改革开放新时期,党中央根据形势的变化和需要,调整语言文字工作的重点,不再强调文字改革的拼音化方向。这导致社会上一些人对《汉语拼音方案》产生误解,认为《汉语拼音方案》不科学、不实用,没有广泛的应用前景,从而公开否定汉语拼音;有些地方和部门不重视汉语拼音,忽视、削弱汉语拼音教学和科学研究;还有的在社会应用中不按照有关规则使用汉语拼音,拼写错误、不规范现象比较普遍。

针对这些情况,1986年以后尤其是进入21世纪后,党和政府有关部门对《汉语拼音方案》的地位和用途予以明确界定和充分肯定。例如《中华人民共和国国家通用语言文字法》第十八条规定了《汉语拼音方案》的法定地位和使用范围,即"国家通用语言文字以《汉语拼音方案》作为拼写和注音工具。《汉语拼音方案》是中国人名、地名和中文文献罗马字母拼写法的统一规范,并用于汉字不便或不能使用的领域",并且要求"初等教育应当进行汉语拼音教学"。[1] 这样,汉语拼音在国家法律中得到进一步的规范和强调。与此同时,国家语委等部门对新时期和新世纪的汉语拼音推行工作予以及时部署和规划。如1997年全国语言文字工作会议报告指出:"继续推行《汉语拼音方案》,扩大使用范围……要进一步做好完善和推行工作。第一,发挥汉语拼音在识字教学和推广普通话方面的工具作用,配合教育主管部门总结推广小学语文'注音识字,提前读写'教改实验和其他利用汉语拼音教学的经验。第二,进一步完善《汉语拼音方案》,

---

[1] 教育部语言文字应用管理司编:《新时期语言文字法规政策文件汇编》,语文出版社2005年版,第5页。

研究并解决实际使用中的问题，改进和完善计算机汉语拼音输入系统，逐步扩大《汉语拼音方案》的应用范围。第三，积极推广国家标准《汉语拼音正词法基本规则》，采取措施逐步纠正拼写中的不规范现象。"[1]

改革开放新时期，在中央的指导下，无论是《汉语拼音方案》本身的修订和完善，还是《汉语拼音方案》的扩大应用，都取得了不小的成绩。

## 一 制定、修订《汉语拼音正词法基本规则》

20世纪80年代初，制定汉语拼音正词法基本规则成为完善《汉语拼音方案》的迫切需要。一方面，长期以来，由于没有正词法，汉语拼音在词的连写、分写，大写、小写，标音、标调方面都存在某种程度的无政府状态，影响了《汉语拼音方案》的推行和使用效果，也使得《汉语拼音方案》与它在国内外已获得的法定的公认的地位有些不相称。另一方面，改革开放以来的社会实践迫切需要制定汉语拼音正词法规则。当时汉语拼音应用正在发展，拼音电报、在计算机上输入输出汉语拼音、文献目录工作等都需要汉语拼音正词法；1977年联合国地名标准化会议决定用《汉语拼音方案》拼写中国地名，这就要求制定汉语拼音地名正词法；80年代初国际标准化组织将《汉语拼音方案》作为拼写中文的国际标准，也需要一部汉语拼音正词法。

因此，1982年1月23日胡乔木在中国文字改革委员会主任会议上强调急需为《汉语拼音方案》制定正词法规则，解决《汉语拼音方案》实际应用中的一系列技术问题。[2] 1982年3月13日，中国文字改革委员会决定成立汉语拼音正词法委员会。7月24日，正词法委员会举行第一次全体会议，确定正词法委员会的任务是：（1）拟订汉语拼音正词法基本规则和各种专用规则；（2）审定各种拼音表，例如街道名称拼音表、商店名称拼音表等；（3）重编《汉语拼音词汇》。自此，中国文字改革委员会正词法委员开始草拟汉语拼音正词法基本规则。1984年10月，

---

[1] 教育部语言文字应用管理司编：《新时期语言文字法规政策文件汇编》，语文出版社2005年版，第311页。

[2]《胡乔木谈语言文字》（修订版），人民出版社2015年版，第265页。

中国文字改革委员会发表《汉语拼音正词法基本规则（试用稿）》。在试用过程中，根据各界的意见，汉语拼音正词法委员会对《汉语拼音正词法基本规则（试用稿）》进行了多次修订。

1988年7月1日，国家教委、国家语委发出《关于公布〈汉语拼音正词法基本规则〉的联合通知》，指出"今后用汉语拼音方案拼写现代汉语，即以《汉语拼音正词法基本规则》为规范"。通知就汉语拼音正词法基本规则等进行详细说明，指出："汉语拼音正词法就是用《汉语拼音方案》拼写现代汉语的规则。它的内容包括分词连写法、成语拼写法、外来词语拼写法、人名地名拼写法、标调法、移行规则等。为了适应特殊的需要，同时提出一些可供技术处理的变通方式。"①《汉语拼音正词法基本规则》包括总原则、名词、动词、形容词、代词、数词和量词、虚词、成语、大写、移行、标调，共11个部分。按此规则，拼写普通话基本上以词为书写单位。表示一个整体概念的双音节和三音节结构的词要连写，如：quánguó（全国）、pòtiānhuāng（破天荒）。但是，四音节及四音节以上表示一个整体概念的名词，则必须分写，如：wúfèng gāngguǎn（无缝钢管）、huánjìng bǎohù guīzé（环境保护规则）。同音词的处理，由于涉及更多的问题，尚需作进一步的深入研究，这个基本规则中暂时没有列入。另外，一些专用规则（如人名、地名、社会单位、书刊名称、大写字母等）也没有在这一基本规则中体现。《汉语拼音正词法基本规则》发布后，即进入推行期。1996年1月22日，国家技术监督局批准发布了国家标准《汉语拼音正词法基本规则》（GB/T16159—1996），作为用《汉语拼音方案》拼写现代汉语的统一规范。

随着社会语言生活的发展变化，汉语拼音正词法在实际应用中出现了一些《汉语拼音正词法基本规则》未曾涉及的问题，有的规则规定与中文信息处理、新闻出版、辞书编纂、汉语教学等领域的实际应用不相吻合。为了使汉语拼音正词法更好地适应汉语拼写的需要，2006年起教育部、国家语委组织专家对《汉语拼音正词法基本规则》进行了长达数年的修订。在修订过程中，充分吸收汉语拼音正词法研究的理论成果，同时结合社会上的拼写习惯，使汉语拼音的拼写既符合语言规律，又便

---

① 于学礼、刘靖年主编：《语言文字实用手册》，吉林人民出版社1997年版，第451、452页。

于操作应用。

2012年6月29日，修订后的《汉语拼音正词法基本规则》作为国家标准GB/T16159—2012予以发布，适用于文化教育、编辑出版、中文信息处理等领域的汉语拼音拼写。新标准的发布使拼写汉语的人名地名，如何拼写汉语的数词、量词、连接词、形容词等，都有了法定规范。例如，按照这一规则，中国的人名必须姓在前、名在后，复姓连写，姓和名的首字母大写，双姓两个字的首字母都大写，如：Lǐ Huá（李华）、Dōngfāng Shuò（东方朔）、Zhāng-Wáng Shūfāng（张王淑芳）。但人名与职务合写时，职务不得大写，如：Wángbùzhǎng（王部长）、Lǐxiānshēng（李先生）。地名中的专名和通名要分写，而且首字母要大写，如：Běijīng Shì（北京市）。已专名化的地名和不需区分专名和通名的地名都应当连写，如：Hēilóngjiāng（黑龙江）、Sāntányìnyuè（三潭印月）。新修订的规则增加了在某些场合专有名词的所有字母均可大写且不标声调的规定，如：WANGFUJINGDAJIE（王府井大街）。还补充了"汉字数字用汉语拼音拼写、阿拉伯数字则仍保留阿拉伯数字写法"的规定，如：èrlínglíngbānián（二〇〇八年）、635fēnjī（635分机）。可以说，新标准的发布，使拼写汉语的人名地名，汉语的数词、量词、连接词、形容词等都有了法定规范。

## 二　推广"注音识字，提前读写"教学实验

在中国文字改革委员会和全国高等院校文字改革学会的支持下，黑龙江省从1982年下半年起，在佳木斯、拜泉、讷河三个市县的3所小学6个班进行了"注音识字，提前读写"的语文教学改革实验。这次实验打破了传统的语文教学结构，变"先识字，后读书"为"先读书，后识字"，或者说是"边读书，边识字"。这种方法可以使阅读写作不受认识汉字少的限制，儿童只要掌握了汉语拼音就可以尽情地读，尽情地写。在大量的读写之中，反复跟汉字见面，儿童就会轻松地熟悉和掌握汉字。第一轮实验进行了一年，就收到很好的效果，主要表现在以下几个方面：第一，拼音教学质量高。拼音教学结束时，三个试点校都有80%的儿童能每分钟正确、流畅地读出150多个音节。第二，识字量大大增加。小学语文教学大纲规定第一学年只要求识700字，而实验班的儿童识字一

般都在 1000 个以上，识字量明显超过普通班一年级。第三，阅读能力大大提高。一年中儿童的课内课外总阅读量超过 5 万字。通过对比测查，实验班的儿童在阅读速度、理解程度、读音标准、朗读技巧等方面都大大高于普通班二年级的水平。第四，作文接近普通班三年级水平。学年末作文考查结果，实验班的儿童在一节课内能写出 200 字左右的文章。普通班三年级中等水平的学生是达不到这种程度的。第五，儿童的学习积极性得到充分发挥。儿童的学习不受汉字的限制，思想非常活跃，普遍表现出好学、好问、好动脑筋等特质，求知欲旺盛。第六，促进了其他课程的学习。在数学课上，儿童能看懂应用题，能自己编题，学习积极性高涨，成绩提高很快。在音乐课上，用拼音写歌词，解决了低年级教歌只靠口授的老问题。第七，普通话说得好。[①] 1984 年 5 月，教育部和中国文字改革委员会联合发出《关于小学"注音识字，提前读写"实验的几个问题的通知》。此后，全国大部分省、市、自治区的学校都开展了这一实验。

　　为了在全国正式推广"注音识字，提前读写"这一基础语文教学法，1987 年 11 月，国家教委下发《关于推广小学语文"注音识字，提前读写"教学改革实验的通知》，1992 年 7 月又下发了《关于推广小学语文"注音识字，提前读写"教改经验的若干意见》。经过 20 年的不断完善和发展，这一实验已推广到全国 28 个省、自治区、直辖市，有 400 万名学生参加实验，取得的经验已被全国小学各套语文教材吸收，大大提高了语文教学效率，提前开发了儿童的语文能力和综合素质。2002 年 6 月 16 日，教育部语言文字应用研究所、中央教育科学研究所在北京举行纪念"注音识字，提前读写"实验 20 周年座谈会，肯定这一实验特色鲜明，利于全面提高学生的听、说、读、写能力，帮助他们从小树立语言规范意识。其经验已被语文教材吸收，还被新加坡等国家学习，教育部将继续支持这项实验。[②] 2003 年，在新一轮课程改革中，继承了"注音识字，提前读写"特色的教科版小学语文课标教材，以优异的成

---

　　① 《小学语文教学改革的一个成功实验——记黑龙江省小学"注音识字，提前读写"实验总结汇报会》，《文字改革》1983 年第 10 期。

　　② 董洪亮：《小学生读写教改实验获成功》，《人民日报》2002 年 6 月 18 日。

绩通过审查，实现了"注音识字，提前读写"实验与新课改的成功对接。随着课改的深入，"注音识字，提前读写"教改实验在新的小学语文课程改革中发挥着越来越重要的作用。

### 三 扩大汉语拼音在中文信息处理等领域的应用

20 世纪八九十年代以来，汉语拼音在国内应用领域中一个最突出的变化是从语文领域进入中文信息处理领域，成为信息处理领域的有力工具。

第一，在汉字输入方面，汉语拼音大显神通。由于电子计算机不能直接"读入"数量庞大的方块汉字，因而产生了汉字编码问题。从 20 世纪 80 年代开始，中国大陆兴起汉字编码热。值得注意的是，依托汉语拼音方案而设计的各种拼音输入法成为应用面最广、使用者最多的一种方法。《中国语文现代化通讯》2004 年 9 月报道，珠江三角洲中小学生电脑操作和编发短信 98.8% 使用的是汉语拼音输入法。2010 年 10 月下旬到 11 月中旬，光明网就"在网络时代如何看待汉字的书写"做了一次有奖问卷调查，80.60% 的人发手机短信时用拼音输入法，13.43% 的人使用手写功能，5.97% 的人使用笔画输入法，0.6% 的人使用其他；80.6% 的人使用电脑时最常用的输入法是拼音，2.38% 的人使用手写板，6.57% 的人使用五笔输入法，10.45% 的人使用其他。[①]

在飞速发展的信息时代，汉语拼音与现代化技术的自然衔接显示出其优势和潜能。一是汉语拼音输入无需特殊训练。国家规定在九年义务制教育中，汉语拼音是小学生一入学就要掌握的科目，并且是在之后的语文学习中要不断熟练使用的工具，所以这种通过软件自动转换为汉字输出的拼音输入法，又是免编码、免培训、人人可以无师自通很快掌握的方法。早在 1987 年列入国家"七五"计划的普及型汉字编码方案研究就提出："普及型汉字编码应当与中小学的语文教育（包括拼音教育、汉字教育、词语教育等）结合，向中小学教育大纲和教材靠拢，使今后的学生毕业后，基本上不进行编码的再教育就可以使用计算机从事汉语

---

[①] 王莉：《光明网汉字手写调查数据显示汉字手写能力未可乐观》，《光明日报》2010 年 11 月 12 日。

言文字的信息处理工作。"① 汉语拼音输入非常符合这一要求。二是汉语拼音采用拉丁字母形式，使拼音输入具有国际性，无需增加键盘。三是从科学性而言，在中文信息处理中，以词为单位的拼音输入，自动转换汉字输出，方便快捷，可免记忆编码之苦。这使汉语拼音随着电脑、手机等现代化通信工具，几乎进入了社会的各行各业，乃至社会生活的方方面面，并且随着中文信息处理的发展必将进入更为广阔的天地，成为信息化时代最有应用价值的语言文字表述工具。

第二，在语音信息处理方面，汉语拼音有其得天独厚的优势。无论是语音识别，或是言语合成，都是在分析和生成音素或音素组合的基础上进行的。而汉语拼音是一种音素型的文字工具，适合用作分析或生成的语音表达。而且，任何一种语音信息处理装置都要求人们使用一种比较规范的语言。汉语拼音的推广应用，促进了普通话的推广。与汉字相比，汉语拼音没有超方言性，它只为普通话服务。这一点正好符合历史潮流，符合信息化社会的要求。

此外，汉语拼音在社会生活中的应用也不断扩大。1982 年 6 月 19 日，国家标准局批准全国文献工作标准化技术委员会呈报的《中文书刊名称汉语拼音拼写法》为国家标准。这项标准规定国内出版的中文书刊"在封面，或扉页，或封底，或版权页上加注汉语拼音书名、刊名"，"用汉语拼音拼写书刊名称时，要按词连写。不要按单个汉字注音，也不要把所有的汉字音节连成一串"。② 2009 年 11 月 18 日，交通运输部宣布，为了提高国家高速公路网服务水平，在 2010 年 7 月底前统一和规范国家高速公路网命名和编号，由汉字名称变为拼音加数字形式命名。国家高速公路的阿拉伯数字编号采用 1 位、2 位和 4 位数，字母标识符采用汉语拼音"G"，与国道一致。地方高速公路网的字母标识符采用汉语拼音"S"，与省道一致。③

---

① 《普及型汉字编码方案研究列入国家"七五"计划》，《光明日报》1987 年 12 月 23 日。
② 《国家标准局批准〈中文书刊名称汉语拼音拼写法〉为国家标准》，《文字改革》1982 年第 2 期。
③ 陆娅楠：《全国高速公路大换名，由汉字名称变为拼音加数字形式命名》，《人民日报》2009 年 11 月 19 日。

## 第五节　积极开辟中文信息处理工作新局面

中文信息处理是改革开放新时期语言文字工作的重要内容。国家语言文字工作委员会下辖两个司，即语言文字应用管理司、语言文字信息管理司。其中，语言文字信息管理司负责研究并审定语言文字标准和规范，制定语言文字信息处理标准，指导地方文字规范化建设等。这就从国家对语言文字规划管理的角度，更加明确配合了新时期的中文信息处理事业。

新时期，党中央及有关部门高度重视中文信息处理工作。如1995年12月召开的纪念文字改革和现代汉语规范化工作40周年大会强调，认真搞好中文信息处理中的语言文字规范化、标准化，"要增加投入，加快中文信息领域的基础理论研究和基础工程建设，抓紧制定有关语言文字规范标准，建立有效协调的管理制度，特别是要抓紧做好键盘输入的规范化管理，逐步实现优化统一"[①]，为中文信息化处理工作指明了前进方向。1997年12月召开的全国语言文字工作会议明确指出："面向21世纪，中文信息处理将是高新技术的基础和重点，是跨世纪语言文字工作的重中之重。"[②] 2001年7月，教育部、国家语委印发《国家语言文字工作"十五"计划》，提出"中文信息处理中的许多难点和瓶颈问题，直接影响信息产业的发展和国民经济信息化进程，需要大力加强相关规范、标准的制定以及基础研究和基础工程建设"[③]。

与此同时，社会各界也作出努力，积极推进中国中文信息化进程。1981年6月，钱伟长等人发起成立学术性群众团体"中国中文信息学会"，团结中文信息处理学科的广大科技工作者及海外学术界朋友，为促进学科发展、繁荣我国中文信息处理事业而努力。之后，中国中文信

---

[①] 教育部语言文字应用管理司编：《新时期语言文字法规政策文件选编》，语文出版社2005年版，第294页。

[②] 教育部语言文字应用管理司编：《新时期语言文字法规政策文件选编》，语文出版社2005年版，第309页。

[③] 教育部语言文字应用管理司编：《新时期语言文字法规政策文件选编》，语文出版社2005年版，第269页。

息学会陆续成立基础理论专业委员会、汉字编码专业委员会、汉字信息处理系统专业委员会、汉字设备专业委员会、汉字字形信息专业委员会等专业委员会，分别推进了汉语、汉字信息处理的基础研究和相关国家标准的制定，以及汉字的输入输出、汉字编码评测、各种汉字字形设计、汉字字形信息压缩存储技术、各种类型的点阵、矢量、曲线汉字库研制等工作的开展。

在各界的努力下，新时期语言文字领域的汉字信息处理工作有了很大进展。

## 一　汉字输入编码的研究和测评

汉字不能直接输入计算机。要将汉字输入计算机，必须对汉字进行编码。所谓编码，就是用少量的、最简单的基本符号表示大量的、复杂多样的信息。

如前所述，1974年8月，中国开始了第一个大型汉字信息处理工程项目"748工程"，其主要成果之一是《汉字频度表》，首先为汉字信息处理提供了重要的基础数据。经过对《汉字频度表》和其他字表的统计分析，1981年国家标准总局颁布了汉字信息处理领域的第一个国家标准《信息交换用汉字编码字符集·基本集》（GB2312—80）。这是一个在中国汉字信息处理历史上具有划时代深远影响的标准。1984年，国家文字改革委员会与武汉大学公布了《辞海》字集范围内汉字笔画、部件、结构的动态统计分析结果。1985年，国家文字改革委员会与山西大学公布了人名姓氏用字的抽样统计分析结果。1986年，北京航空学院、新华社利用计算机技术分别公布了基于大型语料库的新的汉字使用频度统计和流通频度统计。1985年后，北京师范大学、上海交通大学、北京语言学院等分别使用各具特色的自动分词技术公布了基于大型语料库的现代汉语词语使用频度统计。北京大学计算机语言研究所还建立了以汉语语法为中心的"现代汉语语法信息词典"。内容全面、翔实、使用方便的汉语语料库、字词属性库，对推动汉字编码键盘输入技术的发展起到了重大作用。

20世纪80年代初期，国内对汉字输入的研究出现了"编码潮"，涌现出数百种方案和上百种上机运行的汉字键盘输入系统，于是对它们的内在素质和使用效果进行优劣评估被提上了议事日程。上海交通大学、北京信息工程学院、中国标准化与信息分类编码研究所、中国科学院心理研究所等单位不断探索评估理论和设计评测软件。评估对象由80年代初的编码方案发展为80年代末包含"编码层次"和"软件层次"的整个输入系统；评测内容由表象测定深入与认知心理结合的内在素质测定；评测手段由定性到定量；评测方法由主观因素起作用逐渐过渡到计算机客观评测；90年代则将评测内容和指标写进了国家标准。

从1980年起，中国进行过几次民间组织的评测工作，由上海交通大学牵头起草了一个评测试行草案。1983年4月，台湾中文电脑研析室主持了对汉字输入方法的调查评估，参加测试的方案有7个。1984年夏，中国中文信息研究会汉字编码委员会、上海交通大学、中国福利会少年宫组织了有5个方案参加的计算机定量测试工作，为评测的理论和实践打下了初步基础。1985年，在国务院电子振兴领导小组办公室、国家科委和国家标准局的领导下，挂靠在国家标准局信息分类编码研究所的全国汉字输入方案评测办公室组织各方面有关专家，在对评测试行规则草案进行了全面修改和补充后，又先后经过三次专家评审，于1985年12月形成了汉字键盘输入方法评测规则草案。

1986年3月至5月，由国务院电子振兴领导小组办公室、国家科委、国家标准局、中国中文信息学会联合组织的首届全国性评测历时38天，报名方案51个。经静态参数测试和资格审查，确定34个方案进入动态测试。其中，有形码20个、音码3个、音形码8个、形音码1个、形字音词码1个、整字键盘方案1个。按照测试规定和成绩评选出了11个A类方案和19个B类方案。此次评测工作有力地推动了汉字编码输入技术的发展。

进入20世纪90年代后，汉字能否输入计算机的问题已经得到解决。随着计算机的普及，汉字编码输入者中专业打字员的比例越来越少，并且中小学生也都普遍地开始学习汉字编码输入。汉字编码的规范性等问题日益尖锐地显现出来，亟须推进汉字输入法技术标准等中文信息处理标准化建设。

## 二 中文信息处理标准化建设成绩显著

20世纪90年代以来,中文信息处理相关标准的制定取得显著成绩。国家制定的有关中文信息处理的技术标准,主要分为三部分,即汉字输入法技术标准、汉字字符编码技术标准、汉字字型技术标准。围绕这三方面,国家语委会同有关部门研制发布了一系列标准规范文件。

### (一)汉字输入法技术标准

新时期汉字键盘输入技术取得举世瞩目的成绩,不仅涌现出诸多优秀的汉字输入方案,而且输入技术也不断提高,系统的智能化程度逐渐增强,规范化、标准化取得了较大进展。但也存在不尽如人意之处,其中最为突出的是一些汉字字形编码方案不符合国家语言文字规范,突出表现为随意拆分汉字。这种状况的存在,对信息技术的普及产生不利影响。为此,有必要规定汉字的基础部件及连带的汉字拆分,以推进汉字字形编码向科学、规范的方向健康发展。

针对信息处理中汉字拆分、部件选取上存在的混乱现象,国家语委于1995年9月28日下达了《信息处理用GB13000.1字符集汉字部件规范》科研项目。项目的研制目标是制定《信息处理用GB13000.1字符集汉字部件规范》文本,根据科学标准,对GB 13000.1字符集(又称"中日韩大字符集")中20902个汉字进行拆分,对部件进行归纳,制定出汉字基础部件表,以规范信息处理领域的设计、管理、科研、教学和出版等方面,并供识字教学和对外汉语教学参考。1996年11月28日,《信息处理用GB 13000.1字符集汉字部件规范》通过审定,1997年12月1日,国家语委发布《信息处理GB13000.1字符汉字部件规范》(GF3001),收汉字基础部件560个。1999年,国家语委发布了《GB13000.1字符集汉字笔顺规范》(GF3002—1999),收录了20002个汉字,对笔画顺序作出要求。

在中文信息处理领域利用汉语拼音实现汉字输入的汉语拼音输入法,具有没有烦琐的编码规则、符合语言思维习惯等优点,加上使用者普遍接受过汉语拼音教育,比较容易操作,汉语拼音输入法受到使用者的欢迎。但是,《汉语拼音方案》中的声调符号和隔音符号在通用键盘上没有相应的键位表示,各种汉语拼音输入法对此采用了各自的表示方法。

由于各种输入法替代表示方法的不同，给用户使用带来不便，也影响了中文信息的处理。为此，国家语委于1999年开始组织制定《汉语拼音方案的通用键盘表示规范》。2001年3月，北京语言文化大学和北京信息工程学院专家历时两年设计的《汉语拼音方案的通用键盘表示规范》由国家语委予以发布，并自2001年6月1日起实施。《汉语拼音方案的通用键盘表示规范》（GF3003）基本满足了中国语言文字信息处理领域的要求，对《汉语拼音方案》的字母表、声母表、韵母表、声调符号以及隔音符号在通用键盘上的表示进行了科学规定。该规范对《汉语拼音方案》在中文信息处理领域的使用十分重要，对中文信息处理的科学化、规范化、标准化有一定的推动作用。

在以上标准的基础上，信息产业部和国家质量技术监督局于2000年3月17日联合发布了《信息技术数字键盘汉字输入通用要求》（标准号GB/T18031—2000），对字形编码输入技术、采用汉语拼音输入技术等作出详细具体的规定。GB/T18031—2000的颁布对信息、技术在这一领域健康、正常、有序地发展奠定了技术基础，对中文数字输入技术走向规范化、标准化具有重要意义。

（二）汉字字符编码技术标准

汉字输入计算机后，要使计算机对输入的信息进行处理，其先决条件是机内要有一个满足通用需要的字库。机内字库就相当于一部字典。要为字库内每个汉字规定一个固定的位置，根据汉字的位置编制地址码。有了汉字的地址码，计算机即可查找、调用，进行信息处理。

这方面国家有关部门制定的主要标准是"信息交换用汉字编码字符集"系列。研制汉字信息处理交换用汉字编码字符集的工作是从1979年开始的，当时电子工业部15所为研制编码的主办单位，中国文字改革委员会参与这项工作。到1980年，中国国家标准总局发布，1981年5月1日开始实施国家标准《信息交换用汉字编码字符集·基本集》（GB 2312—1980）。该标准选入了6763个汉字，分为两级，一级字库中有3755个，是常用汉字；二级字库中有3008个，是次常用汉字；还选入了682个字符，包含数字、一般符号、拉丁字母、日本假名、希腊字母、俄文字母、拼音符号、注音字母等。国家标准《信息处理交换用汉字编码字符集·基本集》适用于一般汉字处理、汉字通信系统之间的信息交换。随着汉字信息处理技术的发展，计算机的应用范围不断扩大，使用汉字字数较多的部门迫切需要在《基本集》的基础上继续制定《信息交换用汉字编码字符集》各辅助集的国家标准。20世纪80年代，我国制订了一系列《信息交换用汉字编码字符集》辅助集。《信息交换用汉字编码字符集·第一辅助集》（GB/T 12345—1990）是《基本集》对应的繁体字集，规定了繁体字信息交换用的基本图形字符及其编码，适用于繁体字处理、繁体字通信等系统之间的信息交换。《信息交换用汉字编码字符集·第二辅助集》（GB/T 7589—1987）规定了7237个汉字及其编码；《信息交换用汉字编码字符集·第四辅助集》（GB/T 7590—1987）规定了7039个汉字及其编码；《信息交换用汉字编码字符集·第三辅助集》（GB 13131—1991），是《信息交换用汉字编码字符集·第二辅助集》（GB/T 7589—1987）的繁体字版本；《信息交换用汉字编码字符集·第五辅助集》（GB 13132—1991），是《信息交换用汉字编码字符集·第四辅助集》（GB/T 7590—1987）的繁体字版本。《信息交换用汉字编码字符集·第七辅助集》（GB/T 16500—1998）规定了3778个汉字及其编码。该标准是繁体字版本，并无对应的简体字版本。《信息技术信息交换用汉字编码字符集·第八辅助集》（SJ/T 11239—2001）规定了2501个汉字的编码，适用于图形字符信息的处理、交换、存储、传输、显现、输入和输出。

2000年3月发布的《信息技术信息交换用汉字编码字符集基本集的扩充》（GB 18030—2000），是GB2312—1980《信息交换用汉字编码字符集·基本集》的扩展，对中国中文信息技术和民族语文软件产业的发展具有极其深远的影响。GB2312—1980只收录了6763个常用汉字，已不能满足社会需要。GB18030—2000收录了27000多个汉字，为彻底解决邮政、户政、金融、地理信息系统等迫切需要解决的人名、地名用字问题提供了解决方案，也为汉字研究、古籍整理领域提供了统一的信息平台基础。该标准同时收录了藏文、蒙文、维吾尔文等主要的少数民族文字，为推进少数民族的信息化奠定了坚实的基础。

《信息技术中文编码字符集》（GB18030—2005）是目前最新的内码字集，是《信息技术信息交换用汉字编码字符集基本集的扩充》（GB18030—2000）的修订版，共收录汉字70244个。其特点是采用多字节编码，每个字可以由1个、2个或4个字节组成；编码空间庞大，最多可定义161万个字符；支持中国国内少数民族的文字，不需要动用造字区；汉字收录范围包含繁体汉字以及日韩汉字。

（三）汉字点阵字型技术标准

由于中文编码字符集字汇庞大、笔画表现形式极为复杂，在目前显示用字的点阵栅格里很难完整地表达出来，必须进行必要的技术处理。为了维护信息技术用汉字的严肃性、正确性、统一性、权威性，保证汉字的正确规范，由产业和标准主管部门组织相关单位制定点阵字型标准成为中国信息技术标准化管理的一大特色。

中国早在1985年就制定了第一项16点阵字型国家标准GB5199，对推动电子信息产业发展作出了不可磨灭的贡献。GB5199根据GB2312编码字符集制定，只收录了6000多汉字，字型点阵制作时以中国传统的印刷字体为基础，采用宋体风格。随着信息技术的发展，汉字编码字符集逐步从GB2312到GB 13000.1再到GB18030，收录的汉字个数也从6000多字逐步增加到70000多字。收录的汉字字型越来越复杂，笔画越来越多，在有限的栅格中完整表达汉字字型信息也变得越来越困难。鉴于此类问题，有关字型标准主管部门先后对GB 5199做过修订，于2001年发布了《信息技术汉字编码字符集（基本集）16点阵字型》（GB 5199—2001），汉字字型采用书版宋体；2010年发布《信息技术汉字编码字符集（基本集）15×16点阵字型》（GB5199—2010），总体依然遵从宋体风格。为适应电子信息技术产品多元化的需要，除16点阵字型标准外，国家还先后制定了12、14、18、20等点阵字型标准。由于受限于点阵栅格，12和14点阵字型采用了等线体风格，而18、20和24点阵则采用宋体风格。

在20多年的发展过程中，中国先后制定了约50项汉字点阵字型标准，这些标准适用于IT产品的输出和传输的需求，并在规范市场、引导技术、保护消费方面发挥了巨大的作用。这些汉字信息处理技术标准的制定，推动了汉字信息处理技术的发展，计算机中安装的汉字库从6763字、20902字、27000字、50000字向囊括甲骨文、金文、篆书、隶书的全汉字集发展，从国家标准（GB）向国际标准（ISO）发展，增强了中国中文信息处理的国际竞争力。

## 第六节　扩大汉语汉字国际化

改革开放新时期，随着中国国际地位的提高和国际影响力的提升，汉语汉字国际化程度进一步加深。

### 一　汉语拼音成为拼写汉语的国际标准

改革开放以后，随着国际交往的日益密切，汉语拼音得到了国际社会的普遍认可。1979年4月，国际标准化组织在波兰华沙举行"第46届文献工作标准化技术委员会（ISO/TC46）会议"。这个技术委员会主管各国罗马字母拼写法标准。中国大陆代表首次参加会议，提出采用《汉语拼音方案》作为拼写汉语的国际标准。这一提议得到法国、日本等国代表的积极支持。经会议同意，决定向国际标准化组织提出《中文罗马字母拼写法草案》。1981年，第46届文献工作标准化技术委员会在南京举行会议，审议《草案》最后文本，送请国际标准化组织同意，然后按照规定用通信方法请各会员国书面投票。1982年，会员国投票通过。在这次会议上，法国代表提议并有其他代表支持，指出采用《汉语拼写方案》作为国际标准应当包括一个拼音正词法规则。中国代表说明了正词法的复杂性，建议在标准文件之外附录一个供参考用的正词法规则。

1982年8月1日，国际标准化组织正式发表了《ISO 7098文献工作——中文罗马字母拼写法》，规定："中华人民共和国全国人民代表大会（1958年2月11日）正式通过的汉语拼音方案，被用来拼写中文。转写者按中文字的普通话读法记录其读音。""本国际标准说明现代汉语，即中华人民共和国法定语言普通话（见国务院1956年2月6日颁布的《关于推广普通话的指示》）的罗马字母拼写法原则。"[①] 从此，汉语拼音成为罗马字母拼写汉语的国际标准。

### 二　大力推广对外汉语教学

随着中国改革开放的深入和国际地位的不断提高，世界上期望学习

---

[①] 《ISO 7098文献工作——中文罗马字母拼写法》，《语文建设》1998年第4期。

和使用中文的人越来越多。为了帮助外国人学习汉语,新时期大力推广对外汉语教学。2004年3月,国务院批转教育部制定的《2003—2007年教育振兴行动计划》,提出"积极实施'汉语桥工程',加强境外'孔子中文学院'建设,大力推进网络和多媒体汉语教学项目,丰富对外汉语教学资源,全面推广汉语水平考试(HSK),培训对外汉语教学教师,推动各国教育机构开设汉语课程"[①]。"汉语桥工程"提出以八项措施推进汉语教学对外推广工作。第一,在海外加快建设孔子学院,积极开展非学历汉语教学,培训当地汉语教师,宣传中国优秀文化;第二,大力发展多媒体汉语教学;第三,根据中美教育备忘录,美国大学理事会开发的AP中文项目将在美国2500所大学广泛实施,美国高中学生可通过学习该项目获取大学学分;第四,实施"国际汉语教师中国志愿者计划"和"汉语作为外语教学能力认定办法"等,着力提高汉语教师质量;第五,加速推广汉语水平考试,提高认证效力;第六,重点建设对外汉语教学基地;第七,援助国外开展汉语教学的学校建设中文图书馆并赠送中文书籍;第八,扩大"汉语桥"世界大学生中文比赛的影响。2005年7月在北京举办的首届世界汉语大会,成为汉语国际推广的首次动员大会,来自五大洲66个国家的300多位代表出席了这次大会。此次大会之后,汉语国际推广工作进入了高速发展时期。

改革开放新时期,汉语拼音成为外国人学习汉语的主要途径,从"国内的文化钥匙"延伸成为"国际的文化桥梁"。汉字是表意文字,外国人无法直接从汉字字形上获知读音,所以初级阶段一般都采取拼音先行的方法来帮助汉语初学者快速入门。有的听说课程甚至不教汉字,主要用汉语拼音来提高口语能力。截至2011年5月,已有101个国家建立了345所孔子学院和457个孔子课堂。可以说孔子学院开到哪里,汉语拼音就走到哪里。

### 三 简化字得到国际认可

改革开放新时期,简化字作为规范的现代汉语用字,不仅在国内全

---

[①] 教育部语言文字应用管理司编:《新时期语言文字法规政策文件选编》,语文出版社2005年版,第39页。

面普及，而且得到国际社会的承认。长期以来，联合国所有中文文件一直使用繁体字和简化字两种版本。随着规范简化字在世界范围越来越多地使用，2006年联合国决定，从2008年后，联合国使用的中文文本一律用简化字。

2010年，联合国提出设立联合国中文日，目的是庆祝多种语言以及文化的多样性，也提倡在联合国的工作语言中平等地使用六种官方语言。第一届联合国中文日是2010年11月12日，自2011年起联合国中文日改为4月20日，来纪念"中华文字始祖"仓颉及其对中文的贡献。联合国中文日已经成为人们了解中国文化的一个窗口，每年的中文日前后，纽约联合国总部都会推出一系列丰富多彩的活动，内容涵盖画展、中文学习论坛、专题讲座、时尚与传统戏曲展等。此外，联合国在日内瓦、曼谷、内罗毕、维也纳的办事处，以及其他一些联合国机构也会举办展览、讲座、趣味知识测验等活动，以彰显中文和中国文化的魅力。

# 第四章　新时代语文现代化的跨越式发展

新时代，西方资本主义主导优势逐渐减弱，出现现代化危机；反而中国特色社会主义、中国式现代化在中国取得了巨大成功。中共十八大以来，中国共产党提出实现中华民族伟大复兴的中国梦，提出"两个一百年"奋斗目标。在对西方现代化的弊端和种种潜在危机进行审视的同时，中国共产党坚定了"以中国式现代化全面推进中华民族伟大复兴"的信心。习近平指出，"中国式现代化，打破了'现代化＝西方化'的迷思，展现了现代化的另一幅图景，拓展了发展中国家走向现代化的路径选择，为人类对更好社会制度的探索提供了中国方案"[①]；"世界百年未有之大变局加速演进，人类又一次站在历史的十字路口"[②]。

作为中国特色社会主义事业的重要基础组成部分，语言文字事业站在新的历史起点上，担负着新的使命，助力中华民族伟大复兴和中国式现代化伟大事业，为全面建成社会主义现代化强国提供语言文字支撑。中共十八大以来，以习近平同志为核心的党中央高度重视语言文字事业，习近平就推广普及国家通用语言文字、传承弘扬中华优秀语言文化等作出一系列重要指示批示，并致信祝贺甲骨文发现和研究120周年。2020年召开新时代第一次全国语言文字会议，国务院办公厅印发《关于全面加强新时代语言文字工作的意见》，对新时代语言文字事业作出重要部署，推动新时代语文现代化取得跨越式发展和历史性成就。

---

① 《正确理解和大力推进中国式现代化》，《人民日报》2023年2月8日。
② 《习近平向中国共产党与世界马克思主义政党论坛致贺信》，《人民日报》2022年7月29日。

## 第一节　党中央指导规划新时代语文现代化

新时代，以习近平同志为核心的党中央站在实现中华民族伟大复兴和推动人类文明发展的战略高度，强调坚定文化自信，坚守中华文化立场。例如，中共十九大报告指出，"没有高度的文化自信，没有文化的繁荣兴盛，就没有中华民族伟大复兴"，提出了"建设社会主义文化强国"的伟大历史任务。中共二十大报告强调"增强中华文明传播力影响力。坚守中华文化立场，提炼展示中华文明的精神标识和文化精髓"。

语言文字，既是文化的重要载体，又是文化的基础要素和鲜明标志，在中华民族形成和发展中发挥了重要作用。中共二十大胜利闭幕后，习近平在河南安阳考察时强调："中国的汉文字非常了不起，中华民族的形成和发展离不开汉文字的维系。"[①] 新时代，习近平高度重视语言文字事业，站在实现中华民族伟大复兴和推动人类文明发展的战略高度，多次发表重要论述，回答有关语言文字事业发展一系列重大问题，开辟了马克思主义语言观在中国的新境界，为新时代语文现代化发展指明了方向。

### 一　新时代语文现代化新使命

中国共产党在领导推进语文现代化过程中，把语言文字工作视为社会主义现代化建设事业的重要组成部分。如1997年12月召开的全国语言文字工作会议提出："语言文字工作是社会主义文化建设的重要内容之一，是国家现代化建设事业不可缺少的组成部分"，并从加速科技进步和提高劳动者的素质两个方面具体论述了语言文字工作的作用，指出："就加速科技发展来说，中文信息处理技术是高技术的重点之一，而语言文字的规范化、标准化和相应的应用研究水平，则是提高中文信息处理技术的先决条件。就提高劳动者素质来说，主要在于提高思想道德和科学文化素质，而语言文字能力又是文化素质中最基本的因素。社会主义现代化建设需要数以亿计高素质的劳动者和数以千万计的专门人才，除了思想和专业方面

---

[①]《全面推进乡村振兴　为实现农业农村现代化而不懈奋斗》，《人民日报》2022年10月29日。

的要求外，还应当使他们具有较高的语言文字能力"。① 进入新世纪后，《国家语言文字工作"十五"计划》指出："语言文字是交际的工具和信息的载体。推动语言文字规范化、标准化，是普及文化教育、发展科学技术、提高工作效率的一项基础工程，对社会主义物质文明和精神文明建设具有重要意义。"② 新时代，教育部、国家语委印发的《国家中长期语言文字事业改革和发展规划纲要（2012—2020年）》强调："语言文字是人类最重要的交际工具和信息载体，是文化的基础要素和鲜明标志，是促进历史发展和社会进步的重要力量。语言文字事业具有基础性、全局性、社会性和全民性特点，是国家文化建设和社会发展的重要组成部分，事关历史文化传承和经济社会发展，事关国家统一和民族团结，事关国民素质提高和人的全面发展，在国家发展战略中具有重要地位和作用。"③

新时代，国家各项现代化建设需要语言文字工作予以配合，对语言文字事业提出了新的要求。例如，打赢脱贫攻坚战等经济建设需要语言文字事业提供新助力，国家长治久安等政治建设需要语言文字事业夯实基础，提升国家文化软实力等文化建设需要语言文字事业有力支撑，网络治理等社会建设需要语言文字事业服务赋能，人工智能等绿色产业、生态文明建设需要语言文字事业创新发展。

第一，新时代经济高质量发展需要语言文字事业作出新贡献。语言文字是经济社会发展的重要组成部分。语言产业是一种新兴产业。新时代，语言产业已初具规模、业态丰富，语言翻译、语言培训、语言能力测试、语音识别等产业发展迅速，带来一定的经济效益。语言产业作为低能耗、低排放和低污染的朝阳产业，近年来发展迅猛，越来越受到世界各国关注。据统计，全国从事语言服务或相关服务的企业达到72500家，行业产值超过2800亿元人民币。世界许多国家都很注重语言产业的

---

① 教育部语言文字应用管理司编：《新时期语言文字法规政策文件汇编》，语文出版社2005年版，第295页。

② 教育部语言文字应用管理司编：《新时期语言文字法规政策文件汇编》，语文出版社2005年版，第268页。

③ 《国家中长期语言文字事业改革和发展规划纲要（2012—2020年）》，《中国教育报》2013年1月3日。

发展，瑞士语言的多样性，每年能够创造500亿瑞郎收入，约占瑞士国内生产总值的10%。语言产业符合国家经济结构调整的总体思路，可以作为新的增长点积极培育、大力发展，为经济高质量发展、建设现代化强国作贡献。

第二，全面建成小康社会、推进共同富裕，呼唤语言文字工作新作为。共同富裕是社会主义的本质要求，是中国式现代化的重要特征。长期以来，中国东西部之间、城乡之间发展很不平衡，普通话普及率东西部之间、城乡之间发展很不平衡，西部与东部存在20个百分点的差距。中西部地区还有很多青壮年农、牧民无法用普通话进行基本的沟通交流，这已经成为阻碍个人脱贫致富、制约国家全面建成小康社会，甚至影响民族团结和谐的负面因素。新时代，在脱贫攻坚、全面建成小康社会进程中，国家通用语言文字的推广普及对提升贫困人口的教育水平、就业创业能力，促进贫困地区的经济社会发展，具有重要意义。

全面建成小康社会后，在实现共同富裕的进程中，语言的作用尤为凸显。由于乡村振兴是以工哺农、城乡融合、数字赋能，采用新的生产方式、经营方式、生活方式，大量的电商、金融企业、房地产业等进入乡村，使农民语言使用环境发生巨变，对农民语言能力提出了新的要求。而这一切的基础是推广国家通用语言文字，这成为农村语言能力提升的第一要务。

第三，新时代文化强国建设，离不开语言文字的发展繁荣。中共十九大报告指出，没有高度的文化自信，没有文化的繁荣兴盛，就没有中华民族伟大复兴。中华文明5000多年，凡是语言文字大发展大繁荣的时代，都是文化鼎盛、国家强大的时代。十九大确定了建设社会主义文化强国的目标，语言文字的载体作用更加凸显。要挖掘、阐释中华优秀传统文化、革命文化和社会主义先进文化的时代意义，需要把语言文字工作贯穿全过程，进一步推进新时代语言文化的大发展大繁荣。

第四，第四次工业革命、科技革命迅猛发展，对新时代语言文字工作提出新要求。科技的迅猛发展必将对语言文字发展产生深刻影响，提出新要求。语言文字是信息时代不可或缺的重要因素，如文字输入技术、文字处理技术、语音识别转换技术、自然语音理解等。信息技术堪称工业革命的顶峰，人工智能则可能超越这个顶峰，成为新的革命起点，可以称其为"零点革命"。近几年人工智能发展迅猛,世界各国都高度重视、加紧布局,而智能语音技术是人工智能应用中人机交互的关键,在智能社会有着越来越广泛的应用。更为重要的是,语言文字理解和处理能力标志着人工智能上升到认知层面,语言智能、辅助学习、机器翻译等语言信息技术快速发展,正在解决全球化发展中的多语种沟通问题。语言文字理解和处理能力是智能化时代的重要标志,也可以说是"零点革命"的门槛。

第五,新时代构建人类命运共同体,要求增强语言文字的国际影响力。新时代,中国倡导构建以合作共赢为核心的新型国际关系,打造人类命运共同体;提出建设"新丝绸之路经济带"和"21世纪海上丝绸之路"的合作倡议,提出普惠包容的全球发展倡议。中国日益走近世界舞台的中央,中文必将承载更多国际交流工具的功能。联合国6种工作语言①文本中,汉语文本是最薄的一本。汉字信息量高,兼具美学的概念和文化传承的内涵,比那些数以万计甚至十万计的外语词具有更大的优越性。中国要进一步增强文化自信,首先从增强语言文字自信开始。要积极传播中国语言文字和中华文化,创新传播方式,增强传播亲和力,不断提升传播能力。

总之,新时代,语言文字成为国家重要的文化资源、经济资源、安全资源、战略资源。语言文字工作承担着新的使命——强国必须强语,强语助力强国。

## 二 创新关于语言文字和语言文字工作的理论认识

新时代,以习近平同志为核心的党中央站在实现中华民族伟大复兴和推动人类文明发展的战略高度,进一步深化马克思主义关于语言文字的认识、深化中国共产党对于语言文字工作的认识,创新发展马克思主义语言文字理论,为新时代语文现代化新实践提供新的理论指导。

第一,创新深化关于语言文字性质的理论认识。马克思主义语言文字理论认为,语言文字是全民共同创造、全社会乃至不同社会共同使用

---

① 1973年12月18日,联合国通过决议将阿拉伯语列为联合国正式工作语言之一,联合国工作语言扩展为6种。

的一种交际工具,人们利用它来互相交际、交流思想,从而互相了解。中国共产党在领导推进语文现代化过程中,进一步发展马克思主义语言文字理论,提出语言文字的双重性质,即一方面,语言文字作为协调社会生产和社会生活的工具,服务于整个社会的经济、政治、文化生活,影响社会的发展;另一方面,语言文字是文化的主要载体,是文化发展的重要标志,是文化的组成部分。①

新时代,习近平既从工具性角度强调语言文字是人类社会最重要的交际工具,又从文化性角度阐明语言文字是文化的基础要素和鲜明标志,从理论上进一步深化了中国共产党人对语言文字性质的新认识。一方面,习近平提出语言是桥梁和钥匙的新论断。2014 年 11 月,习近平在给澳大利亚联邦塔斯马尼亚州斯科奇—欧克伯恩小学 16 名小学生的回信中指出:"语言是人类心灵沟通的桥梁。"② 2015 年 10 月,习近平在全英孔子学院和孔子课堂年会开幕式致辞中指出:"语言是了解一个国家最好的钥匙。"③ 习近平将语言比作桥梁、钥匙,生动地阐释了语言作为人类社会交际工作的重要作用。另一方面,习近平提出文字是文化和文明的象征和标志。2010 年 3 月,习近平在俄罗斯"汉语年"开幕式上的致辞中指出:"汉字是中华文明的重要标志,也是传承中华文明的重要载体。"④文字对于人类文明进步举足轻重,是文化和文明的象征和标志、文化和文明的基因和根脉、文化和文明传承的重要载体。习近平在视察北京市海淀区民族小学时指出:"今天我们使用的汉字同甲骨文没有根本区别,老子、孔子、孟子、庄子等先哲归纳的一些观念也一直延续到现在。"⑤文字在传承和弘扬中华优秀传统文化中发挥着重要作用,2019 年 11 月,

---

① 例如,1997 年 12 月召开的全国语言文字工作会议指出:"语言文字是文化的主要载体,也是一种重要的文化发展的标志。语言文字的规范化、标准化程度是文化发达程度的标志之一。作为协调社会生产和社会生活的工具,语言文字服务于社会的经济、政治、文化生活,影响社会的发展。"2003 年度语言文字工作会议则指出:"语言文字既是文化的载体,又是文化的组成部分,既是教育的工具,又是教育特别是素质教育的重要内容。"参见教育部语言文字应用管理司编《新时期语言文字法规政策文件汇编》,语文出版社 2005 年版,第 295、411 页。

② 《习近平书信选集》第 1 卷,中央文献出版社 2022 年版,第 48 页。

③ 《习近平出席全英孔子学院和孔子课堂年会开幕式》,《人民日报》2015 年 10 月 23 日。

④ 习近平:《在俄罗斯"汉语年"开幕式上的致辞》,《人民日报》2010 年 3 月 25 日。

⑤ 习近平:《从小积极培育和践行社会主义核心价值观——在北京市海淀区民族小学主持召开座谈会时的讲话(2014 年 5 月 30 日)》,《人民日报》2014 年 5 月 31 日。

习近平致信祝贺甲骨文发现和研究 120 周年，要求"深入研究甲骨文的历史思想和文化价值，促进文明交流互鉴"①。

2012 年 12 月 4 日，教育部、国家语委发布的《国家中长期语言文字事业改革和发展规划纲要（2012—2020 年）》中，把语言文字事业提升到国家战略的高度，指出："语言文字是人类最重要的交际工具和信息载体，是文化的基础要素和鲜明标志，是促进历史发展和社会进步的重要力量。"② 语言文字是"文化的基础要素和鲜明标志"，比之前的认识更前进了一步。

第二，语言文字工作既要推广国家通用语言文字，又要科学保护各民族语言文字。古今中外的实践表明，语言文字的统一对国家的统一起着非常重要的作用，推行国家通用语言文字，有利于维护国家主权和民族尊严，有利于国家统一和民族团结。

中共十八大以来，党中央提出铸牢中华民族共同体意识，构筑中华民族共有精神家园，为此强调在民族地区加强国家通用语言文字推广工作。习近平多次讲到在民族地区加快推进国家通用语言文字教育，强调国家通用语言文字对铸牢中华民族共同体意识的重大意义。2014 年 4 月，习近平在视察新疆疏附县托克扎克镇中心小学时指出："少数民族孩子双语教育要抓好，学好汉语将来找工作会方便些，更重要的是能为促进民族团结多作贡献。"③ 2015 年 8 月，习近平在中央第六次西藏工作座谈会上要求西藏和四省藏区"把社会主义核心价值观教育融入各级各类学校课程，推广国家通用语言文字，努力培养爱党爱国的社会主义事业建设者和接班人"④。党中央还提出要推动各民族共同走向社会主义现代化、实现共同富裕，因此特别强调在深度贫困民族地区加强国家通用语言文字推广工作。

---

① 《习近平书信选集》第 1 卷，中央文献出版社 2022 年版，第 254 页。
② 《国家中长期语言文字事业改革和发展规划纲要（2012—2020 年）》，《中国教育报》2013 年 1 月 3 日。
③ 《把祖国的新疆建设得越来越美好——习近平总书记新疆考察纪实》，《人民日报》2014 年 5 月 4 日。
④ 《习近平在中央第六次西藏工作座谈会上强调依法治藏富民兴藏长期建藏　加快西藏全面建成小康社会步伐》，《人民日报》2015 年 8 月 26 日。

包括少数民族语言文字在内的各民族多姿多彩的文化,是中华文明的重要组成部分。2021年8月,习近平在中央民族工作会议上强调"要正确把握中华文化和各民族文化的关系,各民族优秀传统文化都是中华文化的组成部分,中华文化是主干,各民族文化是枝叶,根深干壮才能枝繁叶茂",因此,"要推广普及国家通用语言文字,科学保护各民族语言文字,尊重和保障少数民族语言文字学习和使用"①。

第三,注重语言文化国际交流合作。文明交流互鉴是推动人类文明进步和世界和平发展的重要动力。2014年3月,习近平在联合国教科文组织总部发表的演讲中,阐述了人类文明交流互鉴的重要性,指出:"如果世界上只有一种花朵,就算这种花朵再美,那也是单调的。""如果只有一种生活方式,只有一种语言,只有一种音乐,只有一种服饰,那是不可想象的。"② 人类文明要实现互鉴,首先就是语言文化的交流。习近平在国际交往中多次谈到各国间语言文化交流的重要性,2014年3月在同德国汉学家、孔子学院教师代表和学习汉语的学生代表座谈时指出:"沟通交流的重要工具就是语言。一个国家文化的魅力、一个民族的凝聚力主要通过语言表达和传递。掌握一种语言就是掌握了通往一国文化的钥匙。学会不同语言,才能了解不同文化的差异性,进而客观理性看待世界,包容友善相处。"③

### 三 加强对语文现代化的规划指导

新时代,党中央多次在全党代表大会、中央全会、中央部门会议上对新时代语言文字工作提出的新要求,凸显了对语言文字工作的高度重视。中共十八大提出推广和规范使用国家通用语言文字,十九届五中全会提出"提高民族地区教育质量和水平,加大国家通用语言文字推广力度",十九届六中全会提出全面推行国家通用语言文字教育教学,中共二十大再次强调加大国家通用语言文字推广力度。中央民族工作会议提

---

① 《习近平谈治国理政》第4卷,外文出版社2022年版,第246页。
② 习近平:《在联合国教科文组织总部的演讲(2014年3月27日)》,《人民日报》2014年3月28日。
③ 《习近平同德国汉学家、孔子学院教师代表和学习汉语的学生代表座谈》,《人民日报》2014年3月30日。

出，要推广普及国家通用语言文字，科学保护各民族语言文字，尊重和保障少数民族语言文字学习和使用。2014年10月，中共中央、国务院《关于加强和改进新形势下民族工作的意见》明确指出："坚定不移推行国家通用语言文字教育。全面开设国家通用语言文字课程，全面推广国家通用语言文字，确保少数民族学生基本掌握和使用国家通用语言文字。尊重和保障少数民族使用本民族语言文字接受教育的权利，不断提高少数民族语言文字教育水平。"[①]

国务院及教育部、国家语委等有关部门出台一系列语言文字事业规划。2012年12月4日，教育部、国家语言文字工作委员会发布《国家中长期语言文字事业改革和发展规划纲要（2012—2020年）》，提出"到2020年，普通话在全国范围内基本普及，汉字社会应用的规范化程度进一步提高，汉语拼音更好地发挥作用。语言文字规范标准基本满足社会需求，信息化水平进一步提高"等目标。2015年底，中国残联、教育部、国家语委、国家新闻出版广电总局联合印发《国家手语和盲文规范化行动计划（2015—2020年）》，明确了手语和盲文规范化工作的目标、任务和措施。2016年8月，教育部、国家语言文字工作委员会发布《国家语言文字事业"十三五"发展规划》，明确提出"到2020年，在全国范围内基本普及国家通用语言文字"的目标。这一目标的实现具有里程碑意义，意味着中国初步实现几千年来"书同文、语同音"的梦想。2017年，国家民委印发《"十三五"少数民族语言文字工作规划》，这是新中国成立以来第一个少数民族语言文字工作规划，有力促进了新时代少数民族语言文字事业的发展。2018年7月，国家语委制定发布《信息化条件下语言文字规范标准体系建设规划》，提出到2020年初步建立信息化条件下的语言文字规范标准体系，明确语言文字规范标准体系框架内容。

2020年9月，国务院办公厅发布《关于全面加强新时代语言文字工作的意见》，这是新中国成立以来第一次以国办名义下发的全面加强语言文字工作的指导性文件。该意见将语言文字事业提升到一个新高度，认为语言文字事业"事关国民素质提高和人的全面发展，事关历史文化

---

① 《十八大以来重要文献选编》（中），中央文献出版社2016年版，第111页。

传承和经济社会发展，事关国家统一和民族团结，是国家综合实力的重要支撑，在党和国家工作大局中具有重要地位和作用"。该意见明确了今后一个时期语言文字事业的发展目标：到 2025 年，普通话在全国普及率达到 85%，语言文字规范化、标准化、信息化水平进一步提高，语言文字科技水平和创新能力明显提升，中华优秀语言文化得到更好传承弘扬，与人民群众需求相适应的语言服务体系更加完善。该意见还锚定 2035 年，提出语言文字事业中长期发展目标，提出要重点抓好坚定不移推广普及国家通用语言文字、加快推进语言文字基础能力建设、切实增强国家语言文字服务能力、积极推进中华优秀语言文化传承发展、大力提升中文国际地位和影响力等五项任务。在坚定不移推广普及国家通用语言文字方面，该意见进一步明确推广普及国家通用语言文字是新时代语言文字工作的首要任务，提出要"牢固确立国家通用语言文字的主体地位"；提出"聚焦重点、全面普及、巩固提高"的新时代推普方针，强调要聚焦民族地区、农村地区，聚焦重点人群，分类指导，精准施策，加大国家通用语言文字推广力度，不仅要达到全面普及，还要巩固普及成果，提高普及质量；强调学校作为国家通用语言文字教育基础阵地，要加强学校语言文字工作，全面落实国家通用语言文字作为教育教学基本用语用字的法定要求；强调要全面加强民族地区国家通用语言文字教育。

  2020 年是全国文字改革会议召开 65 周年、国家通用语言文字法颁布 20 周年，2020 年 10 月，国务院批准召开新中国成立以来第四次、新时代第一次全国语言文字会议，全国范围参加会议的人数超过 1100 人。会议进一步明确了语言文字工作的战略定位，指出，语言文字作为基础性、全局性、社会性事业，既是文化资源、经济资源，也是安全资源和战略资源，是关系党和国家工作全局的一件大事。语言文字是经济发展、社会进步的重要保障，是民族团结、国家统一的文化根基，也是国家主权、国家安全的重要支撑。会议对当前和今后一个时期语言文字事业改革发展作出全面部署。在指导思想方面，强调要坚持以人民为中心的发展思想，以推广普及和规范使用国家通用语言文字为工作重点。在基本原则方面，强调要准确把握语言国情，遵循语言文字发展规律，牢固树立国家通用语言文字的主体地位。在主要任务方面，明确要推进语言文字工作治理体系和治理能力现代化，确定了"聚焦重点、全面普及、巩固提高"的新时代推普工作方针。在工作体制机制方面，提出要统筹国家通用语言文字国内推广和中文国际传播、把语言文字工作纳入各级政府履行教育职责评价体系、推动国家通用语言文字法的修订等。

为充分发挥各部门依法履行语言文字工作的职责，推进语言文字工作治理体系和治理能力现代化，根据全国语言文字会议要求，国家语委进行了调整和完善，增补了委员单位，语委委员单位由18个增至30个，国家对语言文字工作的统筹力度不断加大。全国语言文字会议后，各地也贯彻落实会议精神，调整省级语委的组成，完善体制机制，增加编制经费，为事业发展提供保障。

## 第二节 推进语言文字规范化、标准化、信息化、法制化建设

推进语言文字规范化标准化信息化建设，加强语言文字法制建设，是新时代语言文字工作的主要任务之一。

### 一 加强规范标准体系建设

语言文字规范标准是为便利语言文字使用而制定的由使用者共同遵守的语言文字本体及应用规则，在语言文字工作中处于重要的基础性地位。新中国成立以来，国家先后研制发布了一大批语言文字规范标准。新时代十年间，教育部、国家语委积极稳妥推进语言文字规范化标准化建设，组织制定修订31项语言文字规范标准，基本形成了相互联系补充、比较系统完整的规范标准体系，在文化教育、新闻广电、印刷出版、辞书编纂、信息处理、对外交流等方面发挥了重要作用。

教育部、国家语委组织力量制定了《通用规范汉字表》，并于2013年公布推行。《通用规范汉字表》收字8105个，分为三级。一级字表为常用字集，收字3500个，主要满足基础教育和文化普及的基本用字需要。二级字表收字3000个，使用度仅次于一级字。一、二级字表合计6500字，主要满足出版印刷、辞书编纂和信息处理等方面的一般用字需要。三级字表收字1605个，是姓氏人名、地名、科学技术术语和中小学

语文教材文言文用字中未进入一、二级字表的较通用的字，主要满足信息化时代与大众生活密切相关的专门领域的用字需要。《通用规范汉字表》是在整合《第一批异体字整理表》（1955 年）、《简化字总表》（1986 年）、《现代汉语常用字表》（1988 年）、《现代汉语通用字表》（1988 年）的基础上制定的。一、二级字表通过语料库统计和人工干预方法，主要依据字的使用度进行定量、收字和分级。三级字表主要通过向有关部门和群众征集用字等方法，收录音义俱全且有一定使用度的字。该表对社会上出现的在《简化字总表》和《现代汉语通用字表》之外的类推简化字进行严格甄别，收录了符合该表收字原则且已在社会语言生活中广泛使用的"闫"等 226 个简化字。该表在以往相关规范文件对异体字调整的基础上，又将《第一批异体字整理表》中"皙、喆、淼"等 45 个异体字调整为规范字。为方便使用，该表后附《规范字与繁体字、异体字对照表》和《〈通用规范汉字表〉笔画检字表》两个附表。

《通用规范汉字表》是继 1986 年国务院批准重新发布《简化字总表》后的又一重大汉字规范，是最新、最权威的规范汉字依据。字表发布后，教育部、国家语委即会同信息产业、新闻出版、广播影视等相关主管部门联合印发《教育部等十二部门关于贯彻实施〈通用规范汉字表〉的通知》，推动字表在重点行业领域贯彻落实。《通用规范汉字表》集数十年汉字规范之大成，对提升国家通用语言文字的规范化、标准化、信息化水平，促进国家经济社会和文化教育事业发展具有重要意义。

2021 年 3 月，教育部、国家语委发布实施的《通用规范汉字笔顺规范》，代替了 1997 年国家语委发布的《现代汉语通用字笔顺规范》。该规范将笔顺规则落实到国务院 2013 年 8 月批准发布的《通用规范汉字表》，依据现行通用规范汉字形体，即《通用规范汉字表》的标准宋体字形，给出每个字的逐笔跟随和笔画序号式笔顺，提供 ISO/IEC10646 国际标准编码（UCS）和《通用规范汉字表》序号。该规范是服务和满足语言生活对语言文字规范标准需求的一项基础性规范，为社会通用层面的汉字教学与研究、信息处理、排序检索、辞书编纂等提供了重要依据。

2015 年 12 月 15 日，经国际标准化组织批准，由中国主导修订的国际标准 ISO 7098：2015《信息与文献——中文罗马字母拼写法》正式出版发布。《信息与文献——中文罗马字母拼写法》是汉语拼音在国际上得到认可并推广使用的重要依据,是用以规范国际上使用汉语拼音的统一标准。该标准主要应用于世界各国图书馆、博物馆、国际机构中有关中国人名地名的拼写、图书编目、信息与文献的排序检索等,发布后实现了跨语种的信息交换,有力推进了中外文化的交流与发展。该项国际标准最早发布于1982年,1991年作了微调。鉴于该标准自发布至今时间久远,内容不够细化,不能满足国际相关应用领域的需要,2011年中国提出修订建议,并通过积极争取于翌年获得由中国主导的标准修订权。这次修订,一是把汉语拼音按词连写的规则引入国际标准中;二是把文字转换明确地区分为字母转写和字符译音两大类,并且把汉字到拼音的转换归入字符译音这一大类,为汉字文本自动译音在理论上奠定了方法论原则,并在此基础上,制定了汉字—拼音全自动译音和半自动译音的方法;三是进一步完善了汉语拼音的音节形式总表;四是给汉语特有的声调和标点符号补充了16进制代码,扩充了罗马字母字符集。ISO 7098:2015《信息与文献——中文罗马字母拼写法》的修订成功,进一步提升了汉语拼音在国际上的影响和作用,促进中华文化在世界范围的推广传播。

外语中文译写规范工作取得重要进展。为统筹协调外国人名、地名、事物名称等专有名词的翻译工作,有效解决字母词的汉化问题,引导全社会规范使用外语词的规范中文译名,2012年1月,经国务院批准,建立外语中文译写规范部际联席会议制度。① 2014年11月,该联席会议名称调整为外语中文译写规范和中华思想文化术语传播部际联席会议。② 截至2023年3月,外语中文译写规范部际联席会议专家委员会已向社会公开发布了14批外语词中文译名,对引导规范社会语言生活具有积极作用。为了保障公共服务领域英文翻译和书写质量的基础性标准,2017年7月,国家质检总局、国家标准委联合发布《公共服务领域英文译写规

---

① 由国家语委牵头,中央编译局、外交部、教育部、民政部、广电总局、新闻出版总署、新闻办、新华社、中科院共同组成的议事协调机构。联席会议的主要职能是:统筹协调外国人名、地名和事物名称等专有名词的翻译工作;组织制定译写规则,规范已有外语词中文译名及其简称,审定新出现的外语词中文译名及其简称。

② 联席会议主要职能增加了以下内容:统筹协调中华思想文化术语传播工作,制定中华思想文化术语遴选与译写规则和标准,组织中华思想文化术语遴选译写工作,发布译写成果及规范应用,组织中华思想文化术语传播活动,增加中国外文局、文化部、中国社会科学院为成员单位。

范》。这是中国首个关于在境内如何规范使用外语的系列国家标准，内容包括通则、交通、旅游、文化娱乐、体育、教育、医疗卫生、邮政电信、餐饮住宿、商业金融十大部分。这套标准规范了上述服务领域英文译写的原则、方法和要求，并为各领域常用的公共服务信息提供了规范译文。

中国有3000多万名听力残疾人和视力残疾人，手语和盲文是他们使用的特殊语言文字，是国家语言文字的重要组成部分。规范手语和盲文，关乎残疾人语言文字权益的实现，关乎残疾人文化素质的提高和融合发展，关乎残疾人实现全面小康的进程。为加快手语和盲文规范化工作进程，2015年10月，中国残疾人联合会、教育部发布《国家手语和盲文规范化行动计划（2015—2020年）》。2018年7月，教育部、国家语委、中国残疾人联合会正式发布实施《国家通用手语常用词表》《国家通用盲文方案》，分别规定了通用手语常用词汇的规范动作和用盲文书写国家通用语言的规则，这是中国手语和盲文规范化工作的重要成果和新的里程碑。自此，中国3300多万名听力和视力残疾人有了自己的"普通话"和"规范字"。2021年3月，由中国残疾人联合会、教育部、国家语委共同发布实施的《〈中华人民共和国国歌〉国家通用手语方案》，首次以听力残疾人手语使用者为主体，规范应用国家通用手语"唱"国歌，满足听力残疾人手语使用者在奏唱国歌场合，规范、统一、严肃使用手语"唱"国歌的愿望。

为推进国际中文教育高质量发展，2021年3月，教育部、国家语委制定发布首个面向外国学习者、全面评价其中文水平的规范标准《国际中文教育中文水平等级标准》，目前已向海外发布8个语种的对照版，与20多个语言教育机构进行标准对接。《国际中文教育中文水平等级标准》是国际中文相关标准化、规范化语言考试的命题依据，以及各种中文教学与学习创新型评价的基础性依据，也为全球国际中文教育的总体设计、教材编写、课堂教学和课程测试提供了参考，还为"互联网+"时代国际中文教育构建各种新模式、新平台提供重要依据。

## 二 推动语言文字信息化建设

语言文字信息化是国家信息化的基础，而少数民族语言文字的信息化直接关系到民族地区全面建成小康社会进程和国家"一带一路"倡议实施。新时代，党中央和有关部门高度重视语言文字信息化建设。2014年3月，国家语委发出《关于进一步做好语言文字信息化工作的若干意见》，指出，语言文字信息处理的技术和使用水平已经成为衡量国家现代化水平的重要标志；语言文字信息化是国家信息化战略的重要组成部分，是运用当代先进科学技术引领语言文字事业改革和发展的重要手段。2020年9月，国务院办公厅颁发《关于全面加强新时代语言文字工作的意见》，强调发挥语言文字信息技术在国家信息化、智能化建设中的基础支撑作用，提升语言文字信息处理能力，推进语言文字的融媒体应用。

十八大以来，国家通用语言文字信息化和少数民族语言文字信息化工作均取得了丰硕的成果。

其一，为推动语言文字信息技术发展和资源建设，2017年国家语委语信司制定并印发《语言文字信息化关键技术研究与应用工程实施方案》。该工程的实施，加大了计算机辅助普通话水平测试力度。同时，成立国家语委中国语言智能研究中心等语言智能研究机构，推动智能语音、智能写作等技术深入发展。

其二，建设国家语言资源服务平台，有力推动语言资源开放共享，打造国内汇聚语言资源的权威网站、国家语言服务能力建设的示范平台。一是先后上线转换准确率达99%的"汉字简繁文本智能转换系统"、涵盖古今各时期8万多条汉字信息的"汉字全息资源系统"、收录35款历代书法名家字体的"中华精品字库"、收录近千项语言资源的"国家语委语言资源网"等资源，并在此基础上升舱改造成为国家语言资源服务平台，努力打造国内汇聚语言资源的权威网站、国家语言服务能力建设的示范平台，积极促进语言智能技术服务国家需求和社会发展。二是建设全球中文学习平台，并于2019年10月正式上线，为国内外中文学习者提供优质学习资源和智能化学习路径。该平台建成两年即发展用户600万人，覆盖全球182个国家和地区，平台总访问量突破亿次。

其三，少数民族语言文字信息化建设取得不少成绩。为使少数民族语言文字更好地为现代化建设服务，新时代高度重视少数民族语言文字信息化建设。民族语言文字规范标准研究进展显著，已制定了多种传统通用民族文字编码字符集、字型、键盘国家标准和国际标准，开发了一批民族语言文字的应用软件，蒙、藏等几种文字有了电子出版系统和办公自动化系统，研制国产多语种桌面操作系统通用规范，发布了《基于数字键盘的锡伯文字母布局》等多项少数民族语言文字信息化国家标准。至今，大部分少数民族文字能方便地实现计算机的输入、显示、打印和互联网传输，为中国优秀民族文化的国际国内互联网传播提供了技术保障。蒙古语、维吾尔语和藏语等民族语言语音输入研究取得阶段成果。民族语言语音识别和机器翻译相结合的产品在民族语言资源保护、不同民族之间的语言文化交流、维护基于移动互联网的民族语言安全等方面都具有一定的应用价值，因此吸引了一批企业参与产品研究与开发。目前，一部分跨境民族语言文字应用产品的开发和使用，对维护国家边疆稳定、地区和平发挥着重要作用。"一带一路"沿线多语机器翻译、语音识别产品，为跨国、跨地区经济、文化交流提供服务。蒙、藏、维语音识别和机器翻译系统基本达到实用水平，推动了各民族之间的文化交流。

### 三　不断加强语言文字法制化建设

加强语言文字法治建设，是新时代语言文字工作的主要内容之一。

一是完善语言文字法律制度。形成了较为完备的语言文字法律法规体系，治理体系和治理能力现代化水平明显提升。截至2016年，中国现行有效的语言文字法律、法规、规章和规范性文件达到近2200项。[①] 有30个省、自治区、直辖市依据《中华人民共和国国家通用语言文字法》制定了地方性语言文字法规或政府规章，有效推动了国家通用语言文字的规范化、标准化及其健康发展。少数民族自治地方根据《中华人民共和国宪法》和《中华人民共和国民族区域自治法》制定颁布了自治条例，大部分条例对国家通用语言文字、少数民族语言文字的学习和使用等作出了明确规定。除此之外，少数民族自治地方共颁布了26部少数民族语言文字单行条例。这些条例的颁布实施，有效保障了少数民族群众学习和使用本民族语言文字的合法权益，促进了各民族语言文字的科学保护，促进了民族地区经济社会发展。

---

① 《中国语言文字事业发展报告（2017）》，商务印书馆2017年版，第123页。

二是积极推进语言文字依法治理。各级人大、政府及有关部门采取语言文字执法调研、检查和城市语言文字工作达标评估、语言文字工作督导评估等方式，加强机关、学校、媒体、窗口服务行业等重点领域语言文字监督检查，促进语言文字法律法规的贯彻落实。推动语言文字社会共治，确立"党委领导、政府主导、语委统筹、部门支持、社会参与"的新时代语言文字工作管理体制。积极推动语言规范化融入行业管理、城乡管理和精神文明创建等活动，鼓励和引导社会组织参与语言文字工作，增强公民依法使用语言文字的意识，使有关法律规定落到实处，推动形成社会共建共管共治的良好局面。

## 第三节　推广普及国家通用语言文字

推广和普及国家通用语言文字是贯彻落实国家法律法规的基本要求，是维护国家主权统一、促进经济社会发展、增强中华民族凝聚力和文化软实力的重要内容。推广普及国家通用语言文字是新时代语言文字工作的首要任务，2020年颁发的《国务院办公厅关于全面加强新时代语言文字工作的意见》，提出要"牢固确立国家通用语言文字的主体地位"。经过新时代十年大力推广普及国家通用语言文字，全国普通话普及率从70%提高到了80.72%，全国识字人口使用规范汉字的比例超过95%，掌握汉语拼音的国民占68%，文盲率下降至2.67%。[①] 中华民族几千年来"书同文、语同音"的梦想初步实现，创造了统一的多民族多语言国家推广国家通用语言文字的成功范例，为铸牢中华民族共同体意识、构筑中华民族共有精神家园、各民族参与伟大复兴进程和共享伟大成果贡献了力量。

### 一　实施国家通用语言文字普及攻坚工程和推普脱贫攻坚行动计划

新时代，随着新型工业化、城镇化的深入发展，社会人口流动更加频繁，全国统一的劳动力市场逐步形成，迫切需要国民具备熟练的普通话沟通能力和较高的语言文字应用水平，提升自身的综合素质。虽然全

---

① 丁雅诵：《全国普通话普及率达80.72%》，《人民日报》2022年7月5日。

国的普通话平均普及率已超过 70%，但东西部之间、城乡之间发展很不平衡，西部与东部有 20 个百分点的差距；大城市的普及率超过 90%，而很多农村地区只有 40% 左右，有些民族地区则更低。中西部地区还有很多青壮年农民、牧民无法使用普通话进行基本的沟通交流，这已经成为阻碍个人脱贫致富、影响地方经济社会发展、制约国家全面建成小康社会，甚至影响民族团结和谐的重要因素。

根据这种形势，党中央把实现国家通用语言文字基本普及作为新时代语言文字工作的首要目标。按照这一方针和目标，2017 年 3 月，教育部、国家语委印发《关于〈国家通用语言文字普及攻坚工程实施方案〉的通知》，全面实施国家通用语言文字普及攻坚工程。一是积极推进县域普通话普及调查和达标验收工作。2017 年对 27 个省（区、市）的 2193 个县域完成田野调查，为 2020 年达到基本普及普通话、实现语同音的目标提供了重要的数据支撑；2019 年采集全国 2273 个县域的 99 万条样本数据，为政策研究提供了数据支撑；2020 年科学组织全国普通话普及情况的抽样调查，调查覆盖全国 31 个省（区、市）和新疆生产建设兵团共 245 个县域，涵盖了各行业、各民族，调查数据显示，全国范围内普通话普及率达到 80.72%。二是加强对农村和少数民族地区的国家通用语言文字培训。据不完全统计，2016—2020 年，全国各地开展农村教师、少数民族教师国家通用语言文字培训 121.32 万人次，开展青壮年农牧民普通话培训 228.17 万人次。① 其一，支持新疆实施"民族地区干部和青壮年农牧民国家通用语言文字培训计划"。将北疆的新源、托里和南疆的拜城、疏附、于田等 5 个县确定为首批试点县，对青壮年农牧民骨干进行国家通用语言文字的学习培训，先行先试，在新疆取得经验后向全国贫困和民族地区推广。近 3 年来，共培训基层干部和农牧民骨干 6000 余人，带动影响周边数万人积极学习普通话，增强与外界的交流能力。同时，组织专业人员研制出具有互译、复读、连读等功能，可发出维吾尔、汉、哈萨克等 5 种语音的双语点读笔，并配有汉维、汉哈等版本的《双语学习读音读本》，免费发放给农牧民自学使用。其二，

---

① 《围绕国家发展大局 服务经济社会发展——新中国成立以来我国语言文字事业发展综述》，《中国教育报》2020 年 10 月 14 日。

对进城务工农民加强社区教育培训。2016年，印发《教育部等九部门关于进一步推进社区教育发展的意见》，明确提出"主动适应居民实际需求，重点面向城镇化进程中的失地农民和农民工，积极开展职业技能、思想道德、民主法治、文明礼仪、生活方式等方面的教育培训"。同时，鼓励各地开发、推荐、遴选、引进优质社区教育课程资源，推动课程建设规范化、特色化发展。鼓励引导社区组织、社区居民和社会各界共同参与课程开发，建设一批具有地域特色的本土化课程，为进城务工农民及社区居民提供丰富的语言文字和职业技能培训。其三，教育部、国家语委评审认定了北京大学等首批60家国家语言文字推广基地，充分发挥学校、科研院所等在语言文字传承推广、教育培训和综合研究等方面的作用。2020年，组织50家高校基地，对口52个未摘帽贫困县的5200名少数民族教师、农村教师，开展为期3个月的国家通用语言文字能力提升在线示范培训；委托动员地方开展农村教师和少数民族教师、青壮年劳动力的普通话培训，参训人次超过124万。其四，持续完善国家通用语言文字培训测试体系，修订《普通话水平测试实施纲要》，2020年完成对境内527.89万人次的普通话水平测试；继续开展汉字应用水平测试，全年测试近4万人次。[1]

扶贫首要扶智，扶智应先通语。国务院2016年印发的《"十三五"脱贫攻坚规划》提出，"加强国家通用语言文字教学""加强民族聚居地区少数民族特困群体国家通用语言文字培训"。2018年，教育部、国家语委联合国务院扶贫办印发了《推普脱贫攻坚行动计划（2018—2020年）》，主要聚焦"三区三州"，采取更大规模、更大力度推广和普及国家通用语言文字。一是主要聚焦的人群是3—6岁学前儿童、18—45岁青壮年农牧民，同时也加大对幼儿教师和中小学教师的培训力度，加大教育教学资源的开发力度，组织出版了《普通话1000句》，研发推广普通话学习手机应用软件"语言扶贫"，深入开展对青壮年农牧民普通话的学习和培训工作。遴选"三区三州"700名幼儿教师开展"种子"教师普通话能力提升在线示范培训。面向西藏、甘肃、青海、新疆等贫困

---

[1] 《2020年中国语言文字事业和语言生活状况》，中华人民共和国教育部网站，2021年6月2日。

地区，举办 10 期语言文字规范标准线上直播培训班，培训 1439 人次。组织编写《普通话百词百句》口袋书，向 52 个贫困县赠送 20 万册。制作《幼儿普通话 365 句》动画学习资源。向 86 个贫困村免费寄送"智富盒子"设备和配套教材。在"语言扶贫"应用程序链接上线"职业教育专业教学资源库"等课程资源，累计用户近 90 万。① 二是教育部、国家语委联合团中央开展推普脱贫攻坚大学生暑期社会实践活动，2018 年一年共组织 130 个团队 1360 名大学生赴贫困地区教农牧民学习普通话；2019 年组织了 239 支实践团队 2291 名大学生深入中西部 345 个贫困乡村，开展推普宣传和培训；2020 年组织 96 支高校实践团队 1200 余名学生，深入未摘帽贫困县开展推普志愿服务。三是统合各方力量，汇聚推普合力。2019 年成立由 25 家国家语委成员单位组成的推普脱贫攻坚部际协调小组，加强统筹规划，出台实施一些具体方案，指导督促地方语言文字工作部门加强统筹，将普通话的普及率提升纳入地方扶贫部门、教育部门的绩效考核，也列为驻村干部和驻村第一书记的主要工作任务。加强贫困地区幼儿普通话教育，与国务院扶贫办联合开展了"学前学会普通话"行动，阻断贫困代际传递。组织北京、浙江等东部六省份对口支援"三区三州"开展推普相关活动，推动地方特别是"三区三州"开展建档立卡贫困人口中的青壮年农牧民、基层干部普通话培训，并以职业教育和技能培训相结合，增强青壮年农牧民学习普通话的积极性、主动性。据统计，2019 年中西部 12 个省份培训教师 46.3 万人次、青壮年农牧民 195.8 万人次、基层干部 21.3 万人次。②

## 二 实施国家通用语言文字普及提升工程和推普助力乡村振兴计划

"十三五"时期，国家通用语言文字普及攻坚工程和推普脱贫攻坚行动计划深入实施，国家通用语言文字推广普及取得历史性进展，全国普通话普及率达到 80.72%，实现了国家通用语言文字基本普及的目标，但仍然存在普及不平衡不充分的突出问题，16 个省份的普通话普及率超

---

① 《2020 年中国语言文字事业和语言生活状况》，中华人民共和国教育部网站，2021 年 6 月 2 日。

② 《合力推进普通话 助力脱贫攻坚》，中华人民共和国教育部网站，2020 年 6 月 2 日。

过85%，9个省份的低于80%（最低的不到50%）。民族地区、农村地区基础薄弱，其中学前儿童、教师、青壮年劳动力、基层干部等人群仍是国家通用语言文字普及的重点难点。此外，普及率较高地区也存在普及质量不高、发展不充分等问题。

针对这种局面，2020年党中央确定"聚焦重点、全面普及、巩固提高"的新时代推普方针，2021年《中华人民共和国国民经济和社会发展第十四个五年规划和2035年远景目标纲要》明确提出"提高民族地区教育质量和水平，加大国家通用语言文字推广力度"的要求。

为加大国家通用语言文字推广力度，提升普及程度和质量，2021年12月，教育部、国家乡村振兴局、国家语委发出《关于印发〈国家通用语言文字普及提升工程和推普助力乡村振兴计划实施方案〉的通知》，提出"到2025年，全国范围内普通话普及率达到85%；基础较薄弱的民族地区普通话普及率在现有基础上提高6—10个百分点，接近或达到80%的基本普及目标。推普脱贫攻坚成果得到巩固拓展，推普助力乡村振兴作用彰显。国家通用语言文字教育教学质量持续提升，国民语言文字应用能力和语言文化素养不断增强，社会用语用字更加规范，网络语言环境持续向好，语言服务能力显著增强"的目标。国家通用语言文字普及提升工程和推普助力乡村振兴计划是"十三五"时期国家通用语言文字普及攻坚工程和推普脱贫攻坚行动计划的接续升级。

按照实施方案，国家有关部门组织开展民族地区推普攻坚、农村地区推普助力乡村振兴，以及国家通用语言文字高质量普及"三大行动"。一是聚焦民族地区实施推普攻坚行动，重点是解决学前儿童、教师、青壮年劳动力、基层干部等4类重点人群的短板弱项问题；二是聚焦农村地区实施推普助力乡村振兴计划，提出推普在助力乡村教育、文化、产业、人才、组织振兴等5个方面的任务和要求；三是聚焦普通话普及率已达到85%的省份和基础较好的城市地区，开展国家通用语言文字高质量普及行动，以更全面更充分普及为目标，统筹部署国家通用语言文字教育教学、社会领域用语用字规范化、语言文字科技赋能、语言文字服务能力等四个方面提升任务。

与此同时，开展面向中西部重点省份的"一地一策"，面向民族地区的学前儿童普通话教育专项计划，面向广大农村地区的语言文化助力乡村

"五大振兴"方案,面向城市地区的语言服务能力提升等项目。2022 年,民族地区幼儿园已经能够使用国家通用语言文字开展保育教育活动,为实现 2025 年全国范围内普通话普及率 85% 的目标打下了良好基础。

### 三 全面加强国家通用语言文字教育教学

学校是推广和普及国家通用语言文字、培养国民语言文字规范意识、增强国民文化自信的重点领域。学校教育教学是提高国民语言文字应用能力、提升人力资源素质的主要渠道。说好普通话、用好规范字、提高语言文字应用能力是学校培养高素质人才的基本内容。

为切实发挥学校在语言文字工作中的基础作用,2017 年 1 月,教育部、国家语委印发《关于进一步加强学校语言文字工作的意见》,提出学校语言文字工作的总体目标是打造全社会语言文字规范化建设的示范标杆,培养学生的"一种能力两种意识"。"一种能力"即语言文字应用能力;"两种意识"即自觉规范使用国家通用语言文字的意识和自觉传承弘扬中华优秀文化的意识;教师目标是熟悉党和国家语言文字方针政策及相关法律法规,普通话水平达标,汉字应用规范、书写优美,具有一定的朗诵水平和书法鉴赏能力,熟练掌握相关语言文字规范标准;具有高度的文化自觉和文化自信;普遍具有自觉推广国家通用语言文字与中华优秀文化的意识和自豪感;学生目标是普通话水平达标,口语表达清晰达意,交流顺畅;掌握相应学段应知应会的汉字和汉语拼音,具有与学段相适应的书面写作能力、朗读水平和书写能力,高校学生应具有一定的书法鉴赏能力;具有对中华优秀文化的认同感、自豪感和自信心。该意见要求有条件的地区,应在 2020 年前完成所有学校语言文字工作达标建设;暂不具备条件的地区,可适当推迟达标时限,所有学校最迟应在 2025 年前完成达标建设工作,2020 年前应完成一半以上。各地可在学校达标建设的基础上,开展各级语言文字示范校创建工作。根据这一意见,全国持续开展语言文字工作达标建设,到 2022 年全国有 33 万多所大中小学校达到建设标准。

为加大教师国家通用语言文字教学能力的培养培训力度,实施"国培计划""优师计划"和"语培计划"。"中小学教师国家级培训计划"(简称"国培计划"),由教育部、财政部于 2010 年开始全面实施,是加强幼儿园、中小学教师队伍建设的一项重大举措。"国培计划"以农村教师为重点，通过对幼儿园、中小学教师的专项培训，提高广大教师的教育教学能力和专业化水平，大幅度提高教师队伍整体素质，为促进学前教育普及、义务教育均衡发展和提高基础教育质量提供师资保障。"国培计划"包括"中小学教师示范性培训项目""中西部农村骨干教师培训项目"和"幼儿园教师国家级培训计划"三项内容。新时代十年来，国家为"国培计划"投入200亿元，累计培训校长、教师超1800万人次。2021年起，国家启动"中西部欠发达地区优秀教师定向培养计划"（简称"优师计划"），由教育部直属师范大学与地方师范院校采取定向方式，每年为832个脱贫县和中西部陆地边境县中小学校培养1万名左右师范生。2022年，教育部语用司聚焦民族地区、农村地区，分批次组织实施国家通用语言文字示范培训计划（简称"语培计划"），面向语言文字工作者、教师、青壮年劳动力和基层干部，开展语言文字工作者能力提升培训、教师国家通用语言文字和中华优秀语言文化教育教学能力提升培训、青壮年劳动力和基层干部普通话应用能力提升培训。

通过以上措施，学校语言文字工作更加规范，育人环境更加优化，教师教学能力、学生语文素养显著提升，语言文字工作在铸魂育人中的作用愈加凸显。

## 第四节　大力传承弘扬中华优秀语言文化

十八大以来，以习近平同志为核心的党中央要求充分发挥语言文字在传承和弘扬中华优秀传统文化方面不可替代的作用。2014年5月，在参观北京市海淀区民族小学时，习近平说："中国字是中国文化传承的标志，书法课必须坚持。"[①] 2019年11月1日，习近平致信祝贺甲骨文发现和研究120周年时指出："殷墟甲骨文的重大发现在中华文明乃至人类文明发展史上具有划时代的意义。甲骨文是迄今为止中国发现的年代最早的成熟文字系统，是汉字的源头和中华优秀传统文化的根脉，值得

---

① 习近平：《从小积极培育和践行社会主义核心价值观——在北京市海淀区民族小学主持召开座谈会时的讲话（2014年5月30日）》，《人民日报》2014年5月31日。

倍加珍视、更好传承发展。新中国成立七十年来,党和国家高度重视以甲骨文为代表的中华优秀传统文化传承和发展,多部门多学科协同开展甲骨文研究和应用,培养了一批跨学科人才,经过几代人辛勤努力,甲骨文研究取得显著成就。新形势下,要确保甲骨文等古文字研究有人做、有传承。希望广大研究人员坚定文化自信,发扬老一辈学人的家国情怀和优良学风,深入研究甲骨文的历史思想和文化价值,促进文明交流互鉴,为推动中华文明发展和人类社会进步作出新的更大的贡献。"① 按照党中央要求,新时代着重加强对中华优秀语言文化的挖掘和阐发,通过推动实施专项文化工程,充分发挥语言文字的基础性作用,以文育人、以文化人。

## 一 实施古文字与中华文明传承发展工程

教育部、国家语委等有关部门非常重视古文字的研究。国家语委于2015年启动了通用汉字全息数据库建设,运用现代中文信息处理技术,在整合已有汉字信息资源的基础上,全面测查和描述甲骨文、金文、战国文字、秦简文字、汉碑隶书等历代古文字和现代汉字的属性信息,从现实应用的角度构建一个具有多维关联关系、科学系统、高效实用的汉字全息数据库,以信息化手段为社会各领域提供服务。2016年发布的《国家语言文字事业"十三五"发展规划》,将探究汉语汉字源流列入重点工程"中华优秀语言文化传承与保护"。

由甲骨文一脉相承发展到今天的汉字,为中华文化的传承发展作出了独特的贡献。为挖掘阐释甲骨文等古文字的时代意义,推动创造性转化和创新性发展,教育部、国家语委自2017年起牵头组织开展甲骨文等古文字研究与应用专项工作,按照"统筹规划、协同攻关,拓宽视野、重点扶持,注重基础、创新发展"的指导思想,组织开展专项研究。10月30日,联合国教科文组织发布消息,中国申报的甲骨文项目顺利通过联合国教科文组织世界记忆项目国际咨询委员会的评审,入选"世界记忆名录"。

为总结甲骨文发现120年来研究保护成果,阐释甲骨文的思想文化

---

① 《习近平书信选集》第1卷,中央文献出版社2022年版,第254—255页。

精髓及其在中华文明和世界文明史上的重要地位，展示以甲骨文为代表的中华优秀传统文化的当代价值和世界意义，弘扬时代精神，坚定文化自信，2019年10月，河南安阳举办纪念甲骨文发现120周年国际学术研讨会，国家博物馆举办"证古泽今"甲骨文专题文化展，人民大会堂举行纪念甲骨文发现120周年座谈会。

2020年11月，中央宣传部、教育部、国家语委、文化和旅游部、科技部、国家文物局、中国社会科学院、河南省人民政府联合发布《古文字与中华文明传承发展工程总体规划》，启动实施古文字与中华文明传承发展工程。该工程以传承弘扬中华优秀传统文化为宗旨，全面系统开展甲骨文、金文、简帛文字等古文字研究，深入发掘蕴含其中的历史思想和文化价值，揭示古文字在中华文明乃至人类文明发展史上的重要作用，创新转化成果，服务时代需求。古文字与中华文明传承发展工程在教育部、国家语委甲骨文等古文字研究与应用专项工作基础上设立，由工程专家委员会提供学术咨询和专业指导，中央宣传部、教育部、国家语委等八部门将统筹协调工程实施，创新管理机制，加大协同力度，组织有关高等院校、研究机构和文博单位优势力量开展协同攻关，确保工程建设实现预期目标。该工程依托强基计划在14所"双一流"高校进行古文字学专业试点招生，促进拔尖创新人才培养，力争经过5—10年努力，建成若干高水平研究平台，形成老中青结合、具有一流学术水平和担当精神的研究队伍，产出一批具有深远影响的成果，提升中华文化价值引领力。

经过努力，古文字研究成果的转化和普及成效显著，研发35款中华精品字库并免费向社会提供，一批古文字普及读物、短视频、展览相继问世，让深奥而有趣的古文字从不同的渠道走向大众。

### 二　实施中华经典诵读工程

2017年春节前夕，中办、国办出台《关于实施中华优秀传统文化传承发展工程的意见》，首次以中央文件形式专题阐述中华优秀传统文化传承发展工作。2018年9月，教育部、国家语委制定发布《中华经典诵读工程实施方案》，通过开展经典诵读、书写、讲解等文化实践活动，挖掘与诠释中华经典文化的内涵及现实意义，切实发挥语言文字在传承发展中华优秀传统文化、革命文化和社会主义先进文化中的重要作用。

此后，中华经典诵读工程打造了《中国诗词大会》《中国汉字听写大会》《中国成语大会》等一系列中华语言文化类品牌活动和节目，从字到词到篇章的深入挖掘，充分体现了语言文字的魅力。连续举办中华经典诵写讲大赛（涵盖"诵读中国""诗教中国""笔墨中国""印记中国"四大赛事）、中国节庆日诵读等接地气、聚人气的语言文化活动，展示了中华优秀传统文化的魅力，掀起了全社会学习中华经典文化的热潮，增强了民族自豪感和自信心。

为了让广大群众在浩如烟海的中华经典中明确应该读些什么，中华经典诵读工程构建了"中华经典资源库"，含约 2 万分钟的诵写讲视频资源。为了让民族地区、农村地区的贫困师生们平等地享受优质教育资源，构建了"中小学语文示范诵读库"，并邀请优秀的播音员、主持人示范朗读，为广大师生奉献"最好听的语文"，推进了中华经典的视听化作品开发创作，对引领社会大众特别是广大青少年更好地熟悉诗词歌赋、亲近中华经典，传承中华传统美德、弘扬中华人文精神，培养文化自觉和文化自信发挥了积极引导作用。

中华经典诵读工程面向港澳台青少年开展诵读展演、培训研修、游学交流等活动，让大家在体会普通话和规范字的魅力、欣赏经典诗文的永恒之美的过程中，增进了解、加深友谊，增强国家认同和中华文化认同。通过开展海外中文教师中华经典诵写讲研修活动，探索有效服务海外学习者的手段和途径，积极推动中华经典海外传播，推动中华优秀语言文化走向世界，为提升中文和中华文化的国际影响力，助力构建人类命运共同体发挥了积极作用。

### 三 实施中华思想文化术语传播工程

新时代高度重视中华思想文化外译传播。教育部语言文字应用管理司、语言文字信息管理司发布的《2017 年中国语言文字事业发展状况》指出：到 2017 年，《习近平谈治国理政》第一卷已累计出版 24 个语种、27 个版本，第二卷已与 16 个国家的知名出版机构签署国际合作翻译出版备忘录；十九大报告外译为英、法、俄、西、日、德、阿、葡、越、老挝 10 个语种；"中国关键词多语种对外传播平台"推出中外文对照的

"中国关键词"词条380个,每个词条列有15个语种的词目和释义解读;"丝路书香工程"资助翻译出版272种图书,"经典中国国际出版工程"资助翻译出版87种图书,"中国当代作品翻译工程"资助翻译出版中国优秀原创文艺图书15种,中俄、中阿(盟)等中外图书互译出版项目共翻译出版图书109种,一大批优秀中国图书走向世界各地。同时,举办了"中外文学出版翻译研修班""中外影视译制合作高级研修班",邀请116名国际优秀文化传播和语言翻译人才来华选译中国作品,推动一批中国语言文化精品"走出去"。①

新时代,中外交流日益频繁,中国在世界格局中的影响力不断提升,世界更需要认识中国、了解中国,中国更需要世界接受中国、理解中国。在这种形势下,中华思想文化术语正是满足这种需求的"关键词"。仁、道、天人合一、厚德载物、和而不同等术语既体现中华民族的优秀精神,又包含世界普遍意义的价值观念,合理选择、准确翻译、有效传播这些术语,是新时代语文现代化的历史要求和时代任务。

2014年初,为做好中华思想文化术语传播工作,经国务院批准,设立"中华思想文化术语传播工程",并建立了由教育部、国家语委作为召集单位,以中央编译局、中国外文局、外交部、民政部、文化部、新闻出版广电总局、国务院新闻办、新华社、中国科学院、中国社会科学院等10个部委(单位)为成员的部际联席会议机制,负责统筹协调中华思想文化术语传播工作。工程的设立旨在梳理反映中国传统文化特征和民族思维方式、体现中国核心价值的思想文化术语,用易于口头表达、交流的简练语言客观准确地予以诠释,在政府机构、社会组织、传播媒体等对外交往活动中,传播好中国声音,讲好中国故事,让世界更多了解中国国情、历史和文化。工程的实施得到了国内外多所高校、学术文化机构的大力支持,历史、哲学、文艺、译审等学科领域70余位国内外知名专家参与其中。

2014年12月,工程首批发布的81条术语,既包括"道""仁""义"等反映中华传统文化特征与思维方式的核心术语,也有"阴阳"

---

① 教育部语言文字应用管理司、语言文字信息管理司:《2017年中国语言文字事业发展状况》,中华人民共和国教育部网站,2018年5月29日。

"诗言志""修齐治平"等属于交叉学科的术语。其中个别条目，如"不学诗，无以言""玄览"等术语是第一次作为学科术语被挖掘整理。81条术语均提供了简明中文释义和英文翻译。截至 2022 年，工程整理译写1000 余条反映国家和中华民族话语体系中最核心、最本质的思想文化的术语，出版核心成果《中华思想文化术语》系列图书，建成 5 个开放的思想术语数据服务平台，形成"图书＋数据库"的立体化产品体系，并与"一带一路"沿线 28 个国家开展 32 个语种的国际版权合作，助力提升中国国际传播能力。开展中华思想文化术语大赛、戏剧化课堂等品牌活动，吸引 10 多个省份 100 余所学校 3 万多名师生参加，极大丰富了青少年学习中华优秀传统文化的形式。①

## 四 实施中国语言资源保护工程

在现代化建设进程中，科学保护各民族语言文字是一件大事，关系民族发展、国家繁荣和社会稳定。中国是一个多民族、多语种、多文种的国家，有 56 个民族、130 多种语言、30 多种文字，语言文字情况十分复杂。少数民族语言文字是各民族智慧的结晶，是中华民族的重要文化遗产，更是各民族须臾不可缺少的交际工具。随着经济一体化、社会信息化不断发展，使用人口少的语言文字或在杂居程度高的地区使用的语言文字会出现不同程度的衰变，甚至濒危。

党和政府高度重视各民族语言文字的科学保护工作，2011 年 10 月，中共十七届六中全会通过的《中共中央关于深化文化体制改革推动社会主义文化大发展大繁荣若干重大问题的决定》，提出"科学保护各民族语言文字"。2012 年 12 月，《国家中长期语言文字事业改革和发展规划纲要（2012—2020 年）》第二章"目标和任务"中，重申"科学保护各民族语言文字"。2015 年 5 月，教育部、国家语委发出《关于启动中国语言资源保护工程的通知》，决定自 2015 年起启动中国语言资源保护工程，在全国范围开展以语言资源调查、保存、展示和开发利用等为核心的各项工作。

---

① 国家语言文字工作委员会：《共谱十年华章　奋楫百年征程——党的十八大以来语言文字事业改革发展成就》，中华人民共和国教育部网站，2022 年 6 月 28 日。

为更好地掌握语言国情，保护国家语言资源，传承和弘扬中华优秀传统文化，为国家建设和发展战略提供服务，教育部、国家语委从2008年起，先后在江苏、上海、北京、广西、辽宁、福建、山东、河北、湖北等省份开展了中国语言资源有声数据库建设试点工作。自2015年起，国家实施中国语言资源保护工程，该工程是对原有中国语言资源有声数据库建设的进一步扩充、整合，目标是利用现代化技术手段，收集记录汉语方言、少数民族语言和口头语言文化的实态语料，通过科学整理和加工，建成大规模、可持续增长的多媒体语言资源库，并开展语言资源保护研究工作，形成系统的基础性成果，进而推进深度开发应用，全面提升我国语言资源保护和利用水平，为传承中华优秀传统文化、促进民族团结、维护国家安全服务。

此后，国家语委组织开展对汉语方言和少数民族语言资源的调查、保存、展示和开发利用，截至2022年，共完成1700多个点的田野调查，范围涵盖全国31个省（区、市）及港澳台地区的120余个语种及其主要方言，收集原始文件数据超过1000万条，建成世界上规模最大的语言资源库，打造20卷《中国语言文化典藏》、30卷《中国濒危语言志》等系列标志性成果。[①]

## 第五节　主动服务国家发展大局

语言文字事业具有基础性、全局性、社会性和全民性特点，事关国民素质提高和人的全面发展，事关历史文化传承和经济社会发展，事关国家统一和民族团结，是国家综合实力的重要支撑，在党和国家工作大局中具有重要地位和作用。新时代，语言文字事业坚持服务大局、服务人民，充分发挥语言文字在政治、社会、文化、育人和对外交流中的作用。

### 一　助力脱贫攻坚和乡村振兴

语言文字之于扶贫、减贫的重要作用，源自语言与教育、信息、互

---

[①] 国家语言文字工作委员会：《共谱十年华章　奋楫百年征程——党的十八大以来语言文字事业改革发展成就》，中华人民共和国教育部网站，2022年6月28日。

联网和人的能力与机会的密切关系。在推进脱贫攻坚的进程中，国家通用语言文字作为最重要的交际工具和文化要素，发挥着基础性、先导性作用，架起政令畅通、信息联通的语言大道。这对于打破地域区隔、消除交流障碍、传播信息技术、提升教育水平、增加就业机会、阻断贫困代际传递等具有重要意义。

"扶贫先扶智、扶智先通语。"新时代，国家实施推普助力脱贫攻坚行动计划和国家通用语言文字普及攻坚工程，助力决战决胜脱贫攻坚。在实施过程中不断加大投入，面向教师、青壮年劳动力、基层干部、语言文字工作者等重点人群实施国家通用语言文字培训，2012—2022年十年来培训逾千万人次。建立东西部合作机制，组织开展东西部对口支援，实现"三区三州"国家通用语言培训全覆盖。组织动员青年力量，开展推普志愿服务，中央财政专项支持986支团队1.1万余名大学生，辐射带动数十万高校大学生深入中西部推普一线。2019年10月在北京召开的"中国语言扶贫与人类减贫事业论坛"，发布《语言扶贫宣言》，提出"国家通用语言文字是打破地域区隔、传播信息和技术的工具，也是阻断贫困代际传递的重要基础"，建设"语言扶贫"等学习资源平台。帮助贫困人口通过学习普通话走出大山、走向社会，实现就业、脱贫致富，为打赢脱贫攻坚战贡献了语言力量。

语言扶贫筑起脱贫的"语言大道"。在贵州，"同语同心乡村振兴"、"双培"三年行动、"小手牵大手·我教长辈普通话"等系列活动先后开展；在新疆，针对少数民族青壮年劳动力的"国家通用语言文字+职业技能"学习培训班，每年培训420万余人次。贫困地区劳动力掌握普通话后，敢于与外界沟通，他们走出大山、走向社会，实现了就业和脱贫致富。为提升西部地区学前儿童普通话水平，教育部、国家语委开展了"百园千师万家"结对帮扶活动，组织江苏、北京等地与贵州、云南等省幼儿园开展"百园携手共推普""千师在线手牵手""万家云端传同音"普通话学习活动，截至2021年，已有100所幼儿园、742名幼儿教师、5176户幼儿家庭实现结对帮扶。

脱贫攻坚任务完成后，国家继续实施推普助力乡村振兴计划和国家通用语言文字普及提升工程，助力推进共同富裕。按照"聚焦重点、全面普及、巩固提高"的新时代推普工作方针，开展民族地区推普攻坚、农村地区推普助力乡村振兴，以及国家通用语言文字高质量普及"三大行动"。重点开展面向中西部重点省份的"一地一策"，面向民族地区的学前儿童普通话教育专项计划，面向广大农村地区的语言文化助力乡村"五大振兴"方案，面向城市地区的语言服务能力提升等项目。2022年，实施经典润乡土计划，促进中华经典文化在乡村浸润传播，提升乡村学校教育教学水平，丰富乡村语言文化生活，引导乡村群众自觉规范使用国家通用语言文字，传承弘扬中华优秀语言文化，提升语言文化素养，更好地服务于乡村振兴战略的实施。

**二 积极服务"一带一路"建设和区域发展战略**

语言是沟通世界的桥梁。开展对外交流合作，首先需要语言交流。随着"一带一路"倡议的深入推进，"民心相通"逐渐成为大家关注的话题，其中的语言及其所承载的文化作用日益受到重视。

"一带一路，语言铺路""一带一路，语言先行"。十八大以来，教育部、国家语委以服务国家发展需求为核心，聚焦国家战略，围绕国家对外开放和"一带一路"倡议，在语言文化交流传播方面开展了广泛、深入、多层次的具体工作。一是先后委托福建、陕西、甘肃、青海等省份开展"一带一路"语言文字政策课题研究，充分发挥语言在国际经济合作和文化交流中的基础和先行作用。在此基础上，建成"一带一路"共建国家语言状况与语言政策研究成果和数据库。二是委托中国教育科研网和科大讯飞公司筹备启动全球汉语普通话学习平台建设，面向全球用户开展大规模在线自主学习服务。三是委托江苏省语委启动"一带一路"语言通公共服务平台建设研究和多语种基本用语数据库建设，为国家和社会提供语言应急服务支持。四是支持"一带一路"汉语普通话推广培训基地（西北中心）建设，按照中国特色新型高校智库建设要求，力争将其建设为丝绸之路经济带、文化带建设提供智力支持的专业化高端智库。五是在境外开展普通话水平测试。截至2016年底，普通话水平测试在海内外累计开展20年，测试地区不仅包括中国香港、澳门和台湾地区，还包括新加坡、泰国等东南亚国家，累计测试近12万人次；2016全年境外测试8000多人次。《"一带一路"沿线国家语言国情手册》《"一带一路"国家语言状况与语言政策》等研究成果助力共建高质量

"一带一路"。

为落实国家京津冀协同发展战略，促进京津冀三地人文交流，提升京津冀区域语言文字竞争力、创新力，河北省、北京市和天津市语委于2015年在张家口签订《京津冀语言文字事业协同发展战略协议书》，构建京津冀语言文字协同机制，促进三地在语言文字基地建设、语言文化活动组织等方面逐步形成制度化深度合作。

粤港澳大湾区建设是新时代的重大国家战略，语言是粤港澳三地政府和民间互联互通、铺路搭桥的关键媒介，也是促进区域融合、增强国家认同的重要纽带。大力推广国家通用语言文字、构建和谐语言生活、增强语言与国家认同，是粤港澳大湾区语言文字事业的重要任务。近年来，国家语委等部门组织开展粤港澳大湾区的语言生活调查和语言服务研究，2021年首次推出《粤港澳大湾区语言生活状况报告》，有助于制定区域语言政策规划，挖掘语言资源红利，提升语言能力和服务，推动粤港澳大湾区建设和"一国两制"事业发展。

### 三　为北京冬奥会成功召开提供语言助力

冬奥会是全球最具影响力的冬季综合性运动会，语言服务是做好筹办工作的一项重要内容。为助力北京冬奥会语言服务，2017年，教育部、国家语委与北京冬奥组委联合启动"北京冬奥会语言服务行动计划"，以"统筹协调、扎实推进，共建共享、开放合作，项目带动、科技支撑，有序推进、不断完善"为原则，充分发挥国家语委语言资源优势，组织协调有关部门、高校、科研机构、企业和社会力量，积极为北京冬奥会的举办创造良好的语言环境，提供优质语言服务。该行动计划围绕基础资源建设、规范标准建设、优化城市语言环境等推进相关项目，并开展语言文字信息技术研究集成、提供语言翻译和培训服务、优化奥运语言环境、开展外语志愿者培训、合作开展冬奥会语言文化展示体验项目、服务特殊人群语言文字需求等工作任务。

研发跨语言冬奥术语库、冬奥智能问答系统、语言翻译服务系统，为北京冬奥会代表团按中文笔画顺序入场提供标准服务，有力提升北京冬奥会语言服务的信息化和智能化水平。特别是建成8个语种对照、包含13.2万条术语的跨语言冬奥术语库并组织编写《冬奥会体育项目名词》,纸质内容与术语库融合联动,系冬奥语言服务历史首创,两项成果作为北京冬奥会文化遗产,将服务未来更多冬奥盛会,为促进冬奥文化传播、弘扬奥林匹克精神、推动构建人类命运共同体发挥积极作用。

### 四 全面开展国家应急语言服务

语言文字在抗击新冠疫情中彰显力量。中国是一个多民族、多语言、多方言、多文字的国家,严峻复杂的疫情防控形势仍需多方协同,发挥语言服务的支持作用。2020年新冠疫情发生后,援鄂医疗团遇到语言难题。在教育部、国家语委的指导下,来自全国十几家高校、科研院所和语言企业的60余人,迅速组成"战疫语言服务团"。仅仅24个小时,包含新冠肺炎诊疗常用156词和75个短句的"抗击疫情湖北方言通",就以普通话和覆盖湖北全境的西南官话、江淮官话、赣语三大类方言录制完成,为抗击疫情的医护人员和相关群体提供多维度语言服务。随后,教育部、国家语委组织60家国家语言文字推广基地开展"众志成城 同心抗疫"系列活动,即时方言翻译软件、疫情防控外语通等不同形态的免费语言服务产品陆续上线。语言学界也密切关注疫情防控期间的语言使用,开展专题研究,体现出当代中国语言学人服务国家的学术担当。"新冠肺炎"得名的前前后后,响彻全国的"武汉加油"喊出的中国精神,疫情防控中的硬核标语、花式广播、方言喊话等,充分体现了语言文字在聚人心、汇民力方面的重要作用,展示了中国人民在重大灾难面前万众一心、众志成城、同舟共济、坚韧不拔的伟大精神。

中国从抗击疫情实践中发展起来的应急语言服务,是语言文字战线积极服务国家重大需求的生动案例,充分展现了语言文字工作者的家国情怀和"奉献、友爱、互助、进步"的志愿服务精神,体现了语言文字战线的使命担当。国家应急语言服务团的成立,标志着中国应急语言服务翻开了新篇章。2022年4月,29家单位共同发起成立"国家应急语言服务团",主要针对各类突发公共事件应急处置及国家其他领域重要工作中急需克服的语言障碍,提供国家通用语言文字、少数民族语言文字、汉语方言、手语、盲文、外国语言文字等方面的语言服务。

# 第六节　汉语汉字国际化步伐明显加快

随着中国经济的持续增长，综合实力的不断增强，中文的国际地位和影响力也大幅提升。在新冠疫情影响下，当今世界格局发生剧变，国际理解和文化交流受阻，中文的国际化发展面临严峻挑战。近年来，加强国际中文教育，提高中文全球服务能力，拓展语言文字国际交流合作，成为语言文字事业国际化发展的重要路径。

## 一　加强国际中文教育

随着世界多极化、经济全球化、社会信息化、文化多样化的深入发展，世界各国的相互联系日益加强，政治、经贸、人文等交流合作更加广泛。中国在扩大开放中深度融入世界，也为各国发展带来了机遇，到中国商务合作、学习交流、旅游观光的人越来越多。语言是沟通交流的桥梁纽带，各国学习中文的需求持续旺盛，汉语人才越来越受到欢迎。现在很多国家将中文纳入国民教育体系，在大中小学开设汉语课程，支持企业、社会组织参与中文教育，促进了中外人文交流、文明互鉴和民心相通。

国际中文教育是中国语言文字事业国际化发展的关键，也是实现中外全方位互联互通的基础。新时代，中国把推动国际中文教育作为义不容辞的责任，积极发挥汉语母语国的优势，在师资、教材、课程等方面创造条件，为各国民众学习中文提供支持。为推动中国语言文化走向世界，促进中外教育交流与合作，充分发挥孔子学院综合文化交流平台作用，2013年教育部制定《孔子学院发展规划（2012—2020年）》，提出如下目标：到2015年，全球孔子学院达到500所，中小学孔子课堂达到1000个，学员达到150万人，其中孔子学院（课堂）面授学员100万人，网络孔子学院注册学员50万人。专兼职合格教师达到5万人，其中，中方派出2万人，各国本土聘用3万人。到2020年，基本完成孔子学院全球布局，做到统一质量标准、统一考试认证、统一选派和培训教师。基本建成一支质量合格、适应需要的中外专兼职教师队伍；基本实现国际汉语教材多语种、广覆盖；基本建成功能较全、覆盖广泛的中国语言文化全球传播体系；国内国际、政府民间共同推动的体制机制进一步完善，汉语成为外国人广泛学习使用的语言之一。

教育部推进国际中文教育高质量发展。制定发布首个面向外国学习者、全面评价其中文水平的规范标准《国际中文教育中文水平等级标准》，目前已向海外发布8个语种的对照版，与20多个语言教育机构进行标准对接；建设全球中文学习平台，建成两年即发展用户600万人，覆盖全球182个国家和地区，平台总访问量突破亿次；建立海外普通话水平测试站，打造中文水平考试（HSK）品牌。

中国在国际中文教育中遵循语言传播的国际惯例，按照相互尊重、友好协商、平等互利的原则，坚持市场化运作，支持中外高校、企业、社会组织开展国际中文教育项目和交流合作，聚焦语言主业，适应本土需求，帮助当地培养中文教育人才，完善国际中文教育标准，发挥汉语水平考试的评价导向作用，构建更加开放、包容、规范的现代国际中文教育体系。2020年6月，参与孔子学院建设和国际中文教育事业较多的北京大学、北京语言大学、汉考国际等27家国内高校和企业，自愿发起成立中国国际中文教育基金会，运营孔子学院品牌，主要通过制定规划、设立标准、质量评估等方式，为全球孔子学院提供支持和服务，有助于孔子学院向专业化、民间化、本土化方向发展，调动和发挥各方办学积极性，夯实社会基础和民意基础。

在中外双方精诚合作、共同努力下，国际中文教育事业蓬勃发展，中文全球服务能力显著提高。据外交部相关资料，2013年至2021年，中外联合签署了1000份声明公报（含宣言、纲要、规划、清单、行动计划等），其中110份涉及开展语言教学等内容。[①] 截至2021年，已通过中外合作方式在159个国家设立了1500多所孔子学院和孔子课堂，累计培养各类学员1300多万人。联合国教科文组织、联合国粮食及农业组织、世界旅游组织等10个联合国下属专门机构将中文作为官方语言，180多个国家开展了中文教育项目，76个国家通过颁布法令政令等方式将中文列入国民教育体系，4000多所大学设立了中文院系、专业、课程，7.5万多所主流中小学校、华文学校、培训机构开设中文课程。据

---

[①]《推动中国语言文化全球传播行稳致远》，《光明日报》2021年11月28日。

不完全统计,全球正在学习中文的人数超过 2500 万,累计学习使用人数接近 2 亿人。[①]

**二 拓展语言文字国际交流合作**

语言文字是文化传承的载体,一个国家文化的魅力、一个民族的凝聚力主要通过语言表达和传递。语言文字对于促进不同国家间相互理解、不同文明间交流互鉴具有十分重要的引领和支撑作用。可以说,掌握一种语言文字,就掌握了通往一国文化的钥匙。新时代,党中央和有关部门坚持统筹国内国际两个大局,拓展语言文字国际交流合作,促进中外文明交流互鉴。

一是在世界语言文字活动中积极发挥作用。2014 年 6 月,中国政府与联合国教科文组织在苏州共同举办以"语言能力与人类文明和社会进步"为主题的世界语言大会,来自全球 100 多个国家和地区的 400 余名教育官员、语言文字专家学者和相关企业代表出席会议。这是首次由一国政府发起、与联合国教科文组织合作举办的世界级语言大会,与会代表围绕"语言能力与人类文明和社会进步"这一主题,就语言能力与社会可持续发展、语言能力与教育创新、语言能力与国际交流合作等专题进行深入讨论,通过了大会成果文件《苏州共识》。

2018 年 9 月,联合国教科文组织、中国教育部、中国联合国教科文组织全国委员会、国家语言文字工作委员会、湖南省人民政府在长沙共同举办首届世界语言资源保护大会,包括 10 位外国部长级官员和 13 位驻华使节在内,来自全球 40 多个国家和地区相关领域的官员、专家学者共 200 多人参加开幕式。这次大会主题为"语言多样性对于构建人类命运共同体的作用:语言资源保护、应用与推广"。大会发布联合国教科文组织首个以"保护语言多样性"为主题的永久性文件《岳麓宣言》,为世界贡献中国智慧、中国方案。

此外,在海外出版英、俄、日、韩文版《中国语言生活状况报告》,

---

[①] 教育部:《关于政协第十三届全国委员会第四次会议第 2624 号(教育类 091 号)提案答复的函》(2021 年 10 月 15 日),http://www.moe.gov.cn/jyb_xxgk/xxgk_jyta/yuhe/202111/t20211104_577702.html。

扩大中国语言文字事业国际影响力。

二是加强双边和多边语言文化交流。推进中俄、中法、中德以及中国与东盟等双边和多边语言文字国际交流合作，进一步扩大中国语言文字事业的"国际朋友圈"。举办中俄语言政策论坛、首届中国—东盟语言文化论坛，填补中俄、中国与东盟高层次语言文化交流的空白。举办中法语言政策与规划研讨会，签署国家语委首个双边合作协议《国家语委与法国文化部关于语言政策交流合作协议》。自 2017 年起，以"语言，让世界更和谐，文明更精彩"为主题，成功举办三届中国北京国际语言文化博览会和"语言科技与人类福祉"等系列国际语言文化论坛，吸引近百位国际组织代表和外国驻华使节参加、近千位专家参与交流研讨、十余万人次观展。这些活动，填补了世界华语区语言类博览会的空白，对于促进语言文化的国际交流、传播弘扬中华文化、增强国家软实力、增强文化自觉与文化自信具有积极的推动作用。

# 第五章　语文现代化的成就与经验

新中国成立以前，中国语文生活比较落后，人们说的是方言，写的是文言文，汉字繁难，文盲众多。新中国成立后，经过70多年文字改革和语言文字工作实践，中国语文现代化取得可喜的成就。人们说的是普通话，写的是现代白话文，汉字经过简化和整理，繁难的程度有所降低，同时有了辅助汉字的汉语拼音，汉字进入计算机，解决了与西方接轨的问题，汉语汉字成功走向世界。总而言之，语言文字实现现代化，中国语文的落后面貌有了很大改观。

## 第一节　语文现代化的成就

在中国式现代化建设、发展过程中，语文现代化所取得的成就涵盖方方面面，主要体现在语言共同化、文体口语化、文字简易化、表音字母化、中文信息化、语言文字规范化标准化法制化、汉语文国际化、少数民族语文现代化等8个方面。

### 一　语言共同化取得重大进展

中国地域广阔，方言众多。汉语方言通常分为十大方言：官话方言、晋方言、吴方言、闽方言、客家方言、粤方言、湘方言、赣方言、徽方言、平话土话。各方言区内又分布着若干次方言和许多种"土语"。其中使用人数最多的官话方言可分为东北官话、北京官话、冀鲁官话、胶辽官话、中原官话、兰银官话、江淮官话、西南官话八种次方言。从语言的系属来看，中国56个民族使用的语言分别属于五大语系：汉藏语系、阿尔泰语系、南岛语系、南亚语系和印欧语系。汉藏语系分为汉语和藏缅语族、侗台语族、苗瑶语族。属于藏缅语族的有藏、嘉戎、门巴、仓洛、珞巴、羌、普米、独龙、景颇、彝、傈僳、哈尼、拉祜、白、纳西、基诺、怒苏、阿侬、柔若、土家、载瓦、阿昌等语言；属于苗瑶语族的有苗、布努、勉等语言；属于壮侗语族的有壮、布依、傣、侗、水、仫佬、毛南、拉珈、黎、仡佬等语言。阿尔泰语系分为蒙古、突厥、满—通古斯三个语族。属于蒙古语族的有蒙古、达斡尔、东乡、东部裕固、土、保安等语言；属于突厥语族的有维吾尔、哈萨克、柯尔克孜、乌孜别克、塔塔尔、撒拉、西部裕固、图佤等语言；属于满—通古斯语族的有满、锡伯、赫哲、鄂温克、鄂伦春等语言。属于南岛语系的是台湾高山族诸语言，还有海南回族的回辉话。属于南亚语系孟高棉语族的有佤、德昂、布朗、克木等语言。属于印欧语系的是属斯拉夫语族的俄语和属伊朗语族的塔吉克语。朝鲜语的系属尚未达成统一意见。[1]

在方言复杂的情况下，中国自古以来就有各地人说话相互听不懂的情况，正所谓"五方之民，言语不通"。这就需要一种让全国的人都听得懂又能说的共同语言。为了克服方言分歧造成的隔阂，中国古代就有共同语，孔子时代有雅言，后来历代有通语，明清时代有官话，但是一向以方言为主、官话为辅，文字相同、读音各异；官话没有严格的标准音，使用者也只有官吏、行商等少数人。

近代以来，人们逐渐认识到方言造成的隔阂不利于国家经济社会发展。1902年，京师大学堂总教习吴汝纶访问日本，看到日本推行国语取得了很大的成绩，深受触动。回国后写信给清政府管学大臣张百熙，主张在学校推行以京话为标准的国语。1910年，清政府资政院开会，议员江谦提出把"官话"正名为"国语"，设立国语编查委员会，负责编订研究事宜。中华民国政府成立后，1912年召开临时教育会议，从统一汉字读音着手，实施国语教育。五四新文化运动时期，语文现代化方面提出"国语统一"和"言文一致"的主张。国语统一的目标是推行标准语，克服方言造成的隔阂。1919年3月，民国政府教育部成立"国语统一筹备会"。五四运动以后，国语统一运动进入推行期，主要工作有：修订注音字母；调整国音标准，确定以北京语音为新国音；制定国语罗

---

[1]《中国语言文字概况（2021年版）》，中华人民共和国教育部网站，2021年8月27日。

马字拼音法式；扩大国语教育和国语应用；等等。然而，在军阀混战、日寇入侵、社会动荡、民不聊生的形势下，推行国语难以取得大的成就。

新中国成立后，国家实现空前的统一，为民族共同语的推行提供了根本前提。在多民族的国家里，各民族之间需要一种共同的交际语言。为了增强民族团结，促进社会经济和文化的发展，中国共产党大力推进民族共同语工作，努力实现语言共同化。1955 年，全国文字改革会议把民族共同语由"国语"改称"普通话"，提出"大力推广以北京语音为标准音的普通话"。1956 年，国务院发布的《关于推广普通话的指示》指出："汉语统一的基础已经存在了，这就是以北京语音为标准音、以北方话为基础方言、以典范的现代白话文著作为语法规范的普通话。在文化教育系统中和人民生活各方面推广这种普通话，是促进汉语达到完全统一的主要方法。"① 推广普通话成为新中国文字改革三大任务之一，设立专门的推广普通话机构，制定推广普通话的方针，确立普通话的语音、词汇、语法标准，常年举办普通话研究班、进修班，召开了多次全国普通话教学成绩观摩会。

改革开放新时期，推广普通话成为语言文字工作的首要任务，推广普通话的方针由 20 世纪 50 年代确定的"大力宣传，重点推行，逐步普及"调整为"大力推行，积极普及，逐步提高"，国家推广普及普通话的重点地区是城市，重点领域有四个，即以学校为基础，以党政机关为龙头，以广播电视等新闻媒体为榜样，以公共服务行业为窗口，带动全社会推广普及普通话。为此，国家采取三项基本措施推广普及普通话，即对城市、行业和单位的语言文字工作实行目标管理、量化评估，对特定岗位人员进行普通话水平测试，开展以全国推广普通话宣传周为中心的宣传教育活动。

新时代，党中央确定"聚焦重点、全面普及、巩固提高"的新推普方针，开展三大行动：一是聚焦民族地区实施推普攻坚行动，重点是解决学前儿童、教师、青壮年劳动力、基层干部等四类重点人群的短板弱项问题。二是聚焦农村地区实施推普助力乡村振兴计划，提出推普在助力乡村教育、文化、产业、人才、组织振兴等 5 个方面的任务和要求。

---

① 《建国以来重要文献选编》第 8 册，中央文献出版社 1994 年版，第 114 页。

三是聚焦普通话普及率已达到85%的省份和基础较好的城市地区，开展国家通用语言文字高质量普及行动，以更全面、更充分地普及普通话为目标。新时代十年间，全国普通话水平测试机构发展至1700余个，并建立海外普通话水平测试站；共开展普通话水平测试6200余万人次、汉字应用水平测试22万余人次；建成122个国家语言文字推广基地，培养国家级普通话水平测试员2135名。[1]

经过多年努力，目前，全国80.72%的人口已经能够使用普通话进行交际，城乡民众基本能听懂普通话，各民族各地区交流交往的语言障碍基本消除。普通话已经深入人心，越来越多的人获得了应用普通话的能力，一般民众能够听懂普通话。普通话已经成为中国公务活动的主导用语，成为广播影视和有声传媒的主要播出用语，成为师范院校和许多其他学校的教学用语，成为各服务行业的交流用语，成为不同方言地区人们交际的主要用语，成为各民族之间共同的交际工具。

正是在基本消除语言隔阂的基础上，社会主义市场经济得以迅速建立发展；农村边远地区大规模劳务输出发展顺利，加速了城市和农村的共同发展以及农村脱贫致富的步伐，为中国式现代化建设各项事业的发展提供了便利。

普通话的应用和推广，使中国语言共同化取得重大进展。语言共同化不仅是整个语文现代化的根基，而且是中国式现代化的必要条件。在工业化尤其是信息化时代，在多媒体技术和互联网技术高度发达的今天，作为共同语和标准语的普通话必然是中国人承载和传输信息最基本的语言工具。

### 二 充分实现文体口语化

中国古代就有书面语和口语的区分，书面语是以文言文形式展现的，文言只是一小部分受过教育的人的交际工具，同大众的口语是脱节的。同时，口语不断发展，书面语则停滞不前，不便于表现生动活泼的现实生活，从而阻碍了语言的发展和教育的普及。为了解决书面语和口语的矛盾，近代以来人们进行了很多努力，试图用比较接近口语的书面语即白话文来代替僵化的文言文。清末维新运动者提出"我手写我口"，

---

[1] 教育部：《十年来共开展普通话水平测试6200余万人次》，新京报网2022年6月28日。

1919年前后掀起五四白话文运动，20世纪30年代掀起大众语运动。经过这些努力，白话文逐渐取代文言文成为文学的正宗和小学教科书的正式文体，小说和论说文也写成了白话文，但是文言文在报刊、政府文件等领域还占领着书面交流的主要阵地。"白话文真正成为汉语唯一的书面语言，这是解放战争胜利以后的事。"①

新中国成立后，人民政府大力推行汉语规范化，现代白话文有了进一步发展。新中国成立之初，党和政府就要求大家注意汉语的规范问题。1951年6月6日《人民日报》发表社论《正确地使用祖国的语言，为语言的纯洁和健康而斗争！》，批评报刊、书籍、文件在使用语言方面所存在的含糊和混乱情况，并指出其害处，号召大家认真学习祖国语言。社论发表以后，很快就在广大干部中掀起了一个学习语法修辞的高潮。从1952年到1955年出版的语法书大约有40种。这些语法书里有不少是通俗读物，而且不止一次地重版（像曹伯韩的《语法初步》，印数已经超过180万册），对普及语法知识起了很大的作用。② 1955年召开的全国文字改革会议和现代汉语规范问题学术会议，是规范化工作开始大踏步前进的重要标志。这两次会议最重要的收获是肯定了汉民族共同语——普通话应该以北京语音为标准音，以北方话为基础方言，以典范的现代白话文著作为语法规范。这就为汉语规范化工作制定了明确的标准。

党和人民政府强调改进文风问题。早在1942年，毛泽东在《反对党八股》一文中就提出过整顿文风的问题，也着重地讲到了语言的问题。1958年，全国范围内又开展了关于文风问题的讨论。这里所说的文风是指文章的作风、风格，是书面语言在实际运用中的全面表现。在讨论中，郭沫若发表《关于文风问题答〈新观察〉记者问》，强调"逻辑和文法，其实也就是老老实实的方法"③。改进文风开创了书面语言使用上的新局面。

新中国对公文语言和新闻语言进行了改革，用纯正白话代替了文言和半文半白语言。新中国成立初期，国家的行政公文用的还是文言和"等因奉此"的旧程式，一般民众阅读困难。后来进行了改革，用白话

---

① 《五四以来汉语书面语言的变迁和发展》，商务印书馆1959年版，第19页。
② 吕叔湘：《谈谈现代汉语规范化工作》，《人民日报》1959年11月26日。
③ 《整顿文风文选》，山西人民出版社1958年版，第8页。

代替了文言。那时的新闻语言不是纯正的白话，而是半文半白的"新闻体"。20世纪50年代推行报纸文章口语化，特别是社论口语化。通过报纸，规范化的白话文天天和群众见面，影响很大。

在现代白话文发展过程中，阿拉伯数字、拉丁字母、标点符号这三种非汉字成分进入了汉语书面语，丰富了汉语书面语的表现力，成为汉语书面语中不可缺少的内容。20世纪50年代中期，公文、电报和报刊中均采用阿拉伯数字。改革开放以后，汉语书面语里阿拉伯数字的使用逐渐扩大，在有些地方已经代替了汉字数字。例如对月日的表示，传统用的是汉字，如"五四运动""七七事变"，可是美国"9·11"恐怖袭击事件发生后，汉语报刊中几乎都用阿拉伯数字"9·11"来表示。新中国成立尤其是改革开放后现代汉语的发展，不可避免会遇到外来语的问题。汉语吸收外来语有三种方式：一是意译，二是音译，三是直接采用拉丁字母。改革开放以来，中外交流日益广泛，外来词越来越多，拉丁字母直接进入汉语的情况大为增加，意译、音译相对减少。例如，WTO、GDP、Email等字母词常挂在人们的嘴边，可以说是家喻户晓。20世纪90年代，学界提出了"拉丁字母词"的概念。新时代，外来词的涌入更加势不可当，为了有效解决字母词的汉化问题，引导全社会规范使用外语词的规范中文译名，开展了外语中文译写规范工作，发布了10多批字母词中文译名。新式标点符号在清末就有学者在个人著作中使用，1920年民国政府批准了《请颁行新式标点符号议案》，这是中国第一套法定的新式标点符号。新中国成立后，1951年9月中央人民政府出版总署公布了《标点符号用法》，这是中国政府公布的第二套标点符号。1987年对这套标点符号进行修订，1990年3月国家语言文字工作委员会和新闻出版署公布了修订后的《标点符号用法》。1995年12月13日，国家技术监督局把修订后的《标点符号用法》提升为国家标准，标准号是GB/T15834—1995。标点符号的使用使得现代白话文更加精密，成为书面语里不可缺少的部分。

为了与这三种非汉字的异质成分相适应，清末民初就开始倡导汉语的书写行款由直排改为横排，但是这一倡议直到新中国成立才变为现实。到20世纪50年代中期，现代白话文完全实现汉字横排横写，实现了历史上汉字排写方式的重大变革，这也是新中国成立后语文现代化的一项重大成果。

### 三 文字简易化由理想变为现实

汉字是记录汉语的正式文字。汉字有几千年的历史，和汉语基本适应，有许多优点，但是也有缺点。一是笔画繁多。一直以来，汉字分为繁体字与简体字，繁体字为官方正式文字，称为正体字；简体字主要是百姓手头书写用，称为俗体字。《辞海》中所收的汉字12画以上（含12画）的字占一多半。二是字数多。汉字总数有六万个之多，东汉《说文解字》收录汉字9353个，清《康熙字典》收录47035个。1953年出版的供初中学生和初中文化程度干部使用的《新华字典》收录6000多个字，中央教育部1952年6月公布的《常用字表》，列出常用字和补充常用字共2000个。[①] 三是汉字读音乱。许多汉字存在着一字多音的现象，有的字不同的读音表示不同的含义；有的字不同的读音并不表示新的含义。四是检索难。汉字字典编排，无论是按部首、笔画、笔形，都不简便。由于编排和检查字典没有妥善的办法，其他应用汉字编制的各种目录、索引等，都没有简便的方法。汉字的笔画繁、字数多、读音乱、检索难，被称为"汉字四病"。

汉字的这些缺点，不利于普及教育和提高人民文化水平。近代以来，面对救国图强的时代任务，诸多仁人志士要求彻底改革汉字，希望把汉字改革成为便于学习和应用的文字。20世纪初，近代教育家陆费逵提倡把俗体字作为正统文字应用于教育。民国时期兴起简体字运动，1935年8月民国政府教育部公布了《第一批简体字表》，有简体字324个，准备推行，但是遭到国民党上层保守势力的反对，结果未能付诸实施。

推行简体字由理想变为现实，是在新中国成立后。国务院于1956年1月公布了《汉字简化方案》，方案包括515个简化字和54个简化偏旁。这些简化字分四批先后推行。对推行中发现的问题，后来做了局部调整，明确了类推简化的范围，扩大了类推简化用的偏旁。经国务院批准，1964年5月中国文字改革委员会编辑出版《简化字总表》，作为使用简化字的规范。1986年国家语言文字工作委员会重新发表《简化字总表》，对其中的个别字做了调整，共有简化字2235个。汉字简化的效果是明显的。据统

---

[①] 张世禄：《汉字改革的理论和实践》，文字改革出版社1957年版，第30页。

计,"2235个简化字总笔画数是23025画,平均每字10.3画。被代替的繁体字共2261字,总笔画数是36236画,平均每字16画。繁简相比,平均每字减少5.7画。如果写2000个简化字,合计可以少写10000画。按平均每字10画计算,等于少写1000个字。"① 由于简便易用,简化字在广大人民群众中扎下了根。根据中国语言文字使用情况调查得到的数据,全国有95.25%的人平时主要写简化字,只有0.92%的人平时主要写繁体字,3.84%的人两种字都写。在15—44岁的人当中,97%以上的人只写简化字。② 这说明简化字已经成为汉字的主体,汉字进入了简化字时代。

针对"汉字四病",新中国开展了"汉字四定"。一是定量。汉字字量中最为重要的是常用字和通用字的字量。常用字是教育用字,通用字是印刷出版用字。1988年1月,由国家语言文字工作委员会和国家教育委员会联合公布《现代汉语常用字表》,字表包括3500字,其中最常用字有2500个,次常用字有1000个。经过测查,3500个常用字的覆盖率是99.48%。《现代汉语通用字表》是1988年3月由国家语言文字工作委员会和新闻出版署联合公布的,包括7000个通用字,其中含现代汉语常用字3500个。此外,在信息处理领域里汉字的通用量也取得了基本数量,制作了《信息交换用汉字编码字符集》,分为《基本集》(收字6763个)、《第二辅助集》(收字7237个)、《第四辅助集》(收字7039个),三者合并为21039个汉字。《基本集》的收字跟《现代汉语通用字字表》收字基本一致。

二是定形。定形就是给每一个汉字一个固定的形体。为了给汉字定形,新中国先后开展了整理异体字③、整理印刷铅字字形④、整理异形词⑤

---

① 苏培成:《中国语文现代化的回顾与展望》,语文出版社2007年版,第23页。
② 《中国语言文字使用情况调查资料》,语文出版社2006年版,第14页。
③ 1955年12月,文化部和中国文字改革委员会联合公布了《第一批异体字整理表》,收录异体字810组,每组最少2个字,最多有6个字,合计有1865个字。按照从俗从简的原则整理,每组选用一个字为规范字,淘汰其余。结果选用了810个字,淘汰了1055个字。《第一批异体字整理表》在推行中,先后做了几次调整,有少量被淘汰的字又恢复为规范字。到目前为止,《第一批异体字整理表》内实有异体字795组,淘汰了异体字1025个字。
④ 1965年1月,文化部和中国文字改革委员会联合公布了《印刷通用汉字字形表》,收录印刷通用宋体字6196个字。按照从俗从简的原则,给每一个通用汉字规定了标准字形,包括笔画数、结构和笔顺。经过这次整理,消除了印刷通用汉字字形上的分歧,提高了印刷通用汉字字形规范化的程度。
⑤ 2001年12月,教育部和国家语言文字工作委员会联合公布了《第一批异形词整理表》,整理了338组异形词,确定了每组的推荐使用形式。

等工作。

三是定音。汉字定音就是确定现代汉字的标准读音，规范多音字的读音，减少异读现象。1956年，中国科学院语言研究所聘请专家组成了普通话审音委员会，对异读词的读音进行审定，1957年发布了《普通话异读词审音表初稿》，1959年发布了《普通话异读词审音表初稿（续）》，1962年发布了《普通话异读词审音表初稿（第三编）》，1963年发布的《普通话异读词三次审音总表初稿》，规定了1800多个异读词的标准读音。1985年12月，国家语言文字工作委员会、国家教育委员会和广播电视部联合公布《普通话异读词审音表》，审定了839个异读字的读音。

四是定序。定序的工作就是给汉字定一个排列顺序，以便于查找和检索。长期以来，一直有人在研究汉字的排序法。例如，东汉许慎的《说文解字》依据字形用540个部首统率9353个汉字，把形体相似或意义相近的部首排在一起。1918年公布注音字母以后，许多工具书就按注音字母的顺序编排收录的汉字。新中国成立后，1961年，文化部、教育部、中国文字改革委员会和中国科学院语言研究所曾联合组成汉字查字法整理工作组，审核各类查字法方案，并于1964年4月提出"拼音字母查字法""部首查字法""四角号码查字法"和"笔形查字法"四种草案，推荐给文化界、教育界和出版界试用，以促进汉字查字法趋向统一。1983年6月，由上海辞书出版社、汉语大词典编纂处、汉语大字典编纂处、商务印书馆和中国社会科学院语言研究所等五个单位组成工作组，拟订统一的部首排检法方案，并于同年由中国文字改革委员会和国家出版局联合发布了《汉字统一部首表（草案）》，共立201个部首。2009年，教育部、国家语委组织制定的《汉字部首表》正式颁布实施；2022年，又颁布了修订后的《汉字部首表》。

通过以上工作，中国建立汉字的新规范，实现汉字的简易化，不仅减少了汉字学习和使用的困难，提高了汉字的使用效率和汉字的教学效率，还改进了汉字的信息处理技术，促进了中文的信息化、网络化发展。据统计，到2022年，中国识字人口使用规范汉字比例超过95%，文盲率下降至2.67%。文字简易化的实现，大大提高了汉字服务于现代化建设的能力。

## 四 表音字母化取得重大突破

汉字繁多却缺少完备的表音系统，给认读和使用带来了很大的困难。中国古代最早用读若法表示汉字的读音，如"疆，读若江"。后来发展成为直音法，如"疆，音江"。这都是用同音字来注音。之后，东汉末年因佛教传入中国，受印度古梵文拼音的影响，古人创造了反切法，用两个汉字拼切另一个汉字的读音，如"唐，徒郎切"，前字取其声母，后字则取韵母和声调，两字相切（即声韵相拼）就可得到被切字"唐"的读音。直音和反切都以整个汉字作为注音工具，没有突破汉字形体的限制。用汉字注音有很大的局限性，直音虽然简单明了，一看就懂，但是当无同音字可用或同音字为生僻字时就不起作用了；反切法也没有固定的专用字，据统计，用于切拼字音的汉字多达1600多个，很难记住。

第一个用拉丁字母给汉字注音的人是明朝末年来华、后来定居在北京的意大利传教士利玛窦。1605年，他在北京出版《西字奇迹》，采用拉丁字母给汉字注音，这套注音方案被认为是中国历史上第一个罗马字拼音方案。1625年，法国传教士金尼阁在杭州出版《西儒耳目资》，用基于利玛窦方案加以修改、补充而形成的拉丁字母给汉字注音，只用5个元音字母、20个辅音字母和5个声调符号，拼注当时南方官话（南京话）的全部字音。1867年，英国驻华公使威妥玛以罗马字母为汉字注音，创立威妥玛式拼音法。

外国人研制的这些拼音方案都是为其自身服务的，既没有统一的语音标准，也不追求与汉语汉字读音对应的准确性，但是用拉丁字母给汉字注音的方法引起了中国语言文字人士的注意。1892年，卢戆章出版《一目了然初阶》，拉开切音字运动序幕，之后涌现出28种切音字方案，其中王照的汉字笔画式方案《官话合声字母》得到清政府的支持并在大半个中国得到推行。民国时期，1918年制定以古汉字为基础的注音字母，这是中国第一套法定的拼音字母（后改称注音符号）。注音字母在拼音方法上把由反切衍化而来的切音字的声韵双拼推进到声介韵三拼，离彻底的音素化四拼只差一步了。但是这种独体汉字的字母形体不符合世界文字发展的主要趋势，在科学技术、国际文化交流等许多方面，远不如已在大多数国家通行的拉丁字母。于是国民政府制定了"国语罗马字拼音法式",1928年由大学院（教育部）正式公布，同时把注音字母定名为"国音字母第一式"，国语罗马字定名为"国音字母第二式"。这是中国第一套法定的拉丁字母拼音方案。由于国语罗马字在认读和拼写上比注音字母复杂得多，所以没有得到认真推行，反而共产党人制定的北方话拉丁化新文字在抗日根据地和解放区得到广泛推行。

新中国成立后，人民政府在总结以往汉语拼音运动历史经验的基础上，制定了《汉语拼音方案》。《汉语拼音方案》颁布之时，其主要功能一是给汉字注音，帮助识字教育；二是帮助教学普通话。实际上，它的应用范围早已迅速扩大，广泛应用于教育、科学技术（序列索引、科技代号、常用语缩写、外来词译音）、地图测绘、电报、中文信息处理等领域；广泛用于设计手语、盲文等特殊语文，改进和创制少数民族文字，编排各种辞书、图书、档案、病历、文件等资料，形成术语和代号等等。尤其是当汉语拼音与中文信息处理结合成为信息传输媒介时，它已经成为现代社会各领域中不可或缺的工具。

2017年，中国约有68%的国民掌握汉语拼音。特别是伴随全球化、信息化、智能化时代的到来，汉语拼音成为使用国际通用计算机键盘输入汉字的重要工具，97%的人使用汉语拼音输入法，让古老汉字搭乘信息快车走向了世界。

### 五　中文信息化获得成功

中文信息处理，就是用电脑来处理汉字信息和汉语文本。用计算机处理中文信息，大致可以划分为两个层次：一个是文字层次，即汉字信息处理；另一个则是语言层次，即对汉语的语音、词汇、语法等信息进行处理。具体内容包括对它们的输入、存储、传输、输出、识别、转换、压缩、检索、分析、理解和生成等。汉字字数多，常用的有几千个，如果涉及古籍处理，则甚至要用到几万个汉字，因而汉字输入、汉字存储、汉字输出、汉字识别等问题的处理特别困难。在书面汉语中，词与词之间没有明显的标记，自动分词成为书面汉语分析的第一道难关；虽然汉语语音系统相对简单，但声调和变调问题对于语音识别和语音合成而言，也是一个难点；汉语语法也具有特殊性，以词序和虚词作为主要的语法手段，句法歧义问题复杂，这也使得汉语语句的自动分析比较困难。

20世纪50年代中期，中国开始了以机器翻译为主要内容的中文信息处理工作，首先要解决文字、语音的输入以及输出问题。1956年，有学者提出设计中文电动打字机的建议；同年10月，《科学通报》上发表《文字和通信》一文，开始讨论汉字编码的问题；1958年，语音打字的任务也提了出来。由此，中文信息处理萌芽。随着语文现代化建设的推进，汉字信息处理有了实质进展。1969年9月，邮电科学研究院成功试制第一台电子式中文电报快速收报机，拉开了汉字信息处理的序幕。

1974年8月，中国第一个大型汉字信息处理工程"748工程"启动，中文信息处理由此正式进入了第一个发展阶段——汉字信息处理时代。此后，汉字信息处理技术迅速发展，掀起了汉字信息处理研究和系统开发的热潮。20世纪80年代，汉字编码工作大发展，大量的编码方案迅速涌现，呈现"万码奔腾"的局面。汉字交换码的编制也取得重大进展，1981年，中国正式发布了第一个汉字编码国家标准《信息交换用汉字编码字符集·基本集》（GB 2312—80），用于汉字处理、汉字通信等系统之间的信息交换。1982年，国际标准化组织（ISO）承认了中国汉字交换码国家标准GB 2312—80。2000年3月17日，国家质量技术监督局和信息产业部组织专家制定发布了新的编码字符集标准，即《信息交换用汉字编码字符集基本集的扩充》（GB 18030—2000）。在不断的探索中，汉字输入编码技术也日趋成熟，一些音码、形码方案逐渐从众多编码方案中脱颖而出。以这些方案为基础，社会上推出了几百种汉字输入法，汉字键盘输入的问题基本得以解决。20世纪末，从键盘到文字识别，再到语音输入，汉字的输入方式已经多种多样，能够满足多种场合下的输入需求。此外，这期间的汉字存储及输出技术的发展十分迅猛，汉字字库在经历了点阵字库、矢量字库和曲线轮廓字库的发展之后，基本满足了输出的需要。

在汉字信息处理问题逐步得到解决之后，面向信息处理的语言文字规范标准建设不断取得进步。据教育部、国家语委发布的《2016年中国语言文字事业发展状况》，新中国成立以来至2016年，中国发布的语言文字信息化规范标准共59种，其中中文编码规范标准11种，汉字字型规范标准29种，词处理技术规范标准3种，语音技术规范标准2种，技术评测规范标准8种，键盘输入、手持设备、用户界面等领域语言信息标准 6 种。

　　国内语料库的建设发展十分迅速。20 世纪 70 年代末至 80 年代，国内先后建成一批语料库并投入使用，其中影响较大的语料库有武汉大学中国文学名著语料库、北京航空学院语料库、北京语言学院语料库、山西大学语料库等。此后，经过 20 世纪 90 年代至 21 世纪初的发展，语料库资源变得更为丰富，至今已有不少可供使用的大规模语料库，而且不少语料库的容量还在不断扩大。随着互联网的发展，大规模、超大规模的网页资源也成为具有代表性的汉语生语料库的数据来源，比如搜狗互联网语料库，它的语料来源于互联网 1.3 亿个各种类型的原始网页，压缩前的大小超过了 5TB。这些语料库资源都为汉语大规模真实文本的处理提供了重要的数据支持。得益于大规模语料库的建设，关于大规模真实文本处理的研究业已成为中文信息处理的重要任务。

　　经过几十年的发展，中文信息处理的巨大成功带来的变革已经让人们的语言生活发生了天翻地覆的变化。几十年前，汉字尚不能进入计算机，机器翻译实验仍需要借助穿孔纸带用数码代替每个字母；而现在，人们借助手机移动网络，每天都可以接触到海量的信息，基于自然语言处理技术的口语输入、语音助手、即时翻译等功能更是让沟通变得轻而易举。正是语言信息处理技术的步步前进，推动了语言文字信息处理的智能化：激光照排技术取代了传统的铅字印刷，印刷术的电子化、智能化是人类处理文字的新阶段；口语与书面语可以实现相互转化，将书面语自动转化为语音，或将话语自动转化为文字；自动翻译技术可以使不同语言群体的人自由交谈，语言藩篱逐步拆除，外语学习的个人压力和社会负担都逐步减轻。

## 六　语言文字规范化、标准化、法制化取得长足进步

　　语言文字规范化、标准化，是指语言文字的应用符合国家颁布的各项语言文字使用标准，加强统一，减少分歧，使语言文字充分发挥其社会功能。语言文字的规范化、标准化是语文现代化发展过程中的一个必然要求，是对国家统一与民族团结以及社会发展产生直接影响的重要因素。实现语言文字的规范化、标准化，是普及教育、提高文化水平、发展科学技术的一项基础工程，对改革开放和社会主义现代化建设具有重

要意义。如果语言文字不够规范，势必会影响科学的发展、文化水平的提高以及教育的普及；语言文字规范化，有助于全民族科学文化力量的提升，有助于科学技术发展以及交流，对于促进中国式现代化的发展具有非常重要的意义。

新中国成立后，党和政府十分重视语言文字规范化工作。1951年6月6日，《人民日报》发表了由毛泽东亲笔修改的题为《正确地使用祖国的语言，为语言的纯洁和健康而斗争！》的社论，宣告了新中国语言文字规范化工作的全面展开。改革开放以后，社会主义市场经济体制逐步建立完善，信息产业迅速崛起，科学、教育和文化的内容日新月异，社会主义精神文明建设不断推进，国际交往日益广泛。这一切都要求社会交际工具、交际方式的现代化、规范化、标准化。语言文字作为信息的主要载体、社会交际的主要工具，其应用规范化、标准化的要求比任何时候都迫切。1986年1月，全国语言文字工作会议提出"加强语言文字的规范化、标准化""做好现代汉语规范化工作"的主要任务。新时代，语言文字规范化、标准化工作被纳入文明城市创建以及各级政府、领导干部工作实绩考核范围。

国家语言文字等有关部门颁布各种语言文字的规范标准，例如《汉语拼音方案》《普通话异读词审音表》《简化字总表》《第一批异体字整理表》《现代汉语通用字表》《现代汉语常用字表》《通用规范汉字表》《第一批异形词整理表》等等，并在全社会贯彻执行。出版系统、教育系统、信息产业系统、邮政系统、金融系统等行业领域，也纷纷开展语言文字规范化、标准化工作，制定了《关于广播、电影、电视正确使用语言文字的若干规定》《关于企业、商店的牌匾、商品包装、广告等正确使用汉字和汉语拼音的若干规定》《出版物上数字用法的规定》《关于金融系统要带头使用规范汉字的通知》等行业语言文字规范。

经过几十年的努力，语言文字规范化、标准化工作形成了以城市为中心，以学校为基础，以党政机关为龙头，以广播电视和新闻出版为榜样，以公共服务行业为窗口，带动全社会普及普通话和实现语言文字规范化的格局。说普通话、用规范字，早已成为全社会的共识。目前，简化字作为规范的现代汉语用字，在国内全面普及，并且得到国际社会的承认；普通话成为全国人民的通用语言，促进经济发展、民族团结和国际交往。

在语言文字工作中，只靠政策性文件，规范性差，权威性小。因此，语言文字的使用中一直存在混乱现象：有些地区在必要场合没有形成说普通话的风气；社会上滥用繁体字、乱造简体字的现象比较普遍；有些企业热衷于取洋名、洋字号，在营销活动中乱造音译词；信息技术产品中语言文字使用的混乱现象也很突出；不少出版物、广告、商店招牌、商品包装和说明滥用外文；等等。这就需要把语言文字的规范和管理转移到法制化的轨道上来，使语言文字的规范化有法可依。

1982年修改的《中华人民共和国宪法》规定"国家推广全国通用的普通话""各民族都有使用和发展自己的语言文字的自由"等，并从机关执行职务、诉讼、审理、司法和法律文书等方面对语言文字的使用作出了规定，成为中国语言文字法律法规和政策制定的核心参照对象。1990—1996年，全国人大代表提出加速语言文字立法的议案28项。语言文字法的起草工作于1997年1月正式启动，在2000年7月举行的九届全国人大常委会第十六次会议上，国家通用语言文字法首次提请全国人大常委会审议，10月31日经第九届全国人民代表大会常务委员会第十八次会议审议通过，中国历史上第一部关于语言文字的专门法律——《中华人民共和国国家通用语言文字法》自2001年1月1日起施行。语言文字是一个国家民族主权与尊严的象征，用法律的形式确定普通话和规范汉字作为国家通用语言文字的地位，标志着中国国家通用语言文字的使用全面走上法制轨道。

国务院陆续颁布了一系列有关语言文字方面的行政法规，这些行政法规通常是对法律更具体、更细致的规定，如《扫除文盲工作条例》《地名管理条例》《广播电视管理条例》等。国务院颁布的语言文字相关行政法规，对语文政策的制定及语文工作的开展具有重要的指导意义。

有关部门颁布了一系列关于语言文字的规章和规范性文件。如国家工商行政管理总局发布的《广告语言文字管理暂行规定》，教育部颁布的《(教师资格条例)实施办法》，国家语委联合铁道部、中国地名委员会、交通部等颁布的《关于地名用字的若干规定》等。

地方出台的语言文字工作规章和规范性文件也不少。省级地方性法规，如《北京市公共场所用字管理暂行规定》《北京市实施〈中华人民共和国国家通用语言文字法〉若干规定》《福建省实施〈中华人民共和国国家通用语言文字法〉办法》《福建省推广普通话规定》等,以及较大市级地方性法规,如《深圳市语言文字使用管理暂行规定》《沈阳市社会用字管理规定》《太原市社会用字管理办法》《武汉市社会用字管理办法》等。

目前,全国已建立起以《中华人民共和国宪法》为根本,包括《中华人民共和国国家通用语言文字法》及各地行政法规和部门规章等在内的语言法律法规体系。截至2016年,全国正在使用的包括语言文字条款的法律、法规、规章和单行条例约2200部(件)。这样不仅用法律的形式确定普通话和规范汉字作为国家通用语言文字的地位,而且把语言文字工作的准则提到法律的高度,使语言文字工作切实做到有法可依,大大提高了中国语文现代化水平。

### 七 中文国际化成果显著

新中国成立尤其是改革开放以后,随着中国开始走向世界舞台,汉语汉字逐渐走出国门。随着中国国力的不断增强,经过国际中文教育的多年耕耘,很多国家都形成了不同程度的"汉语热"。目前国外已经有4000多所大学开设了中文课程,共计有4000多万人参加各类中文考试,学习中文的人数达到2亿。已经有76个国家将汉语纳入国民教育体系,在一些国家汉语已经跃升为第二大语言;不少国家已经将中文纳入高考科目,一些国家将中文纳入大学考试外语科目。汉语汉字在国际上得到广泛认可与应用,并发挥越来越大的作用。

汉语拼音成为国际标准得到广泛应用。19世纪,英国外交官威妥玛根据北京读音制订了给汉字注音的拉丁字母拼音方案,后来被国外广泛运用于英文标准参考资料与所有有关中国的书籍当中,用来拼写中国的人名、地名等。随着汉语拼音在中国的成功使用,从1961年起,已经有10多个欧美国家在出版地图时采用汉语拼音,很多大学开始采用汉语拼音方案教学汉语。中国对外报刊采用汉语拼音拼写的很多词语,如 li(里)、mu(亩)、jin(斤)、fen(分)、yuan(元)、jiao(角)、renminbi(人民币)等,都进入了欧美国家的词书报刊。1977年9月,联合国第三届地名标准化会议通过《关于中国地名拼法的决议》,认定

《汉语拼音方案》在语言学上是完善的，推荐采用汉语拼音作为中国地名罗马字母拼法的国际标准。1979年6月，联合国秘书处决定采用《中文拼音方案》作为在各种拉丁字母文字中转写中国人名、地名的标准。1981年8月，国际标准化组织通过决议，规定把《中文拼音方案》作为文献工作中拼写有关中国的名称、词语的国际标准，编号"ISO 7098《文献工作——中文罗马字母拼写法》"。自此，汉语拼音正式走向世界，在世界英语文献中得到了日益广泛的应用。汉语拼音除用以拼写人名、地名和其他专名，还用于图书检索和文献标题，1997年美国国会图书馆采用汉语拼音方案进行图书检索。近年来，越来越多的中式英语词利用汉语拼音进入英国牛津词典，扩大了国际影响。例如，"nihao（你好）""jiaozi（饺子）""wanggou（网购）""hongbao（红包）""zhifubao（支付宝）""renminbi（人民币）"等。信息时代，国内外对汉语拼音提出了新的要求，有必要对此前的方案进行修订。2011年起，中国正式启动了ISO 7098的修订工作，并于2015年6月获得国际标准化组织——信息与文献标准化技术委员会全票通过。这个新国际标准ISO 7098：2015《信息与文献——中文罗马字母拼写法》的出版，有助于在数字化、智能化环境下提高文献自动化工作水平，使汉语拼音在国际文献工作中发挥更大的作用。

普通话被国际公认为现代汉语。汉语从联合国成立之初就是官方语言之一，直到1973年，联合国才将汉语作为联合国正式工作语言之一，成为中外经济、政治、文化交流的重要工具，也是外国人学习汉语和了解中国的重要工具。1981年《ISO 7098文献工作——中文罗马字母拼写法》明确指出该标准应用的范围和领域是"本国际标准说明现代汉语，即中华人民共和国法定语言普通话（见国务院1956年2月6日颁布的《关于推广普通话的指示》）的罗马字母拼写法原则"，拼音是指"中华人民共和国全国人民代表大会（1958年2月11日）正式通过的汉语拼音方案被用来拼写中文。转写者按中文字的普通话读法记录其读音"。这实际上是在国际上确立了普通话作为现代汉语的地位。随着中国综合国力增强和国际地位提高，世界上使用普通话的人越来越多。据联合国《2005年世界主要语种、分布和应用力调查报告》，汉语被排在第二位，仅次于英语，排在德语、法语、俄语、西班牙语、日语之前。① 截至2021年底，联合国教科文组织、联合国粮食及农业组织、联合国世界旅游组织等10个联合国下属专门机构将中文作为官方语言，180多个国家和地区开展中文教育。

规范汉字得到国际广泛认可。长期以来，联合国所有中文文件一直使用繁体字和简化字两种版本。随着简化字在世界范围内的使用率越来越高，2006年联合国决定，从2008年后，在联合国使用的中文一律用简化字。"这就证明简化的方向是对的，是得到全世界多数人同意的。同时，我们国家在国际上的影响越来越大，世界各国学中文的人逐步增多，在这种情况下，简化字慢慢会变成中文唯一的标准。"②

随着中国国力的增强，中国文化的世界影响力逐渐增大，语文现代化的辐射范围在拓宽。新加坡的汉语言文字受到中国文字改革工作及其成果的极大影响。首先是简化汉字方面，1969年新加坡教育部发表第一个《简体字表》，收有502个简体字。这批简体字与中国现行简化字有许多相同之处，与中国不同的简体字只有67个。到1976年5月，新加坡教育部颁布《简体字总表》修订本，删除与中国不同的简体字，从而与中国的《简化字总表》完全一致，此后新加坡出版的华文教科书、报刊、图书等都以此表为准。新加坡较早推行了《汉语拼音方案》教育。1973年，新加坡教育部宣布以汉语拼音取代注音字母，开始正式推行汉语拼音。在推广普通话方面，自1979年9月新加坡开展每年一度的推广华语运动，其华语的发音一律根据《现代汉语词典》的注音。到了1989年，已经有将近一半的新加坡小学生将华文作为自己的口头用语。到2009年，新加坡总理李光耀在"2009推广普通话运动"启动仪式上发表讲话："经过两代人之后，普通话就将成为我们的母语。"③ 2019年新加坡"讲华语运动"40周年之际，新加坡总理李显龙在参加该活动的周年庆典时表示，推广华语是一项坚持不懈的工程。

马来西亚一直很关注中国的文字改革。"看到中国已经颁布和实行了

---

① 《中国语言生活状况报告（2005）》，商务印书馆2006年版，第243页。
② 《2008年后联合国中文统一用简体》，《成都日报》2006年3月24日。
③ 《新加坡危机下靠拢中国　李光耀力推普通话做母语》，《环球时报》2009年9月16日。

几批简化字,为了使在马来西亚的华人能跟上潮流,免得将来看不懂中国书籍"[1],1972年马来西亚华人成立简化汉字委员会,着手研究、编制在马来西亚使用的简化汉字。1981年2月,经过马来西亚有关当局的批准,马来西亚简化汉字委员会首次出版了《简化汉字总表》,并在全马来西亚发行,作为马来西亚各族人民学习汉字的主要参考书。新世纪以来,随着中国经济的迅猛发展和综合国力的不断提升,马来西亚教育部主管的华语规范理事会多次向中国国家语委表达在马来西亚开展普通话水平测试合作的意向。2009年2月,中国国家语委与马来西亚华语规范理事会签署了开展普通话水平测试合作项目"备忘录",5月在马来亚大学语言暨语言学学院首次开展普通话水平测试,大大促进了普通话在马来西亚的推行。

　　日本自隋唐时代就从中国输入了大量汉字,汉字的数量之多,笔画之繁,使日本人感到在使用上很不方便,后来日本人取汉字楷书草书的偏旁冠底,创造了日语的片假名和平假名。但是由于汉字具有很强的表意和构词能力,假名一般只用来表示语助或语尾等,所以汉字在日文中仍占有重要地位。汉字字数繁多,结构复杂,仍是日本人使用汉字面临的问题。于是,日本在二战后大力开展整理和简化汉字的工作。与中国文字改革不同,日本始终把工作重点放在精简字数,附带提倡使用经过少许简化的汉字。日本政府1981年10月公布的《常用汉字表》所收1945个汉字中,有61个与中国简化字相同,23个与中国简化字相似。2010年11月,日本政府公布《新常用汉字表》,收入汉字增加到2136个。韩国在1971年恢复汉字教育,于1972年发布1800个字的《教育用基础汉字表》,但是韩文中使用的汉字大多是未经过简化的旧字形繁体字,与中国现行规范汉字还有很大差异。在中国文字改革的影响下,韩国逐渐推进其汉字简化历程,从1800个教育用基础汉字中选择606个,基本按照中国现行汉字规范标准予以简化,在认同中国汉字规范标准方面迈出重要一步。在此基础上,中国人民大学根据中国《现代汉语常用字表》、日本《常用汉字表》和韩国《教育用基础汉字》编制而成的三国共用字表《中日韩共同常用八百汉字表》,收入三国通用的808个简

---

[1] 陈永舜:《汉字改革史纲》(修订版),吉林大学出版社1995年版,第279页。

化字。2014年4月,《中日韩共同常用八百汉字表》在扬州举行的第九届东北亚名人会上,获得中日韩三国代表的一致赞成并通过。

在美国,汉语学校和大学的汉语课绝大多数使用简化字。纽约市政府发布的中文公告过去用繁体字,现在一律用简化字。新西兰将高中会考的中文试卷,由过去提供繁体和简体两种中文字,改为只提供简化字;加拿大的不列颠哥伦比亚省教育厅早先制订的中文课程纲要繁、简并用,但修订后的中文课程纲要已希望教师先教简化字,适当时机再教繁体字。随着中国大陆移民人数渐多,各国华人社区简化字的招牌也愈来愈多。这样的趋势足以说明,简化字在国际上的使用空间愈来愈大。

**八 少数民族语文现代化成就斐然**

中国式现代化,是全国各族人民共同富裕的现代化,民族地区也要与时俱进实现现代化。这就要求推动少数民族语文实现现代化,从而提高少数民族广大群众科技文化素质。"民族语文现代化不仅是国家语言文字现代化事业的有机组成部分,而且也是少数民族和民族地区全面实施科教兴国战略和可持续发展战略的基础性建设工作。"[1] 中国是历史悠久的文明古国,汉语文和众多少数民族语文共同构成中国多元性和多样化文化内涵的重要载体,民族语文现代化对于传承、保护和宣传各民族优秀文化,促进人类文化的丰富和发展作出重要贡献。

新中国成立后,党和政府一直非常重视少数民族语言文字工作,把民族语文工作作为民族工作的重要组成部分,作为国家语言文字工作的重要组成部分,作为重视和发展少数民族文化的重要内容。20世纪五六十年代,尊重各少数民族同胞使用自己民族语言文字的权利,根据各少数民族同胞的需要,以《汉语拼音方案》为基础和依据,国家帮助12个少数民族创制和改进了16种拉丁字母形式的民族文字。改革开放新时期,民族语文现代化是贯彻"科教兴国"基本国策的重要举措,是服务民族地区科技、文化、教育、经济现代化发展的重要基础性工作。为进一步加快民族语文现代化的步伐,国家民委和中国社会科学院民族研究所于1998年7月在北京联合召开了全国民族语文现代化规划会议,全面

---

[1] 李晋有主编:《中国少数民族语言文字现代化文集》,民族出版社1999年版,第2页。

谋划推进民族语文现代化。少数民族学习、使用和发展本民族语言文字的权利得到保障。国家切实保障少数民族语言文字在行政司法、新闻出版、广播影视、文化教育等各领域的使用，在普通高等学校招生入学考试中允许使用少数民族语言文字答卷。国家在民族地区实施双语教育，基本建立起从学前到高中阶段的双语教育体系。截至2018年，实行少数民族双语教育的中小学共6521所，接受双语教育的在校生309.3万人，双语教育的专任教师20.6万人。①

积极推进少数民族语言文字信息化建设，解决少数民族语言文字在电脑、网络上的使用问题，是少数民族语文现代化的重要内容。1984年10月，全国首届少数民族语言文字信息处理学术研讨会在呼和浩特举行，研讨蒙古、藏、维吾尔、哈萨克、朝鲜、壮等6种少数民族语文信息的计算机处理问题，标志着少数民族语文信息化正式拉开序幕。1995年6月，全国术语标准化技术委员会设立民族特别分会，专门负责制定民族术语的规范标准。之后，全国各传统通用的少数民族语言都制定了一些语言文字标准和信息编码标准。例如，2005年4月，新疆维吾尔自治区质量技术监督局、自治区信息化办公室发布了《信息交换用维吾尔文、哈萨克文、柯尔克孜文编码字符集·基本集和扩展集》《信息交换用维吾尔文、哈萨克文、柯尔克孜文字体字形》《信息交换用维吾尔文界面信息常用术语》三项地方标准，促进了新疆少数民族信息技术的推广应用。2005年8月，西藏自治区藏语文工作委员会和西藏大学联合国内有关单位共同研制的藏文国家标准《信息技术信息交换用藏文编码字符集扩充集A》《信息技术信息交换用藏文编码字符集扩充集B》通过了专家鉴定。与此同时，还通过了《信息技术藏文编码字符集键盘字母数字区的布局》标准。经过三四十年的发展，中国已经制定了蒙古文、藏文、维吾尔文、朝鲜文、彝文和傣文编码字符集、键盘、字模等国家标准；在国际标准的最新版本中，正式收入了中国提交的蒙古文、藏文、维吾尔文、彝文、傣文编码字符集。

各民族语文研究专家和计算机专家合作，建成多种民族文字信息处

---

① 中华人民共和国国务院新闻办公室：《为人民谋幸福：新中国人权事业发展70年》（2019年9月），《中国日报》2019年9月24日。

理系统和操作平台，促进了少数民族语文信息化的发展。例如，2005年7月，中国科学院软件研究所、西藏自治区藏语文工作委员会办公室和西藏大学共同承担的中国科学院西部行动高新技术项目"基于Linux的跨平台藏文信息处理系统"通过验收。中国科学院软件研究所承担的科技部"863计划"软件重大专项"民族语言版本Linux操作系统及办公套件研发"等科研项目已通过验收，解决了少数民族文字操作系统和办公套件中的一批关键技术。目前，全国共建有少数民族语言文字网站1140个，覆盖11个少数民族的12种文字。①

少数民族语文法制化也是少数民族语文现代化的重要内容。2000年10月，九届全国人大常委会第十八次会议通过的《中华人民共和国国家通用语言文字法》，和2001年2月公布的新修改的《中华人民共和国民族区域自治法》，都重申了少数民族公民的语言权利。为了使少数民族语言权利进一步得到保障，2005年5月经国务院第八十九次常务会议通过，自2005年5月31日起施行《国务院实施〈中华人民共和国民族区域自治法〉若干规定》，其中增加了"扶持少数民族语言文字的规范化、标准化和信息处理工作""扶持少数民族语文和汉语文教材的研究、开发、编译和出版，支持建立和健全少数民族教材的编译和审查机构，帮助培养通晓少数民族语文和汉语文的教师""做好少数民族语言广播、电影、电视节目的译制、制作和播映，扶持少数民族语言文字出版物的翻译、出版"等内容，作为民族区域自治法的重要补充。新时代，在国家层面，包括宪法在内的约40部法律法规对少数民族使用和发展自己的语言文字作出规定。②

各民族地区在实施国家通用语言文字法的过程中，特别注意结合当地实际制定实施条例。2002年5月，西藏自治区人民代表大会将1987年7月通过的《西藏自治区学习、使用和发展藏语文的若干规定（试行）》修订为《西藏自治区学习、使用和发展藏语文的规定》。2002年9月，新疆维吾尔自治区人民代表大会常务委员会修订了1993年9月通过

---

① 《介绍2017年中国语言文字事业发展状况，发布有关报告》，中华人民共和国教育部网站，2018年5月29日。

② 《中国向联合国提交的〈国家人权报告〉》，《人民日报》2018年10月19日。

的《新疆维吾尔自治区语言文字工作条例》。2004年11月，内蒙古自治区第十届人民代表大会常务委员会第12次会议通过的《内蒙古自治区蒙古语言文字工作条例》中有"汉语言文字授课的蒙古族中小学校，应当设置蒙古语言文字课程"的规定。2004年11月，云南省第十届人民代表大会常务委员会第13次会议通过的《云南省国家通用语言文字工作条例》中规定"除普通话语音教师外，母语为非汉语的少数民族教师的普通话水平可以降低一个等级标准"。2006年5月，广西壮族自治区第十届人民代表大会常务委员会第二十次会议通过的《广西实施〈中华人民共和国国家通用语言文字法〉办法》中有"国家机关工作人员在执行公务时，根据需要可以同时使用当地的少数民族语言或者方言""壮汉双语实验学校或者实验班应当使用国家通用语言文字和壮语壮文进行教育教学"等条款。这些条款有助于《中华人民共和国国家通用语言文字法》在民族地区的顺利实施。

语言文字是社会的产物，必须随着社会的发展而不断发展，才能适应社会的需要。通过以上八个方面的努力，新中国语文生活焕然一新。语言共同化、文体口语化、汉字简易化、表音拼音化、少数民族语文的现代化，推动语言文字本身健康发展，使语言文字能够更好地适应现代社会生活的需要，充分发挥社会功能。语言文字的规范化和法制化、中文信息化、汉语汉字国际化，提高了人们的语文生活水平和质量，使中国语言文字成功走向世界。

## 第二节　语文现代化的历史经验

在中国式现代化建设、发展过程中，语文现代化在取得显著成就的同时，也积累了丰富的历史经验，值得总结和珍惜。

### 一　语文现代化要坚持党的领导

鸦片战争以后，近代中国走上了艰难的现代化探索之路，语文现代化也拉开了序幕。清末的切音字运动，民国时期的注音字母运动、白话文运动、大众语运动、国语运动、国语罗马字运动、简体字运动等，都是诸多仁人志士追求语文现代化的努力。然而，由于一些保守势力的反对，上述这些努力大多没有得到政府认可，没有作为政策付诸实施，使得语文现代化的主张仅仅只是知识分子们的倡议，没有变为现实。例如，清末切音字方案绝大部分没有得到清政府的支持，没有得到大规模实际推行，只有王照制订的"官话字母"和劳乃宣制订的"合声简字"在一些政府官员的支持下，获得较广的推行。无论是清末的白话文运动，还是五四白话文运动、20 世纪 30 年代的大众语运动，都没有从根本上改变白话文的地位，直到新中国成立之前，官方文书、正式文体中仍然是文言文占统治地位。简体字在民国时期曾经一度获得国民政府的支持，教育部于 1935 年 8 月公布《第一批简体字表》《各省市教育行政机构推行部颁简体字办法》，然而遭到保守势力的强烈反对，仅仅半年之后就不得不废止。国语罗马字虽然得到国民政府的承认而予以公布，但是在实际推行中却没有得到政府支持，无论是教育领域还是社会上都没有推行，始终没有走出知识分子的圈子。

清政府、国民政府之所以没有支持仁人志士们追求语文现代化的努力，究其根本原因，在于 19 世纪末 20 世纪初中国现代化的主要动力是强烈危机意识下的改良主义、实用主义，语文现代化的一些主张例如推行简体字、白话文，对于旧的统治阶级来说无异于革命性举措，突破了自身习惯、自我利益，从而容易遭到保守势力的反对。

中国共产党成立后，以反对帝国主义、封建主义、官僚资本主义，争取民族独立、人民解放为己任。作为马克思主义政党，中国共产党与近代以来的其他政党有着根本不同，中国共产党始终代表最广大人民根本利益，与人民休戚与共、生死相依，没有任何自己特殊的利益，从来不代表任何利益集团、任何权势团体、任何特权阶层的利益。在中国共产党的带领下，中国彻底结束了半殖民地半封建社会的历史，彻底结束了极少数剥削者统治广大劳动人民的历史，彻底废除了列强强加给中国的不平等条约和帝国主义在中国的一切特权，实现了中国从几千年封建专制政治向人民民主的伟大飞跃。在这一过程中，中国经济、政治、文化、社会等各领域都发生了根本变革。正是在这种进程中，语文现代化的各种努力才由理想变为现实。

中国共产党在革命、建设、改革过程中一直都很重视语文现代化建设，就文字改革的方向、方案，语言文字和语言文字工作等提出一系列重要指导思想。陈独秀、瞿秋白等人不仅系统论述文字改革主张，还身体力行研制拉丁化拼音文字。毛泽东自20世纪20年代就关注国语问题，30年代关注拉丁化新文字运动，40年代提出"文字必须在一定条件下加以改革，言语必须接近民众"的语文现代化方向，新中国成立后又悉心指导文字改革方案的制定，对于汉字整理与简化、推广普通话、推行汉语拼音方案都给予大力支持。改革开放新时期，在社会上对文字改革存在争议、社会用字出现混乱的关键时刻，江泽民作出"汉字简化的方向不能改变"等重要指示，为语文现代化方向掌舵定航。中国特色社会主义新时代，习近平创新关于语言文字和语言文字工作的理论认识，提出语言是桥梁和钥匙的新论断，文字是文化和文明的象征和标志，要求语言文字工作既要推广国家通用语言文字又要科学保护各民族语言文字，注重语言文化国际交流合作。

中国共产党在党和国家机构中成立了领导推进语文现代化的专门工作机构，结束了语文现代化由民间热心人士提倡试验的阶段，进入政府主导推进时期。新民主主义革命时期，陕甘宁边区及各根据地都成立了领导新文字运动的组织机构，在根据地广泛推行拉丁化新文字。新中国成立后，1953年，党中央成立中央文字问题委员会、中央语文教学问题委员会，领导语文现代化的建设；1954年，国务院成立直属机构中国文字改革委员会，专门领导组织文字改革工作。这是近代以来第一次由党和国家专设领导开展文字改革的工作机构。改革开放新时期，及时将中国文字改革委员会改名为国家语言文字工作委员会，扩大国家语言文字工作范围。新时代，国家对语言文字工作的统筹力度不断加大，国家语委委员单位增至30个，并确立了"党委领导、政府主导、语委统筹、部门支持、社会参与"的新时代语言文字工作管理体制。同时，建立省级语委语言文字工作报告制度，将语言文字工作纳入各地精神文明创建活动和政府履行教育职责评价。

在中国共产党的领导下，语言文字应用有了明确的法律保障。1982年《中华人民共和国宪法》把普通话载入其中，规定"国家推广全国通用的普通话"。2000年10月，九届全国人大常委会第十八次会议审议通过《中华人民共和国国家通用语言文字法》，确定了普通话和规范汉字作为通用语言文字的地位。这是中国历史上第一部关于语言文字的法律。

新时代，形成了以宪法为根本依据，涵盖国家通用语言文字法、地名管理条例、普通话水平测试管理规定等80余部法律、法规、规章和单行条例的语言文字法律法规体系。

总之，正是在中国共产党的领导下，清政府、国民政府不想实施及无力推行的简体字、语言统一、言文一致等语文现代化举措，在新中国皆变成了广泛推行的政策实践，语文现代化建设取得卓越成就，语文生活发生了翻天覆地的变化。

## 二 语文现代化要坚持以广大人民群众利益为出发点

中国共产党一经诞生，就把为中国人民谋幸福、为中华民族谋复兴确立为自己的初心使命。语文现代化的建设彰显了中国共产党践行初心使命的伟大本质。

文字是表达思想和交流思想的工具，与广大人民群众民主权利的运用有直接关系。不懂文字的人们既不能用文字来表达思想、与别人交流思想，又不能阅读文件和书报，这就使其民主权利的运用受到一定限制。正因如此，千百年来文字掌握在少数特权者手中，成为愚弄控制百姓的工具。加上言文分离，即口语用白话、书面语用文言文，使老百姓"通文者少"。

中国共产党领导推进语文现代化，根本出发点就是改变汉字繁难、文言晦涩难懂的状况，有利于广大人民群众掌握运用语言文字，运用自己的民主权利，真正能够翻身当家作主人。例如，中国共产党创制并在根据地推行拉丁化新文字，根本就在于新文字简单易学便于群众掌握，"采取新文字作教育工具"，"拉丁化新文字，无论它有许多优点和缺点，目前我们采取的只在它的大众化，只在它消灭文盲上，认为它有绝对的有效意义"。[①]

新中国成立后，实现了人民当家作主，面对蓬勃兴起的社会主义改造和社会主义建设运动，广大人民群众热情高涨，渴望学习知识和文化，提高为国家、为社会服务的本领。而要使文盲半文盲迅速地掌握使用文

---

① 倪海曙编：《中国语文的新生——拉丁化中国字运动二十年论文集》，时代书报出版社1949年版，第282页。

字，不能不正视传统繁体字的难认难记难写、不易掌握的问题。为了让广大劳动人民比较容易地掌握文字工具来学习文化技术，更充分地运用民主权利，而大力推行文字改革，这是中国共产党领导开展新中国文字改革的初衷和出发点。以毛泽东为代表的中共领导人，对传统文化有着深厚的感情，就毛泽东本人而言，他一生都在使用繁体字，却倡导"文字必须改革"，并"首先进行汉字的简化"。这正说明文字改革绝不是从中国共产党领导人或一部分人的个人喜好出发，而确实是从广大人民群众利益出发采取的决策。正如1957年语言学专家所指出："文字该不该改革，不决定于五百万知识分子对汉字的感情，而决定于六万万人的利益"，"文字改革本来不是为着现在已认识方块字的知识分子，而是为着现在还不认识字和将来要认识字的千百万劳动人民和我们的子孙万代。"[①] 还有人指出："单就已经认识汉字用惯汉字的人着想，改不改都无所谓。可是咱们小学里每年有大量的新入学的儿童，咱们中间又有大量的文盲。为这两大批人着想，汉字就非改革不可……汉字改革是关涉到多数人利益的一件大事。有些人不赞成汉字改革，找出种种理由，可是他们往往忽略了多数人利益这一点。在社会主义的社会里忽略多数人利益，这是不妥当的。"[②]

从推广普通话来看，普通话作为现代共同语，与古代共同语最大的不同是：古代共同语局限性很大，只是官方通行用语，没有推广到人民群众中去，而现代共同语是全国人民必须学习的语言，是普及义务教育的起点。1955年10月26日，《人民日报》发表社论《为促进汉字改革、推广普通话、实现汉语规范化而努力》，提到推行普通话的重要性时指出："普通话是为全民服务的"，"必须不断地扩大普通话的应用范围，要尽力提倡在公共场合说普通话，尽力提倡在书面语言中使用普通话，要纠正那种不承认普通话、不愿听普通话、甚至不许子弟说普通话的狭隘地方观念"。[③]

文字改革方案的制定更是尊重人民群众习惯，汲取广大人民群众智

---

[①] 《1957年文字改革辩论选辑》，新知识出版社1958年版，第198页。
[②] 叶圣陶：《谈汉字改革》，《文字改革》1957年第8期。
[③] 社论：《为促进汉字改革、推广普通话、实现汉语规范化而努力》，《人民日报》1955年10月26日。

慧。例如汉字简化工作，大到"约定俗成、稳步前进"简化方针的确立，小到某一个字偏旁的选取、笔画的省减等，都力求照顾群众中普遍应用的现实。如首先采用群众所创造并且为群众已经习惯使用的简体字，同时运用群众习惯使用的简化方法（例如同音代替、草书楷化和减省笔画等）来创造一部分新的简体字。汉字简化方案的制定，不仅凝聚了专家学者的心血，也渗透着普通群众的智慧。正因如此，有专家指出："简化字不是少数人关起门生造出来的，而是长期在社会流传、有着深厚的民众基础。人民政府推行简化字，只不过给这些长期在社会流传的俗字以规范字的身份。"[1]

正是因为语文现代化坚持以群众利益为出发点，才使有关举措得到人民群众的真诚拥护和接受，使语文现代化成效显著。例如，简化字为扫盲工作作出了巨大贡献。20世纪50年代，就有"简化字扫盲一亿人"的说法。据有关报道，到1995年，"我国已有大约8亿人是在汉字简化和规范的条件下掌握了文化的"[2]。新时代，识字人口使用规范汉字的比例超过95%，文盲率下降至2.67%。汉语拼音在社会上的使用比较普遍，据"中国语言文字使用情况调查"领导小组2006年11月正式公布，全国"会认读和拼写汉语拼音"的人占44.63%，"会一些"的人占23.69%，两部分人加起来占68.32%。[3] 全国普通话普及率不断提高，2020年已达到80.72%。

### 三　语文现代化要适应社会实践的需要

语文现代化是一个动态的过程，每个阶段语文现代化的内容有所不同，归根结底在于社会实践的需求不同。近代以来，每一次语文现代化运动的兴起，都与时代的召唤、社会实践的需要密不可分。从清末开始，有识之士想改变中国，走现代化的道路，提出了各种文字改革方案。这些方案中，有的是在汉字基础上的改造方案，有的是全盘学习拼音文字的方案，同时推进言文一致、统一国语等。在这个过程中，改革者们认

---

[1] 苏培成：《重新审视简化字》，《北京大学学报》（哲学社会科学版）2003年第1期。
[2] 《商业用字日趋活跃但需规范——国家语委主任许嘉璐答记者问（上）》，《人民日报》1995年2月22日。
[3] 《中国语言文字使用情况调查资料》，语文出版社2006年版，第16页。

识到由汉字发展成拼音文字需要一个很长的过程，中间采取的过渡办法即推行简体字。新中国成立后，党和政府继续推动文字改革，采取整理简化汉字、推广普通话、制定和推行汉语拼音方案三大措施，基本上继承了近代以来的语文现代化成果。各种文字改革运动之所以此起彼伏、经久不息，就在于挽救中国于危亡、实现中华民族伟大复兴的时代任务一直驱使人们去改变语言文字繁难、不利于开启民智、不利于推进现代化建设的状况。

新中国完成文字改革三大任务之后，语言文字繁难的状况有了很大改观，改革开放以后语言文字现代化的重点遂转到语言规范化、标准化上来。信息化时代对汉字提出了进入计算机的要求，中文信息化又成为语文现代化的主要任务。中文信息化取得成功，人工智能又对汉字汉语提出了新的要求。语言文字就是这样在适应社会实践的需求中不断发展前进的。

实践证明，语文现代化适应社会实践的需要，就能对生产力的发展和社会的进步产生积极作用；如果语文现代化不能适应社会实践的需要，则必然被时代抛弃。20世纪50年代中期国家推出的简化字，由于符合文字本身的简化规律，奉行"约定俗成，稳步前进"的原则，科学性强，群众基础好，所以通行至今成为现行规范汉字。简化汉字既能记录现代白话文，又能传承中国传统文化。简化字在这两方面都是非常成功的，完全能够适应现代语言生活的需要。而1977年发布试用的《第二次汉字简化方案（草案）》，虽然也是政府主导行为，但是由于这批简化字在群众实践中的积淀不够，实际运用效果很差，反而增加人们学习汉字的负担；而且在电子计算机汉字库已采用固定掩膜体芯片存储的情况下，再增加新简化字，会造成人力、财力、物力上的极大浪费，因此《二简草案》很快就被宣告废止。

新中国成立后，党和政府不断调整文字改革的任务，使之符合社会革命和社会建设实践的需要。尤其是在文字改革的拼音化方向问题上，中国共产党修正完善自己的认识，放弃了改汉字为拼音文字的道路。文字改革的拼音化是清末以来文字改革中贯穿的一个主要问题，中国共产党也曾创制拉丁化新文字。吕叔湘曾经指出："拼音字运动是个总的名称，有一个共同的主张，就是要有一套拼音字母。至于要这套字母做什么用，就有三种不同的意见。一种意见是拿来给汉字注音。一种意见是拿来拼写口语，这里边又可以分为只拼官话和也拼方言，但都是作为一种初级文字，与汉字分工并用。第三种意见就是要用拼音字来代替汉字。"① 近代以来文字改革任务的探索都是围绕拼音化的这三种意见进行的，加上 20 世纪前半期世界范围内的拉丁化文字改革趋势，促使新中国文字改革确定"文字必须改革，要走世界文字共同的拼音方向"的目标。由于所处时代的限制，当时人们的认识具有局限性，这一点毋庸置疑。在领导推进文字改革过程中，中共中央根据实际情况及时制定整理和简化汉字、推广普通话、制定和推行《汉语拼音方案》的文字改革政策，将汉语拼音字母的作用由拼音文字调整为辅助识字。到了改革开放新时期，在文字改革成果已经推动中国文化落后面貌得到极大改善、人民教育文化素质大为提高的形势下，为了避免人们在拼音化问题上产生拼音化就是用拼音文字代替汉字的误解，中国共产党又及时调整文字改革工作任务，将语言文字工作重点放在巩固文字改革成果、推进语言文字的规范化标准化上，不再在政策层面提及文字改革的拼音化方向。

### 四 语文现代化要遵循语言文字发展规律

语文现代化需要依赖政府推动，但是前提必须是顺应文字的发展规律，只有如此，语文现代化才能真正有效并获得成功。

就汉字形体的发展规律来说，绝大多数学者认为，从整个汉字历史发展来看，汉字的简化和繁化并存，简化是主导，繁化的现象虽然存在，但是其影响跟简化不能相提并论。② 周有光则进一步指出：简化是汉字形体变化的总趋向，汉字形声化是符号的复合，不是符号的繁化；复合促进简化；个别的繁化现象微不足道，只是一般规律的例外。总之，"形体简化是一切文字发展的共同规律"③。苏培成也提出："汉字发展的

---

① 吕叔湘：《语文近著》，上海教育出版社 1987 年版，第 147 页。
② 例如裘锡圭著《文字学概要》（商务印书馆 1988 年版，第 28—30 页）认为从形体上看，汉字主要经历了由繁到简的变化。此外，在汉字发展过程中，也存在一些字形繁化（纯粹的外形繁华和结构变化的繁化）的现象。但总体上看，汉字形体上的变化主要是简化，繁化的现象虽然存在，但是其影响跟简化不能相提并论。
③ 周有光：《形体简化是一切文字发展的共同规律——纪念〈汉字简化方案〉公布 50 年》，《群言》2006 年第 6 期。

总趋势是简化,汉字简化符合这个总趋势,符合人们使用文字时避难就易的总要求。"①

从实际情况来看,汉字自隶变以来,民间在草书、行书中已经形成了大量的手写简化字体(民间称为"俗体字")。新中国文字改革是沿着汉语言文字自身发展逻辑路径的顺势而为。简化所涉及的 2000 多个汉字,很大一部分是通过对民间俗体字的整理和认可,采用了"草书楷化""符号代替"等方式进行的简化,并进一步通过俗体字的部件、偏旁等类推出相当数量的类推简化字,这使得来源于本已长时间存在于民间的俗体字成了简化字的主体。可以说,从理论到实践,新中国文字改革自始至终遵循了汉字发展由繁到简这一规律。

进入 21 世纪以来,一些人坚持汉字优越论,认为繁体字包含了中国传统文化,对新中国的文字改革运动大加批驳,力图恢复繁体字,推翻新中国的文字改革成果。汉字所承载的文化内涵,可以从两方面来理解:一是通过记录语言传承文化;二是直接传达文化信息,即从汉字本身折射出文化现象。前者是汉字最重要、最主要的功能。

从这两方面来看,第一,简体字与繁体字都是中国文化、中华文明的载体。自先秦到现代,汉字的形体几经改变,但是用汉字记录下来的古代文献的内容没有改变。一部《论语》在不同的时代可以用不同形体的汉字:可以用古文,也可以用小篆,用隶书,用楷书;可以用繁体字,也可以用简化字。因此,"文化传承不会因文字形体的变化而中断"②。为了使原有繁体字记载的文化经典得以传承,多年来中国改用简化字、加标点横排刊印了大量古籍,许多最基本的古代典籍都得以重新出版。例如,中华书局出版的"二十四史""十三经注疏"、《资治通鉴》《通典》《文献通考》、"新编诸子集成"丛书、"十三经清人注疏""理学丛书""新编历史文集丛刊"、唐宋元明清的"史料笔记丛书""学术笔记丛刊""中国古典文学基本丛书""中外交通史籍丛刊"等等。2007 年以后,教育部语言文字应用管理司启动"中华诵"系列活动,也出版一系列诸子百家经典及史传文学作品。这些新出版的古籍皆是运用简化字。

---

① 苏培成:《重新审视简化字》,《北京大学学报》(哲学社会科学版)2003 年第 1 期。
② 苏培成:《简化汉字 60 年》,《语言文字应用》2009 年第 4 期。

第二，简化字并没有改变汉字的本质，仍然蕴含着丰富的文化内涵。中国的汉字简化早已有之，简体字在殷商时期的甲骨文中已经出现，现代形体的简化汉字在西汉时期则已大量使用。唐、宋以后，简体字逐渐由手写扩大到印刷，数量也随之大大增加。到了近代，太平天国将简体字应用于行政、文书及其他方面，社会上出现更多的简体字。新中国的汉字简化工作，总原则是"约定俗成，稳步前进"。首先整理、研究和肯定在群众中流行的、已经社会化的简体字，其次在汉字简化方法上充分研究前人简化汉字的做法，总结吸取其有益经验。总体来看，简化字在使部分汉字减少笔画的同时，用同音替代的方法减少一些字数。就整个汉字体系来说，并没有根本的改变。汉字原有的表意性优点没有因简化而失去。改换声符、改换形符、新造会意字、新造形声字等都是符合汉字特点的简化方法。如"塵"是会意字，用鹿在地上跑来表示地上扬起的小土灰，这个字共 14 画，简化字改为小土为尘，只剩下 6 笔，仍为会意字。这种改造会意字的方法，不仅减少笔画，也更贴近词义。鹿在地上跑是古代的景观，现代人少有见之，用它来会意，缺乏直观感受。而改用小土为尘，简单明了。既要摆脱繁难又要传承文化，并赋予时代新内涵，这是汉字简化最佳的方法。

不可否认，繁体字曾在中华文化发展的历史长河中作出过巨大贡献，但是由于不能适应当代中国现代化的需求和社会生活、生产力快速发展的需要而退出历史舞台，一些人主张废除简化字、恢复繁体字，实质上违背了汉字发展由繁到简的客观规律，是历史的倒退。至于一些人所主张的识繁书简，在某些需要认读繁体字的领域，例如古代历史学、古代文字学、书法、古籍等学科予以推行，是具有一定积极意义的。

语言文字作为一种社会现象，随着社会的发展而发展，总是处于不断的发展变化之中。与此同时，语言文字又必须是稳定的，如果文字变来变去，势必造成社会用字混乱。简化字作为法定规范汉字推行了半个多世纪，已经被广大人民群众普遍掌握和使用。在这种情况下，就应尽可能地保持简化字的稳定，无论是"弃简复繁"还是频繁简化，都将造成文字混乱，遭到广大人民群众的反对。在语文现代化过程中，由于急于求成，简化汉字工作一度出现了一些违背文字发展规律的举措。例如"二简字"的制订没有处理好简化工作与相对稳定的关系，过于迁就部分群众继续简化的要求，没来得及对五六十年代简化汉字的成果进行消化、吸收和巩固，从而试用效果很差，造成社会用字混乱，最后不得不废止。这一教训殷鉴不远，不能重蹈覆辙。

  随着中国式现代化的推进，语文现代化的步伐也会一直向前。未来语文现代化如何发展，很大程度上取决于汉语汉字本身如何适应现代化推进中社会实践的需要，如何适应人民群众现代语文生活的需要。

# 参考文献

## 一 文献资料

《马克思恩格斯选集》第 1—4 卷，人民出版社 2012 年版。

《马克思恩格斯论艺术》，人民文学出版社 1960 年版。

斯大林：《马克思主义与语言学问题》，人民出版社 1957 年版。

《毛泽东早期文稿（1912.6—1920.11）》，湖南出版社 1990 年版。

《毛泽东书信选集》，人民出版社 1983 年版。

《建国以来毛泽东文稿》第 1—20 册，中央文献出版社 2023 年版。

《邓小平年谱》第 1—5 卷，中央文献出版社 2019 年版。

《习近平谈治国理政》第 1—4 卷，外文出版社 2018、2017、2020、2022 年版。

《建国以来刘少奇文稿》第 1—12 册，中央文献出版社 2018 年版。

《陈独秀书信集》，新华出版社 1987 年版。

《陈独秀著作选编》第 1—6 卷，上海人民出版社 2014 年版。

《瞿秋白文集》第 1—8 卷，人民出版社 2013 年版。

《吴玉章文集》（上、下卷），重庆出版社 1987 年版。

吴玉章：《文字改革文集》，中国人民大学出版社 1978 年版。

《胡乔木谈语言文字》（修订本），人民出版社 2015 年版。

《胡乔木书信集》，人民出版社 2002 年版，

《建国以来重要文献选编》第 1—20 册，中央文献出版社 1992—1998 年版。

《中共中央文件选集（1949.10—1966.5）》第 1—50 册，人民出版社 2013 年版。

全国文字改革会议秘书处编：《全国文字改革会议文件汇编》，1956年。
全国语言文字工作会议秘书处编：《新时期的语言文字工作——全国语言文字工作会议文件汇编（1986年1月）》，语文出版社1987年版。
《山西省推行注音扫盲和推广普通话万荣现场会议资料汇编》，文字改革出版社1960年版。
《推广普通话文件汇编》，文字改革出版社1985年版。
教育部语言文字应用管理司编：《新时期语言文字法规政策文件汇编》，语文出版社2005年版。
《清末文字改革文集》，文字改革出版社1958年版。
吕达主编：《陆费逵教育论著选》，人民教育出版社2000年版。
卢戆章：《一目了然初阶》，文字改革出版社1956年版。
沈学：《盛世元音》，文字改革出版社1956年版。
力捷三：《闽腔快字》，文字改革出版社1956年版。
蔡锡勇：《传音快字》，文字改革出版社1956年版。
王炳耀：《拼音字谱》，文字改革出版社1956年版。
王照：《官话合声字母》，文字改革出版社1957年版。
刘孟扬：《中国音标字书》，文字改革出版社1957年版。
杨琼、李文治：《形声通》，文字改革出版社1957年版。
朱文熊：《江苏新字母》，文字改革出版社1957年版。
《鲁迅论文字改革》，山东人民出版社1979年版。
《钱玄同文集》第1—6卷，中国人民大学出版社1999年版。
《〈国语月刊〉汉字改革号》，文字改革出版社1957年版。
李中昊编：《文字历史观与革命论》，北平文化书社1931年版。
倪海曙编：《中国语文的新生——拉丁化中国字运动二十年论文集》，时代书报出版社1949年版。
黎泽渝、刘庆俄编：《黎锦熙文集》（上、下卷），黑龙江教育出版社2007年版。
罗竹风：《行云流水六十秋》，上海教育出版社1991年版。
《王力文集》第7卷、第20卷，山东教育出版社1991年版。
《吕叔湘全集》第6卷，辽宁教育出版社2002年版。

倪海曙编著：《拉丁化新文字运动的始末和编年纪事》，知识出版社1987年版。

栗洪武：《陕甘宁边区新文字教育运动编年纪事》，陕西师范大学出版社1994年版。

《文字改革》杂志编辑部编：《建国以来文字改革工作编年记事》，1985年。

费锦昌主编：《中国语文现代化百年记事（1892—1995）》，语文出版社1997年版。

教育部语言文字应用管理司、中国语文现代化学会组编：《新时期语言文字工作记事（1978—2003）》，语文出版社2005年版。

《一九五〇年中国语文问题论文辑要》，大众书店1952年12月印行。

中国文字改革委员会第一研究室编：《外国文字改革经验介绍》，文字改革出版社1957年版。

《1957年文字改革辩论选辑》，新知识出版社1958年版。

《汉语拼音方案草案讨论集》第一、二、三辑，文字改革出版社1957年版。

中国语文杂志社编：《中国文字改革问题》，中华书局1955年版。

中国语文杂志社编：《简化汉字问题》，中华书局1953年版。

《普通话论集》，文字改革出版社1956年版。

《中国语言文字使用情况调查资料》，语文出版社2006年版。

《语文现代化》丛刊第1—10辑，语文出版社、知识出版社1980—1990年版。

《中国现代化报告》2001—2021年，北京大学出版社2001—2021年版。

《中国语言生活状况报告》2005—2021年，商务印书馆2006—2022年版。

《中国语言文字事业发展报告》2017—2022年，商务印书馆2017—2022年版。

主要报刊：《人民日报》《光明日报》《解放日报》《新世纪》《新青年》《国语月刊》《中国语文》《文字改革》（《语文建设》）等。

## 二 档案资料

陈独秀：《〈中国拼音文字草案〉自序及说明》（1946年5月抄稿），原中共中央党史研究室藏。

罗竹风：《论简字》，《大威周刊》（总48期）第3卷第3期，1947年8月10日，山东省威海市档案馆藏。

关于文字改革的档案资料，上海市档案馆、北京市档案馆藏。

### 三　研究专著

罗荣渠：《现代化新论——世界与中国的现代化进程》增订本，商务印书馆2009年版。

罗荣渠：《现代化新论续篇——东亚与中国的现代化进程》，北京大学出版社1997年版。

薛泽洲、刘学军：《邓小平与中国现代化》，福建教育出版社2001年版。

戴茂林等主编：《毛泽东与邓小平：中国现代化建设的理论与实践》，时代文艺出版社1993年版。

孔德生、齐朝霞：《中国现代化历程》（马克思主义简明读本），吉林出版集团有限责任公司2014年版。

虞和平主编：《中国现代化历程》第1—3卷，江苏人民出版社2001年版。

高本汉：《中国语与中国文》，张世禄译，商务印书馆1931年版。

倪海曙：《拉丁化新文字概论》，时代出版社1949年版。

倪海曙：《中国拼音文字运动史》，时代出版社1950年版。

杜子劲编：《一九四九年中国文字改革论文集》，大众书店1950年版。

张世禄：《汉字改革的理论和实践》，文字改革出版社1957年版。

郑林曦：《汉字改革》，上海教育出版社1959年版。

中国语文杂志社编：《拼音文字和汉字的比较》，中华书局1954年版。

周有光：《汉字改革概论》，文字改革出版社1961年版。

周有光：《中国语文的现代化》，上海教育出版社1985年版。

周有光：《世界文字发展史》，上海教育出版社1997年版。

周有光：《比较文字学初探》，语文出版社1998年版。

周有光：《周有光语言学论文集》，商务印书馆2004年版。

周有光口述、李怀宇撰写：《周有光百岁口述》，广西师范大学出版社

2008 年版。

苏培成主编：《当代中国的语文改革和语文规范》，商务印书馆 2010 年版。

苏培成：《现代汉字学纲要》，北京大学出版社 2007 年版。

苏培成：《中国语文现代化的回顾与展望》，语文出版社 2007 年版。

李晋有主编：《中国少数民族语言文字现代化文集》，民族出版社 1999 年版。

赵世举主编：《语言与国家》，商务印书馆 2015 年版。

赵世举、黄南津主编：《语言服务与"一带一路"》，社会科学文献出版社 2016 年版。

武占坤、马国凡主编：《汉字·汉字改革史》，湖南人民出版社 1988 年版。

陈永舜：《汉字改革史纲》（修订版），吉林大学出版社 1995 年版。

王均主编：《当代中国的文字改革》，当代中国出版社 1995 年版。

张育泉编著：《语文现代化概论》，首都师范大学出版社 1995 年版。

何九盈：《中国现代化进程中的语文转向》，语文出版社 2013 年版。

张书岩等：《简化字溯源》，语文出版社 1997 年版。

张玉金、夏中华：《汉字学概论》，广西教育出版社 2001 年版。

陈原：《社会语言学》，学林出版社 1983 年版。

岑运强主编：《语言学基础理论》，北京师范大学出版社 2009 年版。

袁钟瑞：《话说推广普通话》，语文出版社 2004 年版。

李宇明、费锦昌主编：《汉字规范百家谈》，商务印书馆 2007 年版。

王开扬：《汉字现代化研究》，齐鲁书社 2004 年版。

［德］彭小明：《汉字简化得不偿失》，夏菲尔国际出版公司 2008 年版。

詹玮：《吴稚晖与国语运动》，（台湾）文史哲出版社 1992 年版。

DeFrancis J., *Nationalism and Language Reform in China*, Princeton University Press, 1950.

DeFrancis J., *The Chinese Language: Fact and Fantasy*, University of Hawaii Press, 1986.

Paul L. – M. Serruys, *Survey of the Chinese Language Reform and the Anti-Illiteracy Movement in Communist China, University of California Press, 1962.

Language Reform in China: Documents and Commentary, Edited by Peter J. Seybolt and Gregory Kuei-ke Chiang, Dawson Publishing (Joint Imprint: M. E. Sharpe, U. S. A.), 1979.

## 四　研究论文

周有光：《谈语文现代化》，《语文建设》1993年第10期。

周有光：《记两次语文现代化国际会议》，《语言文字应用》1998年第2期。

周有光：《中国语文现代化研究要放眼世界》，《北华大学学报》（社会科学版）2005年第6期。

苏培成：《语文现代化和语文规范化》，《咬文嚼字》1999年第8期。

苏培成：《面向21世纪的中国语文现代化》，《北京大学学报》（哲学社会科学版）2001年第1期。

苏培成：《中国语文现代化的回顾与展望》，《徐州师范大学学报》2002年第3期。

苏培成：《中国语文现代化的百年历程》，《北华大学学报》（社会科学版）2005年第6期。

苏培成：《语文改革与新启蒙运动》，《文化学刊》2014年第1期。

王开扬、马庆株：《国家通用语言文字法与中国语文现代化》，《语文现代化论丛》第五辑（2003年）。

马庆株：《中国的语文现代化事业》，《北华大学学报》（社会科学版）2008年第5期。

马庆株：《坚持中国语文现代化的方向》，《北华大学学报》（社会科学版）2011年第1期。

马庆株：《纪念中国语文现代化运动120周年》，《北华大学学报》（社会科学版）2012年第4期。

赵世举：《语文现代化的内涵及当代使命》，《武汉大学学报》（哲学社会科学版）2021年第3期。

赵世举：《语文现代化与人类发展》，《中国科学院中国现代化研究中心——

2019 年科学与现代化论文集（上）》，2019 年 10 月。

赵世举：《新时代我国语言文字事业转型发展刍议》，《社会科学家》2020 年第 10 期。

赵世举：《我国语言文字事业开拓发展的策略与路径》，《语言文字应用》2021 年第 1 期。

刘导生：《我在国家语委的难忘经历》，《秘书工作》2009 年第 5 期。

刘导生：《文字改革的方向在哪里？——八十年代在文字改革委员会的一段经历》，《百年潮》2009 年第 4 期。

洪青皎：《一语双文：中文现代化及信息处理的方向》，《宁波工程学院学报》2006 年第 1 期。

郜元宝：《现代汉语：工具论与本体论的交战——关于中国现代知识分子语言观念的思考》，《当代作家评论》2002 年第 2 期。

陈永舜：《中国大陆百年语言规划概评》，华人地区语文生活与语文计划国际学术研讨会论文，2002 年 11 月。

陈永舜：《拼音化方向问题》，《北华大学学报》（社会科学版）2005 年第 6 期。

陈章太、谢俊英：《语言文字工作稳步发展的 60 年》，《语言文字应用》2009 年第 4 期。

段生农：《汉字拉丁化质疑》，《北京师范大学学报》（社会科学版）1981 年第 5 期。

关甲：《重新论证文字改革的方向》，《文字改革》1985 年第 5 期。

郭绍虞：《我对文字改革问题的某些看法》，《文字改革》1982 年第 1 期。

《把文字改革的火焰继续燃烧下去——学习胡乔木同志 1982 年 1 月 23 日关于文字改革问题的讲话》，《文字改革》1982 年第 1 期。

Harriet C. Mills, "Language Reform in China: Some Recent Developments", *The Far Eastern Quarterly*, Vol. 15, No. 4（Aug., 1956）.

DeFrancis J., "Mao Tse-tung and Writing Reform", In J. F. W. Rowe（Ed.）, *Perspectives on a Changing China*, Denver, 1979.

G. D. Deshingkar, "Switching over to Hanyu Pinyin", *China Report*, 1979, 15: 3.

Hilary Chappell, "The Romanization Debate", *The Australian Journal of Chinese Affairs*, No. 4 (Jul., 1980).

Changfu Chang, "Communication and Modernity: A Study of Language Reform in China", Ph. D. Paper of Purdue University, 12/2000.

Changfu Chang & Yihai Chen, "The Western Computer and the Chinese Character: Recent Debates on Chinese Writing Reform", *Intercultural Communication Studies* XI: 3, 2002.

DeFrancis J., "The Prospects for Chinese Writing Reform", Sino-Platonic Papers, No. 171, June, 2006.

Jennifer Lee, "Where the PC Is Mightier Than the Pen", *New York Times*, 01 Feb 2001.

"The Chinese Language, Ever Evolving", *New York Times*, 02 May, 2009.